머 리 말

지난 20세기는 만남의 시대였다. 동과 서가 만나고 남과 북이 만났다. 동양문화와 서양문화가 만나고, 과거와 미래가 만나고, 대우주와 소우주가 만났다. 철학과 과학이 만나고, 아날로그적 사고와 디지털적 사고가 만나고, 무의식의 세계와 의식의 세계가 만났다. 부유와 빈곤이 만나고, 자비와 무자비가 만나고, 평화와 전쟁이 만났다. 심성이 신체와 만나고, 신명이 정력과 만나고 영혼이 기백과 만났다. 이들의 문화가 저들의 문화와 만나고, 이들의 종교가 저들의 종교와 만나고, 이들의 정치가 저들의 정치와 만났다. 동양의학이 서양의학과 만나고, 동양의 지혜가 서양의 지혜와 만나고, 동양미술이 서양미술과 만났다.

그런데 우리가 새로 맞이한 21세기는 어울림의 시대이다. 만난 이들이 서로 어우러지는 시대이다. 낯선 이들이 새로 만나서 서로 인사하고, 반가워하고, 경계하고, 부러워하고, 질시하는 단계를 넘어서 함께 뒤엉켜 같이 어우러지는 시대라는 뜻이다. 나와 네가 어우러져 우리가 되고, 내 것과 네 것이 어우러져 우리 것이 되고, 나의 풍습과 너의 풍습이 어우러져 우리의 풍습이 되어 가는 시대이다. 아니 그렇게 되지 않으면 안 되는 시대에 우리가 살고 있다는 표현이 더 적합할 것이다.

의학 분야에서 이러한 현상은 더욱 두드러진다. 동양의학과 서양의학은 벌써 오래전부터 반나서 서로 어우러지기 시작하였다. 동양의학과 서양의학이 만났을 때 처음에는 잘 알지도 못하면서 무조건 거부 · 배척하는 부류의 사람들도 있었고, 제대로 공부도 하지 않고 무조건 긍정·수용하는 부류의 사람들도 있었고, 있는 그대로 담담하게 받아들여 진지한 연구검토로 옮겨 놓는 연구가들도 있었다. 인류역사상 어느 시점에서나 그랬듯이 무조건적인 거부나 무조건적인 수용에 의해서는 발전이나 공헌을 이루어 내지 못하였지만, 진지한 연구가들에 의해서는 전 세계 의학 발전에 많은 공헌을 하였고 지금도 계속하고 있다.

특히 동서 의학의 접목을 시도하는 기초생명과학 연구가나 진료 일선에 종사하는 임상연구가들은 동양의학과 서양의학의 기본 차이점이 무엇인지를 심도 있게 구체적으로 가려냈으며, 또 두 의학의 차이점이 동시에 두 의학의 공통점이 될 수 있다는 사실을 알아냈다. 그리고 두 의학 사이에 상호 보완적인 측면이 있다는 사실도 객관적이고 과학적인 방법으로 속속 밝혀내고 있다.

철학과 형이상학을 지식체계의 골간으로 삼고 있는 동양의학을 과학적으로 연구하는 안목을 제시해 주기도 하며, 과학과 기술을 지식의 바탕으로 삼고 있는 서양의학의 생명관을 철학적으로 이해하는 지혜도 아울러 제시해 주고 있다.

생명의 성질(性質)을 이해하는 데 있어서 동양의학은 성(性理)적인 접근법을 택하였고 서양의학은 질(物質)적인 접근법을 택하였으며, 이 두 의학이 같이하였을 때 비로소 생명의 성질을 포괄하는 전일의학(全一醫學)의 창출이 가능하다는 점도 제시하였다.

몸과 맘에서 해로운 요소를 제거함으로써 심신의 조화를 이루려고 하는 비움의 의학이 동양의학이라면, 이로운 요소를 섭취함으로써 균형을 이루도록 하는 채워 넣음의 의학이 서양의학이라는 점을 지적하였다.

동양의학에서는 참 건강을 이루기 위하여 자연치유력을 키우는 훈련을 강조하는가 하면, 서양의학에서는 무병의 상태를 유지하기 위하여 질병을 찾아 없애는 기술을 강조하고 있다는 점도 가려냈다.

일부 생명과학자나 임상연구가들이 관찰한 중요한 사실은 동양의학과 서양의학의 접목이 한 차원 높은 통합의학을 창출해 낼 수 있다는 사실, 이렇게 창출된 통합의학이 새로운 세계의학을 주도해 갈 것이라는 사실, 근래에 세계적인 붐을 이루고 있는 소위 보완대체의학이 동양의학과 서양의학을 효율적으로 접목시키는 촉매역할 내지는 둘을 한데 녹여 가는 도가니 역할을 할 것이라는 사실, 통합의학 창출과 응용에 특별한 역할을 함은 물론 세계적인 관심과 연구열을 급속히 고조시키고 있는 분야 중의 하나가 미술치료라는 사실 등이 제시되고 있다.

미술치료는 언어를 통하지 않고도 내면의 세계를 표출시킬 수 있는 도구이면서, 육체적 · 정신적 · 정서적 · 사회적 · 영적 측면을 두루 평가하고 포괄적으로 관리해 줄 수 있는 거의 유일한 요법이라는 점에서 각광을 받고 있다.

특히 동양미술과 서양미술의 접목을 통한 새로운 통합미술치료법의 출현은, 선으로 그어서 여백을 만들고 보이는 형태를 통해 보이지 않는 조화로운 질서를 읽어 내는 시와 같은 동양미술과, 점으로 색을 칠해서 화면을 채우고 색의 조합으로 나타내는 균형의 질서를 느끼게 하는 서양미술의 접목이라는 점에서 통합미술치료가 통합의학 창출과 발전에 매우 중요한 일익을 담당할 것임을 알려 준다.

동양문화와 동양미술은 나타난 질서와 숨어 있는 질서의 조화를 강조하는 데 비해 서양문화와 서양미술은 나타난 질서 간의 균형을 강조한다. 전통적 동양미술에서는 그림이 시이고 시가 그림이며, 글자가 그림이고 그림이 글자였다. 서양미술에서는 그림은 그림이고, 시는 시이고, 글자는 글자이다. 미술에 동원되는 상상력에 있어서도 동양문화권에서는 형이상학적인 상상력이, 서양문화권에서는 형이하학적인 상상력이 표출되는 성향이 짙다. 예를 들면, 선녀와 천사가 다 상상력의 산물이지만 서양의 천사는 한결같이 날개를 달고 있지만 동양의 선녀에게는 날개가 없다. 천사는 현실적인 날개의 힘으로 날아다니고 선녀는 보이지 않는 신비의 힘으로 날아다닌다.

1970년대 초반에 태동된 보완대체의학은 해를 거듭할수록 빠른 속도로 확산 · 보급되어 세계적인 붐을 이루고 있다. 정통의학 이외의 모든 전통의술과 민간요법을 통틀어 연구대상으로 삼는 의학이 보완대체의학인데, 이는 제도권 의료인에게는 한계에 부딪친 의료계에 새로운 돌파구를 제시해 줄 잠재력 때문에, 의과학 연구자에게는 새로운 연구발상을 제공해 주는 신비의 자료상자이기 때문에, 환자에게는 확실한 실패보다는 막연하게나마 희망을 보여 주는 기대감 때문에, 일반인에게는 자신에게 맞는 웰빙의 성취가 쉽게 가능하리라는 호기심 때문에 전 세계인의 관심의 대상이 되었다.

지금까지 소개된 보완대체의학 요법만도 이미 400여 가지에 이른다. 이 중에서도 특히 임상미술치료는 일반인에게 어느 분야보다도 더 많은 관심을 갖게 하고 있으며, 생명과학 연구자들에게 놀랄 정도로 높은 연구열을 고조시키고 있으며, 소비자(환자)들에게는 상당히 만족스러운 임상경험을 제공해 주고 있다. 임상미술치료는 서양의학, 동양의학, 대체의학 모두에 두루 접목되고 응용되고 있으며, 고무적인 연구결과와 함께 매우 긍정적으로 학문적인 반응을 불러일으키고 있다.

더구나 철학적 동양의학과 과학적 서양의학 및 전인적 대체의학이 접목된 통합의학의 틀 속에 동서 미술치료 개념이 결합된 통합미술치료가 녹아들어 간 '통합의학 속의 통합 미술치료' 의 새로운 치료모델은 국내뿐만 아니라 국제적인 관심을 불러일으키기에 충분하다.

이에 지난 수십 년간 동양의학, 서양의학, 대체의학, 미술치료학을 공부하고 이 분야에 대한 교육을 담당해 온 저자들은 포천중문의과대학교 대체의학 대학원, 보건복지대학원, 바이오메디컬센터에서 축적한 '통합의학 속의 통합미술치료' 의 임상경험과 임상연구를 토대로 '동서 의학과 동서 미술치료' 에 관한 내용을 한 권의 책으로 정리하기로 하였다.

완성도 높은 만족스러운 책으로 다듬어지기까지는 앞으로 더 많은 임상경험과 연구결과, 그리고 새로운 정보의 수집 및 취합 정리가 추가되어야 할 것이다. 특히 이 작업은 어떤 면에서는 철학과 과학의 만남이기 때문에 철학적 지식 체계의 많은 부분이 과학적 방법으로 확인 · 검증되지 못했다. 이런 부분은 앞으로 계속해서 과학적 해석이 요구되는 가설로 받아들여 장차 과학적 연구로 이어질 하나의 자극제로 삼아 주길 바란다.

다방면의 지식을 폭넓게 흡수하려는 학생에게는 하나의 참고서로, 동양의학을 전공하는 의료인에게는 생명에 대한 철학적 지식을 과학적으로 해석하는 안내서로, 서양의학을 전공하는 의료인에게는 생명현상을 철학적으로 이해하도록 하는 도우미로, 생명을 연구하는 의과학자에게는 새로운 연구발상을 많이 담은 자료로, 미술을 전공하는 미술가에게는 미술활동과 질환의 치유과정과의 연계성을 이해하는 자극제로, 임상미술치료사에게는 미술치료가 동서 의학과 어떻게 접목 · 융합되어 이용되는지에 대한 지침서로, 웰빙을 추구하는 일반인에게는 동서 의학과 미술치료학 속에 배어 있는 건강한 지혜를 통해 그들의 호기심을 충족시키는 하나의 교양서로 삼아 주기를 바라는 마음에서 이 책을 펴낸다. 앞으로 저자들에게 보내 주는 독자들의 성원과 새로운 정보, 부족한 점의 지적, 잘못된 부분의 힐책, 희망적인 격려가 추후 더욱 만족스러운 책으로 이어지는 데 큰 힘이 될 것이다.

끝으로 이 책의 출간을 맡아 주신 학지사 김진환 사장님과 편집과정에서 수고해 주신 관계자 여러분께 감사드린다.

2009년 1월

저자 전세일 · 김선현

| 차　례 |

1부 동서 의학

제 1 장

동양과 서양이 다르다

동양과 서양은 정말 다른가? 동양인과 서양인은 많이 다른가? 다르다는 것은 상대적이다. 우선 동양과 서양을 지리적으로 분리하는 경계선도 좀 모호한 편이며, 동양과 서양을 구분하는 것도 불분명하다.

편의상 일반적으로 이야기하는 아시아를 동양이라 하고 유럽을 서양이라 하자. 역시 편의상 유럽의 백인종을 서양인의 표본으로 삼고 아시아의 황인종을 동양인의 표본으로 삼고 이야기를 전개하자. 특히 이 장에서는 동양인의 대표 표본으로는 한국인을, 서양인의 대표 표본으로 미국인을 주로 이야기할 것이다.

동양인이 더 큰가 서양인이 더 큰가라는 질문에 대해 확실한 정답이 있는 것도 아니며, 그렇다고 답이 없는 것도 아니다. 소수점과 퍼센트까지 정확한 답이 마련되어 있지도 않고, 또 서양인보다 큰 동양인이 있는가 하면 동양인보다 작은 서양인도 있는 것이 사실이다. 그럼에도 서양인이 동양인보다 크다고 생각하는 것이 일반적이다.

여기서는 이러한 동서양 인의 차이점을 서로 다른 점이라고 간주하고 동서양 인의 사고방식을 비교 · 검토해 보기로 한다. 이렇듯 양(洋)의 동서를 비교하여 동서양 인의 사고방식을 이해하는 것은 모든 이에게 실질적인 도움을 제공할 수 있을 것이다.

1. 몸짓이 다르다

1) 오라는 손짓, 가라는 뜻

저절로 자연스럽게 생겨난 생활습관이 동양과 서양에서 왜 의미가 다를까? 팔을 앞으로 뻗고 손바닥을 땅을 향하고 손목을 상하로 끄덕하면 우리나라에서는 '이리로 오라' 는 뜻이 되는데, 서양에서는 '저리로 가라' 는 뜻이 된다. 반대로 손바닥이 하늘을 향하고 손목을 끄떡이면 우리나라에선 '저리 가라' 는 뜻이고 서양에서는 '이리 오라' 는 뜻이 된다. 저만치 떨어져 있는 사람에게 아는 척하면서 목례를 할 때에 우리나라 사람은 눈을 가늘게 감으면서 머리를 살짝 앞으로 굽히며 "안녕!" 이라고 한다. 그런데 서양인은 이와 반대로 눈을 둥그렇게 크게 뜨면서 고개를 뒤로 제치며 "하이(Hi!)" 라고 한다.

손가락으로 수를 셀 때 우리는 엄지손가락부터 안으로 굽히면서 "하나, 둘…" 세어 나가는데, 서양인은 주먹을 먼저 쥐고 새끼손가락부터 하나씩 펴 나가면서 "하나, 둘…" 세어 나간다. 돈을 셀 때도 우리는 돈다발을 들고 한 장씩 앞으로 당기며 세어 나가는데, 서양인은 맨 뒷장부터 하나씩 세어 나간다. 아무도 없는 방 안에 혼자 있으면서 옷을 입을 때에도 우리나라 사람은 보통 아랫도리부터 입는데, 서양인은 윗도리부터 입는다.

인사의 순서도 서로 다르다. 미국에 이민 간 우리나라 사람들이 가끔 겪는 일이다. 이웃집 어린이가 놀러 왔을 때 우리 어른들과 미국 어린이들이 서먹서먹해서 인사를 하지 않았을 경우, 우리 어른들은 '저 애들이 버르장머리가 없다.' 고 생각하는 데 반해 미국 어린이들은 '저 어른들은 불친절하고 인사성이 없다.' 고 생각한다. 미국의 일반적 인사는 악수인데, 악수는 어른이 먼저 손을 내미는 게 예의가 아닌가? 우리나라에서는 별로 친하지도 않은 부녀자를 반갑다고 껴안았다가는 성희롱이 될 것이고, 서양에서는 귀여운 어린아이 고추 따먹는 제스처를 했다가는 감옥에 가기 십상이다.

2) 엘리베이터와 승강기

서양인의 생각은 자기중심적이고 일방적이란 지적을 받는다. 사물에 대한 관점이 '지금, 여기, 나' 중심이라는 뜻이다. 예를 들면, 엘리베이터(elevator)는 '올라가는(elevate)' 기계라는 뜻이다. 올라만 가는 게 아니라 내려오기도 하는데, 내려오는 기계라는 뜻은 무시해 버린다. 그러나 동양에서는 올라가고 내려온다는 뜻에서 승강기(昇降機)라고 한다.

영어로 책상 서랍을 빼는 함(drawer)이라고 하는데, 우리말로는 빼기도 하지만 닫기도 한다는 뜻에서 일부 지역에서 빼다지라고 부른다. 문은 영어로 흔히 들어가는 문, 입구(entrance) 또는 나가는 문 출구(exit)로 표시되는데, 우리말로는 보통 드나드는 문, 출입문(出入門)이라고 표현한다. 밀고 닫는 문도 우리는 미닫이라고 하지 않는가? 또 병원에서 입원 수속하는 사무실을 영어권에서는 입원과(admission office)라고 하는데, 우리나라에서는 입퇴원과라고 부른다.

이렇게 우리나라에서는 고저(高低), 장단(長短), 강약(强弱), 명암(明暗), 완급(緩急) 등 상대성과 조화를 강조하는 말을 쓰는 경향이 있다.

3) 스테이크와 비빔밥

미국 손님을 맞아 한국 음식을 대접할 때의 일이다. 된장국을 가리키면서 무어냐고 묻기에 수프(soup)라고 대답했더니, 그는 순식간에 국 한 그릇을 다 먹어치웠다. 다음에 옆에 놓여 있는 김치에 대해서 물어보더니 이번엔 김치를 몽땅 다 먹을 기세로 덤벼드는 것이다. 서양인의 식사습관은 우리나라 사람들과 다르기 때문에 저렇게 이상하게 밥을 먹는구나 하는 것을 뒤늦게야 깨달았다. 서양 음식은 따로따로 먹도록 준비되어 있다. 음식 하나하나 나름대로 맛을 내고 간을 맞췄기 때문에 한 가지 음식을 다 먹고 나서 그다음 음식을 먹고, 또 그것을 다 먹은 후에 다음 음식을 먹는다.

한국 음식은 이와 다르다. 전통적인 한국 음식을 국 먼저 다 먹은 후, 밥만 따로 먹고, 그러고는 김치 따로 먹고, 또 굴비 따로 먹는 사람은 없을 것이다. 상위에 놓인 모든 음식을 골고루 입 안에 넣으며, 간을 맞추고 맛을 맞추어 가며 먹는 것이 한국인의 식사습관이다. 다시 말해서 서양 음식이 따로따로 하나씩 먹는 것이라면 한국 음식은 함께 조화시켜 가며 먹는 것이다. 서양 음식은 하나하나 따로 먹을 때 제 맛이 나게 마련이며 한데 섞어 놓으면 맛이 없다. 한국 음식은 한데 섞어 버무리면 맛있는 비빔밥이 되고, 또 한 그릇에 섞어 끓이면 얼큰한 탕이 되게 마련이다. 이와 같은 서양의 '따로따로' 와 동양의 '한꺼번에' 는 일상생활의 여러 면에 나타난다.

운동에도 여러 가지 형태가 있다. 관절운동, 근력운동, 심폐운동, 기술운동 등이 있다. 첫째, 관절운동은 팔다리나 몸통의 관절들을 구부렸다 폈다(屈伸) 하여 관절의 유연성을 향상시키고 유지시키는 운동이다. 둘째, 근력운동은 문자 그대로 근육의 힘을 키우는 운동을 말한다. 근육을 최대한으로 힘껏 수축시키는 운동을 매일 하면 놀랍게도 하루에 1～3% 정도 근력(근육의 힘)이 강화된다. 반대로 온종일 꼼짝 않고 드러누워 있으면 1～3% 정도의 근력이 빠지게 된다. 셋째, 심폐운동은 우리 몸의 지구력과 인내력을 기르는 운동이다. 편안하게 천천히 움직이는 동작은 심폐기능을 향상시키기에는 충분하지 않다. 땀이 나고 숨이 찰 정도로 비교적 과격하고 지속적인 운동을 해야 한다. 넷째, 기술운동은 피아노나 바이올린 연주와 같이 고도의 기술을 향상시키는 것도 있지만, 중풍에 걸렸던 환자나 교통사고로 뇌를 다친 환자들이 옷에 단추를 꿰어 달거나 구두끈을 매는 것과 같은 일상생활 동작에 필요한 기술을 향상시키는 것도 포함된다. 어떤 동작을 최고로 잘하기 위해서는 같은 동작을 적어도 100만 번 이상 되풀이해야 한다는 연구 보고도 있다.

이와 같이 운동에는 각각 다른 여러 가지 특징이 있는데, 서양인이나 서양 문화권의 영향을 받은 사람들은 이 운동을 따로따로 하는 경향이 있다. 그러나 동양문화권의 사람들은 전통적으로 운동의 여러 가지 특성을 한데 버무린 종합적인 운동을 해 왔다. 동양문화권의 전통적인 운동은 관절의 유연성을 키운다든가, 근육의 힘을 강화시킨다든가, 심폐기능이나 수족의 기술을 향상시키는 등의 육체적인 측면뿐만 아니라 마음의 수련도 함께 엮어 놓은 운동이라는 점에서 뚜렷한 차이가 있다. 몸이 가는 데 마음이 가야 한다. 여기에 호흡까지 조절돼야 한다. 몸이 움직이는 대로 마음과 호흡이 같이 움직이는 운동이라는 뜻이다. 재미나 쾌감이 따른다기보다는 도를 닦는 것같은 엄숙함이 따르게 마련이다.

전통적인 동양의 운동인 선 체조, 도인, 요가, 태극권이나 그 외 기공(氣功)운동에서는 적막함과 안정됨과 엄숙함이 풍겨날지언정, 옆에 있는 친구와 잡담을 하거나 낄낄거리며 농담을 하거나 자전거 바퀴를 돌리면서 신문을 보는 등의 오락적 분위기는 찾아볼 수 없다. 동양의 운동은 몸을 튼튼하게 할 뿐만 아니라 마음도 튼튼하게 해 줌으로써 건강유지와 질병예방에 도움이 되고 위급한 상황에서 스스로를 보호하는 호신술로도 연결된다.

4) 양복과 바지저고리

동양권에 사는 30억 명의 인구는 그들 나름대로 국가적, 민족적, 지역적인 자부심과 긍지를 지니고 있다. 이러한 동양인을 향하여 날카로운 질문의 화살이 서양인에게서 날아온다.

"서울, 북경, 동경을 비롯해서 홍콩, 마닐라, 싱가포르 등 동양의 대도시를 돌아보면 건물 모양, 아파트, 주택, 사람의 의상 등이 다 서양인이 처음 시작한 것이고, 현재 서양인이 쓰고 있는 그대로다. 이것은 서양문화가 동양문화에 영향을 주었다는 분명한 증거다. 그런데 런던, 파리, 로마, 뉴욕 같은 서양의 대도시를 다녀 보면 기와집이나 바지, 저고리, 치마, 기모노, 게다 같은 동양 냄새를 풍기는 것이라곤 도무지 눈에 띄지 않는다. 이것은 동양문화가 서양문화에 별 영향을 끼치지 못했다는 증거가 아닌가? 서양문화의 냄새가 나는 풍물은 동양 어디에서나 눈에 띄지만 동양의 냄새가 나는 풍물은 서양 어디에서도 눈에 띄지 않으니, 서양이 동양에 일방적으로 영향을 끼친 것이 아니겠는가? 만일 동양이 서양에 영향을 끼친 것이 있다면 무엇인지 말해 보라.”

이러한 공격적 질문에 대한 대답은 이랬다.

“이 세상에는 많은 종교가 확산되어 있고 생활의 일부가 되어 있다. 그런데 그 많은 종교 가운데 서양에서 생겨난 종교가 몇 개나 되는가? 아니 단 한 개라도 있는가? 세상에 알려져 있는 주요 종교란 종교는 모두 동양에서 생겨났다. 유대교, 기독교, 이슬람교는 중동에서, 힌두교, 불교는 인도에서, 유교, 도교는 중국에서 탄생했다. 그런데 오늘날 유럽에 종교가 없는 나라가 단 하나라도 있는가? 동양에서 생긴 종교가 서양인 생활 구석구석에, 아니 서양인 머릿속 깊숙이 자리 잡고 있다. 이것은 동양문화가 서양에 영향을 끼친 증거다. 단지 물질은 눈에 띄는 것이고 정신은 눈에 보이지 않는 것이 다를 뿐이다.”

교통수단이 발달되지 않았던 옛날에는 서양은 서양대로 문명을 키워 왔고, 동양은 동양대로 문명을 발전시켜 오다가 어느 시점에서 교류가 이루어지면서 서로 영향을 끼치게 되었다. 칼로 벤 듯이 뚜렷한 구분이 이루어지는 것은 아니지만, 굳이 비교해 본다면 서양은 물질문명을 바탕으로 과학을 발전시켜 세계에 보급하였고, 동양은 정신문명을 바탕으로 종교를 성숙시켜 온 세상에 퍼뜨렸다.

우리나라에는 주로 불교, 유교, 기독교가 포교되어 현재는 교세가 비슷하게 확산되어 있다. 불교는 인도에서 생겨 중국, 한국, 일본으로 퍼져 갔으나 사람들의 생활 속에, 특히 사고방식에 깊이 자리 잡고 있는 곳은 한국이다. 늘 절에 다니면서 예불을 드리는 신도가 아니라 하더라도 불교적인 사고방식이 우리나라 사람들의 머릿속에 흠뻑 젖어 있다. 우리의 일상 대화 중에 ‘전생에 무슨 죄가 있는지…’ ‘부처님 가운데 토막’ 등의 표현은 그 좋은 예라 하겠다. 유교는 중국에서 생겨났지만 유교사상도 중국이나 일본보다는 우리나라에 더 깊이 뿌리를 내렸다. 자손들의 이름을 철저히 오행을 따라 지으며, 안 하면 큰일 나는 것처럼 제사를 지내는 습관 등이 그 예다. 기독교도 우리나라에는 비교적 늦게 들어왔지만 지금은 세계에서 가장 빨리 포교되고 있다.

우리나라에는 어떤 종교나 사상이 일단 발을 들여놓으면 가장 철저하게 뿌리를 내리는 경향이 있다. 본래의 색깔을 가장 진하게 나타낸다는 것이다. 우리나라는 백의민족이니 백색은 우리의 색깔이요, 모든 색깔은 백색 위에서 가장 진하게 나타나기 때문인지도 모르겠다. 의학에 있어서도 동양의학은 정신문화권인 동양에서 생겨났고, 그 이론적인 토대도 정신적인 측면, 즉 철학적인 접근방법으로 이루어 놓은 지식의 체계로 되어 있다. 이 철학을 바탕으로 한 동양의학은 중국이나 일본보다 한국에 더 깊숙하고 철저하게 정착되어 있다. 동양의학의 철학도 역시 우리나라 색깔인 백색 바탕에 채색되었기 때문에 가장 진하게 표출되었을 것이다.

5) 허리띠와 혁대

바지저고리의 대님도 끄나풀이요, 옷고름도 끄나풀이요, 허리띠도 끄나풀이다. 양복에는 단추나 지퍼나 혁대를 사용하게 된다. 혁대는 처음과 끝이 분명하며, 한쪽 끝에는 쇠로 된 버클이 붙어 있고 다른 한쪽에는 삐죽하게 가다듬은 꼬리가 있다. 그 중간에는 여러 개의 구멍이 뚫려 있는데, 그것도 아무렇게나 뚫어진 게 아니라 크기도 일정하고 간격도 일정하게 나열돼 있다. 그러나 허리띠는 처음과 끝의 구별이 없으며 머리가 어디 있는지, 꼬리가 어디 붙어 있는지 알 길이 없다. 또 쇠로 만든 버클도 붙어 있지 않고 중간 중간에 구멍도 뚫려 있지 않다.

양복을 입고 혁대를 차면 자기 허리에 가장 알맞다고 생각되는 구멍에 버클을 맞추어 끼게 된다. 분명하고 정확하게 낄 수 있다. 그러나 이쪽 구멍에 끼면 너무 꽉 끼는 기분이 들고 그다음 구멍에 끼면 너무 느슨하다는 기분이 들 때가 문제다. 이때는 두 구멍 중 하나를 택하여 끼고는 자기 허리를 혁대 구멍에 맞추는 수밖에 없다. 그런데 밋밋한 허리띠는 버클이나 구멍이 없더라도 자기 허리에 가장 알맞는 곳에 적당히 맬 수 있다. 허리띠를 허리에 맞추어 융통성 있게 맬 수 있다는 뜻이다. 혁대는 정확성의 표본이며, 허리띠는 적당성의 표본이다. 혁대는 분명하고 정확하다는 장점이 있고, 허리띠는 적당하고 융통성을 지닌다는 장점이 있다.

과학과 기계문명을 발전시킨 서양에서는 정확성을 요구하며, 형이상학과 종교문명을 발전시킨 동양에서는 적당성을 강조한다. 이 같은 생각은 의학에도 적용된다. 서양의학에서는 정확성을 중요시한다. 이를 위해서는 정확한가 아닌가를 가늠하는 일정한 기준치가 있어야 한다. 일정한 기준치의 잣대로 재어 보아야 크다, 작다나 넘친다, 부족하다를 말할 수 있다. 예를 들면, 혈압, 혈당량, 콜레스테롤의 양, 혈액 내 백혈구의 수 등은 일정한 기준치를 갖고 있다. 또 환자에게 투여하는 약의 용량도 5mg, 20mg 하는 식으로 규격화하여 사용한다. 이와 같이 서양의학에서는 모든 생리와 병리현상 또는 약의 용량까지 일정한 수치를 사용하고 있으며, 적어도 그러한 정확성을 요구하고 있다.

반면에 동양의학에서는 적당성을 강조한다. 적당하게 한다고 해서 되는 대로 아무렇게나 한다는 뜻이 아니다. 침술학에서 경혈점의 위치를 정하는 방법을 예로 들어 설명해 보자. 가령 손목 부위의 어떤 경혈점을 취혈하기 위해서 그 위치를 알려줄 때는 보통 손목 금에서부터 3촌(寸)의 부위를 취하라고 한다. 이때 1촌이라고 하는 것을 서양의 번역서에는 1인치(inch)라고 한 경우가 많으나, 이것은 잘못된 인식이다. 원래 과학에서 사용하는 1인치는 1자(尺, foot)의 1/12에 해당되는 약 2.5센티미터의 길이를 지칭한다. 다시 말해서 언제 어디에 대고 재 봐도 1인치는 항상 똑같은 길이를 의미한다. 그런데 침술학에서 이야기하는 1촌은 사람마다 다르다. 그 이유는 우리 몸의 각 부분을 촌수로 규정해 놓았기 때문이다.

예를 들면, 어깨에서 팔꿈치까지는 9촌으로, 팔꿈치에서 손목까지는 12촌으로 규정되어 있다. 그러므로 어깨에서 팔꿈치 사이에서는 그 길이의 1/9이 1촌이 되고 팔꿈치와 손목 사이에서는 그 길이의 1/12이 1촌이 되는 셈이다. 1촌의 길이는 사람마다 달라서 키 큰 사람의 1촌은 키 작은 사람의 1촌보다 길게 마련이다. 손목에서 3촌의 거리를 잡을 때 서양식 인치로 따지면 거의 8센티미터 가까운 길이가 되어 어린아이에게는 팔꿈치까지 오는 거리가 되지만, 키가 큰 어른에게는 아직 손목 부위에 위치한 거리가 되는 것이다. 그러나 침술학의 촌법을 사용한다면 3촌이라는 거리는 어린아이든 키가 작거나 키가 큰 어른이든 할 것 없이 다 3/12에 해당되는 거리이기 때문에 비례적으로 일정한 위치가 된다.

사람마다 서로 다른 잣대를 사용해야 하므로 비객관적인 것처럼 보이지만, 사실은 1센티미터, 2센티미터 또는 1인치, 2인치 하는 것보다 더 이상적이고 더 적당한 위치를 잡을 수 있다. 적당한 자리를 찾는 가장 적당한 방법이라는 뜻이다. 약을 복용하는 데 있어서도 처방에 따라 약재를 적당량 섞어서 적당량의 물을 붓고 적당히 끓여 적당히 짜서 적당히 마시게 되면 우리 몸에서 필요한 것은 적당히 흡수하게 되고 필요 없는 것은 적당히 배설하게 된다.

서양의학에서는 정확성을 강조하기 때문에 정확성 자체가 서양의학의 장점이면서 동시에 제한점이 된다. 동양의학에서는 적당성을 강조하기 때문에 적당성 자체가 동양의학의 장점이면서 동시에 제한점이 된다. 혁대는 버클과 구멍이 있어서 정확하고 편리하지만 구멍에 나를 맞추어야 하는 단점이 있는가 하면, 허리띠는 머리도 끝도 없어 막연하고 불편한 점이 있지만 내 몸에 가장 적당하게 맞추어 쓸 수 있다는 장점이 있다. 혁대도 허리띠도 둘 다 유용한 것으로 동양의학과 서양의학 또한 서로 보완적인 역할을 한다.

6) 현미경과 망원경

미국에는 발만 전문으로 치료하는 의사인 발 닥터(podiatrist)가 따로 있다. 치과 의사가 치아만을 치료하듯이 발 닥터는 몸의 다른 부분은 건드리지 않고 발만 치료하는 DPM(Doctor of Podiatric Medicin)이라는 학위를 가진 전문의사다. 이들도 의과대학과 4년제 의예과를 마치고 다시 본과 4년이라는 족부의학(podiatry)을 수료하여야 발 닥터가 된다. 이것만 봐도 서양의 의료 서비스가 얼마나 세분화되어 있는지를 알 수 있다.

서양의학계에서 동물을 치료하는 수의학이 따로 떨어져 나가 독립한 것은 너무나 당연한 일이라 할 수 있으며, 사람을 다루는 의학 자체도 약물을 다루는 약학대학이 따로 있고, 치아를 다루는 치과대학이 따로 있고, 발만 다루는 발 의과대학이 따로 있으며, 몸 전체를 다루는 일반 의과대학이 따로 있다.

의과대학 안에는 해부학, 생리학, 병리학, 내과, 소아과, 외과, 산부인과 등 수십 개의 전문과가 있고, 각 과는 더 작은 세부 전문분야로 쪼개어지고, 계속 더 작은 전문분야로 나뉘어져 가고 있다. 원래 내과는 그저 내과였을 뿐이나, 차차 전문화되어 소화기내과, 심장내과, 호흡기내과, 신장(콩팥)내과, 신경내과, 내분비내과, 관절염내과, 전염병내과, 알레르기내과 등으로 쪼개어졌다. 이것은 또 더 작은 세부 전문분야로 나뉘어지는데, 소화기내과만 하더라도 간장만을 치료하는 간 박사가 따로 있는가 하면, 위장만 주로 다루는 전문의, 소장이나 내장만을 치료하는 전문의가 따로 있다.

마찬가지로 외과도 전통적으로 이어져 내려오는 일반외과를 비롯하여 정형외과, 신경외과, 흉부외과, 성형외과, 비뇨기과, 안과, 이비인후과 등으로 나뉘어져 있다. 또 정형외과 안에는 손만 수술하는 손 박사가 따로 있고, 척추만 다루는 전문의, 고관절(둔부)이나 슬관절(무릎)만을 수술하는 전문의, 골절만 주로 치료하는 의사, 골다공증 치료를 주특기로 하고 있는 전문의사 등이 있다. 남녀노소 별도로 구분이 되어 아동만 치료하는 소아과, 노인만 치료하는 노인의학과, 부인만 치료하는 산부인과가 있다. 남성만을 위한 과가 따로 없다고 섭섭해할 남성이 있을지 모르겠으나, 최근에는 남성성기능 또는 남성불임증 등 남성질환을 다루는 남성의학과 전문의가 계속 생겨나고 있다.

질병의 진행 단계에 따라서도 병이 생기지 않도록 예방하는 예방의학이 있는가 하면 기능장애를 다시 활성화시키는 재활의학이 있다. 그 외에도 응급처치만을 해 주는 응급의학, 운동하다 다친 사람만을 치료하는 스포츠 의학, 농촌의 질병을 집중적으로 다루는 농촌의학, 암으로 죽어 가는 환자만을 다루는 호스피스(임종의학) 등이 역시 세부 전문분야에 속한다.

이와 같이 서양의학은 점점 범위가 좁은 전문분야로 쪼개어져 왔고, 앞으로도 계속 더 작은 전문분야로 세분화될 것이다.

그러나 동양의학은 이와는 좀 다른 모습을 하고 있다. 한의과대학 부속 병원이나 준 종합병원 수준의 몇몇 한방병원에서는 한방 내과라든가 한방 부인과 등으로 나누어 진료하고 있기는 하나, 제도적으로 전문의 제도가 서양의학과는 다르다. 그래서 우리가 흔히 보는 한의원의 모습은 정형외과, 신경외과 같은 외과계통은 없고 또 소아과, 피부과, 정신과 하는 식으로 분화되어 있지도 않기 때문에 한약을 조제하고 침, 뜸, 지압, 부항 등을 시술하는 등으로 개업 형태가 다 비슷하다. 이처럼 동양의학에서는 서양의학과는 달리 치의학이나 약학이 따로 분리되어 있지 않다. 한방 치과대학이나 한방 약학대학이 따로 없다는 말이다. 동양의학 하면 치과도 약학도 다 그 안에 함께 있다. 그냥 하나의 의학이 있을 뿐이다. 수천 년 전에 이루어 놓은 의학의 틀이 다소 수정 · 보완되거나 추가되기도 하였지만, 그 골간은 대체로 옛 모습 그대로 오늘날까지 하나의 의학으로 이어져 내려왔다.

서양의학과 동양의학의 차이점 중의 하나는 의술의 이해 방법에 있다. 서양의학은 분석적(analytical)이어서 계속 잘게 쪼개 가면서 알아보려는 경향이 있는가 하면, 동양의학은 총체적(holistic)이어서 몽땅 싸잡아서 함께 다루려는 경향이 있다. 서양의학에서는 병이란 어떤 장기가 고장 난 것이라 보고 치료의 방향을 그 장기를 고치는 데 역점을 두지만, 동양의학에서는 아무리 작은 국소적 병변이라도 이는 전신의 병이라고 간주하여 전인요법(全人療法)을 강조한다.

서양의학에서는 전체는 하나하나의 집합이므로 그 하나하나를 잘 다스려야 된다고 생각한다. 반면에 동양의학에서는 사람도 독립된 개체가 아니라 대자연의 일부분에 불과하므로 사람을 다룰 때는 자연과 우주를 함께 고려해야 된다는 철학을 바탕으로 삼고 있다. 서양의학에서는 잘게 쪼갠 조각을 하나하나씩 치료하고, 동양의학에서는 모두 한데 묶어 놓은 전체를 치료한다. 서양의학에서는 따로따로 치료하고, 동양의학에서는 통째로 치료한다.

헬스클럽에서 발로는 자전거 바퀴를 돌리고 손에는 신문을 들고 있는 모습이나, 옆에 있는 친구와 이야기하면서 조깅하는 모습에서 보듯이 몸 따로 마음 따로 하는 것이 서양식이다. 태극권이나 선도운동에서처럼 몸도 가다듬고, 호흡도 가다듬고, 마음도 가다듬어 따로 흐트러짐이 없이 몸과 마음과 정신이 하나로 움직이는 것이 동양식이다. 다시 말해서, 서양의학과 동양의학의 차이는 '잘게 쪼개어 따로따로' 와 '한꺼번에 통째로' 의 차이 또는 나무 하나하나와 수풀 전체를 보는 현미경과 망원경의 차이와 비슷하다 하겠다.

7) 가짜 약 효과와 진짜 약 효과

이 세상의 피조물 중 가장 신비로운 존재는 인간이다. 인간이 다른 동물과는 다르다는 점을 강조하기 위하여 많은 수식어가 사용되었다. '사람은 예절을 아는 동물이다.' '사람은 웃을 줄 아는 동물이다.' '사람은 감사할 줄 아는 동물이다.' 등이 바로 그것이다. 그런데 여기에 '사람은 마음먹기에 달린 동물이다.' 라는 말을 하나 더 보태도 무방하리라 생각된다. 마음먹기에 따라서 상황을 변화시킬 수 있는 동물은 사람밖에 없기 때문이다. 사실 마음먹기에 따라서 무엇이 어떻게 변화되는지 자기 자신도 전혀 알 수 없다.

가령 두통이 있는 환자에게 밀가루 한 봉지를 주며 두통 치료약이라고 하면 이것을 먹은 100명 중 30~35명 정도는 실제로 두통이 없어진다고 한다. 이 약을 먹으면 나을 것이라는 확신을 갖게 되면 가짜 약을 먹더라도 실제로 병증세가 호전된다는 것이다. 이러한 현상을 위약효과(僞藥效果)라고 하며 영어로는 플라시보 효과(placebo effect)라고 한다.

위약효과란 문자 그대로 '가짜 약의 효과' 라는 뜻인데, 약을 먹는 사람의 마음속에 '이 약을 먹으면 병이 나을 것이다.' 하는 믿음의 정도에 따라 위약효과에서 차이가 난다. 따라서 아주 용하다고 소문난 의사에게 치료를 받는다든가 또는 아주 좋다고 널리 알려진 약을 먹는다든가 할 때는 위약효과가 증대될 수 있다. 위약효과가 가짜 약의 효과라고 해서 그것이 나쁘다는 뜻도 아니며 그 효과 자체가 가짜라는 뜻은 더욱 아니다. 이때 나타나는 병의 호전은 진짜이기 때문이다. 가짜 약을 먹고 진짜 효과가 난다는 뜻이다. 단지 문제점으로 지적되는 것은 위약효과는 모두에게 생기는 게 아니라 일부 사람에게만 생긴다는 점과, 암과 같은 심각한 병이 완치되는 게 아니라 통증과 같은 증상이 호전되는 데 불과하다는 것이다.

의사가 환자에게 이 약을 먹으면 100% 낫는다라든가, 단번에 낫는다라든가, 틀림없이 낫는다라고 말한다면 위약효과를 최대한으로 증대시킬 수 있을지 모르나, 그는 허풍쟁이라는 평가를 면치 못할 것이다. 의술에는 100%, 단번에, 틀림없이가 있을 수 없기 때문이다. 이런 사실을 알고도 그렇게 말하면 거짓말쟁이가 될 것이고 모르고 한다면 무식한 사람이 되는 딜레마에 빠지게 될 것이다. 반대로 환자에게 이 약을 먹으면 80%는 완쾌가 가능하나 10%는 위궤양이 생기고 8%는 심장병이 생기고 2%는 죽을 수도 있다고 설명한다면 정확한 정보를 제공해 주었다는 긍정적인 면이 있는 것도 사실이나 매정하다는 비판적 반응도 있을 것이다. 또 자세한 설명을 들었다는 후련함도 느낄 수 있을 것이나 부작용의 공포 때문에 위약효과가 달아나 버릴 가능성도 있다. 의사가 환자의 공포와 불안을 알면서도 그렇게 말하면 몰인정하다 할 것이고, 모르고 했으면 무감각하다는 비판을 받을 것이고, 일부러 설명을 해 주지 않으면 무성의하다는 불평을 듣는 딜레마에 빠지게 된다.

의사는 진심으로 환자를 염려해 주고 환자는 의사를 전적으로 신뢰하는 관계야말로 최상의 치료효과를 가져올 수 있는 조건이다. 그러나 한 가지 분명한 사실은 그때그때의 상황이나 상대에 따라 설명의 방법은 다를지언정, 그 설명의 토대는 객관성(objectivity)과 재현성(reproducibility)이 있는 정보여야 한다는 것이다.

서양의학이나 동양의학에 있어서 어떤 신약의 개발 또는 새로운 치료법의 개발이 세계적으로 인정을 받으려면 객관성과 재현성의 검증을 반드시 거쳐야 한다. 이러한 검증과정 없이는 모든 사람의 의학, 세계인의 의학이 될 수 없다.

8) 샘물과 홍수

우리나라 속담에 "확실히 내 것이 되는 것은 먹는 것밖에 없다."라는 말이 있다. 그냥 갖고 있는 것은 없어질 수도 있고, 잃어버릴 수도 있고, 줘 버릴 수도 있지만 먹어서 이미 내 살이 된 것은 확실히 내 것이 된다는 뜻이다. 그래서 우리나라 말에는 '나이 먹다, 귀먹다, 더위 먹다, 애먹다, 골탕 먹다, 욕먹다, 한방 먹다, 미역국 먹다, 엿 먹다' 등 먹는 게 상당히 많다.

사실 먹는다는 말은 직접, 간접으로 우리 몸에 영향을 끼쳐 변화를 일으키는 요인이 되니 먹는 거나 다를 바가 없다. 건강도 마음먹기에 달려 있다. 우리의 몸은 마음먹은 대로 변해 가는 경향이 있기 때문이다. 따라서 마음을 먹는다는 것은 쉽게 없어질 수도 있고 금방 바뀔 수도 있는 순간적 생각이 아니라 이미 '나의 일부분이 되어 버린 마음'이란 깊은 뜻을 담고 있다.

긍정적인 사고를 가진 사람은 몸의 생리가 긍정적인 방향으로 변하고, 부정적인 사고를 가진 사람은 부정적인 방향으로 변해 간다. 가짜 약을 먹은 사람 중 약 35%에서 증상이 호전되는 위약효과는 좋은 예라 할 수 있다. 그런데 여기서 위약효과가 나타나는 사람과 나타나지 않는 사람과의 차이를 보면, 위약효과가 나타나는 사람에게는 통증을 없애 주는 호르몬이 몸속에서 자연적으로 많이 분비되는데, 위약효과가 나타나지 않는 사람에게서는 이러한 호르몬이 분비되지 않는다는 사실이다. 즉, '이 약을 먹으면 나을 것이다.' 라는 긍정적인 사고를 가진 사람에게서는 엔도르핀이라고 하는 호르몬이 분비된다는 것이다.

우리 몸에서는 약 100여 개의 호르몬이 분비되는데, 호르몬은 신경과 신경 사이에 정보를 전달하는 역할을 담당한다. 이러한 호르몬이 없으면 움직이지도, 생각하지도, 느끼지도 못한다. 이 많은 호르몬 중에는 쾌감을 주는 호르몬이 약 20개 있는데, 그중 가장 강력한 것이 베타 엔도르핀(beta-endorphine)이다. 이것은 마약인 모르핀보다 효능이 5~10배 이상 강한 것으로 알려져 있다. 바로 이 호르몬이 우리의 긍정적인 사고에 의해 저절로 분비된다는 것은 매우 중요한 사실이다. 이 호르몬은 통증을 없애 줄 뿐만 아니라, 마음을 편안하게 해 주고, 의욕을 북돋아 주며, 다른 호르몬의 기능도 원활하게 활성화시키는 일까지 맡아 한다.

한마디로 엔도르핀이라는 호르몬은 '편안함' 의 호르몬이다. 이와는 반대로 너무 긴장하거나 스트레스를 받으면 노르아드레날린(nor-adrenaline)이라는 호르몬이 분비된다. 이 호르몬은 일시적으로는 응급상항을 극복하는 데는 도움을 줄 수 있지만 길게는 사람을 불안하게 하고, 피곤을 느끼게 하고, 의욕을 상실하게 하며, 혈관을 수축시키고 혈압을 올리는 등 성인병으로 몰고 가는 촉진제 역할을 한다. 따라서 이것은 '불편함' 의 호르몬이요 '스트레스' 의 호르몬이다.

좀 단순하게 정리해 보면, 엔도르핀은 우리를 편안하게 해 주고 아드레날린은 우리를 스트레스 속에 몰아넣는다고 볼 수 있다. 따라서 엔도르핀과 아드레날린이 어떤 비율로 분비되느냐에 따라 '편안함' 과 '불편함' 이 결정된다고 할 수 있다. 긍정적인 사고는 엔도르핀을 분비하고 부정적인 사고는 아드레날린을 분비하므로 만사를 긍정적으로 생각하는 사람들은 스스로를 건강으로 인도할 것이고, 부정적인 생각을 주로 하는 사람들은 스스로를 병으로 몰고 갈 것이다.

지난 30여 년 동안 우리나라를 비롯해서 극동 삼국과 구미 선진국에서 동양의 전통의학에 대한 관심이 고조되었고, 또 동양의학의 과학적 연구도 활발하게 진행되었다. 특별히 관심을 끈 연구로는 침술치료로 엔도르핀의 분비가 증가한다는 사실이다. 침으로 경혈을 자극하면 엔도르핀의 분비가 서서히 증가되는 것을 관찰할 수 있는데, 그 분비의 정도는 침자(針刺) 후 약 20분경에 최고 수준에 도달한다. 이와 같은 연구결과로 침술치료로 통증이 없어지는 이유도 알 수 있었지만, 침술마취 때 침자 후 약 20분이 경과되어야 비로소 마취상태로 유도되는 이유도 설명되었으며, 침술치료 때 유침을 20～30분 정도를 하는 것이 이상적이라는 이유도 설명되었다.

지금까지 많은 의학자의 연구에 따르면 엔도르핀을 비롯한 여러 형태의 호르몬 분비가 침의 자극에 의해 좌우될 수 있다. 동양의학에서는 우리 몸속에 내재하는 자연치유력을 일깨워 활성화시킴으로써 자연적으로 치유의 과정을 밟도록 함을 강조한다고 할 수 있는 반면에, 서양의학은 우리 몸을 해롭게 하는 요인, 특히 외부에서 들어오는 것을 막아 주고 억제해 줌은 물론 이미 들어와 있는 것을 제거해 주는 방법을 강조한다.

동양의학과 서양의학의 차이점은 여러 가지가 있을 수 있으나, 동양의학은 마치 물이 필요할 때 우물을 파서 샘물을 만드는 것이며, 서양의학은 우리를 해칠 수 있는 홍수가 밀려올 때 이를 막기 위해 제방을 쌓는다든가 방류를 한다든가 수로를 바꿔 준다든가 하는 것이라고 할 수 있다.

2. 생각이 다르다

1) 물꼬 터 주는 의학과 이리 떼 쫓아내는 의학

사람이 주위에서 어떤 일이 일어나고 있는가에 대한 정보를 얻는 것은 주로 오감을 통해서다. 오감이라 함은 미각, 후각, 촉각, 청각, 시각의 다섯 가지 감각을 의미한다. 이 중에서도 인간이 환경에서 지능적인 정보를 입수하는 것은 주로 청각과 시각을 통해서다. 우리말 속담에 "백문이 불여일견(百聞不如一見)" 이라고 했다. 새로운 정보를 얻는 데는 한 번 보는 것이 듣는 것보다 훨씬 더 중요하다는 뜻이다. 의학적인 측면에서도 시각은 외부 정보를 입수하는 역할에서 다른 어떤 감각기관보다도 그 크기와 범위를 도저히 비교할 수 없을 만큼 대단하다. '보는 것이 곧 아는 것이다.' 라는 생각까지 하기에 이르렀다. 영어의 일상 대화 중에 상대방이 무슨 말을 했을 때 "아 그렇군요. 이제 잘 알겠습니다." 하는 뜻으로 "I see." 라고 한다. "I know(나도 이미 다 알고 있었다)." 라고 대답하는 것보다는 "I see(아 그렇군요. 알겠습니다)." 라고 한다면 훨씬 자연스러운 응수가 된다.

영어에서는 '본다' 는 뜻으로 'see, look, watch' 등의 단어를 사용한다. 우리가 흔히 쓰는 한자에도 '본다' 는 뜻의 '견(見), 관(觀), 시(視)' 등이 있다. 'see' 는 견에, look은 관에, watch는 시에 해당된다. 견(見, see)은 견해, 예견과 같이 '안다(知, Know)' 와 상통한다. 그래서 예언가를 '보는 사람(seer)' 이라는 뜻으로 사용하는 것이다. 관(觀, look)은 관찰, 관망에서처럼 '바라본다' 또는 '뒤를 돌보아 준다' 는 뜻을 내포하고 있다. 영어에서 방관자(on-looker) 또는 돌보아 준다(look after)는 말이 다 같은 맥락이다. 시(視, watch)는 응시, 감시처럼 무슨 일이 일어나는지를 따지고 챙겨 보는 것이다. 관이 거리를 두고 숲을 바라보듯이 먼 데서 전체를 보는 것이라고 한다면, 시는 가까이서 나무 하나하나를 뒤져 보듯이 낱개를 챙겨 보는 것이라고 할 수 있다. 농업을 위주로 하는 문화권에서는 계절이 어떻게 변하는지, 비가 언제 내리는지, 개울에 물이 마르는지 등을 늘 관찰(觀, look)해야 한다. 목축을 주로 하는 문화권에서는 양 떼가 길을 잃는지, 이리 떼가 가축을 해치는지, 도둑이 가축을 몰고 도망가는지 등을 늘 감시(視, watch)해야 한다.

사람에게서 질병을 추방하고 건강을 유지시키려는 의학 분야에도 예로부터 문화권에 따라 주로 '관'의 방법을 채택했는가 하면 '시'의 방법을 채택하기도 해 왔다. 동양의학에서는 '관'이 주된 방법으로 사용되어 왔고, 서양의학에서는 '시'를 주된 방법으로 사용해 왔다. "병자(病者)는 있되, 병(病)이란 없다."라는 철학을 지닌 동양의학에서는 병자가 갖는 증후를 관찰함으로써 환자의 상태를 파악하고 이를 치료하려고 한다. 수천 년 동안 같은 곳에 살면서 쌓아 올린 경험으로 금년에는 추운 겨울이 올지, 물이 많은 여름이 될지를 미리 예측도 해 보고, 혹시나 몹시 가문 여름에는 비가 오기를 기다리면서 대기하고 있다가, 비가 오면 놓치지 않고 날쌔게 물꼬도 터 주고 모도 심는 등 자연의 섭리에 순응하고 적응하는 것이 농부의 솜씨다. 동양의학에서는 병자의 증후를 잘 알아차려 시기적절하게 음식물이나 약초나 운동이나 몸 일부의 자극을 통해서 건강을 돌봐 주는 의술을 개발시켰다. 거의 매년 비슷하게 되풀이되는 자연에 의존해 오다 보니 무슨 새로운 농경기구를 많이 개발할 필요가 없었듯이, 동양의학에서는 그리 많은 기기가 개발되지 않았다.

서양의학은 "병(病)이라는 정체(identity)가 존재하며 이를 분명하게 찾아내어 없애 주고 몸속으로 들어오는 것을 막아야 한다."라는 철학을 갖고 있기 때문에 몸을 해칠 수 있는 상대가 어떤 것인지, 또 어디 있는지를 늘 응시하고 감시(視)하여야 한다. 마치 양치기가 언제 어디서 이리 떼가 몰려오는지 감시하고, 양 떼가 한곳에서 먹이를 다 뜯어 먹으면 다른 곳을 살펴보는 것과 같다. 양치기는 옮겨 다니기 위해서 교통수단을 발달시켜야 되고, 가는 곳마다 다른 야생동물을 다루기 위해서 많은 도구를 개발해야 되는 것처럼 서양의학에서는 많은 진단과 치료기기를 끊임없이 개발해 왔다.

이웃에게 애 좀 봐 달라고 부탁할 때 우리말에는 '애가 잘 지내도록 돌봐 달라(觀, look after).'는 뜻이 내포되어 있고, 영어에는 '애한테 무슨 해로운 일이 생기지 않나 잘 감시해 달라(視, watch).'는 뜻이 담겨 있다. 동양의학은 자연치유력이 제대로 작용하도록 자연스럽게 돌봐 주는 '관'의 의학이요, 서양의학은 몸에 해로운 것을 찾아서 막아 주고 없애 주는 '시'의 의학이다.

2) 기의 실체—기란 있나? 없나?

사람들은 기(氣)에 대해서 궁금해하는 것이 많다. '기란 도대체 무엇인가?' '과연 기의 실체는 존재하는가?' '기는 하늘에 있나? 땅에 있나? 물에 있나? 아니면 사람 속에 있나?' '기는 볼 수 있나? 잴 수 있나? 또는 느낄 수 있나?' '기가 나오는 곳이 특별히 있나?' '기를 다른 사람과 주고받을 수 있나?' '기를 몸에 축적할 수 있나? 몸에서 빠져나갈 수 있나?' 이와 같은 질문이 끝없이 터져 나온다. 질문이 많다는 것은 흔히 정답이 없을 때 일어나는 현상이다. 대답도 무수히 많다. 해답이 많다는 것도 정답이 없다는 뜻이다.

사람들은 기에 대해서 '신비스럽다' 또는 '미스터리 하다' 고들 한다. 우리는 흔히 정체를 잘 모를 때 신비스럽다라든가 미스터리 하다라고 표현한다. 옛날에 신비스럽다고 하던 일들이 요사이는 어린이도 다 아는 평범한 상식이 된 사실이 얼마든지 있다. 한국인의 고유한 음식인 김치를 서양인에게 설명할 때 '당신들이 즐겨 먹는 피클과 비슷한 음식'이라고 하면 비교적 쉽게 이해하듯이, 동양에서 기라는 개념은 서양의 '에너지(energy)'라는 개념과 비슷한 것이라고 하면 그런대로 어렴풋이 이해하는 것 같다. 최근에 일부 과학자는 에너지가 입자이면서 파동이듯이 기도 입자이면서 파동이어야 한다고 주장한다. 그런데 기는 에너지는 에너지인데 '정보를 지닌 에너지'라고 이들은 설명한다.

기(氣)는 공간적으로 무한하고 시간적으로 무궁한 기본 에너지다. 어디에나 있고 언제나 있는 근원적 에너지라는 뜻이다. 그냥 막연하게 하늘에 서려 있는 기를 천기(天氣), 땅에 스며 있는 기를 지기(地氣), 사람 몸에 엉켜 있는 기를 인기(人氣), 생명을 유지하는 기를 생기(生氣)라고 한다. 전기(電氣)도 기요, 자기(磁氣)도 기다. 중력도 원래 인기(引氣)라고 표현해야 타당할 것이나 '힘'을 강조하다 보니 중력이라고 번역이 된 것이다. 앞으로도 과학의 발달로 새로운 구체적 기를 계속 발견하게 될 것이다. '○○기' '□□기' 하는 식의 새로운 기가 계속 발견되고 이것들을 우리 실생활에 편리하게 이용할 것이다.

기의 실체를 좀 더 쉽게 이해하기 위해서 비유를 하나 들어 보겠다. 가령 누군가가 나의 재력을 평가한다고 가정하자. 내 주머니 속의 현금은 물론 내 재산이며, 은행에 예금한 돈도 내 재산이며, 남에게 잠시 꾸어 준 돈도 내 재산이며, 내 자동차와 내 집도 내 재산이고, 내가 산 땅도 내 재산이다. 내 머릿속에 들어 있는 지식도 어떤 의미에서는 내 재산일 수 있다. 이처럼 나의 소유권 안에 있는 나의 재산임에도 어디에 어떤 모습으로 담겨 있느냐에 따라 그 성질이 다소 달라지게 마련이다. 기도 이와 마찬가지로 근본적으로는 같은 기임에도 어디에 어떻게 담겨 있느냐에 따라 그 성질이 달라질 수 있다. 그런 의미에서 하늘에 있는 기, 땅에 있는 기, 물에 있는 기, 불에 있는 기, 동물에 있는 기, 식물에 있는 기가 서로 약간씩 다를 수 있다.

한의학에서 다루는 가장 중요한 개념과 이론이 바로 기다. 한의학과 기는 떼려야 뗄 수 없다. 한의학이 바로 기의학(氣醫學)이라 해도 과언이 아니다. 한의학을 공부하거나 연구하는 사람들은 기에 대한 공부와 연구를 해야 한다. 기에 대한 연구에는 철학적인 접근법과 과학적인 접근법이 있다. 동양의학에서는 철학적인 접근으로 기에 대한 많은 연구를 해 왔고 또 이를 바탕으로 이루어진 많은 임상경험이 축적되어 왔다. 과학적인 연구를 위해서는 기의 현상을 객관성과 재현성을 토대로 제시하여야 한다.

기의 정체를 찾아 헤매는 과학자가 날로 늘어나고 있다. 기의 실체를 찾아내려는 것은 에너지의 실체를 찾아내려는 노력과 마찬가지로 막연함과 무리수가 따른다. 근본적인 에너지 또는 기 자체를 객관화시켜 제시하는 것은 어쩌면 영원히 불가능한 일인지도 모르겠다. 가장 근본적인 기 자체가 아니라 전기와 자기와 대등한 급의 새로운 형태의 기가 반드시 발견되리라 믿는다. 우리는 생명이라는 현상이 반드시 존재한다는 사실을 인정하지만 '이것이 생명이오.' 하고 생명 자체를 정량화하거나, 가시적으로 측정하거나, 객관적으로 제시할 수는 없다. 다만 생명 때문에 생기는 가시적이고 측정 가능한 현상을 관찰함으로써 간접적으로 생명의 존재를 인지할 뿐이다. 혈압, 맥박, 체온 등을 측정할 수 있듯이 말이다. 마찬가지로 기 자체를 정량화하거나 가시적으로 제시할 수는 없어도 기 때문에 생기는 현상을 관찰함으로써 간접적으로 기의 존재를 인지할 수 있다.

결론적으로 기는 존재한다. 그러나 생명과 마찬가지로 그 실체를 가시적으로 제시할 수 없는 상태로 존재한다. 앞으로 과학자나 의학자가 제시할 기는 '근본적 기' 자체가 아니고 그 '근본적 기'의 일부로서 '독특한 성질을 지닌 구체적 기'의 새로운 발견일 뿐이다.

3) 빛과 그림자

모든 생명체는 삶과 죽음이 뒤엉킨 '기운의 덩어리'라고 할 수 있다. 살아 있는 것은 반드시 죽게 마련이고, 살아가고 있는 것은 죽어 가고 있는 것이다. 즉, 살아가고 있는 과정은 바로 죽어 가고 있는 과정과 같은 것이다. 생명 안에는 생(生)과 사(死)가 공존한다. 살아가는 과정이 있기에 죽어 가는 과정이 있고, 죽어 가는 과정이 있기에 살아가는 과정이 있다. 살아가는 과정과 죽어 가는 과정은 서로 다르면서도 같고, 같으면서도 다르다.

크다, 작다 하는 것은 절대적으로 크다라든가 절대적으로 작다라는 뜻이 아니다. 큰 것도 그것보다 더 큰 것에 비하면 작은 것이고, 작은 것도 그것보다 더 작은 것에 비하면 큰 것이 된다. 크다, 작다 하는 것은 상대적이다. 빠르다고 하는 것도 그것보다 빠른 것에 비하면 느린 것이고, 느린 것도 그것보다 느린 것에 비하면 빠른 것이다. 이것도 상대적이다. 큰 것이 작은 것일 수 있듯이 작은 것이 큰 것일 수 있으며, 빠른 것이 느린 것일 수 있듯이 느린 것이 빠른 것일 수 있다. 상대성의 개념은 이와 같이 서로 다르면서 같을 수 있고 같으면서 다를 수 있다. 밝다고 하는 것도 그것보다 밝은 것에 비하면 어두운 것이고, 어두운 것도 그것보다 어두운 것에 비하면 밝은 것이다. 역시 상대적인 개념이다. 밝다는 것도 어두움이 있기 때문에 밝을 수 있는 것이고, 반대로 어둡다는 것도 밝음이 있기 때문에 어두울 수 있는 것이다. 어둡기와 밝기가 같은 뜻이며, 밝기와 어둡기가 같은 뜻이다. 어두움이 있으므로 밝음이 있고 밝음이 있으므로 어두움이 있다. 서로가 서로의 존재 이유다. 동양에서는 이러한 어두움과 밝음의 상대성을 음과 양으로 표현하였다. 음이 있으므로 양이 있고 양이 있으므로 음이 있다. 음과 양은 서로의 존재 이유다.

동양의학에서는 심신(心身)의 모든 요소가 음과 양의 성질을 갖고 있어서, 음과 양이 조화를 이루고 있으면 건강한 상태요, 조화가 깨지면 불건강의 상태로 규정짓는다. 서양의학에서는 모든 요소가 균형을 이루고 있으면 건강의 상태요, 불균형을 이루면 질병의 상태로 된다고 보고 있다. 동양과 서양이 다 같이 상대성의 이원론의 개념을 채택하고 있다. 그런데 동양과 서양의 이원론은 서로 다른 개념의 이원론을 강조하고 있다. 동양에서는 성질 측면의 조화를 강조하는 이원론이고, 서양에서는 양적 측면의 균형을 강조하는 이원론이다.

이웃한 두 나라가 경제력, 군사력이 양적으로 서로 비슷한 수준을 유지하고 있다면 이 둘은 균형을 이루고 있다고 하겠으나, 두 나라 국민이 정서적으로 계속 으르렁대는 관계일 수도 있다. 그러나 경제력이나 군사력에서는 차이가 있더라도 두 나라 국민 간에 화목한 관계를 유지한다면 조화롭다고 할 수 있을 것이다.

동양의학은 조화의 의학이라고 할 수 있고 서양의학은 균형의 의학이라고 할 수 있다. 조화와 균형의 개념을 한데 융합시킨다면 더 완벽한 의학을 창출해 낼 수 있을 것이다. 생명을 삶의 측면에서만 보지 말고 죽음의 측면에서도 살펴보고, 밝기를 빛의 측면에서만 보지 말고 그림자의 측면에서도 볼 줄 아는 안목이 있을 때 건강과 질병을 살펴보는 안목이 더 높고 깊어질 것이다.

4) 오행과 촌수

우리나라 사람들은 모두가 친척이 된다고 해도 과언이 아니다. 어디에서나 낯선 사람을 처음 만나 몇 마디 주고받다 보면 일가친척이 되든, 사돈의 친척이 되든 친구의 친구가 되든 서로 얽혀 있는 관계가 된다. 그도 그럴 것이 우리나라의 성씨(姓氏)는 고작 300여 개밖에 되지 않는다. 이 세상에 그렇게 적은 수의 집안(家門)만이 모여 살고 있는 나라는 우리나라밖에 없다. 남북한 인구를 합하면 8,000만 명이 되는데, 그 많은 인구가 같은 지역에서 5,000년 동안이나 옹기종기 모여 살았으니, 그동안에 핏줄이 얽히고설키는 것은 오히려 당연하다 할 수 있다.

그래서 우리나라 사람들은 서로 얼마나 가까운 관계인가를 따지기 위해 촌수(寸數)를 사용하게 되었다. 인척을 촌으로 따지는 것도 우리 고유의 풍습이다. 촌(寸)은 '마디'를 의미한다. 현대과학에 비추어 보아도 촌수의 개념은 매우 의학적이다. 이 '마디(寸)의 수'는 바로 '유전인자의 마디'를 의미하기 때문이다. 유전인자가 나와 그 사람 사이에 몇 마디에 걸쳐 연결돼 있는지를 나타내는 게 바로 촌수다. 예를 들면, 아버지와 나 사이는 유전인자의 전달과정을 한 단계 거쳤으므로 1촌이 되고, 할아버지와 나 사이는 두 단계를 거쳤으므로 2촌이 되며, 작은아버지나 큰아버지는 나로부터 아버지, 할아버지를 거쳐 3단계가 되므로 삼촌(三寸)이 되는 것이다. 그리고 그들의 자식들은 나에게 사촌(四寸)의 관계가 된다. 부부(夫婦)는 자신들의 유전인자를 자식들에게 공동으로 투자하기 때문에 남편과 아내 사이는 아무런 촌수도 없는 '무촌(無寸)'이 된다. 이 촌(寸)의 풍습이야말로 아주 멋들어진 과학적 문화의 일면이라고 할 수 있다.

이름에 붙는 항렬도 우리나라에 깊이 뿌리박혀 있는 풍속이다. 목(木), 화(火), 토(土), 금(金), 수(水)를 오행(五行)이라 부른다. 이것은 사물이 서로의 상승작용과 억제작용을 통해 변화와 안정을 추구한다는 다섯 개의 기본적 요인을 나타내는 상징이다. 물을 예로 들어 보자. 물에 열(火)이 가해지면 수증기가 되어 하늘로 올라가 구름이 된다. 구름은 비가 되어 땅(土)에 떨어진다. 땅에 떨어진 물은 흙 속에 스며들어 온갖 광물질(金, 금속)과 섞여 녹는다. 다양한 광물질과 섞인 물은 샘으로 솟아 우물물이나 시냇물이 되어 보통 우리가 물이라고 하는 물(水)이 된다. 이와 같이 생명에 유익한 상태로 된 물이 동물이나 식물 같은 생명체(木)에 사용된다. 이러한 물이 체내에서 신진대사(火, 열작용)를 통해서 또는 자연 속의 열작용(火)을 통해서 다시 증기가 되는 순환과정을 되풀이하게 된다. 이처럼 한 형태가 다른 형태로 변하고 생기게 하는 변화과정을 '오행상생(五行相生)' 이라고 부른다. 여기에는 서로 억제하는 견제작용도 동시에 내포되어 있다. 물은 불을 이기고, 불은 금속을 이기고, 금속은 나무를 이기고, 나무는 흙을 이기고, 흙은 물을 이기는, 말하자면 서로 이기고 억제하는 또 하나의 순환을 이룬다. 이렇게 서로 상승시키고 동시에 서로 억제시킴으로써 변화와 안정을 취하는 이상적 상관관계의 상징적 표본이 오행이다.

이와 같이 음양오행사상이 철저하게 생활화되어 있는 민족은 우리나라 외에 그 유례를 찾아볼 수가 없다. 그런데 가장 중요한 사실은 이 음양오행사상이 우리 전통 한의학의 기본을 이루고 있다는 점이다. 우리 몸의 주요 장기(六臟六腑)를 모두 이 오행에 귀속시키고 이들의 상관관계의 틀 속에서 건강과 불건강의 상태를 파악하는 것이다. 조화와 부조화를 바탕으로 진단과 치료를 시도하는 것이 동양의학의 기본 방향이다.

서양의학에서는 신경계통을 통하여 빠르고 구체적인 균형을 추구하고, 내분비계통을 통하여 느리고 전체적인 균형을 추구한다. 신경계통은 체신경과 자율신경의 균형을, 체신경은 다시 운동신경과 감각신경이 균형을, 그리고 자율신경은 교감신경과 부교감신경이 균형을 이루려고 노력한다. 남거나 넘쳐 흐르는 것은 덜어 내거나 잘라내고, 모자라는 것은 더해 주거나 갖다 붙이는 식으로 원인을 찾고 교정하여 균형을 잡아 줌으로써 정상을 유지시킨다.

동양의학이 얽히고설킨 복잡한 관계 속에서 전체를 위한 조화를 이루어 내려는 조화 중심의 의학이라면, 서양의학은 주고받으면서 또는 더하고 덜하면서 균형을 이루어 내려는 균형 중심의 의학이라고 할 수 있다. 서양의학, 동양의학, 대체의학이 모두 균형을 이루면서 동시에 조화를 이루는 종합적 접근법을 채택할 때, 이 전일의학(全一醫學)이 21세기를 주도하는 새로운 종합의학이 될 것이다. 이러한 종합의학은 오행과 촌수의 사상이 가장 깊이 몸에 밴 우리나라에서 창출될 가능성이 높다.

5) 생명의 장(場)과 생명의 장(章)

어떤 사람이 자살을 하면서 유서를 남겼다. "죽음이 어떤 것인지 알아보기 위해 나는 죽는다. 그러나 한 가지 유감스러운 것은 여러분에게 죽음이 어떠한 것이라고 말해 줄 수 없다는 사실이다."

많은 사람이 똑같은 궁금증을 갖고 있지만 용기가 없어 죽어 보지 못한다. 오래전 퀴블러 로스(E. Kübler-Ross)라는 정신과 의사가 '죽었다가 다시 살아났다.' 고 판단되는 환자 수백 명을 상대로 연구한 보고를 발표한 적이 있었다. 물론 이 환자들이 정말 죽었다가 다시 살아났는지(復活), 아니면 거의 죽은 상태로까지 갔다가 다시 소생했는지(再生), 그것도 아니면 죽지는 않았는데 쓸모없는 상태로 되었다가 다시 활성화되었는지(再活)는 이론의 여지가 있다. 그러나 연구대상자들이 모두 심장도 멎었고 숨도 쉬지 않는 상태, 즉 임상적 죽음에까지 이르렀던 것은 틀림없다는 것이다. 이들 소생자의 공통된 경험에 따르면, 자기가 죽었을 때 육신(肉身)에서 의식의 몸(幽體)이 빠져나와 물질세계의 접촉을 통한 경험은 할 수 없었으나, 보고 듣는 의식의 다양한 경험을 한 후에 다시 자기의 육체적인 몸속으로 돌아왔다는 것이다. 이 연구발표 후에 소위 유체이탈을 소재로 한 소설이나 영화가 많이 쏟아져 나왔다.

자석이 자장을 지니듯이 모든 생명체는 생명장을 지니고 있다.

새들이 떼를 지어 날아다니다 전선이나 나뭇가지에 앉을 때에 그냥 아무렇게나 되는 대로 앉는 게 아니다. 새의 종류에 따라 앉는 자리의 간격이 다르다. 예를 들면, 어떤 새들은 서로 5센티미터 이상 가까이 앉지 않으며, 또 다른 종류의 새들은 최소한 10센티미터 이상의 거리를 유지한 채 앉는다. 또 다른 예로는 만일 뱀이 조용히 목 뒤에 다가와서 혓바닥을 날름거린다면 사람은 이것을 오감(五感)이 아닌 다른 감각(六感)으로 느낀다는 것이다. 이러한 현상은 생명체의 일정한 거리 이내로 그 무엇인가가 접근할 때에 일종의 위협을 감지하기 때문이다. 어떤 학자는 "모든 생명체는 각 생명체에 속하는 에너지 장(場)이 있다."라고 주장한다. 여기서 말하는 장은 자기(磁氣)에서의 자장(磁場)과 같은 개념이다. 그래서 생명체가 지니는 장을 '생명장(生命場)' 이라 부른다. 구소련의 물리학자 키를리안(S. Kirlian) 박사 부부의 연구에 따르면, 생명체에 인접한 부위에 일종의 에너지 장이 감지되며 이 에너지 장을 사진으로 담을 수도 있다. 이를 오늘날 키를리안 사진술이라고 부르고 있으며, 이러한 키를리안 현상과 생명장 그리고 기와의 상관관계를 연구하는 사람들도 상당수 있다. 현재로서는 유체이탈을 통한 사후경험에 대해서나, 생명장의 존재에 대해서나, 키를리안 현상에 대하여 이론과 반론이 만만치 않은 상태이니 앞으로 많은 연구가 필요할 것이다.

동양의학이나 서양의학이나 대체의학 모두 생명이 주제이면서 생명 자체를 다루는 총론적 연구가 별로 되어 있지 않다. 생명의 장(場)은 있으나 생명의 장(章)이 없다는 뜻이다. 의과대학에서 생리학 강의시간에 생명에 대한 생물학적 정의를 간단히 짚고 넘어가는 경우는 있다. 그러나 '생명이란 과연 무엇인가?' '죽음이란 무엇인가?' '생명이란 어떻게 생겼다가 어떻게 없어지는가?' '영혼이라는 것이 있는가?' '사후세계란 있는 것인가? 없는 것인가? 없다면 어떤 과정을 거쳐 없어지며 있다면 어떤 모습으로 존재하는가?' '육신과 정신과 영혼은 구분되는가? 세계보건기구(WHO)의 선언에 따르면 건강이란 육체적, 정신적, 사회적, 영적으로 건강함을 말한다고 규정하였는데 그렇다면 이들 상호 간의 상관관계는 어떻게 이루어지며, 이들과 질병, 건강과는 어떻게 연결이 되는가?' 등의 질문을 다루는 큼직한 장(章)이 어떤 교과서에도 수록되어 있지 않다. 한의학에서는 생명을 '영위(榮衛)하는 존재' 로 정의하고, 생명의 구조를 정(精)과 신(神), 혼(魂)과 백(魄)의 개념으로 설명하고 있으니, 매우 구체적이진 못해도 나름대로 육신, 정신, 영혼을 어렴풋이 다루고 있는 셈이다. 동양의학이나 서양의학 모두 생명의 장이 따로 없긴 해도, 동양의학은 생명현상의 총론을 주로 다루고 서양의학은 주로 각론을 다룬다고 할 수 있다.

현대의학이 찾아낸 위대한 발견 중의 하나가 우리 몸의 많은 생리현상을 전기(電氣)작용으로 설명할 수 있다는 것이다. 신경을 따라 전기가 흐르지 않으면 근육이 움직일 수 없다. 대뇌의 어떤 부분을 전기로 자극하면 팔이 움직이고, 뇌의 다른 부위를 자극하면 다리가 움직인다. 이것은 뇌에서부터 신경을 따라 팔다리로 전기가 흐르기 때문에 가능하다. 이런 전기가 흐르지 않을 때 우리는 이것을 마비(痲痺)라고 한다. 예를 들면, 손으로 컵을 들려고 할 때에도 뇌에서부터 손으로 신경을 따라 전기가 흐르지 않으면 안 된다. 그런데 '저 컵을 쥐어라.' 하는 생각이 언제, 어디서, 어떻게 전기 에너지로 변했는지는 아무도 모른다. 생각이 어떻게 전기로 변했는지에 대한 가장 기본적인 설명은 서양의학도, 동양의학도, 대체의학도 가지고 있지 않다.

과거에는 의학이 병(病) 중심이었다. 병에 대해서 배우고, 병을 찾아내는 방법을 배우고, 병을 없애는 방법을 배워야 하기 때문에 병 중심의 의학은 병을 치료하는 의사의 전용물이 될 수밖에 없었다. 그러나 최근에는 의학이 건강 중심으로 바뀌어 가고 있다. '건강을 배우고 건강을 다루는 데는 꼭 의사일 필요는 없다. 건강관리에 대해서라면 나도 참여할 수 있다.' 는 생각으로 바뀌고 있다. 그래서 건강관리를 내세운 심포지엄이나 세미나에 가 보면 의사가 아닌 비의사 전문가가 더 많다. 생명의 장이 없는 의학 교과서에 분명한 생명의 정보를 싣는 큼직한 '생명의 장' 을 추가하기 위해서는 건강 중심 의학의 테두리 안에 모든 분야의 전문가가 참여해야 할 것이다.

6) 직선적 운동과 곡선적 운동

동양과 서양은 사람들의 외양, 생활습관, 사고방식 등이 경이로울 만큼 대조적이다. 서양은 밖으로 뻗어 나가고 하늘로 높이 솟으려는 원심적인 양(陽)의 문화요, 동양은 안으로 응축하고 땅에 정착하려는 구심적인 음(陰)의 문화다. 서양문화는 본질적으로 물질문명이며 자연을 인위적으로 뜯어고쳐 인간에게 편안하도록 개척해 가는 능동적 문화인데, 동양문화는 바탕이 주로 정신문명이며 각자가 편안함을 느낄 정도로 자연에 적응하며 살아가려고 노력하는 수동적 문화다.

운동을 이용한 치료방법도 동양과 서양이 서로 다르다. 서양의 운동치료에는 관절운동, 근력강화운동, 심폐기능강화운동, 기술향상운동이 있다.

동양의학에서 사용하는 전통적 운동치료로는 기공운동을 들 수 있다. 기공은 크게 두 가지로 분류하는데, 하나는 보건의료를 목적으로 하는 건강기공이요, 또 하나는 무술의 일부인 강신법(强身法)으로서의 무술기공이다. 건강기공은 비교적 유연한 수련방식을 택하므로 연기공(軟氣功)이라고 부르고, 무술기공은 강도 높은 단련방식을 취하므로 경기공(硬氣功)이라 부른다. 그리고 건강기공에 속하는 연기공은 다시 다른 사람을 치료해 주는 외기공(外氣功)과 자기 자신을 위해서 스스로 하는 내기공(內氣功)으로 세분한다. 기공은 의식훈련과 호흡조절이 체조와 한데 어우러진 조화의 운동이다.

서양식 운동은 주로 힘(力)을 기르는 운동이고 동양식 운동은 주로 기(氣)를 키우는 운동이라 할 수 있다. 서양식 운동은 육체의 단련을 강조하기 때문에 옆 사람과 이야기도 하고 농담도 하고 낄낄 웃어 가면서도 할 수 있는 데 반해서, 동양식 운동은 다분히 의식훈련과 호흡조절이 따르는 정신적 수련이기 때문에 운동하는 동안에 옆 사람과 이야기를 하거나 이어폰을 끼고 음악을 듣거나 해서는 안 되며 오히려 몸과 마음을 일치시키는 정신집중을 요한다. 운동의 동작에서도 서양식 운동은 보건체조에서처럼 주로 직선적이며, 동양식 운동은 기공에서처럼 곡선적이다. 대부분 직선은 인위적이며 곡선은 자연적이다. 대부분 '하나, 둘' 하는 보건체조는 인위적인 직선을 따라 움직이며, 소리 없이 흘러가는 기공운동은 자연적인 곡선을 따라 움직인다. 서양식 운동과 동양식 운동을 접목시킨 종합운동을 처방한다면 더 효율적인 건강증진이 가능할 것이다.

7) 오장육부의 주기와 바이오리듬

2,400년 전에 히포크라테스는 "규칙성은 건강의 징조이며, 불규칙성은 건강을 해치는 것"이라고 했다. 19세기 말에 비엔나 대학의 심리학 교수 헤르만 스보보다(Hermann Swoboda) 박사와 독일 의사 빌헬름 플리스(Wilhelm Flieβ) 박사에 의해 신체리듬과 감성리듬의 주기가 밝혀졌으며, 1920년대에 이르러서는 알프레드 텔처(Alfred Teltscher)에 의해 지성리듬이 발견되었다. 이 세 가지 리듬을 바이오리듬이라 부른다. 23일의 주기를 갖고 있는 신체리듬은 주로 근육

조직을 지배하는 리듬으로 육체적 건강상태를 결정하며, 공격성, 진취성, 저항력, 일에 대한 의욕 등에 영향을 미치기 때문에 특성상 남성적 리듬이라고도 한다. 28일의 주기를 갖고 있는 감성리듬은 교감신경계를 지배하며 여성 호르몬이 관계된다고 보고, 기분, 비위, 감수성, 육감 등의 정서나 감정의 에너지에 직접 관여하기 때문에 '여성적 리듬'이라고도 한다. 33일의 주기를 갖고 있는 지성리듬은 뇌세포 활동을 지배하고 이해력, 판단력, 분석력, 논리적 구성력 등의 지성 면에 관여한다.

바이오리듬은 출생일로부터 시작해 일생 동안 주기성에 변화가 없이 진행되는데, 저조기에서 고조기로, 고조기에서 저조기로 전환하는 날은 리듬의 성질이 급격하게 바뀌므로 심신상태가 불안정해 위험일이라고 부른다. 이날은 뜻하지 않은 사고를 내거나 실수를 하기 쉬운 날이므로 특별히 주의를 기울여야 한다. 우리 몸에는 체온, 혈압, 호르몬의 분비, 세포분열 등 하루를 한 주기로 오르락내리락하는 짧은 리듬이 따로 존재하는데, 이를 서캐디언 리듬(circadian rhythm, 24시간 주기리듬)이라 부른다.

오전 7~9시 사이에는 심장박동수가 증가하고, 체온은 상승하며, 아드레날린 호르몬의 분비가 절정에 이른다. 9~11시에는 통증에 제일 무디어지고, 근심의 수치도 제일 낮으며, 단기 암기력이 15%나 더 좋아진다. 낮 12시 무렵은 하루 중 시력이 제일 좋은 시간이다. 오후 1~2시는 에너지와 예리함의 정도가 일시적으로 하강하는 때로 보통 졸림을 느낀다. 그러나 3~4시 무렵에는 신체의 유연성과 근육 기능의 컨디션이 좋아지는 시간대이므로 운동선수에게는 최적의 시간이라 할 수 있다. 오후 5시 무렵에는 혈압이 제일 높아지며, 6~7시경에는 식욕이 제일 좋은 때다. 저녁 8~11시는 뇌의 호르몬 세로토닌과 아데노신이 뇌신경의 전자활동을 중단시켜 잠이 오게 한다. 자정에서 새벽 3시 사이에는 스트레스 호르몬 분비가 낮고, 혈액 내 산소 소모량도 가장 낮은 상태가 된다. 새벽 4시경에는 하루 중 체온이 제일 낮다.

동양의학의 전통적 이론에 따르면, 새벽 3~5시는 폐, 오전 5~7시는 대장, 7~9시는 위, 9~11시는 비장, 11~오후 1시는 심장, 1~3시는 소장, 3~5시는 방광, 5～7시는 신(콩팥), 저녁 7～9시는 심포, 9～11시는 삼초, 저녁 11～새벽 1시는 담, 1～3시는 간의 기능이 활발해진다.

8) 콩팥과 신장(腎臟)과 신(腎)

종종 환자들이 찾아와서 어리둥절한 표정으로 물어보거나 화가 난 모습으로 불평하는 내용을 들어 보면 대개 이렇다. "의사들이 설명을 해 주어도 무슨 말인지 잘 이해가 안 갑니다. 설령 어렴풋이나마 알아들을 만한 내용이라 하더라도 이 의사는 이렇게 말하고 저 의사는 저렇게 말하니, 도대체 어느 말이 옳은지 알 수가 없습니다. 이 의사 말이 옳다면 저 의사 말이 틀린 것일 테고, 저 의사가 유식하다면 이 의사가 무식하다는 것이 아닙니까?" 라는 것이다.

자세히 들어 보니 특히 의사와 한의사 사이의 설명이 너무나 다르다는 것이다. 예를 들면, 한의사한테 가서 진찰을 받아 보니 콩팥이 나쁘다고 그러던데, 종합병원에 가서 혈액검사와 소변검사도 하고 시티(CT)도 찍어 봤더니 아무런 이상이 없고 다 정상이라고 하더라는 것이다. 그러면서 제대로 알지도 못하는 사람이 이거 나쁘다 저거 나쁘다 한다고 불평까지 곁들인다. 이와 반대의 경우도 있다. 대학병원에 가서 최첨단 진단기기로 온갖 검사를 다 했는데도 아무런 이상이 없다고 하기에 안심은 되었지만, 그래도 불안해서 한의원을 찾아갔더니 이것저것 물어보고 혀도 들여다보고 맥도 짚어 보더니 콩팥이 나쁘다고 하더란다. 그러면서 최첨단장비로도 찾아내지 못하는 병을 결국 한의사가 찾아내더라며 감탄사까지 잊지 않는다.

이것은 비슷한 말을 서로 주고받았지만 정확한 의미를 이해하지 못하는 데서 빚어진 혼동이요, 혼란이다. 일반인이 쓰는 콩팥이라는 말과, 의사가 사용하는 신장(腎臟)이라는 말과, 한의사가 쓰는 신(腎)은 그 뜻이 다소 다르다. 일반인이 이해하고 있는 콩팥은, 우리 몸속 양쪽 옆구리에 위치하면서 소변을 만들어 내는 콩의 생김새와 팥의 빛깔을 띤 장기를 일컫는다.

서양의학을 시술하는 의사들은 "성인의 경우 약 150그램 정도의 무게를 지닌 장기로서, 그 내부는 현미경으로나 보이는 아주 작은 100만 개 이상의 사구체(絲毬體, 모세혈관 주머니)와 아주 가느다란 세관(細管)으로 꽉 차 있으며, 혈액이 사구체를 거치는 동안 대부분의 체액이 걸러져서 세관 안으로 들어가고 이 체액이 세관을 흘러가는 동안 다시 흡수될 것은 흡수되고 분비될 것은 분비되는데, 이 과정을 통해서 우리 몸의 전체 수분량을 조절하고 혈액 내 여러 성분(電解質)을 조절하고 혈압을 조절하는 호르몬을 분비시키며, 마지막 찌꺼기 물이 소변이라는 형태로 되어서 우리 몸에 해로운 독물과 함께 체외로 내보내는 장기(臟器)"를 신장(腎臟)이라고 정의한다.

한의학에서 신(腎)은 "장기로서의 신장과 여기에 연결된 경락(腎經絡)과 기(腎氣)가 함께 이루는 복합적 기능"을 의미한다. 한의학에서 '신'의 역할은 "장정(藏精), 주수(主水), 주골생수충뇌(主骨生髓充腦), 주납기(主納氣)"라고 정의하고 있는데, 이는 "정기(精氣)를 저장하고, 체내의 수분을 조절하며, 뼈와 골수와 뇌의 기능을 직접 · 간접으로 주관하며, 폐로 흡입된 공기(酸素)의 순환을 돕는다."라는 것이다.

종합병원에서 의사가 환자에게 알아듣기 쉬우라고 콩팥이 나쁘다고 하는 것은 해부학적인 장기로서의 신장이 부었거나, 줄어들었거나, 찢어졌거나, 곪았거나, 혹이 돋아났거나, 막혔거나, 돌멩이가 생겼거나 하는 식의 망가진 것을 의미한다. 그리고 검사해 보니 다 정상이라고 하는 것은 검사 소견이 정상범위에 속해 있다는 뜻이지, 반드시 그 사람 전체가 정상이라는 뜻은 아니라고 해석해야 한다.

한의사가 환자에게 콩팥이 나쁘다라고 한다면 이는 기능의 단위인 '신'에 나쁜 기(邪氣)가 너무 지나치게 많다(實하다)든가, 좋은 기(正氣)가 너무 부족하다(虛하다)는 것을 의미하는 것이다. 이와 같이 서로 주고받는 용어는 비슷한데 그 개념이 다르다는 사실을 모를 때에는 혼란스러운 정보를 주고받기 쉽다. 한의사가 환자에게 "신이 허하시군요." 하면, 환자는 곧장 종합병원에 가서 "콩팥이 나쁘대요." 하고, 그 말을 들은 의사는 "검사해 보니 신장은 정상인데요." 하게 되는 것이다.

따라서 치료에서도 찢어진 데는 찢어진 데 대한 치료를 해야 하고, 곪은 데는 곪은 데 대한 치료를 해야 하며, 돌멩이가 생긴 데는 돌멩이에 대한 치료를 하는 것이 가장 바람직하다. 마찬가지로 허한 것은 허한 것에 대한 치료를 하고, 실한 데는 실한 데 대한 치료를 하는 것이 바람직하다.

9) 오장육부와 뇌

서양의학에서는 인체를 기능에 따라 소화기계통, 순환기계통, 호흡기계통 등 계통(system)으로 분류한다. 각 계통은 여러 개의 장기(organ)로 이루어져 있고, 장기는 조직(tissue)으로, 조직은 세포(cell)로, 세포는 궁극적으로 극소단위인 분자(molecule)로 이루어져 있다. 이는 각 분자가 제대로 되어 있으면 세포가 건강하고, 각 세포가 건강하면 기관이 건강하고, 각 기관이 건강하면 계통이 건강하고, 각 계통이 건강하면 몸이 건강할 것이라는 이론과 직결된다. 그래서 서양의학에서는 기능상의 단위인 각 장기(기관)를 상대로 어느 기관에 병이 있는지를 알아내는 진단법과, 이렇게 발견된 병을 제거하여 정상적인 기능을 되찾는 치료법이 강조되고 있고 또 발달하고 있다. 반면에 동양의학에서는 몸이 건강하면 그 몸이 담고 있는 장기들이 저절로 건강하게 될 것이라고 믿으며, 몸의 건강은 각 장기(경락)복합체의 상호 협응과 조화로 유지시킬 수 있다고 한다.

일반인은 흔히 우리 몸의 오장육부를 이야기하지만 동양의학에서는 육장육부를 기본 장기로 규정하고 있다. 장기 중에 속이 비어 있지 않은 덩어리 같은 기관을 장(臟)이라 하고, 속이 빈 주머니 같은 기관을 부(腑)라고 한다. 육장(六臟)에는 심장(염통), 폐(허파), 간(肝), 신(콩팥), 비-췌장(지라), 심포(心胞)가 포함되고, 육부(六腑)에는 위(胃), 소장(작은창자), 대장(큰창자), 담(쓸개), 방광, 삼초(三焦)가 포함된다. 바로 이 12개의 장부가 기능적으로 특수한 연계를 맺고 서로 자극하고 서로 억제하면서 균형을 유지한다는 것이 동양의학의 골간이다. 그런데 여기에 몇 가지 문제점이 있다.

첫째, 서양의학에는 삼초(三焦)라는 개념이 존재하지 않는다. 무슨 장기나 해부학적 구조도 규명되어 있지 않다. 몸의 어떤 부분이 삼초인가 하는 점에서는 그저 막연한 설명이나 구구한 설이 있을 뿐이다. 서양의학자들은 삼초라는 어휘를 그대로 직역하여 3개 또는 3중(triple)이라는 뜻과 탄다(burn)는 뜻을 살려 'triple burner' 라고 번역한다.

둘째, 심포(心胞)라고 하는 장기다. 해부학적으로 '바로 이것이 심포다.' 라고 짚어서 얘기할 만한 장기는 없다. 심장을 싸고 있는 주머니라는 뜻에서 일부 학자는 'envelope of heart' 라고 번역하기도 하고 어떤 학자는 그냥 심랑(pericardium)이라고 번역하고 있다. 그러나 한의학에서 이야기하는 심포의 개념은 서양의학의 심랑의 개념과는 다르다. 우리나라 말에 '심보가 고약하다.' 의 심보는 심포에서 유래되었을 가능성이 높다. 심포는 기능적으로 마음과 관계가 있기 때문이다. 어쨌든 심포는 미스터리 장기 중의 하나다.

셋째, 동양의학에는 뇌가 포함되어 있지 않다. 서양의학에서는 가장 중요한 장기로 간주되고 있는 것이 뇌인데, 동양의학에서는 아예 12개의 기본 장기 축에도 끼지 못한다니 너무 이상하지 않냐는 지적이 있을 수 있다. 그러나 동양의학에서 뇌는 인체 내의 모든 장기와 골고루 연결되어 있고, 모든 장기의 상호 기능을 조절하고, 인체 내부와 외부 환경 사이의 관계를 조정하는 인체의 중요한 부분이지, 간이나 위장과 같은 장기는 결코 아니라고 설명하고 있다. 뇌가 12개의 장부와 맞먹는 하나의 장기에 불과한 것이 아니라 그 이상으로 중요한 역할을 하는 종합센터에 해당된다는 설명도 된다.

동양의학과 서양의학이 접목됨으로써 이보다 더 우수한 한 차원 높은 의학을 창출해 낼 수 있을 것이라 전망된다. 그러나 동양의학과 서양의학이 그냥 한자리에 같이 있다고 융합되는 것은 아니다. 내용의 융합이 없는 공간 공유는 마치 한 통에 물과 기름을 한데 부어 넣은 것과 같을 뿐이다. 동서 의학의 진정한 접목과 융합은 공통된 개념의 정립이 선행되어야 한다. 즉, 동양의학과 서양의학의 신(腎)이 같아야 한다는 뜻이다. 아니면 적어도 동서 의학의 장기가 서로 어떻게 다른지 정도는 알아야 한다.

10) 뜨거운 것을 마시면서 시원해하다

"그 말을 들으니 내 속이 다 후련하다."라든가 "오래간만에 속 시원한 소리 한번 들었다."라는 식의 표현을 더러 듣는다. 이것은 "얼음물을 한 컵 마셨더니 배 속이 서늘하다."는 말과는 그 뜻이 다르다. '속 시원하다'는 말은 '속이 답답하다'는 말의 반대로서, '답답함이 없어졌다'는 의미를 지닌다.

우리가 느끼는 감정의 변화와 자율신경의 반응과 밀접한 관계가 있다. 자율신경 계통은 교감신경과 부교감신경으로 나뉘는데, 우울하거나 걱정스럽거나 긴장하면 교감신경의 활동이 활발해진다. 교감신경이 활발해지면 위나 소장 같은 내장이 수축하게 되고 또 이런 장기에 분포된 혈관도 수축하게 된다. 이러한 수축은 우리에게 속이 답답하다는 느낌을 갖게 한다. 이러한 상태에 처해 있는 사람이 어떤 이유로 교감신경의 기능이 완화되면 내장과 그 안의 혈관도 이완되므로 순간적으로 편안함을 느끼게 되고, 이것이 시원하다는 기분으로 연결되는 것이다.

예를 들면, 속이 몹시 상하지만 꾹 참고 말을 못하고 있었는데, 누군가 나 대신 말을 해 주면 그 순간 긴장되었던 교감신경이 완화되고, 따라서 수축되었던 내장과 혈관이 이완되면서 이것이 편안함을 가져오고 결국은 시원하다는 기분으로 나타난다. 따끈따끈하고 맛있는 국물을 마실 때 "아, 시원하다!" 하는 것도 똑같은 이유에서다.

이 세상 모든 사물은 물질과 비물질로 구분된다. 또 모든 사물에는 성질이 있다. 비물질의 성질이 성(性)이고 물질의 성질이 질(質)이다. 마음은 성이기 때문에 심성이라고 하고, 몸은 질이므로 체질이라고 한다. 뜨거운 것을 마시면서 시원하다고 할 때, 뜨겁다고 느끼는 것은 질이요, 시원하다고 느끼는 것은 성이다. 더운 물속에 들어가면서 시원하다고 하는 것도 역시 같은 이유 때문이다. 질이 뜨겁고 성이 시원하다는 뜻이다.

11) 동양과 서양의 체질의학

이 세상에 똑같은 사람은 하나도 없다. 어딘가 다른 데가 있게 마련이다. 피부색이 하얀 사람이 있는가 하면 까만 사람도 있고 노란 사람도 있다. 차를 탈 때마다 이마를 부딪힐 정도로 키가 큰 사람이 있는가 하면 사람들 틈에 끼여 숨도 제대로 쉬기 어려울 정도로 작은 사람도 있다. 아무리 조금 먹어도 쉽게 살이 찌는 사람이 있는가 하면 아무리 먹어도 늘 마른 사람이 있다. 조금만 더워도 비지땀을 흘리거나 찬밥을 먹으면서도 이마에 식은땀을 줄줄 흘리는 사람이 있는 반면에 웬만한 더위나 운동에도 땀 한 방울 흘리지 않는 사람도 있다.

소주 두세 병 마시고도 끄떡없는 사람이 있는 반면에 한 잔만 마시고도 참지 못하고 안절부절못하는 사람도 있다. 커피를 생맥주잔만큼 큰 컵에 꿀꺽꿀꺽 마셔대도 아무렇지 않은 사람이 있는가 하면 반 잔만 마셔도 가슴이 뛰네, 잠이 안 오네 할 정도로 예민한 반응을 보이는 사람도 있다. 하루 한 끼라도 고기를 안 먹으면 못 배기는 사람이 있는가 하면 고기 한 점 먹고 온몸에 두드러기가 나는 사람도 있다. 빈혈이 심한 사람에게는 다른 사람의 피를 수혈하게 되는데, 이때 어떤 사람의 혈액을 받으면 빈혈기가 없어지면서 기운이 나는 데 반해, 어떤 사람의 혈액을 받으면 오히려 피가 응고되어 죽기도 한다. 혈액의 구성성분 자체는 모든 사람이 같으나, 혈액의 응고반응은 서로 다르다. 이것이 소위 혈액형이다.

오래전부터 의학자들은 동양문화권, 서양문화권을 막론하고 사람은 저마다 서로 다른 체질을 선천적으로 타고 나는 것이며, 이 체질이 평생 동안의 건강과 질병을 좌우하는 게 아닌가 생각해 왔다. 그래서 사람마다 서로 다른 체형과 성격과 생리적 반응을 지녔다 하더라도 무엇인가 공통점을 공유하고 있는 사람들은 한데 묶어서 몇 가지로 제한된 유형으로 분류해 놓고, 이 유형에 따라 각기 다른 건강 관리법과 질병 치료법을 적용시킬 수 있을 것이라 보았다.

서양의학의 아버지라고 불리는 고대 그리스시대의 히포크라테스(Hippocrates)는 "우리 몸에는 네 가지 체액이 있어서 이 체액의 균형과 조화를 유지하면 건강이요, 그렇지 못하면 병이 된다."라고 주장했다. 그는 사람들이 어느 체액이 주로 강한가에 따라 체질을 다혈질(多血質), 점액질(粘液質), 황담질(黃膽質), 흑담질(黑膽質)의 4형으로 구분하였다.

로마제국시대 해부생리학의 원조로 알려져 있는 갈레노스(Gallenos)는 4체액이 심장, 뇌, 간장, 비장에 기인된다는 이론을 세웠다.

근대 들어, 특히 20세기 초반부터 많은 의학자에 의해 사람을 여러 가지 체형이나 체질로 분류해 보려는 시도가 계속되었다. 베네케(M. Benecke)는 무력(無力)형과 과긴장(過緊張)형의 2형으로 분류하였고, 크레치머(A. Kretschmer)는 키가 작고 통통한 왜장(倭將)형, 키가 크고 마른 수장(瘦長)형, 근육이 발달한 기육(肌肉)형의 3형으로 분류하였으며, 셸던(Sheldon)도 발생학적인 요인에 바탕을 두어 역시 3형으로 분류하였는데, 내배엽형(endomorphy, 당뇨병과 고혈압 등에 걸리기 쉬움), 외배엽형(ectomorphy, 소화기질환이나 정신질환 등에 걸리기 쉬움), 중배엽형(mesomorphy, 비교적 이상적인 체질로 간주됨) 등이 바로 그것이다.

중국에서는 옛날부터 태음인, 소음인, 태양인, 소양인, 음양화평인의 5형으로 분류해 왔고, 또 오행(五行)을 바탕으로 하여 목형인, 화형인, 토형인, 금형인, 수형인의 5형으로 분류하였다.

우리나라에서는 조선조 말에 위대한 의학자 이제마(李濟馬) 선생이 사람의 체질을 4형으로 분류하는 사상의학(四象醫學)의 이론을 정립하였다. 이 이론에 따르면, 사람은 선천적으로 어떤 장기는 튼튼하게 또 어떤 장기는 약하게 태어난다고 한다. 태양인은 폐가 강하고 간이 약하며, 태음인은 간이 강하고 폐가 약하며, 소양인은 비장이 강하고 신장이 약하며, 소음인은 신장이 강하고 비장이 약하다는 것이다. 체질에 따라 몸에 유익할 수도 있고 해로울 수도 있는 음식과 약이 따로 있다. 각자의 체질을 파악한 후 체질에 맞는 생활을 영위한다면 병도 나을 수 있고 건강도 유지할 수 있다는 것이 사상의학이론의 핵심이다.

우리나라의 사상체질의학은 이론상으로도 세계에서 내놓고 자랑할 만한 잠재력을 지니고 있다. 그러나 불행하게도 체질을 객관적으로 감별해 낼 수 있는 검사방법이 아직 개발되지 않았고, 임상효과도 객관성과 재현성을 만족시키는 과학적 방법으로 검증되지 않았다. 세계의 과학자들이 납득할 만한 방법으로 검증되지 않는 한 한국 고유의 체질의학은 국제화될 수 없을 것이다.

12) 동양의 감기와 서양의 감기

동양의 감기와 서양의 감기가 서로 다를 리 없다. 단지 동양의학적인 측면에서 본 감기의 기전이 다르고 서양의학적인 측면에서 보는 감기의 원인이 다를 뿐이다.

감기는 누구나 앓아 본 경험이 있는 병이며, 만일 아직 걸려 본 적이 없다면 언젠가는 한번쯤 앓게 될 병이다. 감기는 병이라고 하는 것보다는 그냥 하나의 증후군(syndrome)이라고 불러도 무방할 것이다. 증후군은 여러 증상이 무리를 지어 나타나는 것을 말하는데, 머리가 아프고, 열이 나고, 콧물이 나고, 코가 막히고, 재채기가 나고, 목이 아프고, 기침이 나고, 전신피로가 생기는 등의 증상을 감기증후군으로 볼 수 있다.

감기라는 것은 원래 동양의학적인 술어다. 감염성(感染性)이 있는 기(氣)라는 뜻에서 감기(感氣)라고 부르게 된 것이다. 우리나라에서는 너무나 보편화된 말이기 때문에 서양의학계에서도 그대로 감기라고 부르고 있다. 미국인은 감기를 'common cold' 라고 부른다. 반드시 추울 때만 생기는 것은 아닌데, 주로 추운 것(cold)과 관계되는 병이고 또 너무나 흔하게(common) 생긴다는 뜻에서 그렇게 부르는 것이다.

감기에는 치료방법이 없다. 앓을 만큼 앓으면 저절로 낫는다. 감기가 왜 생기고 또 어떻게 진행되는가에 대해서는 동양의학과 서양의학의 견해가 다르고 이론적 바탕도 다소 다르다.

동양의학에서는 기에 대한 이론이 그 설명의 바탕을 이루고 있다. 우리 몸의 생리를 관장하는 기는 그 기능에 따라 영기(營氣, 榮氣)와 위기(衛氣)로 구분한다. 영기는 인체 내부에서 장기의 영양과 신진대사를 관장하며, 위기는 주로 체표에 머물면서 외부에서 쳐들어 오는 나쁜 기(邪氣)를 막아 내는 역할을 담당한다. 위기는 또한 자고 깨는 수면각성 율동, 근육의 긴장도, 체표의 온도 등을 조절한다. 위기는 낮에는 체표의 가장 바깥쪽에 머물면서 활동하고 밤에는 비교적 안쪽으로 스며드는 주기적 율동, 다시 말해서 일일 일주기 리듬(diurnal rhythm)을 갖고 있다. 낮에는 위기가 체표에 나와 있으므로 사람의 의식은 깨어 있고, 근육은 긴장되어 있으며, 체온은 올라가 있는 상태가 된다. 그러나 밤에는 이와 반대로 위기가 안으로 들어가 버리므로 의식은 수면상태로 되고, 근육의 긴장도는 떨어져 몸이 축 늘어지는 상태가 되며, 체온은 떨어지게 된다.

가령 무슨 이유로 많은 사람들이 비를 흠뻑 맞고 썰렁하고 추운 방에서 같이 머물게 되었다고 하자. 이런 상황에서 그냥 잠들어 버린 사람들이 자지 않고 깬 상태로 버티고 있는 사람들보다 감기에 더 잘 걸리는 것을 볼 수 있다. 흔히 목욕하고 그냥 자는 아이들에게 부모가 머리를 말리지 않고 자면 감기에 걸린다고 걱정하는 이유도 여기에 있다. 이와 같이 잘 때는 위기가 안쪽으로 들어가 버려서 방위능력이 저하되는 상태가 되기 때문에 이때를 놓치지 않고 쳐들어오는 나쁜 기를 막아 내지 못하여 감기에 걸리게 된다는 것이다.

서양의학에서는 감기를 바이러스에 의한 염증으로 본다. 수많은 종류의 바이러스가 관여하기 때문에 면역 효과도 없다. 거의 매번 다른 종류의 바이러스가 침범하므로 한 바이러스에 대한 면역성을 키울 수도 없고, 다음번에는 어떤 바이러스가 찾아와서 괴롭힐지 모르기 때문에 미리 어떤 예방주사를 맞아야 하는지도 알 수 없다. 바이러스가 코의 점막에 정착하여 번식하기 시작하면 우리 몸은 침략자를 몰아내기 위하여 백혈구와 같은 방위병을 동원하게 되고, 따라서 코의 점막은 이들의 전투장으로 화해 버리고, 이 전쟁 때문에 그 부위의 조직은 붓고, 아프고, 점액이 분비되고, 빨갛게 충혈이 되고, 열이 난다. 이것이 염증이다. 점액이 많이 분비되니까 콧물이 나고, 조직이 부으니까 코가 막히고, 비정상적으로 점막을 자극하니까 재채기가 난다. 이러한 염증이 코에 머물러 있으면 코감기, 목구멍에 생기면 목감기, 기관지로 내려가면 기관지염, 폐로 퍼지면 폐렴이 되는 것이다. 기관지염이나 폐렴 등의 합병증은 항생제 투여와 같은 적극적인 치료를 해야 한다.

합병증이 없는 단순한 감기에 자연치유력을 보강하기 위하여 또는 나쁜 기를 몰아내는 좋은 기(正氣)를 축적하기 위하여 심신의 휴식을 취한다든가, 열이나 점액의 다량 분비나 설사 등으로 생기는 탈수를 방지하기 위하여 충분한 수분을 섭취한다든가 하는 치료법은 동양의학과 서양의학이 다를 바가 없다. 단지 동양의학에서는 감기가 왜 생기는지에 대한 설명에 치중하고, 하면 서양의학에서는 감기가 어떻게 진행되는가에 초점을 맞춘다.

동양의학은 '왜(why)'를 강조하는 학문이고, 서양의학은 '어떻게(how)'를 강조하는 학문이다. 이러한 '왜'와 '어떻게'를 합친다면 더 발전된 학문이 될 것이다.

13) 동양의 암과 서양의 암

자그마한 한 시골 동네에서 어떤 불량배 하나가 난동을 피우고 있다. 이웃 사람들에게 이유 없이 시비를 걸고, 폭력적으로 주먹을 휘두르고, 공공기물을 파손하고, 술을 마시고 취한 상태로 마구 차를 몰고 다닌다. 이에 대한 신고를 받은 파출소 순경이 그를 체포하여 가두어 버렸다. 동네는 다시 조용해졌고 평온한 분위기를 되찾았다.

이번에는 한 명이 아닌 여러 명의 불량배가 등장했다. 그리고 이들 불량배의 숫자도 날이 갈수록 늘어만 갔다. 그 수가 수십 명에 이르니 그들도 조직화되어 두목과 부두목이 생기고 부하도 많아졌다. 범죄 건수도 나날이 늘어나고, 범죄 규모도 점점 커졌다. 불량배 수가 너무 많을 뿐만 아니라 무장까지 하고 있어서, 파출소 순경들만의 힘으로는 어림도 없었고, 경찰서의 경찰병력이 총 동원되어도 사태를 진정시키기 어려운 지경에 이르렀다. 급기야 정부에 지원 요청을 하게 되었고, 정부는 다수의 전투병력을 투입시켜 전쟁을 방불케 하는 작전 끝에 겨우 불량배들을 일망타진할 수 있었다. 그러나 그 마을은 파손된 부분을 복구하느라 많은 노력을 해야 하고, 정부는 정부대로 사태를 정상화시키기 위해 많은 에너지를 소모해야 했다. 사람들은 그런대로 현재와 같은 상태를 유지하면서 살아갈 수 있기를 희망하고 있었다.

그런데 이번에는 더욱 심각한 문제가 생겼다. 불량배들이 다시 날뛰기 시작한 것이다. 그전보다 더 빠른 속도로 수가 늘어날 뿐만 아니라 다른 동네로까지 퍼져 나갔다. 여러 도시로 걷잡을 수 없이 그 세가 확장되면서 무법천지가 되어 가고 있었다. 정부에서는 모든 경찰력과 군대를 동원하여 이를 진압하려 하였으나 이제는 병력마저 지쳐서 무기력하게 되고 말았다. 도로가 파괴되어 교통이 두절되고, 공장이 제대로 가동되지 않아 생산성이 떨어지고, 사회질서가 파괴되어 법을 지키는 사람들도 없어지고, 법을 지키게 하는 사람들도 없어졌다. 그래서 결국 그 정부는 무너졌고, 그 나라는 망했다.

이에 대해 학자들은 이론이 분분할 것이다. 불량세력을 일망타진하는 게 최선이라는 주장도 있을 것이고, 불량배가 생겨나게 만든 사회적 병폐가 원인이니 사회를 개선하는 것이 우선이라는 주장도 나올 법하다.

여기서 나라를 우리 몸에 비유한다면, 암은 불량배에 해당한다. 암이라고 해서 무슨 괴물이 우리 몸속에 고여 있거나 뭉쳐 있는 게 아니다. 우리 몸속에 있는 약 60조 개나 되는 세포는 그 하나하나가 생리, 즉 생명의 법칙을 따라 생겨나기도 하고, 분열하기도 하고, 없어지기도 하고, 옮겨 가기도 한다. 그런데 암세포는 이 생명의 법칙을 따르지 않는다. 정상적인 세포들은 생명의 질서에 순응하며 살아가는데, 암세포는 이 생명의 질서에 관계없이 제멋대로 행동한다.

암세포도 하나만 떼 놓고 관찰해 보면 다른 정상세포와 마찬가지로 생김새도 같고, 세포막도 있고, 세포질도 있고, 핵도 있다. 주위에서 영양분을 흡수하고, 산소를 빨아들여 호흡도 하고, 다른 세포처럼 세포분열번식을 하고, 배설물을 세포 밖으로 배설하기도 한다. 다른 점이 있다면 정상세포는 몸 전체의 질서에 순응하면서 몸 전체를 유익하게 하는 방향으로 생활을 영위하는 데 반해, 암세포는 몸 전체의 질서를 무시하고 몸 전체에 해를 끼치는 것에도 아랑곳하지 않고 스스로의 영양을 위해 제멋대로 생활해 가는 것이다. 암세포는 한데 무리지어 있을 때에도 정상세포와는 다른 형태로 배열되는가 하면, 마구 번식하여 혈액순환과 같은 통로를 막아 버리기도 하고, 정상조직 속으로 파고 들어가 파괴함으로써 장기의 기능을 마비시키기도 하며, 몸에 해로운 분비물을 마구 뿜어내어 몸을 망치기도 한다. 이러한 암세포의 확산과 파괴행태를 제때에 저지하지 못하면 정상적 생리기능이 마비되어 결국 사망하게 된다.

암이 왜 생기며 어떻게 치료해야 되는지에 대한 이해와 접근법에는 크게 두 가지가 있다. 첫 번째 접근법은 암이 발견되면 지체 없이 약물요법, 방사선요법, 수술적요법 등을 사용해 암세포를 송두리째 제거해 버려야 된다는 생각이다. 가령 어떤 환자가 열이 몹시 높다고 할 때, 그 원인이 따로 있으리라 의심이 가더라도 자세히 모를 때에는 우선 열은 떨어뜨려야 된다는 이론과 같은 것이다. 만일 폐에 암이 생겼다면 이 암세포가 자라나고 있는 마을에 해당하는 조직과 또 암세포가 확산되어 나가는 통로에 해당하는 주위의 림프선 등을 모두 들어내는 게 좋다. 다시 말해서 암이 폐에 생기면 폐의 일부나 전부를 잘라내고, 신장에 암이 생기면 신장을 잘라낸다는 것이다. 이 접근법으로도 아직 대부분의 암의 완치가 어렵다는 게 문제점으로 남아 있다.

두 번째 접근법은 암이 생겼을 때 암이 생겨난 장기만을 치료할 것이 아니라 암이 걸린 사람 전체를 치료해야 된다는 생각이다. 사람의 몸은 어떤 자극이 가해지면 그 자극에 대한 생체반응을 일으키게 마련이다. 우리 몸에 '이것' 이라고 하는 자극이 생기면 이에 대한 생체반응이 그 사람 몸속에서 가장 취약한 장기에 악성종양이라고 하는 생체반응으로 나타난다고 보는 것이다. 눈으로 볼 수도 있고 손으로 만져 볼 수도 있는 이러한 종양은 그 자체가 암이 아니라 암에 의해 생긴 생체반응 현상이다. 이러한 생체반응이 사람에 따라서는 폐에도 생기고, 신장에도 생기고, 위장에도 생기는 것이다. 따라서 암의 치료는 암세포 덩어리를 담고 있는 장기를 없애려는 노력보다는, 원인이 되는 그 사람 전체의 '이것' 을 치료해야 한다. 그러나 이 접근법의 문제는 그 원인이 되는 '이것' 을 아직 발견하지 못했다는 데에 있다.

서양의학의 암 치료는 첫 번째 접근법에 심혈을 기울여 왔다고 볼 수 있고, 동양의학의 암 치료는 두 번째 접근법에 가깝다고 볼 수 있다. 동서 의학의 공동연구로 두 가지 접근법을 다 동원할 때 암 정복의 날이 더 빨리 다가올 것이다.

14) 동양의 불면증과 서양의 불면증

사람들이 하는 행위 중에 기회만 있으면 하고 싶어 하는 일이 몇 가지 있다. 사람의 본능 중에 가장 강한 것이 식욕이라고 하는데, 그렇다고 사람들이 틈만 있으면 먹으려 들지는 않는다. 그런데 지하철 전동차를 타는 순간 눈에 많이 띄는 것은 졸고 있는 사람들의 모습이다. 한 사람이 일어나면 날쌔게 누군가가 그 자리를 차지하게 되고 그 사람은 앉자마자 눈을 감고 자기 시작한다. 앉아 있는 사람들 중 절반은 졸고 있는 것 같다. 모든 사람이 틈만 있으면 자고 싶어 하는 것처럼 보인다. 몸이 피곤하기 때문에 잠을 통해 휴식을 취하려고 하는 것일까? 만일 휴식을 취하는 것이 잠자는 이유라고 한다면 갓난아기들이 온종일 자야 하는 이유를 설명하기 어렵다. 어쨌든 사람은 자지 않으면 생명을 유지할 수 없다. 한 보고서에 따르면, 열흘 이상 한숨도 자지 못한다면 대부분의 사람은 죽게 된다고 한다. 굶은 사람보다 잠을 못 잔 사람이 먼저 죽게 된다. 수면이 부족하면 우선 뇌의 기능이 제대로 작용하지 않는다. 잠을 못 자게 되면 점점 마음이 불안해지고 안절부절못하고 무분별해지다 결국은 눈에 헛것(환각)이 보이고 정신이상이 생긴다.

잠을 충분히 자고 일어나야 '머리가 가볍다.' '기분이 상쾌하다.' '입맛이 돈다.' '모든 일에 의욕이 생긴다.' 라는 기분을 느끼게 된다. 그러나 하루에 몇 시간을 자는 것이 정상이냐는 질문에는 한마디로 얘기할 수 없다. 어떤 아기는 하루에 23시간이나 자는 데 비해 다른 아기는 10시간 정도만 자면 충분하며, 성인의 경우도 어떤 사람은 하루에 14시간을 자도 만족스럽지 못하다고 하는가 하면 어떤 사람은 3시간만 자도 별로 문제가 없다고 한다. 그러나 일반적으로 태아는 온종일 잠만 자고 있는 셈이며, 갓난아기는 하루에 16시간 정도를 자고, 6세에는 10시간, 12세에는 9시간, 성인은 평균 7시간 20분 정도를 자는 것으로 되어 있다. 대뇌와 척수를 연결하는 중간부분의 뇌를 중뇌라 부르는데, 이 중뇌 안에는 '망상체 부활계(reticular activating system)' 라고 하는 중요한 조직이 자리 잡고 있다. 망상체 부활계는 수많은 기능을 지니고 있지만, 그중에는 수면각성주기(sleep wake cycle, 잠자고 깨고 하는 리듬)를 조절하는 기능도 있다. 망상체 부활계가 흥분되면 각성(wake, 깨어 있는)상태로 되고 긴장되면 수면(sleep, 잠자는)상태로 되는 것이다.

수면상태에서는 근육은 이완되고, 신경반사는 둔해지며, 혈압이 떨어지고, 심장박동이 느려지고, 눈의 동공은 작아진다. 또 거의 모든 사람이 하룻밤에 평균 6회 정도 꿈을 꾸는데, 꿈을 꾸는 동안에는 마치 눈으로 무엇인가를 찾아 헤매는 것처럼 눈알을 바쁘게 이리저리 굴리게 되며, 남성의 경우에는 이때 발기를 하게 된다. 하룻밤에 2시간 30분 정도 꿈을 꾸어야 정상이며, 만일 꿈이 없는 잠을 자게 되면 생리적으로 잠을 자나마나한 결과라고 한다. 사람은 꿈을 꾸고 10분이 지난 후에 잠에서 깨어나면 그 꿈을 전혀 기억할 수 없게 되어 있다. 그래서 어떤 사람은 자기는 전혀 꿈을 안 꾸는 줄로 착각하기도 한다. 이상에서 살펴본 것이 서양의학에서 밝혀낸 잠의 여러 가지 현상이다. 잠자는 동안 우리 몸의 생리적 변화가 어떻게 나타나고 어떻게 진행되는지를 놀랍도록 자세하게 밝혀놓았다. 그러나 '도대체 잠은 왜 자야 하는가?' 하는 잠의 목적과 이유에 대해서는 명쾌한 해답이 없다. 단지 '뇌세포가 휴식을 취하기 위해서' '불필요한 기억을 뇌에서 재처리하기 위해서' '깨어 있을 때 뇌에 입력된 정보를 정돈하기 위해서' 등의 몇 가지 가설이 있을 뿐이다.

체온을 조절하는 위기가 체내로 들어가야 잠이 푹 들 텐데, 방이 너무 덥거나 날씨가 너무 더워서 땀이 날 지경이면 위기가 오히려 체표로 나오게 되므로 근육은 긴장되고 각성상태가 지속되어 잠이 쉽게 오지 않는다.

이와 같이 잠이라고 하는 생리현상에 대해서 서양의학과 동양의학은 서로 비슷한 개념을 지니고 있으면서도, 나름대로 각기 다른 이론을 제시하고 있다. 밤잠을 이루지 못하는 불면증 환자를 치료하는 데 있어서도 서양의학과 동양의학은 다소 다른 접근법을 채택하고 있다.

불면증 치료에서 서양의학에서는 수면각성 리듬을 관장하는 망상체 부활계를 억제하는 진정제나 안정제를 사용하는 반면에 동양의학에서는 수면각성의 기능을 담당하는 위기가 밤낮의 주기에 맞추어 제때에 체표와 체내에 들어갔다 나

왔다 하도록 조절해 준다. 즉, 동양의학에서는 '마음의 에너지인 신기(神氣)를 재충전한다.' 는 것이 잠을 자는 목적이며 이유다.

15) 동양의 마음과 서양의 마음

우주 삼라만상은 본래의 자기 모습과 속성이 있게 마련이다. 모든 물체와 현상은 '본래 그렇게 되지 않으면 안 되는 나름대로의 형상과 속성' 을 가지고 있다는 뜻이다. 본래대로의 형상과 속성을 '상(常)' 이라 하는데, 제대로 되어 있는 상이 '정상(正常)' 이고, 제대로 되어 있지 않은 상이 '비정상(非正常)' 이다. 상을 늘 똑같은 모습으로 유지하고 있는 것이 '항상(恒常)' 이다. 모든 생명체 안에는 늘 정상을 유지하려는 항상성(恒常性)의 기전이 내재되어 있다. 항상성을 유지하도록 생명체 안에서 작용하는 에너지를 생기(生氣)라 한다. 특히 우리 몸에서 무엇인가 잘못되어 가고 있을 때 이것을 정상으로 되돌려 놓는 힘을 자연치유력이라 한다. 생명체가 생명을 유지하기 위해서 지속적으로 하지 않으면 안 되는 기본 활동이 있다. 식물은 영양을 섭취(먹기)하고 호흡(숨쉬기)을 한다. 동물은 먹고 숨 쉬는 활동 외에 움직이고 잠을 자는 활동을 한다. 사람에게는 이러한 동식물적 활동 외에 '마음 쓰는 것' 이 하나 더 추가된다. 따라서 건강을 유지하기 위해서는 제대로 먹고(正食), 제대로 자고(正眠), 제대로 움직이고(正動), 제대로 숨 쉬고(正息), 제대로 마음을 다스려야(正心) 한다. 이 중에서 가장 중요한 것이 마음이다.

동양의 전통적 사상과 철학과 의학에서 몸, 마음, 영(靈), 환경의 상호 관계를 종합 정리해 보면 이러하다. '나(我)' 는 물질적인 나와 비물질적인 나로 구성되어 있다. 물질적인 나의 핵심은 물질의 세계 속에 계속 이어지는 본체(本體)이고, 이 본체가 백(魄)이다. 본체인 백에 의해서 이루어진 구조물이 몸이다. 몸은 백의 표현이다. 신체는 정(精)이라고 하는 에너지 장(場)에 잠겨 있다. 이렇게 형성된 물질적인 몸의 덩어리는 환경이라고 하는 큰 통에 담겨 있고, 환경은 대자연이라고 하는 더 큰 통에 담겨 있고, 대자연은 무한공간 속에 담겨 있다. 비물질적인 나는 영이다. 영의 표현이 마음(心)이다. 심령(心靈)은 신(神)이라고 하는 에너지 장에 잠겨 있다. 이렇게 이루어진 비물질적 나(自我)는 너라고 하는 다른 나(他我)와 관계를 맺으며 인간사회라는 큰 통 속에 담겨 있다. 인간사회는 인류역사라는 더 큰 통 속에 담겨 있고, 인류역사는 영원한 시간 속에 담겨 있다.

우리가 일반적으로 육체나 몸이라고 부르는 물질적 나(魄, soma)가 건강하기 위해서는 체·신·정(體身精)이 조화를 이루어야 하며, 이들은 이들을 둘러싸고 있는 환경과 조화를 이루어야 하며, 환경은 대자연과 조화를 이루고, 더 나아가서 대자연은 무한공간과의 조화를 이루어야 한다. 여기서 균형(均衡, balance)은 '낱개 대 낱개의 어울림'을 뜻하며, 조화(調和)는 '전체 속에서의 어울림'을 뜻한다.

비물질적 나(魂)가 건강하기 위해서는 영·심·신(靈心神)이 조화를 이루어야 하며, 이들을 둘러싸고 있는 인간사회와 조화를 이루어야 하고, 인간사회는 과거와 미래를 포괄하는 인류역사와 조화를 이루고, 더 나아가 영원한 시간과 조화를 이루어야 한다. 영원한 시간 그리고 무한한 공간과 조화를 이룬다는 것은 절대자(絶對者, 絶對神, 하나님)의 섭리(攝理, 原理, 眞理)에 따른다는 뜻과 같다. 심령을 품고 있는 신이 나 외의 타에 반응할 때 이를 의식(意識)이라 한다. 비물질적 나가 건강하려면, 이러한 개인의 의식이 이를 둘러싸고 있는 인간사회 의식과 조화를 이루어야 하고, 또 인간사회 의식은 인류역사 의식과 조화를 이루어야 하며, 더 나아가 영원시간의 의식(絶對意識)과 조화를 이루어야 한다. 따라서 영적 건강이라고 하는 것은, 심령이 신의 작용으로 인간사회의 의식과 조화를 이루고, 또 이것이 인류 역사의 의식과 조화를 이룬 상태라고 할 수 있다. 자기(自己)의 의식을 자아의식이라 하고, 인간사회 의식과 인류역사 의식을 통털어 우주의식이라고 할 때, 이 자아의식과 우주의식이 조화를 이룬 상태를 영적 건강의 상태라고 할 수 있다. 현실적으로 마음이 영을 재발견하고, 이 심령이 우주의식과 동조할 때, 즉 절대신의 섭리에 동조하여 따르는 상태가 곧 영적 건강이란 말이 된다.

조화가 건강이요, 실조는 불건강이다. 몸(身)은 영(榮)·위(衛)의 안정을 추구하며, 몸이 정상일 때는 안정을 경험하게 되며, 영위가 지나치게 되면 불안정을 경험하게 된다. 마음은 편안을 추구하고 마음이 정상일 때는 편안을 경험하게 되며, 마음이 지나치면 불안을 경험하게 된다. 사회는 화평을 추구하며, 사회가 정상이면 화평을 경험하게 되고, 사회가 비정상이면 불화와 불평을 경험하게 된다. 영은 행복을 추구하며, 영이 정상적이면 행복을 경험하게 되고, 영이 비정상이면 불행을 경험하게 된다. 사람은 몸도 건강하고, 마음도 건강하고, 사회적으로도 건강하고, 영적으로도 건강해야 비로소 건강한 사람이라고 할 수 있다. 몸은 먹고 자고 숨 쉬고 움직이는 것을 제대로 할 때에 건강을 유지할 수 있고, 또 건강해야 이들 기본 생활동작을 제대로 할 수 있다. 마음은 소위 칠정(七情)에 속하는 기뻐함(喜), 화남(怒), 슬퍼함(悲), 근심함(憂), 속상함(思), 놀람(驚), 두려워함(恐) 등이 조화를 이루고 있을 때 건강을 유지할 수 있으며, 또 건강해야 이들 감정의 조화를 이룰 수 있다. 사회는 화평을 유지해야 건강한 것이며, 건강해야 화평을 유지할 수 있는 것이다. 영은 행복을 유지해야 건강할 수 있고, 또 건강해야 행복을 유지할 수 있다. 나 안에는 내가 잘못되었을 때 비정상적인 나를 정상적인 나로 되돌려 놓는 자연치유기전이 존재한다. 내가 신체적으로, 심리적으로, 사회적으로, 영적으로 건강할 때 자연치유기능이 최고도로 활성화되며, 역으로 자연치유기능이 가장 활성화되었을 때 내가 최고로 건강할 수 있다.

심리학자 매슬로(A. H. Maslow)는 인간에게는 5단계의 욕구가 있다고 했다. 제일 기본적이고 하위의 욕구는 생리적 욕구다. 먹고, 자고, 번식하고 싶은 욕구다. 두 번째 단계는 안정의 욕구다. 배부른 짐승이 자기 굴속으로 찾아 들어가거나 시원한 그늘에 드러눕는 것 같은 행위다. 편안한 자리를 찾는 욕구다. 다음 단계는 소속감의 욕구다. 가정에 속하고 싶고, 어떤 조직에 속하고 싶고 하는 등의 욕구다. 네 번째 욕구는 인정받으려고 하는 욕구다. 명예욕이나 알아 주기를 바라는 욕구가 여기에 속한다. 이러한 욕구가 충족되면 마지막 단계로 추구하는 것이 자기성취의 욕구다. 이것은 누군가가 알아 주는 대가성 욕구만족이 아니라 보람된 일을 했다는 스스로의 만족을 추구하는 고차원적인 욕구다. 아무도 모르게 남을 위하여 봉사할 때 느끼는 만족감 같은 것이 여기에 속한다.

제1단계 생리적 욕구는 몸의 영의 욕구이고, 제2단계 안정의 욕구는 몸의 위의 욕구다. 제3단계 소속감의 욕구는 마음이 추구하는 편안의 욕구이고, 제4단계 인정의 욕구는 화평을 추구하는 사회적 수준의 욕구이며, 제5단계 자기성취의 욕구는 행복을 추구하는 영적 욕구다. 이 단계는 무조건적인 사랑으로만 그 성취가 가능하다. 다섯 번째 욕구 단계인 자기성취 욕구만이 자연치유력이나 전인치유기전을 최고도로 활성화시키는 기능을 발휘할 수 있다.

3. 증세가 다르다

1) 재료는 같은데 치료법이 다르다

잎사귀, 꽃, 줄기, 씨, 열매, 껍질 등 식물의 일부분을 약물로 사용하는 것을 생약요법이라 한다. 생약요법은 인류가 사용해 온 가장 오래된 형태의 요법으로 모든 문화권에서 나름대로의 특유한 생약을 사용해 왔다. 원래 영어로 약이라는 뜻의 drug은 네덜란드의 고어 drogge에서 유래되었는데, '말린다(dry)' 의 뜻을 지니고 있다. 나무나 풀을 말려서 약으로 쓰던 습관에서 나온 용어인 것이다. 오늘날 서양의학에서 처방하고 있는 약의 25%는 아직도 나무나 풀에서 만들어진 것들이다. 심장약 디지털리스, 혈압강하제 리저핀, 통풍치료제 콜치친, 진통제 모르핀 등이 그 예다. 지구상에는 25만～50만 종의 식물이 살고 있는데, 이 중 약 5,000종 정도가 약물로 사용되고 있다. 생약은 우리 몸에서 다양한 생리적 반응을 일으키는 자연적 화학물질을 함유하고 있는 셈이다. 어떤 것은 음식으로 먹을 정도로 순하지만, 또 어떤 것은 독약처럼 강한 성질을 지니고 있기도 하다.

다양한 생약의 약리기능 중에는 주위 환경에서 오는 스트레스나 다른 문제점에 대한 저항력과 적응력을 향상시키는 작용, 건강상태와 생기를 향상시킴으로써 체질을 정상상태로 서서히 회복시키는 작용, 염증을 없애는 작용, 염증이나 찰상이 있는 표면에 자극을 완화시켜 주는 작용, 배 속에 가스를 경감시켜 통증

우리 몸은 스스로 건강을 지키는 자연치유력이 있다. 몸에서 무엇이 잘못되면 저절로 정상으로 되돌려 놓는 힘이 있다는 뜻이다. 주위 환경과 대자연은 이 자연치유력에 도움을 주거나 제동을 가한다. 자동차의 액셀러레이터나 브레이크 역할을 한다. 내가 어떤 마음가짐과 어떤 행동을 하느냐에 따라서 나 스스로 액셀러레이터를 밟거나 브레이크를 밟는 격이 된다. 결과적으로 대부분의 사람들은 자연치유력의 일부가 제대로 작동하지 않는 상태로 되고, 이것이 소위 불건강 상태를 만드는 것이다. 건강하지는 않지만 아직 병이 아닌 상태인데, 이 수준을 지키지 못하고 더 지나치게 되면 질병 상태가 되고, 결국 환자라는 칭호를 받게 된다.

『논어(論語)』에는 "군자구제기 소인구제인(君子求諸己 小人求諸人). 군자는 잘못의 원인을 자신에게서 찾고, 소인은 그것을 남에게서 찾는다."라는 말이 있다. 사람의 문제점을 보는 시각에는 두 가지가 있다. 과오를 타(他)에서 찾는 태도와 자(自)에서 찾는 태도다. 예를 들면, 전염병에 걸렸을 때 병균이 체내에 침입해서 증식하기 때문에 생긴 문제라고 생각하는 경우와, 세균이 아무리 입 안이나 콧속을 들락날락하더라도 몸속의 면역력이 강하면 아무 탈도 없을 것' 이라고 생각하는 경우가 있다. 서양의학에서는 건강한 나 속으로 해로운 타가 쳐들어온다는 생각이 강하다. 그래서 들어오는 타를 막는 방법(차단술)과 이미 들어온 것을 죽이는 방법(예: 항생제) 그리고 잘라 내는 방법(수술)이 발달했다. 다분히 적극적이고 공격적이라고 할 수 있다. 한의학에서는 과오(질병의 원인)를 나에서 찾는 경향이 있기 때문에 '나 자신의 힘을 키운다.' 즉 '나를 보(補)한다.' 는 뜻에서 간의 강장제 또는 위의 강장제라는 식의 보약을 선호하며, 또 보약의 의미를 강조한다. 적을 쳐부수는 게 아니라 그냥 내 힘을 기르는 데 치중하는 방법이고 보니 가히 소극적이고 방어적인 접근법이라 할 수 있겠다.

사람의 상태는 건강, 불건강, 질병, 이렇게 3단계로 나뉘어지는데, 불행하게도 대부분의 사람은 제2단계인 불건강 상태에 주로 머물러 있다. 건강하지는 않으면서 병이 아닌 회색지대 불건강이 문제로 등장하게 된다. 이 불건강을 다스려 보겠다고 회색지대 광야에 용감하게 등장한 의료풍운아가 대체의학이다. 대체의학 안에는 묵은 보약, 새로운 보약이 무수히 들어 있다. 대체의학의 등장으로 온 세계 의학계가 술렁이고 쑥덕거린다. 무조건 싫어하는 사람도 무조건 좋아하는 사람도 있고, 창문으로 내다보면서 돌아가는 상황을 살펴보는 구경꾼도 많다. 최근에 세계보건기구(WHO)에서 "참 건강이란 육체적으로, 정신적으로, 또 사회적으로 건강한 상태"라고 한 종래의 정의에 "영적으로도 건강해야 한다."라는 요소를 추가함으로써 가뜩이나 넓은 불건강 영역이 더욱 확대되고 말았다. 자칫 사방에서 불법 의료 행위가 난무하는 무법지대가 될지 모른다는 염려의 소리도 없지 않다. 그렇다고 낯설다고 무조건 해를 끼치는 존재로 배척하는 것도 바람직하지 않다. 낯선 이론이나 생소한 요법이라도 그 정체를 침착하게 알아보고, 혹시 그 속에 우리가 잘 모르는 그리고 우리에게 도움을 줄 도구가 숨겨져 있는지 살펴보는 것이 참된 의인(醫人)의 자세다. 그리고 "모든 의학의 정보는 객관적이고 과학적인 방법으로 검증되어야 한다."라는 경고의 소리에도 귀를 기울여야 한다.

전 세계적인 대체의학 붐은 기존 의학이 불건강을 효율적으로 다스리지 못했다는 사실에 바탕을 두고 있다. 보약은 부족한 부분을 보충해 주는 것이지, 원래 건강한 사람을 슈퍼맨으로 만들어 주는 것이 아니다. 어떤 약물이든 비정상적인 상태에 있는 사람에게 더 잘 반응을 하는 것이지, 건강한 사람에게는 반응하지 않는다. 다소 반응이 있더라도 그 정도가 미미하고 일시적일 뿐이다. 열이 높은 환자에게 아스피린을 먹이면 체온이 떨어지지만, 일단 체온이 정상으로 돌아오고 난 후에는 아무리 먹여도 체온이 그 이상 떨어지지 않는 법이다. 어디가 좀 부족한 데가 있는 사람들, 즉 불건강 상태에 있는 사람들은 그 부족한 부분을 채워 주는 것이 바로 가장 좋은 보약이 되는 것이다. 값비싸고 희귀한 약초를 먹어야만 보약이 되는 것은 아니며, 그것은 물 한 잔이 될 수도 있고, 밥 한술이 될 수도 있고, 10분 정도의 낮잠이 될 수도 있다.

사람의 건강을 해치는 것은 할 것을 하지 않을 때, 해선 안 될 것을 할 때, 그리고 하기는 하는데 제대로 하지 않을 때다. 그런데 해선 안 될 일은 자꾸 하고, 해야 될 것은 전혀 하지 않고, 좀 무엇을 한다고 해도 제대로 하지 않는 사람이 어떻게 건강하기를 기대하겠는가? 누구든지 음식을 제대로 먹고, 운동을 제대로 하고, 수면을 제대로 취하고, 마음을 편안히 다스리면 그 자체가 보약이요, 면역촉진제인 것이다. 보약효과도 우리 몸속에서 일어나고 면역촉진 반응도 우리 몸속에서 생긴다. 이러한 좋은 일들이 생겨날 수 있는 비결은 평범한 우리 생활 속에 숨겨져 있다.

3) 영양결핍과 영양실조

우리나라에서는 "잘 먹고 잘 살아라." 하면 대부분의 사람들이 기분 나빠 한다. 이 말이 욕처럼 들리기 때문이다. 잘 먹고 잘 사는 것은 축복인데, 왜 욕이 될까? 우리 사회에는 혼자만 잘나고 혼자만 잘 먹는 자는 조화를 깨뜨리는 자라는 생각이 밑바닥에 깔려 있기 때문이다. 우리는 전 세계에서 조화사상을 제일 숭상하는 민족이기 때문에 조화를 깨뜨린다든가 위화감을 조성하는 행위는 죄악시하고 있다.

음식에 있어서도 질(質, 物質)을 강조하는 서양에서는 균형식을 추구하며 이러한 균형이 깨졌을 때 영양결핍이라고 한다. 성(性, 機能性)을 강조하는 동양에서는 조화식을 추구하며 이러한 조화가 깨졌을 때 영양실조라고 한다. 서양의학에서는 영양결핍을 다루고 동양의학에서는 영양실조를 다루는 셈이다.

무궁한 시간과 무한한 공간 속에서 우주가 우주로서 움직일 수 있고, 모든 존재가 그런 존재로서 존재할 수 있다는 사실은 두 가지의 기본적인 그 무엇에 의한 것이다.

그 무엇 중의 하나는 삼라만상이 따라야 하는 기본법칙으로서의 이(理)를 말하고, 참된 이는 진리(眞理), 하늘의 이치는 천리(天理), 땅의 이치는 지리(地理), 물질의 이치는 물리(物理), 생명의 이치는 생리(生理)다. 그 무엇 중의 또 다른 하나는 우주를 꽉 채운 기본적 에너지인 기인데, 하늘의 기가 천기(天氣), 땅의 기가 지기(地氣), 사람의 기가 인기(人氣), 생명의 기가 생기(生氣)다. 그래서 생명이라는 것은 생리(生理)를 따라 뭉쳐진 생기(生氣)의 덩어리다. 다시 말해서,

생명체는 생리라고 하는 법칙에 따라 에너지를 안으로 받아들이기도 하고, 밖으로 내보내기도 하고, 안에서 돌리기도 하는 규칙적으로 변하는 에너지의 덩어리인 것이다. 따라서 우리의 몸은 에너지가 한쪽으론 들어오고 다른 쪽으론 빠져나가는데, 중간에 남아 있는 에너지의 덩어리가 몸 덩어리(몸통)인 셈이다.

우리 몸에는 항상 잘 적응해야 하는 두 개의 환경이 있다. 하나는 에너지를 그곳에서 받아들이고 또 그리로 내보내야 하는 몸 바깥 환경이고, 또 하나는 안에서 잘 돌려야 하는 몸속 환경이다. 몸 바깥 환경과 몸속 환경이 조화를 이루고 있을 때 건강하다고 한다. 즉, 조화가 건강이며 부조화가 불건강이다. 그런데 여기서 분명히 해야 할 개념은 조화와 균형이 다르다는 것이다. 모든 만물은 성질을 갖고 있는데, 보이지 않는 것의 성질은 성이고, 보이는 것의 성질은 질이다. 보이지 않는 마음은 심성 또는 성격이라고 표현하고, 보이는 몸은 체질, 단백질, 지방질 등으로 표현한다. 뜨거운 것을 마시면서도 시원하다고 할 때 온도가 뜨거운 것은 질의 표현이고, 시원한 것은 성의 표현이다. 일반적으로 균형은 질의 표현이며 조화는 성의 표현이다. 균형은 질적인 것이 평형상태를 이루는 것을 말하며, 조화는 성능적인 것이 화평한 상태를 이루는 것을 말한다. 예를 들어, 두 나라가 가진 국토의 크기, 인구, 군사력, 경제력이 비슷하다면 두 나라 사이는 균형을 이루고 있다고 할 수 있다. 그러나 두 나라는 서로 앙숙처럼 늘 으르렁거릴 수도 있다. 즉, 균형은 이루고 있으나 조화는 이루지 못하고 있다는 뜻이다. 반대로 국토와 국력이 너무나 차이가 난다면, 그러면서도 외교적으로 서로 친화하고 화목하게 지난다면 두 나라 사이는 불균형이지만 조화를 이루었다고 할 수 있다.

음식에 있어서 균형식이라고 하는 것은 음식물의 지방질, 단백질, 당질, 광물질, 섬유질 등 물질적 성분이 균형을 이뤘다는 의미다. 이것은 서양문화권의 생각이다. 우리나라에서는 음식의 비물질적 특성이 조화를 이루는 것을 우선으로 한다. 음성(陰性), 양성(陽性), 강성(强性), 연성(軟性), 산성(酸性), 기능성(機能性) 등의 조화를 강조한다. 그래서 우리나라에서는 영양실조라는 표현을 즐겨 쓴다. '영양의 조화를 잃었다.' 는 뜻으로 못 먹어도 영양실조, 너무 많이 먹어도 영양실조, 잘못 먹어도 영양실조가 된다.

우리의 몸을 건강하게 유지하려면 몸속에 내재한 자연치유력을 극대화시켜야 하며, 자연치유력을 활성화시키려면 생리를 따라 생기가 제대로 따라 움직이게 해야 하며, 이 생기가 제대로 작동하게 하려면 음식의 성질을 고려하여 양질의 균형식과 기능성 조화식을 제대로 먹어야 한다. 먹을거리에 관한 한 질적 균형식을 추구하는 사람은 현명한 사람이며, 기능성 조화식을 추구하는 사람은 더욱 현명한 사람이다.

4) 기절

기절(氣絶)에는 체면이 없다. 신분에 아랑곳없이 때와 장소를 가리지 않고 사람을 무참히 거꾸러뜨리는 것이 기절이다. 미국의 부시(George H. W. Bush) 대통령은 수년 전 일본을 방문했을 때 텔레비전을 통해서 전 세계가 보는 앞에서 기절한 적이 있었다. 그의 아들 부시(George W. Bush) 대통령도 과자를 먹으면서 텔레비전 앞에서 미식축구를 관전하다가 기절한 적이 있다. 강도의 한마디 위협에 그냥 기절해 버린 사람도 있고, 음악 연주장에서 고함을 지르다가 기절하는 소녀들도 있고, 부부관계를 할 때 종종 기절하는 부인도 있다.

동양의학에서는 기가 제대로 순환해야 정상을 유지하는 법인데, 무슨 이유로 기의 흐름이 막히면 이를 '기막히다' 고 하며, 머리로 가는 기가 잠시 끊어지면 이를 기절이라 한다. 서양의학에서는 심장이 피를 콱콱 짜서 전신으로 돌리는 펌프질의 힘이 약해져 뇌로 가는 혈액량이 떨어지고 산소 공급량이 떨어지면 이 때문에 의식소실 상태가 된다고 설명한다.

기절이 생기는 기점을 전후해서 흔히 온몸의 힘이 쭉 빠지는 기분이라든가, 속이 메슥메슥한 구역질이 나기도 하고, 머리가 어찔어찔하며 어지럽고, 눈이 뿌옇게 잘 안 보이는 경우도 있고, 또 땀이 흠씬 나는 증상을 경험하게 된다. 보통 기절이 생기는 원인으로는 혈액순환 불량, 아주 심한 통증, 지나친 스트레스, 피 흘리는 장면 목격, 약물 복용, 탈수상태, 수면 부족, 머리 손상, 간질, 심장질환, 중풍 등을 들 수 있다. 살을 뺀다고 지나치게 다이어트를 하거나 광물질 섭취가 부족할 때, 특히 칼륨이 부족할 때도 쉽게 기절이 생긴다. 매우 드물지만 재미있는 현상은 참고 있던 오줌을 누고 난 직후, 심하게 토할 때, 기침을 강하게 할 때, 심지어 한바탕 웃을 때도 기절을 할 수 있다는 사실이다.

그러나 지체 없이 전문의를 찾아가서 정밀검사와 함께 필요한 치료를 받아야 하는 경우가 있다. 머리를 다친 적이 있는 경우, 하루에 2회 이상 기절한 적이 있는 경우, 어지럼증 같은 전조증상이 없이 갑자기 기절하는 경우, 심장병이나 중풍 또는 간질 등을 앓은 병력이 있는 경우, 갑자기 기억력이 떨어지고 자기도 모르게 똥을 싸는 경우, 여러 종류의 약을 매일 먹고 있는 경우는 단 한 번의 기절이라 하더라도 심각한 병을 예고하는 경고신호일 가능성이 높다.

동양의학의 지혜과 서양의학의 기술을 다 동원하여야 기절을 더욱 효율적으로 예방할 수 있고 치료할 수 있을 것이다.

5) 화병

우리 마음속에 불처럼 치밀어 오르는 감정을 우리는 '화가 난다.' 고 하며, 이런 감정이 밖으로 발산되지 못하고 속에 억제되어 울체(鬱滯)된 상태로 있을 때 '울화(鬱火)' 라고 하고, 이렇게 속에 쌓였던 화가 발산될 때 '울화통이 터졌다.' 고 말한다. 우리 몸의 오감(五感)은 그 강도를 높이면 통증으로 변한다. 햇빛이 너무 강하면 눈이 아프고, 소리가 너무 크면 귀가 아프고, 냄새가 너무 강하면 코를 찌른다. 온도가 너무 차도 아프고 너무 뜨거워도 아픈 법이다. 이처럼 감정도 그 정도가 심해지면 다 화(火)로 되거나 화를 악화시킨다. 동양의학에서는 일곱 가지 감정(七情)을 매우 중요하게 다루고 있는데, 여기에는 즐거워함(喜), 노함(怒), 슬퍼함(悲), 근심함(憂), 염려함(思), 놀라워함(驚), 두려워함(恐) 등이 포함된다. 이들이 심해지면 다 화병(火病)으로 이어질 수 있다.

사람은 항상 욕망을 추구하며 살아가고, 욕심을 채우지 못하면 불만스러운 응어리를 남기게 된다. 이 불만의 응어리를 한(恨)이라 부르며, 풀리지 않은 한이 자꾸 축적되면 심신의 이상반응으로 나타나게 된다. 신체적으로 또는 정신적으로 이상반응이 나타날 때 이를 임상적으로 심화증(心火症)이라고 하며, 별명으로 화병이라고 한다.

실제 환자들이 호소하는 증상에는 신체적으로는 메스꺼움, 구토, 설사, 변비, 요통, 경부통, 두통, 심계항진, 호흡곤란, 이상감각, 빈뇨, 생리불순, 알레르기 등이 있을 수 있고, 정서적으로는 불안, 우울, 분노, 긴장, 자기비하 등이 생길 수 있고, 행동적으로는 수행능력 저하, 건망증, 식욕의 변화, 수면장애, 약물남용 등이 생길 수 있다. 화병을 다스리기 위해서는 노여움, 두려움, 놀라움, 슬픔, 우울, 염려 등이 지나치게 자주 그리고 오래 쌓이는 것을 피해야 하고, 가벼운 화병의 경우에는 즐거움으로 발산시켜야 할 것이며, 혼자 감당할 수 없을 정도의 깊고 큰 한에 의한 화병은 전문가의 도움을 받아야 한다.

이 한국적인 화병은 세계적으로 확산될 조짐이며, 이의 효과적인 예방과 치료는 우리나라의 동양의학자와 서양의학자들이 공동으로 연구해야 할 과제로서 함께 풀어 나가야 할 것이다.

6) 동양의학, 서양의학 그리고 통계학

환(患)이라는 글자는 '근심할 환' 자로, 환자(患者)라는 말은 '근심하는 사람' 또는 '걱정이 있는 사람'을 의미한다. 따라서 환자란 몸이나 마음에 근심거리가 있는 사람을 일컫는다고도 할 수 있다. 영어로 환자는 patient라고 하는데, 원래 이 단어는 '참는다' 또는 '인내한다'는 뜻을 담고 있다. 서양의 사고방식으로는 환자란 '참고 이겨 내는 사람'을 의미하는 것이다. 그러니까 동서양의 생각을 한데 합쳐 보면 환자란 '근심을 참고 이겨 내야 하는 사람'이라고 할 수 있다.

우리나라에서는 옛날에 의사를 의자(醫者), 의인(醫人) 또는 의원(醫員)이라고 불렀다. 의(醫)는 '병 고칠 의'이고 원(員)은 '관원 원'이므로 '병 고치는 사람' 또는 '병 고치는 관원'이라는 뜻이다. 영어로는 의사를 physician 또는 doctor

라고 부른다. physician은 본래 physic(醫藥)에서 나온 말이니 '의약을 시술하는 사람' 이란 뜻이고, doctor는 박사(博士)라는 말이니 '폭넓게 아는 선비' 라는 뜻이다. 서양식 생각으로 의사는 '의약에 대해서 많이 알고 있는 학자' 를 지칭한다고 볼 수 있다. 우리말의 의사(醫師)는 '병 고치는 스승' 이라는 뜻이니 '병을 고쳐 주고, 병에 대해 가르쳐 주는 사람' 이라는 의미를 지니고 있다.

따라서 의사와 환자와의 관계란 '몸과 마음에 근심이 있는 사람에게 잘 참고 이겨 낼 수 있도록 고쳐 주고 가르쳐 주는 관계' 라고 할 수도 있다. 환자나 환자 보호자는 궁금한 것도 많고 알고 싶은 것도 많은 법이다. 환자에게는 알 권리가 있고 의사에게는 가르쳐 줄 책임이 있다.

30여 년 동안 개업을 하고 있던 한 원로의사가 자신이 환자의 몸이 되어 종합병원에 입원하였다. 평생 처음 환자 신세가 되어 병상에 드러누워 있으니 온종일 주치의가 회진 오기를 기다리게 되고, 특별히 물어볼 것도 없는데 막연히 궁금한 것도 많더라는 것이다. 환자의 입장에서 보고 느끼는 의사나 병원에 대한 기분은, 여태까지 환자들이 느끼는 기분은 이러하리라 하고 생각했던 것과는 전혀 달랐다고 한다. "이제 퇴원하고 나면 예전과는 다른 더 좋은 의사가 될 수 있을 것이라는 자신이 생겼다."라고 고백하던 그 의사 환자의 모습이 인상적이었다.

의사는 항상 환자의 궁금증을 속 시원하게 풀어 주어야 하고, 어떤 것이 환자에게 좋은 것인지를 가르쳐 주어야 한다. 특히 흔히 하는 질문에 늘 준비가 되어 있어야 한다. '이 병은 우리 나이에 흔히 생기는 겁니까?' '이 병은 나을 수 있습니까?' '이 병이 나으려면 어느 정도의 시간이 걸립니까?' '이 약을 먹을 때 혹시 부작용은 없습니까?' '이 수술을 받고 나면 부작용이나 합병증이 얼마나 생깁니까?' '제가 어느 정도 회복될 수 있을까요?' 등이 있다.

이러한 질문에 신빙성 있는 답변과 설명을 해 주기 위해서는 이에 관련된 통계수치를 잘 기억하고 있어야 한다. 예를 들면, '이런 병 걸린 사람 100명을 1년간 치료하면 완전 회복이 30명 정도, 70% 회복이 20명 정도, 50% 회복이 40명 정도, 전혀 회복이 안 되는 사람이 10명 정도 된다.' 는 식의 답변이 준비되어 있어야 한다는 뜻이다. 물론 환자에게 13.5%라든가 29.1%라는 식의 자세한 수치를 말해 줄 필요는 없지만, 의사들은 이러한 수치를 알고 있어야 환자들에게 '대부분 그렇다' '꽤 많다' '아주 드물다' 하는 신빙성 있는 답변을 해 줄 수 있기 때문이다. 모든 질병에서 신뢰할 만한 통계학적 연구를 바탕으로 한 통계수치가 필요한 이유가 여기에 있다. 믿을 만한 통계수치 없이는 변화, 진전, 개선의 정도를 비교하고 평가할 수 없다.

가령 심각한 질병에 대한 심각한 치료의 선택을 해야 하는 입장에 서게 되면 선택을 해야 하는 사람이나 선택을 해 주는 사람이나 다 심각한 처지에 빠지게 된다. 이런 경우 선택의 지침이 될 수 있는 것이 통계수치다. 치료하지 않으면 환자의 80% 정도가 5년 이내에 사망하게 되는 난치암이 있다고 가정할 때, 수술을 하게 되면 100명 중 25명은 완치되고 70명은 호전되며 5명은 금방 사망하게 된다는 통계수치가 제시된다면 환자나 의사가 치료법을 선택하는 데 큰 도움이 될 것이다.

그러나 통계수치는 어디까지나 그저 참고로 사용하는 상대적 정보일 뿐 무조건 의존해야 하는 절대적 잣대는 아니다. 95%의 치료효과라는 수치는 치료하는 사람의 입장에서 보면 매우 높은 수치이지만, 5%라는 사망확률은 환자에게 있어 100% 죽느냐 사느냐 하는 사생결단의 선택문제가 된다.

이러한 통계수치는 다수의 성격을 객관적으로 규정지을 수 있다는 장점이 있지만, 자칫 개인의 가치가 전체 속에 묻혀 버릴 염려도 있다. 서양의학과 현대의학에서는 통계학적 연구가 매우 광범위하게 진행되어 있고 상호 불가분의 관계를 이루고 있다. 그러나 통계라는 그늘 아래 개인이 숫자로는 전체 속에 포함될지라도 임상적으로 개인의 가치마저 매몰되어서는 안 될 것이다. 동양의학과 전통의학에서는 통계학적 연구가 매우 미미하며, 주관적 관찰인 일화성 보고만이 많이 있을 뿐이다. 신빙성 있는 통계학적 연구의 뒷받침이 없이는 우리 한의학을 세계시장에 내놓을 수 없다.

7) 허혈성 압박요법과 건침요법

"어젯밤에 잠을 잘못 잤는지 아침에 일어나 보니 목이 뻣뻣하고 아프다."라든가 "등허리가 감자기 뜨끔하더니 목도 아프고 어깨도 아프고 팔과 손도 저리고 아프다."면서 병원을 찾는 환자가 꽤 많다. 또 어떤 사람들은 허리나 엉덩이가 아프면서 이런 통증이 다리나 발로 뻗쳐 나간다고 호소하기도 한다. 처음에는 조금만 몸을 움직이려고 해도 마치 뼈가 부러졌거나, 근육이 비틀렸거나, 신경이 고인 것과 같은 기분과 함께 참기 어려울 정도로 심한 통증을 느끼게 된다.

때로는 통증 자체는 그다지 심하지 않으나 혹시 나쁜 병이 진행되고 있는 것이 아닌가 하고 근심이 태산 같다는 사람도 있다. 틈나는 대로 드러누워 쉬기도 하고, 가족에게 주물러 달라고도 하고, 뜨거운 찜질도 하다 보면 알게 모르게 통증이 사라지기도 하지만, 문제는 이러한 통증이 자주 생긴다든가 또는 한 번 생긴 통증이 몇 달이고 몇 년이고 지속될 때다. 이러한 환자를 더욱 괴롭히는 사실은 이 병원 저 병원에 다니면서 이런저런 검사를 하라는 대로 다 해 봐도 아무런 이상이 없다는 것이다.

이들은 한결같이 '이것이 당신의 병이요.' 하고 검사 결과에 나타나 준다면 오히려 속이 시원할 텐데, 아파서 쩔쩔매는 사람에게 자꾸 정상이라고만 하니 아주 답답하다며 호소가 아닌 불평을 늘어놓는다. 이러한 모호한 통증은 꽤 흔한 것으로서 대부분의 사람들이 한 번쯤은 경험해 보았을 것이다. 이는 동양인이든 서양인이든, 또 남녀를 가릴 것 없이 찾아오는 가장 흔한 통증이라 할 수 있다.

서양에서는 19세기 중반부터 일부 의학자들이 이러한 통증에 관해 특별한 관심을 갖고 치료와 연구를 진행하여 왔고, 의학자마다 서로 다른 병명을 사용해 치료방법도 다양하게 사용해 왔다. 그러던 것이 1970년대에 이르러 이 분야의 의학자, 특히 미국의 트라벨(Janet G. Trabell) 박사와 시몬스(David Simons) 박사에 의해 이 같은 통증에 대한 개념과 치료법이 정립되었다.

이들은 이러한 독특한 통증을 근막통 증후군(myofascial pain syndrome)이라고 부르기 시작했고, 이러한 명칭과 치료법은 전 세계적으로 확산 · 보급되기에 이르렀다. 주로 근육을 중심으로 그 주위의 근막이나 기타 연부조직(soft tissue)에서 기인된 통증이라는 의미로 그러한 명칭이 탄생한 것이다.

요사이 통증클리닉을 찾아오는 환자들을 분석해 보면 바로 이 근막통 증후군이 근골격 계통(목, 허리, 팔, 다리)에 생기는 가장 흔한 통증이라는 것을 알 수 있다. 근막통 증후군은 다른 통증과는 아주 다른 독특하고 흥미로운 특성을 지닌다. 여기서 말하는 특성이란 소위 '유발점'과 '전위통'을 의미한다. 유발점(trigger point)이라 함은 통증의 중심점을 말하며, 전위통(referred pain)이라 함은 유발점에서부터 멀리 떨어져 있는 부위로 뻗쳐 나가는 통증을 말한다.

예를 들면, 통증이 어깨, 목, 팔, 손에 퍼져 있을 때 어깨 뒤 날개뼈 가운데 위치한 통증의 중심점이 유발점이고 이 점에서부터 팔이나 손으로 뻗어 나가는 통증이 전위통인데, 유발점을 잘못 건드리면 통증 전부가 악화되는가 하면, 이 유발점을 치료하면 이 부위뿐만 아니라 팔과 손의 통증 전체가 사라져 버리는 특성이 있다.

사람은 태어날 때 모든 근육 속에 유발점을 갖고 태어난다. 그런데 유발점은 정상시에는 비활성화 상태로 존재하고 있으며, 비활성화 상태로 있는 한 통증은 없다. 그러나 근육이 갑작스러운 충격을 받거나, 오랫동안 긴장상태에 놓여 있거나, 나쁜 자세로 꼬인 채로 눌려 있거나 할 때는 유발점이 활성화되게 마련이다. 이와 같이 유발점이 활성화될 때 뜨끔뜨끔하고 뻐근하고 찌릿찌릿한 통증이 몸통이나 목, 허리, 팔, 다리, 손, 발 등에 여기저기 퍼지는 근막통증 증후군이 발생하는 것이다.

그런데 흥미로운 점은 근막통증 증후군의 치료법이다. 지금까지 정립된 근막통증 증후군의 전형적 치료법에는 다음의 세 가지가 있다.

첫째, 인장운동(引張運動)이다. 이것은 유발점이 위치한 근육을 잡아 늘리는 운동이다. 물리 치료사가 마사지와 함께 근육을 스트레칭시켜 주든가, 특별한 운동을 가르쳐 주어서 환자로 하여금 집에서 매일 스스로 할 수 있도록 하는 방법을 말한다.

둘째, 허혈성 압박요법(ischemic compression)이다. 허혈(ischemia)은 충혈

(congestion)의 반대되는 말로서 근육을 손으로 누르면 그 부위의 혈액이 옆으로 빠져나가 색깔이 허옇게 되는 상태를 말한다. 쉽게 말하면 손가락으로 꽉 누르는 것이다. 유발점을 손끝으로 누르면 통증이 치료될 수 있다는 뜻이다.

셋째, 주사요법(needling)이다. 이것은 유발점에 국소마취제나 소염제를 섞어 주사하는 방법이다. 여러 임상가(의사)들은 이런저런 색다른 치료법을 시도하다가 매우 흥미로운 사실을 발견하였다. 그것은 유발점에 아무런 주사약도 넣지 않고 그냥 바늘만 찔렀다 빼도 치료 효과가 있더라는 사실이다. 그래서 이 치료법을 건침법(dry needling)이라 부르기 시작했다.

위에서 살펴본 치료법을 검토해 보면 어딘가 동양의학적 치료법과 흡사하다는 것을 알 수 있다. 실제로 수백 개의 유발점의 위치를 비교・연구해 보니 대부분이 동양의학의 경혈점(침을 놓는 점)과 일치한다는 사실을 알 수 있었다. 그리고 허혈성 압박요법은 지압치료, 건침요법은 침술치료와 같은 방법이라는 것을 알 수 있다.

동양의학에 대한 지식이 전혀 없었던 서양 의학자들에 의해 개발된 치료법이 동양의학적 치료법과 완전히 일치한다는 사실은 이 분야에 종사하는 모든 사람을 놀라게 한다. 이와 같은 동양의학과 서양의학의 우연한 만남은 동서 의학의 실질적 접목을 시도하고 있는 우리 현실에 신선한 자극제가 아닐 수 없다.

8) 한국, 한국인, 한국의학

"우리나라의 1960년대의 모습과 비슷하군." 한국인이 일부 저개발 국가를 둘러보고 흔히 하는 말이다. 이 말에는 가난하고 미개해 보인다는 뜻이 포함되어 있다. 그러니까 불과 40여 년 전에는 우리나라도 그렇게 못살았다는 말이다. 그 말을 뒤집어 보면, '이제는 그때보다 훨씬 잘 산다.'는 말도 된다. 소위 선진국이라고 알려진 나라들을 두루 다녀 보아도 우리나라보다 더 잘산다는 느낌을 주지 않는 것도 사실이다. 그러면 '그렇게도 가난하고 못살던 나라가 언제 어떻게 그 짧은 기간 동안에 이렇게 잘살게 되었나?' 하는 질문이 나올 법하다. 여러 가지 설명이 있을 수 있고 각 이유에 대해 찬반 이론이 분분할 수도 있다. 그러나 한 가지 확실한 것은 우리가 못살 때는 우리 스스로를 비하하고 자신이 없었고, 우리가 잘살 때는 하면 된다는 자신감에 차 있었다는 사실이다.

모든 성공 뒤에는 자신감이 버티고 서 있다. 자신감이 바탕이 되지 않은 성공은 우연이요, 행운이요, 일시적이요, 불안정 그 자체다. 한국이 장차 세계에서 가장 훌륭한 나라로 성장할 잠재력을 지녔다는 증거는 얼마든지 있다.

첫째, 한국은 땅이 좋다. 우선 땅이 좁아서 좋다. 교통과 운반이 효율적이고 편리해야 나라가 발전한다. 배추 한 포기를 보내 주더라도 이쪽 끝에서 저쪽 끝까지 가는 데 며칠씩 걸리면 비효율적이다. 땅이 좁아야 외부로 진출하려는 의지와 집단적 분출력이 생긴다. 사실 우리나라 땅덩어리는 너무 크지도 너무 작지도 않아 다행이다. 우리나라는 산과 들과 물이 골고루 있고 어디에나 있다. 또 계절이 골고루 있고 어디에나 있다. 이 말은 일 년이 봄, 여름, 가을, 겨울의 사계절로 똑같이 나뉘어져 있고, 우리나라 전체가 몽땅 항상 같은 계절권 안에 있다는 뜻이다. 세계지도를 펴 놓고 봐도 이런 나라는 우리나라밖에 없다.

둘째, 한국은 사람이 좋다. 사람들의 질이 좋다는 말이다. 산천초목과 사계절이 골고루 어디에나 있는 나라이고 보니, 자연히 이 속에서 사는 사람들은 각 계절에 이겨 내는 힘이 강하고, 자연과 더불어 어울리는 예술성이 풍부하다. 이것이 바로 "사하라 사막에서 온종일 일을 하다가 그다음 날 꽁꽁 얼어붙은 시베리아 한복판에 데려다 놔도 끄떡없이 일을 해내는 사람들은 한국인밖에 없다."라는 칭찬을 받는 이유다. 한국의 많은 음악가와 예술가, 운동선수가 세계무대가 좁다는 듯 두각을 나타내며 활약하는 것은 결코 우연이 아니다. 한국인은 단결력이 강하다. 얼핏 여기저기 잔 싸움이 많아 보이지만, 이것은 집안 형제끼리 토닥거리는 다툼이지, 증오에 불타는 싸움이 아니다. 외국에 나가 살고 있는 교포를 보면 다른 어느 나라 이민자보다 단결력이 강함을 볼 수 있다. 성씨(姓氏)가 300개 정도밖에 안 되는, 세계에서 가장 순수한 민족이며 국민 모두가 다 형제자매요 친척이니 싸움다운 싸움을 할 이유가 없지 않은가? 한국인은 성질이 급하기도 하고 느긋하기도 하다. 비가 오기를 느긋하게 기다릴 줄도 알고, 일단 비가 오면 날쌔게 모를 심을 줄도 안다. 꼬리에 꼬리를 물고 늘어선 고속도로 차속에서 가족과 함께 오징어를 뜯으면서 느긋하게 앉아 있던 사람이, 시내에서 차와 차 사이에 틈이 생기면 날쌔게 끼어들 줄도 안다.

셋째, 한국은 사람들의 마음이 좋다. 조화를 사랑하는 마음이 좋다. 조화가 깨지는 것을 싫어하기 때문에 한국인은 위화감은 질색한다. 골고루 먹어야 음식의 조화를 이루기 때문에 가정식을 사랑하고 비빔밥을 사랑하고 양념을 사랑한다. 이 세상의 모든 사상, 종교가 한국에 발을 들여놓으면 세계 어느 곳에서보다 더 진하고 강하게 정착한다. 유교가 그렇고, 불교가 그렇고, 기독교가 그렇다. 그리고 이런 종교끼리 서로 싸우는 일이 드물다.

넷째, 한국은 문화가 좋다. 우리의 문화는 태극기가 상징적으로 잘 나타내 주고 있다. 태극기는 우리나라에 국한된 특징만을 나타내는 게 아니고, 만물의 근본 바탕인 우주를 나타내고 생성의 근본인 태극을 나타내고 변화의 근본인 사괘(四卦)를 나타낸다. 사뭇 우주적이다. 우리나라 국시는 홍익인간(弘益人間)이다. 우리나라 사람들만을 이롭게 하는 것이 아니고 인간 전체를 널리 이롭게 하는 뜻이다. 사뭇 인간적이다. 한글은 모든 글의 특징을 종합한 걸작품이다. 서양의 글자는 알파벳으로 만들어져 있고, 이 알파벳을 옆으로 나열하여 단어를 구성한다. 동양의 글은 알파벳이 없고 아예 글자를 완성해 놓고 그 글자가 그냥 단어 구실을 한다. 그런데 우리나라 글은 서양처럼 알파벳이 있고, 이 알파벳으로 완성된 글자를 만들고, 이 글자로 단어를 만들어 쓴다. 서양과 동양의 글의 특징을 한데 모아 놓은 이상적 글이다. 사뭇 세계적이다. 우리나라는 '어머니 중심의 나라' 다. 어머니를 이 세상에서 가장 존중하는 나라다. 여자가 여성으로서 존중받는다기보다는 어머니로서 존중받는 나라다. 어머니는 '무조건 사랑' 의 상징이요, '감싸 안은 포근함' 의 상징이다. 사뭇 안정적이다.

의학에 있어서는 전 세계가 일원적 의료제도를 지니고 있는데, 우리나라만은 유독 이원화된 의료제도를 갖고 있다. 우리나라 말고는 중국이 유일하게 전통적 중의(中醫)와 현대적 서의(西醫) 제도를 공식화하고 있으나, 우리나라만큼 철저하게 이원화되어 있지는 않다. 세계에서 우리나라가 동양의학의 세(勢)가 가장

세다. 한의사와 의사의 비율, 한의과대학과 의과대학의 비율을 국민 전체 인구수에 대비해 보면, 중국보다 약 6배 이상 높다. 우리나라처럼 동양의학과 서양의학이 가장 뚜렷하고 활발하게 공존하는 나라는 세계 어디에도 없다. 동양의학과 서양의학을 접목시켜 새로운 의학을 만들어 내기에 제일 좋은 나라다. 새로운 세기에 세계에서 가장 좋은 나라로 발전할 수 있고, 새로운 종합의학을 창출해 낼 수 있는 잠재력을 가진 나라는 바로 우리나라다.

9) 한방으로 갈까, 양방으로 갈까

중국 대륙을 처음으로 통일한 나라는 진(秦, Chin)이다. 진에서부터 '지나' '차이나(China)' 라는 국명이 생겨났다. 진나라는 중국의 통일은 이뤘어도 단명하여 약 30년 정도밖에는 지속되지 못했고, 그 뒤를 이어 중국 대륙을 통치한 나라가 한(漢)이다. 한은 약 400여 년 동안 번영하면서 중국에서 가장 화려한 문화를 발전시켰다. 그래서 중국 글을 한문이라고 하고 중국의 의학을 한의학이라고 한다. 한동안 동양문화권에서 행해지던 전통의학을 통틀어서 그냥 동양의학으로 불렀지만 어느 틈엔가 동양 각국에서는 민족주의 의식이 고조되면서, 중국에서는 자신들의 전통의학을 중의(中醫)라고 부르고, 월남에서는 월의(越醫), 몽골에서는 몽의(蒙醫), 일본에서는 한방(漢方)이라 부르게 되었다. 우리나라의 경우는 북한에서는 동의라고도 하고 고려의학이라고도 하는데, 남한에서는 주로 한의 또는 한방이라고 부르고 있다. 한의학을 한방이라 부르다 보니, 서양의학을 상대적으로 양방(洋方)이라고 부르는 사람이 많아졌다. 이상하게도 우리나라에서는 서양의 것을 서양의 '서' 자를 떼 버리고 그냥 '양' 자만 쓰면서 '양복, 양옥, 양식, 양놈, 양색시' 라고 한다. 어쨌든 상대적인 개념으로 동양의학에 대해서는 서양의학, 동의에 대해서는 서의, 한방에 대해서는 양방이라는 용어를 쓰고 있는 것이 오늘의 우리 현실이다.

요사이 환자 중에는 "병을 치료하려면 한방으로 가는 게 좋아요, 아니면 양방으로 가는 게 좋아요?" 라고 질문하는 사람이 있다. 인류의 역사는 선택의 자유와 동시에 선택의 고민을 안고 시작되었다. 인간은 선택 속에서 태어나고, 선택하는 법을 배우면서 자라나고, 수천수만의 선택을 하면서 살아가는데, 스스로 택한 무수한 선택의 결과가 자신의 건강과 행복과 수명을 결정짓는다. 올바른 선택은 올바른 판단에서 오며, 올바른 판단은 올바른 지식에서 오며, 올바른 지식은 올바른 정보에서 온다. 올바른 정보가 없으면 올바른 지식을 얻을 수 없으며, 올바른 지식이 없으면 올바른 판단을 내릴 수 없으며, 올바른 판단이 없으면 올바른 선택을 할 수 없으며, 올바른 선택을 못하면 자기가 바라는 결과를 얻을 수 없다. 큰일이든 작은 일이든 선택하는 과정에는 늘 깊은 생각과 망설임과 고민이 따르게 마련이다. 자장면을 먹을까, 볶음밥을 먹을까 하는 망설임은 대수롭지 않은 선택이다. 여행을 이탈리아로 갈까, 뉴질랜드로 갈까 선택하는 것은 행복한 고민일 수 있다. 그러나 자기의 건강문제를 놓고 선택하는 과정은 잠을 이루지 못하는 심각한 고민이 될 수 있다. 특히 "이 수술을 받으면 50%는 완쾌될 확률이 있는 반면에 50%는 죽을 확률도 있는데, 이 수술을 받겠소?" 하고 선택을 종용받는다면 이것은 피를 말리는 고민거리가 될 수 있다.

우리나라는 의료제도가 이원화되어 있어서 동양의학과 서양의학, 즉 한방과 양방이 일정한 간격을 유지한 채 공존하고 있다. 둘 다 의학이라는 테두리 안에 있으면서도 서로 융합되지 않은 채 평행선을 그으면서 존재한다. 같이 있으면서 따로 있다. 한집에 살면서 각방 쓰는 부부와 같다. 의사와 한의사를 합친 의사 수, 의과대학과 한의과대학을 합친 의과대학 수, 그리고 의대교수 수를 인구비례로 따져 보면 전 세계적으로 우리나라만큼 많은 나라도 별로 없다. 요사이 우리나라에는 옛날과 같은 소위 무의촌은 거의 없으며, 대부분의 지역에 병원이나 의원이나 한의원이 자리 잡고 있다.

이와 같이 길거리에서 고개만 돌리면 눈에 띄는 것이 병원이요 한의원이며, 집안 식구 중에서 또는 친한 친구 중에서 혹은 이웃에 사는 주민 가운데에서 흔히 만나는 사람들이 의사나 한의사인데도, 환자들은 '한방으로 갈까, 양방으로 갈까?' 하는 심각한 질문을 가슴에 안고 이리저리 다니며 시원한 답변을 찾아 헤매고 있다. '병원에서 처방한 여러 가지 약을 지금 먹고 있는 중인데, 여기에 이러한 한약을 같이 먹는다면 어떠한 부작용이 생길까요?' '이것은 간에 좋다는 양약이고 이것도 간에 좋다는 한약인데 둘 다 같이 먹어도 괜찮은가요?' '어떤 의사는 침을 맞으라 하고 또 다른 의사는 침을 맞지 말라고 하는데, 선생님 생각은 어떠세요?' 라는 식의 흔한 질문에 확실하고 자신 있는 대답을 얻을 수 없다는 게 환자들의 고민이다.

우리나라의 의학교육제도는 동양의학과 서양의학 중 하나만을 가르치고, 졸업 후에도 둘 중 하나만을 사용하도록 되어 있다. 자기가 전공하지 않는 다른 반쪽의 의학은 모르고 있다. 모르면서 어떻게 그것을 먹으라고 할 수 있겠는가? 또 모르면서 어떻게 그것을 먹지 말라고 할 수 있겠는가? 한방으로 갈까 양방으로 갈까 하는 질문에 대한 자신 있는 대답은 오직 두 의학을 다 공부하고 연구하는 의사에게서만 가능한 것이다. 그러나 그러한 의사가 별로 많지 않다는 것이 우리 사회가 고민해야 하는 과제다. 이러한 의사를 충분히 배출해 내지 못하는 것은 사회적 · 국가적 책임이다.

따라서 일반 국민이나 환자가 자신의 건강을 지키기 위해서 취할 수 있는 선택이 있다면, 그것은 스스로 양방과 한방에 대한 공부를 직접 하거나, 아니면 나를 위해 대신 선택해 줄 수 있는 의사를 찾아내는 길밖에 없다.

10) 살려면 현대의학을, 건강하려면 전통의학을

"병원에서 6개월 시한부 인생의 선고를 받았었는데, 퇴원해서 ○○을 먹었더니 1년이 지난 지금도 살아 있다." 여기에는 6개월이라고 한 선고가 틀렸다는 뜻과 함께 ○○가 효험이 있더라 하는 뜻이 같이 함축되어 있다. "평균 여명이 약 6개월 정도 됩니다." 하는 말은 '이런 정도로 진행된 상태에서는 평균 6개월 가량 더 살 수 있다.' 는 통계적 수치이기 때문에 개인에 따라서는 1년 이상 생존할 수도 있고, 1개월 또는 2개월밖에 살지 못하는 사람도 있을 수 있다. 이렇게 다양한 생존기간을 합해 평균을 내면 약 6개월 정도가 된다는 뜻으로 받아들여야 한다. 그렇기 때문에 6개월이라고 한 예측이 틀렸다고 단정하는 것도 무리가 있고, 예측 기간보다 4, 5개월 더 살았다고 해서 '○○을 먹었기 때문'이라고 단정하는 것도 무리가 있다.

서양의학에도 장점과 단점이 있고, 동양의학에도 장점과 단점이 있다. 대체의학에도 앞으로 많은 연구와 검증은 필요하겠지만, 현재 보여 주는 임상효과만으로도 수많은 치료효능 잠재력이 있음을 알 수 있다. 서양의학의 장점은 전염병 퇴치와 수술법 개발이다. 전염병이 아직 완전히 퇴치된 것은 아니나, 전에는 걸렸다 하면 죽는 무서운 전염병이 이제는 거의 다 치료가 가능하다. 폐결핵이 그렇고 나병, 장티푸스, 콜레라, 페스트 등이 그렇다. 얼마나 많은 생명이 항생제 덕분에 살아났고 현재 살고 있는가? 마취약의 발명과 함께 개발된 수술법은 모든 응급처치와 중환자 처치를 가능하게 하였다. 하루에 수만 명의 환자가 응급실과 중환자실을 거쳐 가지만, 이 중 상당수는 최첨단 시설이 아니었으면 생명을 유지하기 어려운 사람들이다. 미국의 레이건 대통령이나 교황 요한 바오로 2세는 총에 맞고 나서도 완쾌되어 역사의 중심부에서 임무를 수행하였다. 현재 죽어 가고 있는 생명은 최첨단 현대 의술로 회생의 기회를 높여야 한다. 동양의학의 장점은 불건강의 극복과 건강의 유지에 있다. 자연적 요법으로 불건강을 극복시키는 임상경험은 수천 년이나 쌓여 왔고, 건강유지를 위한 섭생법은 다양하게 개발되어 왔다. 장수하는 사람들을 보면, 반복되는 수술이나 장기간 약물을 복용한 사람들이 아니라, 나름대로의 자연요법이나 섭생법(攝生法)을 생활화하고 있는 사람들이다. 건강상태 유지의 많은 지혜가 전통의학에 담겨 있다. "건강은 판단력이 좋은 사람의 몫이다. 살려면 현대의학을 택하고, 건강하려면 전통의학을 택하라. 그러나 건강하게 살려면 둘 다 택하라."

11) 바람직한 21세기의 의학 모델

"여기는 없으니 딴 데 가서 알아보세요." 잔뜩 기대를 하고 갔다가 이런 소리를 들으면 정말 맥이 빠진다. 가게에 물건을 사러 갔다가 없어서 이 가게 저 가게로 헤맬 때가 있다. 이 가게에 갔더니 이것만 있고 저 가게에 갔더니 저것만 있다. 이런 경우에 불편한 것은 소비자뿐이다.

또 다른 예를 생각해 보자. 어떤 물건을 요구했더니 비슷한 물건을 수없이 많이 꺼내 놓고 그중에서 고르라고 한다. 무엇이 무엇인지, 어떤 게 어떤 것보다 더 좋은지 설명도 해 주지 않고 잘 알지도 못한다. 이런 경우 선택의 고민은 소비자의 몫이다.

전 세계적으로 의료체계가 이와 비슷하다. 의료제도가 확고히 이원화되어 있는 우리나라 경우에는 더욱 그렇다. 서양의학이 있고, 동양의학이 있고, 대체의학이 있고, 또 민간요법이 있다. 소비자(환자)는 이 중에서 선택하여야 한다.

앞으로의 의사는 현대의학, 전통의학, 대체의학, 민간요법을 다 공부하고 연구하고 시술하는 전문가여야 한다. 종합적으로 설명해 주고, 포괄적으로 치료해 주고, 구체적으로 지도해 주고, 지속적으로 감독해 줄 수 있어야 한다. 앞으로의 병원은 현재 동양의학, 서양의학, 대체의학이라고 부르는 모든 의학을 다 동원하여 환자에게 가장 알맞은 치료법을 선별하여 제시해 주어야 한다. 필요하다면 한군데에서 약도 주고, 수술도 해 주고, 한약도 지어 주고, 침도 놓아 주고, 동종요법도 시행하고, 최면술도 시술해 준다. MRI도 찍어 주고 진맥도 해 주고 체질감별도 해 준다. 한국에 있는 병원이나, 미국에 있는 병원이나, 독일에 있는 병원이나, 아프리카에 있는 병원이나 다 같다. 병원은 병을 치료해 주는 곳이 아니라 병이 생기지 않도록 예방해 주는 곳이어야 한다.

앞으로의 의과대학은 서양의학, 동양의학, 대체의학, 민간요법을 다 가르치는 곳이어야 한다. 의과대학에서 가르치는 것이나, 한의과대학에서 가르치는 것이나, 미국에서 가르치는 것이나 그 내용이 모두 같다. 가르치는 대로 다 환자에게 시술하라는 것이 아니라 이 지식을 각 분야의 연구와 연결하라는 뜻이다. 어떤 나라에서 어떤 종류의 의대를 나오던 다 같은 학위를 수여받게 될 것이다.

의학은 학문적으로 하나의 의학으로 융합된다. 현대의학, 전통의학, 대체의학, 민속의학, 서양의학, 동양의학, 한의학, 중의학, 월의학, 양방, 한방이 한데 녹아서 하나가 된다. 병을 찾아서 병을 없애 주는 병 중심의 의학과, 불건강의 증상을 찾아서 증(證)을 없애 주는 자연치유 중심의 의학과, 섭생법으로 건강을 찾아서 건강을 유지시켜 주는 건강 중심의 의학이 하나로 녹아 버린다.

지식의 체계는 '과학을 바탕으로 한 형이하학적 지식체계' 와 '철학을 바탕으로 한 형이상학적 지식체계' 가 융합되어 한 차원 높은 종합지식의 체계로 향상된다. 이해의 접근법은 '모든 현상을 자꾸자꾸 잘게 나누어서 미세한 세계로 파헤쳐 들어가는 분석적 방법' 과 '모든 것을 전체 속에서 생각하고 개체 하나하나를 전체의 일부로 사고하는 전일적 방법' 을 다 구사하는 종합적 방법이 된다. 구심적 사고방식과 원심적 사고방식을 동시에 동원한다는 뜻이다. 해부학 중심 의학과 기능 위주 의학이 합쳐지고, 과학기술에 의존하는 기술 의존적 의학과 인간성에 의존하는 인문주의적 의학이 합쳐져서, 결국 생명을 중심으로 한 하나의 의학으로 귀결된다.

병의 원인을 자(自)에서 찾는 방법과 타(他)에서 찾는 방법이 있으나, 앞으로는 병인을 자타(自他)에서 찾는다. 따라서 병의 치료는 '자를 보(補)하는 방어적 수단' 과 '타를 제거하는 공격적 수단' 을 동시에 사용한다. 전쟁에서 적을 파괴하는 전투행위와 정치적으로 해결하는 외교행위를 동시에 취하는 것과 흡사하다.

미래의학은 20세기의 화학적 의학에서 21세기의 물리적 의학으로 바뀐다. 새 시대의 의학은 우주여행을 향한 의학이어야 한다. 화학적 반응으로 진단을 하고 약을 먹으면서 여행하는 형태로는 우주여행을 상상할 수 없다. 따라서 미래 의학의 방향은 전기(電氣)나 자기(磁氣)나 그 외의 에너지로 진단도 하고 치료도 하는 물리적 의학이 될 수밖에 없다. 현재 우리가 전통의학이다, 현대의학이다, 대체의학이다라고 하는 모든 의학이 궁극적으로는 물리의학의 한 방향으로 모아진다는 뜻이다.

미래의학의 틀 속에서는 소비자(의료시설을 이용하는 사람)가 선택의 고민 없이 그냥 병원에 가기만 하면 된다. 그곳에는 전통의학, 현대의학, 대체의학 등 모든 의학을 다 연마한 종합의학 전문가가 있을 것이고, 그는 병원 중심이 아니라 환자 중심의, 병 중심이 아니라 건강 중심의, 치료 중심이 아니라 예방 중심의, 육신 중심이 아니라 정신 중심의 종합의료 서비스를 제공해 줄 것이다.

동양의학과 서양의학을 접목시켜 동양의학보다도 우수하고 서양의학보다도 우수한 한 차원 높은 종합의학을 창출해 내는 일은 결국 한국인이 해낼 것이다. 잠재력과 의욕과 자신감이 바로 그들에게 있기 때문이다.

12) 새는 두 개의 날개로 난다

장도리밖에 없는 사람은 모든 것을 장도리로만 해결하려 들 것이다. 장도리밖에 없으니 박는 것도, 빼는 것도, 부수는 것도, 자르는 것도, 다지는 것도, 떼는 것도 다 장도리로만 해결하려 들 것이다. 그러나 모든 도구를 골고루 갖추고 있다면 그때그때 가장 알맞는 도구를 골라 아주 편리하게 사용할 수 있다. 남들은 어떤 도구를 갖고 있는지 모르는 것도 답답한 일이요, 내 도구가 완벽하지 못하다고 느낄 때 더욱 답답한 노릇이요, 내 것이 세상에서 제일 좋은 줄 착각하고 우쭐댄다면 다른 사람 눈에 더욱 걱정스럽게 비칠 것이다.

상대방이 가진 도구가 어떤 것인지 알아보고 좋은 점이 무엇인지 배워서 그 도구도 내가 직접 쓸 수 있게 한다든지, 아니면 그 도구를 언제 쓰는 게 좋은지를 알아서 상대방에게 그 도구를 사용해 달라고 부탁하는 협조관계가 바람직스럽지 않을까?

두 개의 서로 다른 도구처럼 동양의학과 서양의학은 정말 서로 다른 두 개의 의학일까? 원래 동양의학이다, 서양의학이다 하는 말이 없었다. 그냥 의학은 의학이었을 뿐이다. 동양에서는 언젠가 본래 동양에 쓰던 의술과는 좀 다른 의학이 소개되어 퍼지기 시작했고, 이것은 서양에서 온 것이니 이를 서양의학이라 부르게 된 것이다. 그리고 동양인의 전통적인 의학은 상대적으로 동양의학이라 부르기 시작한 것이다. 마찬가지로 서양에서도 자신들의 전통적인 의술과는 좀 다른 의술이 언젠가부터 소개되어 퍼졌고, 이것은 동양에서 온 의술이니 동양의학이라 부르고 자신들의 전통의학은 서양의학이라 불렀다.

서양의학이 동양에 소개된 것은 약 150여 년이나 되는 긴 역사를 가졌기 때문에 서양의 어느 나라 못지않게 보급된 상태이지만, 동양의학이 서양에 소개된 것은 불과 60년 정도로, 미국의 닉슨 대통령이 중국을 방문한 1970년대에 들어 그나마 활성화되었기에 서양의학이 동양에 퍼진 것만큼 일반화되지는 못했다.

더구나 현대는 동서양을 막론하고 과학만능의 시대이기 때문에 철학을 이론의 바탕으로 삼고 있는 동양의학은 비과학적이라는 이유로 애초에는 많은 저항을 받았다. 처음에 동양의학이 서양에 본격적으로 확산될 즈음에 서양의 과학자들 사이에는 관심조차 보이지 않은 채 무조건 배척하는 부류와 제대로 알아보지도 않은 채 무조건 수용하는 부류가 있었다. 이 두 부류는 동양의학 연구에 아무런 공헌도 하지 못했지만 소위 중용의 도를 따르는 침착하고 심각하고 객관적인 일부 학자들에 의해서는 놀라운 연구가 계속되었다.

미국의 경우 현재 대부분의 대규모 종합병원, 특히 통증클리닉에서는 침술을 도입 · 사용하고 있고, 거의 대부분의 의과대학에서 보완대체의학을 정식 교과과정으로 개설 · 강의하고 있으며, 많은 의학교과서에도 수록되어 있다. 비록 짧은 기간이었지만 동물실험이나 임상시술을 통하여 동양의학의 긍정적인 면과 부정적인 면을 과학적으로 많이 밝혀냈고, 지금도 활발한 연구가 계속되고 있다. 지금까지 알려진 동물실험 결과와 임상적 관찰결과만 가지고도 동양의학과 서양의학은 상호보완적이라는 증거가 많다.

우리나라 조선조 500여 년간을 통치해 온 모든 왕이 몇 세까지 살았는지 합하여 평균을 내보면 약 44세가 된다. 당시 최고의 명의들의 최고의 약물과 최고의 의술, 그리고 잠시도 눈을 떼지 않는 최고의 간호를 받은 이들의 평균수명이 44세밖에 안 된다는 것은 놀라운 일이다. 그렇다고 오늘날 동양의학이 이론이나 시술 면에서 조선조 때보다 훨씬 더 발전했다는 증거도 없다. 이것이 동양의학의 한계점이다. 만일 경복궁 옆에 지금 서울에 즐비하게 늘어서 있는 종합병원 하나만 있었던들, 조선조 왕들이 평균 44세에 죽는 일은 생기지 않았을 것이다.

그런데 서양의학 또한 이와 비슷한 상황이었다. 그러나 항생제의 힘을 빌려 전염병을 퇴치하고, 마취제의 발명으로 외과적 수술방법을 발전시킬 수 있었다. 이 두 가지 획기적인 사실로 인간의 평균수명을 70세 이상으로 끌어올려 놓았다. 이 같은 서양의학의 발전은 과학적인 연구에 바탕을 두고 있다.

비약적인 발전에도 불구하고 서양의학은 그 나름대로 한계점을 지니고 있다.

미국에서 통증클리닉이나 침술클리닉에서 매일 경험하는 것 중의 하나는 10년, 20년 심지어 30년이 넘도록 그들을 괴롭히는 통증을 치료받기 위해 꾸역꾸역 모여드는 환자의 무리다. 하루 이틀도 아니고 10년 이상이나 질질 끄는 통증을 제거해 보려고 구할 수 있는 약은 다 먹어 보고, 물리치료도 받고, 수술도 받고, 심지어 정신과적인 치료나 최면술치료까지 받았으나 낫지 않았던 통증이 침술치료를 받고 나서 효과가 있었을 때 그들이 신문, 잡지, 방송을 통하여 외치는 소리는 대단한 것이었다.

침술치료를 받은 모든 사람이 다 낫는 것은 물론 아니지만, 속수무책인 이들의 일부가 분명한 치료효과를 경험하였을 때 그들은 "침술은 기적의 의학이다." "서양의학보다 우수한 의학이다." 하고 경탄한다. 미국의 한 마취의사는 다음과 같이 고백했다. "수술을 꼭 받아야만 되는 환자들이 마취약에 부작용이 있어서 수술을 받을 수 없는 상황에 놓였을 때는 침술마취가 아주 제격이다."라는 것이다. 물론 침술마취가 모든 사람에게 다 100% 성공적인 것은 아니고 시술과정이 상당히 거추장스럽기 때문에 침술마취를 많이 사용하던 중국에서도 현대식 수술시설이 늘어 감에 따라 상대적으로 줄어들고 있는 것도 사실이다. 그러나 수술은 받아야 하나 마취약에 부작용이 있는 일부 환자를 위해서는 침술마취가 분명히 도움이 될 수 있다.

동양의학과 서양의학이 서로 보완적이라는 실례는 너무나 많다. 공중에 나는 새는 두 날개를 같이 퍼득여야 높이 날 수 있듯이, 동양의학과 서양의학도 함께 조화를 이루는 날개짓을 해야 높은 차원으로 비상할 수 있을 것이다. 동양의학과 서양의학은 완전히 다른 두 개의 의학이 아니다. 완전한 하나의 의학을 이루기 위한 두 개의 수단일 뿐이다.

제 2 장

생명학

1. 있음과 없음

1) 앎

아는 것이 힘이다. 아는 것이야말로 살아가는 데 매우 큰 힘이 된다. 먹고 먹히는 환경 속에서 살아가고 또 살아남기 위해서는 알아야 하기 때문이다. 이 세상의 모든 생물 중에서 많이 아는 종(種)일수록 강자로 군림한다. 알아야 할 것은 무한한데 우리 인간이 알고 있는 앎은 유한하다. 우리가 확실히 알고 있는 한 가지가 있다면, 그것은 우리가 너무나 모르고 있다는 사실이다.

앎이라고 하는 것은 좁은 의미로는 '배워서 아는 지식' 을 뜻하지만, 넓은 의미로는 '우리 의식이 인지하는 모든 것' 을 뜻한다. 우리 몸속(내부 환경)에서 생기는 현상과 몸 밖(외부 환경)에서 생기는 현상을 알고(認) 머릿속에 기록(識)할 때, 다시 말해서 내외 환경을 인식(認識)할 때 이것을 우리는 앎이라고 표현한다.

앎의 상태에 도달하는 데는 선천적인 면과 후천적인 면이 있다. 우리의 종, 즉 인종(人種)이 지속적으로 자연에 잘 적응하여 살아가도록 하기 위해 우리보다 먼저 살았던 옛 사람들(인류의 조상)은 경험을 통한 지혜를 유전자에 입력하여 후손에게 물려줌으로써 인간은 이미 삶에 필요한 기본적 지혜와 지식을 갖고 태어나도록 하였다. 이러한 선천적 앎이 바로 본능이요, 생리적인 반사반응이다. 가르쳐 주지 않아도 엄마 젖을 빨 줄 알고, 손에 무엇이 닿으면 꽉 쥘 줄 안다. 태어난 후에 차차 얻게 되는 후천적인 앎에는 두 가지 길이 있다. 하나는 경험하고 배워서 알게 되는 습득지식이고, 또 하나는 배우지 않고 그냥 알게 되는 직관지식이다. 이 직관지식이 소위 영감(靈感)이기도 하다.

앎에 관여하는 가장 중요한 몸의 부분이 뇌다. 뇌는 몸의 내부 환경, 몸 바깥의 외부 환경 그리고 내부 환경과 외부 환경이 조화를 이루도록 하는 조정자의 역할을 담당한다.

몸속에서 발생하는 일들의 정보를 몸속에서 교류시킬 뿐만 아니라 몸의 외부로도 표현하고, 몸 밖에서 생기는 일들의 정보를 안으로 받아들인다. 특히 뇌는 의식이라고 하는 인지기능이, 생명의 영위를 위해서 가장 알맞게 내외 환경에 적응하도록 내외 정보를 조절한다. 생명유지에 필요한 정보를 받아 입력하는 것이 뇌의 매우 중요한 역할이지만, 불필요한 정보를 효율적으로 차단하는 역할이 더 중요하다 하겠다. 복잡하고 다양한 소리와 색깔과 빛과 냄새의 무한한 영역 중에서 생명 유지와 안정에 도움이 되지 않는 부분을 선별적으로 걸러 내는 일이 뇌의 역할이다. 이러한 몸속과 몸 밖을 향한 뇌의 역할이, 몸속에서의 역할만 주로 하는 다른 장기들과 구별되는 점이다. 그래서 동양의학에서는 12개 장부(臟腑)를 가장 중요한 장기로 다루고 있으면서도 뇌는 이 안에 포함시키지 않는다. 뇌는 12개의 장기와 대등한 하나의 장기가 아니라, 모든 장기와 기능적으로 얽혀 있는 특별한 조절 부위이기 때문이다.

생물체의 진화를 살펴보면, 원시 미생물에서부터 고등동물로 갈수록 특히 뇌가 발달한 것을 알 수 있다. 뇌 중에서도 특히 대뇌가 발달하였고, 대뇌 중에서는 전두엽이 그리고 전두엽 중에서도 전 전두엽이 발달하였는데, 이 전 전두엽은 자발성, 참을성, 도덕성, 감정조절, 복잡한 문제해결 등을 담당한다. 우리의 뇌는 지능이 진화해 온 다양한 층을 포함하고 있으며, 어머니의 자궁 속에서 발달하는 아기는 동물의 진화해 온 모든 과정을 반복한 후에 출생하게 된다. 아기가 태어날 때는 모든 장기 중에서 뇌가 상대적으로 가장 크다. 예를 들면, 갓난아기의 근육은 성인이 되면 무려 40배나 성장하게 되는 데 비해, 뇌는 약 5배 정도밖에 성장하지 않는다.

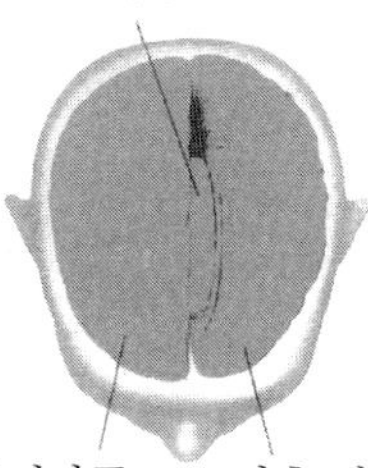

[그림 2-1] 뇌의 구조

사고(思考)는 뇌의 기능에서 가장 중요한 것 중의 하나다. 뇌의 사고기능에는 편측성(片側性)이 있는데, 좌측 뇌와 우측 뇌가 서로 다른 사고를 주관한다는 것이다. 1970년대에 보겐(J. Bogen) 박사가, 뇌량(腦梁: 우뇌와 좌뇌를 연결하는 부위)을 절제하는 수술을 받은 환자들의 행태가 독특하게 나타나는 것을 관찰하고 이를 '뇌기능 분열현상(split brain phenomenon)'이라고 발표한 데서부터 좌뇌와 우뇌의 사고기능에 대한 연구가 활발하게 진행되었다. 지금까지의 연구된 좌뇌와 우뇌의 기능의 차이, 즉 편측성을 살펴보면 다음과 같다.

좌측뇌는 원심적, 분석적, 수학적, 직선적, 언어적, 논리적, 과학적인 사고를 담당하는 반면에, 우측뇌는 구심적, 포괄적, 예술적, 은유적, 직관적, 상상적, 철학적, 영적인 사고를 담당한다.

좀 더 구체적으로 예를 들면, 좌뇌의 특징은 첫째, 언어적이라는 것이다. 대부분의 사람은 언어의 중추가 좌뇌에 위치해 있다. 그래서 중풍에 걸린 환자의 경우 왼쪽 뇌가 손상되었을 때는 오른쪽 팔다리가 마비됨과 동시에 말을 하지 못하게 된다. 말을 하기 위해서는 상대방이 하는 얘기를 알아듣고 머릿속에서 문장을 만들어 소리로 내보내야 되는데, 이러한 기능을 하는 전기회로가 망가져서 끊어진 상태가 되기 때문에 어떤 환자는 알아듣는데 말을 하지 못하게 되고 또 어떤 환자는 말은 할 수는 있는데 알아듣지 못하게 된다. 이런 환자는 말로 "왼팔을 들어 보세요." 하면 알아듣지 못하지만 왼팔을 들면서 "이렇게 들어 보세요." 하면 알아듣는다. 즉, 좌뇌는 영상에 의한 감지보다는 언어를 통한 감지에 더 예민하다.

좌뇌의 두 번째 기능은 직선적이라는 것이다. 전체를 포괄적으로 보는 것이 아니라 하나하나 따로 본다는 뜻이다. 일의 처리도 한 번에 하나씩 처리하는 사고방식이 주가 된다.

좌뇌의 세 번째 기능은 직역적이라는 것이다. 만일 좌뇌의 기능밖에 없는 사람이라면 '개밥의 도토리' 라는 말의 뜻을 잘 이해하지 못할 것이다. 이 말을 들으면 문자 그대로 개밥과 도토리를 생각할 뿐, 그 말 뒤에 숨은 은유적 표현을 이해하지 못한다. '눈 안의 가시' '약방의 감초' '새 발의 피' '쥐구멍의 볕' '번데기 앞에서 주름' 이 무슨 뜻인지 알아듣지 못한다.

좌뇌의 네 번째 기능은 분석적이라는 것이다. 사물을 잘게 썰어서 생각하는 것이다. 총론적이 아니고 각론적이라 할 수 있다. 망원경과 같은 역할이 아니라 현미경과 같은 역할을 담당한다고 할 수 있다. 의학 분야라면 사람을 보는 눈이 사람 전체를 하나로 보는 시각이 아니라 장기 하나하나를 따로 다루는 사고방식이다.

다섯 번째는 수학적이며 과학적이라는 것이다. 예술적이고 철학적이고 영적인 것이 아니고 과학적 사고를 담당한다.

이와는 반대로 우뇌의 기능은 첫째, 영상적이라는 것이다. 비언어적이기 때문에정보를 언어를 통해 감지하는 것이 아니라, 공간적 감각과 영상을 통해 감지한다. 중풍 환자의 경우 우뇌가 손상된 사람은 공간개념이 망가졌기 때문에 크고 작고, 멀고 가까운 것의 구별을 잘하지 못한다. 예를 들면, 둥근 막대기를 둥근 구멍에 낄 줄을 모르고 세모난 구멍이나 네모난 구멍에 자꾸 끼려고 한다. 우뇌는 망가졌으나 좌뇌가 건강한 사람에게는 팔을 들어 보이면서 "팔을 이렇게 들어 보세요." 하는 것보다는 그냥 말로 "오른팔을 높이 들어 보세요." 라고 해야 한다.

우뇌의 두 번째의 기능은 포괄적이고 종합적이라는 것이다. 직선적인 사고방식처럼 사물을 하나씩 보는 것이 아니라, 전체를 통째로 감싸서 바라본다. 한 번에 하나씩을 사고하고 처리하는 것이 아니라, 관련된 모든 것을 동시에 함께 다루고 처리한다. 우리 몸을 관찰할 때에도 각 장기 하나하나를 독립된 단위로 생각하는 것이 아니라, 몸 전체를 하나로 보고 각 장기는 전체의 일부라고 생각하는 전인적인 사고를 한다.

우뇌의 세 번째의 기능은 은유적이라는 것이다. 듣는 말을 문자 그대로 받아들이는 데 그치는 것이 아니라 그 말 뒤에 숨어 있는 뜻을 이해한다. '다 된 밥에 코 빠뜨리기' '언 발에 오줌 누기' '신 신고 발바닥 긁기' 등 은유적인 표현의 의미가 무엇인지 알아듣는다는 뜻이다. 이러한 해석은 상상적인 사고가 수반되어야 한다. 우뇌가 망가지면 상상하는 능력이 상실된다. 성적(性的)인 것에는 상상력이 필요하다. 그래서 우뇌 기능이 건전해야 환상적인 섹스를 즐길 수 있다. 따라서 우뇌 기능이 상하면 동물적인 생식과 성행위만 가능하지, 성(性)의 환상을 느낄 수 없다.

우뇌의 네 번째 기능은 철학적이라는 것이다. 사물을 형이상학적으로 해석하고 이해하는 기능이다. 모든 종교와 관련이 있는 영적인 것도 다 우뇌의 작용이다. 음악적인 것과 예술적인 것, 창조적인 것 그리고 정서적인 것도 다 우뇌의 기능이다.

이상에서 열거한 양측 뇌 기능의 차이점을 한마디로 요약한다면, 좌뇌는 논리적 사고를 담당하고 우뇌는 직감적 사고를 담당한다고 할 수 있다. 우리가 '안다' 고 하는 상태에 도달하는 것은 논리적인 방법으로 단계적으로 배워서 아는 길과, 배움의 과정을 거치지 않고 직감적으로 그냥 알아지는 길의 두 가지가 있다. 나이가 어릴 때에는 주로 좌뇌 기능에 의존하여 암기력이 좋아야 학교 성적도 좋고 우수하다는 평을 받게 된다. 그리고 고등교육을 받을 때는 우뇌 기능에 의존한 이해력이 좋아야 성적도 좋고 우수하다는 평을 받는다. 그러나 일단 사회생활을 하게 되면 판단력이 좋아야 우수하고 능력 있는 사람으로 평가받는다. 판단력은 좌뇌와 우뇌의 기능이 균형을 이루며 발달해야 가능하다.

동양과 서양은 옛날부터 각기 고유한 문화를 발전시켜 오다가 어느 시점에서는 서로 교류하며 영향을 미쳐 왔다. 서양은 물질문명을 토대로 과학과 기술을 발전시켜 전 세계에 영향을 미쳤고, 동양권은 정신문명을 토대로 체계화된 종교를 발전시켜 전 세계에 영향을 미쳤다. 서양은 좌뇌 기능에 의존한 문화를 발전시켰고, 동양은 우뇌 기능에 의존한 문화를 발전시켰다. 의학에 있어서도 과학과 기술을 바탕으로 한 서양의학은 주로 좌뇌 기능에 의존하였고, 철학과 형이상학을 바탕으로 한 동양의학은 주로 우뇌 기능에 의존하였다고 할 수 있다.

사람들 중에는 보이는 것만 믿는 사람이 있고, 믿는 것만 보는 사람이 있다. 과학은 모든 것을 의심하려고 하고, 종교는 모든 것을 가르치려고 한다. 과학은 의심을 먹고 성장하며, 종교는 믿음을 먹고 지탱한다. 시각은 왼쪽 눈과 오른쪽 눈으로 들어오는 영상이 약간 다르기 때문에 정확한 시각적 판단이 가능하다. 한쪽 눈을 가리면 정확한 거리감각이 둔해진다. 청각도 양쪽 귀로 들어오는 소리가 약간 다르게 입력되기 때문에 정확한 방향과 거리를 감지할 수 있는 것이다.

마찬가지로 사고에 있어서도 양쪽 뇌에 들어오는 정보가 약간 다른 각도로 처리되더라도, 좌뇌와 우뇌의 기능이 조화를 이룰 때 올바른 판단을 할 수 있다.

좌뇌와 우뇌의 기능이 조화를 이루어 올바른 앎이 올바른 판단, 선택, 행동으로 이어져야 우리의 몸과 마음, 영혼을 포함한 생명의 건강을 유지할 수 있다. 서양의학의 논리적이고 분석적이고 과학적인 연구방법과, 동양의학의 유기적이고 포괄적이고 철학적인 이해방법이 상호 보완적으로 한데 어우러질 때 생명에 대한 참된 앎이 이루어질 것이다.

2) 성질

사물을 구분하는 방법은 여러 가지가 있으나 그중 하나가 물질과 비물질로 나누는 것이다. 이 세상 모든 사물은 물질과 비물질로 구분할 수 있다. 물질은 질량이 있고 부피가 있어서 대개 오감으로 감지와 측정이 가능하다. 물, 공기, 책상, 밥 등이 그 예다. 상대적으로 비물질이라는 것은 분명히 존재하기는 존재하는데, 오감으로 감지하거나 직접적 측정이 어렵다. 우리가 일반적으로 생각하는 물질이 아닌 것을 의미한다. 시간, 마음, 생각, 생명 등이 그 예다.

그런데 여기서 우리가 이해해야 할 매우 중요한 개념은 "모든 사물은 성질을 지니고 있으며, 본디 성(性)과 질(質)은 다른 것이다."라는 점이다. 비물질의 성질이 성이고, 물질의 성질이 질이다. 우리의 마음은 비물질이니까 심성(心性)이란 표현을 쓰고, 육체는 물질에 해당하니까 체질(體質)이란 표현을 쓴다. 우리가 뜨거운 것을 마시면서 '시원하다' 고 하는 것은 "질적으로는 온도가 뜨겁지만, 성적으로는 시원하다."라는 느낌을 갖는다는 뜻이다.

우리나라 말은 세계 어느 나라 말보다 성과 질의 구별이 뚜렷하게 나타나 있다.

비물질	성(性)	우(宇)	초(初)	말(末)	도(道)	존(存)	강(康)	질(疾)	치(治)
물 질	질(質)	주(宙)	시(始)	종(終)	로(路)	재(在)	건(健)	병(病)	료(療)

시공에 있어서 시간이 물질이 아니고 공간은 물질적 개념이라는 것은 상식에 속한다. 우주에 있어서도 비물질적 우주가 우(宇)요, 물질적 우주가 주(宙)다. 처음과 끝을 나타내는 시초와 종말에 있어서도 비물질적인 개념이 종말이고 물질적인 개념이 시초다. 그래서 비물질인 시간을 나타낼 때 초기, 말기로 표현하고 물질인 공간을 나타낼 때 시발점, 종착역 등으로 표현하는 것이다. 도로도 매우 재미있는 단어다. 비물질적인 개념인 도(道)는 수단과 방편 또는 이론적 가상의 길을 통틀어 일컫는 말인 데 비해, 물질적인 개념인 노(路)는 실제로 깔려 있는 길을 뜻한다. 예를 들면, 서울에서 부산으로 가는 도는 거의 무한대이지만 실제로 이용할 수 있는 노는 몇 개 안 된다. 다른 예로, 우리나라를 도의 문화권이라고 한다면 서양은 노의 문화권이다. 만일 미국 어느 골목에서 길을 물어본다면 "노를 곧장 따라가다 노를 만나면 우회전을 하시오." 하는 식으로 가르쳐 줄 것이다. 만일 서울에서 길을 묻는다면 거의 틀림없이 손이나 턱으로 "저쪽으로 가시오." 할 것이다. 서양에서는 노를 가르쳐 주고 우리나라에서는 도를 가르쳐 준다. 도로표지판이 대부분 화살표로 되어 있는 것이 전 세계적으로 유례가 없는 서울의 명물이기도 하지만, 도 문화의 상징이기도 하다.

존재라는 말도 존(存)은 비물질적인 있음을, 재(在)는 물질적인 있음을 나타낸다. 예를 들어, '그 여자 남편이 있나?' 하는 질문에는 남편이라는 실체가 존재하는가 하는 존을 묻는 것이고, '그 여자 남편이 방 안에 있나?' 하는 질문은 '남편의 몸이 방 안에 놓여 있나?' 하는 재를 묻는 것이다. 그래서 보통 재실(在室)이라고 하고 존실(存室)이라고는 하지 않는다. 건강이라고 하는 것은 몸의 질이 튼튼하다는 뜻의 건(健)과 마음의 성이 평안하다는 뜻의 강(康)을 합친 '몸이 튼튼하고 맘이 편안하다.'는 의미다. 치료라는 말에는 비물질적인 성을 관리하고 다스리고 보살핀다는 치(治)와, 물질적인 질을 고치고 수리하고 처치한다는 료(療)를 포괄하는 의미를 지닌다.

동양의학이 성을 강조하는 의학이라고 한다면, 서양의학은 질을 강조하는 의학이라 할 수 있다. 서양의학에서는 단백질, 지방질, 당질, 광물질, 섬유질 등 질의 개념이 왕성하며, 몸의 질을 튼튼하게 하기 위하여 끙끙 앓는 상태(病)를 처치(療)해 주는 역할을 주로 한다. 동양의학에서는 음성(陰性), 양성(陽性), 악성(惡性), 양성(良性), 강성(强性), 연성(軟性), 독성(毒性) 등 성의 개념이 두드러지며, 마음의 성을 평안하게 하기 위하여 괴로운 상태를 다스려 주는 역할을 주로 한다. 질을 다루는 데에서는 균형을 강조하고, 성을 다루는 데에서는 조화를 강조한다. 서양의학에서는 균형식에서처럼 균형을 강조하는가 하면, 동양의학에서는 영양실조에서처럼 영양상태의 조화가 깨졌다는 의미의 실조를 강조한다. 심신의 성과 질을 제대로 이해하고, 인간의 참된 건강과 진정한 질병과 전인적 치료를 위해서라면, 동양의학과 서양의학을 모두 공부하고 연구해야 한다.

3) 낱과 온

생물체의 기본단위는 세포라 할 수 있다. 우리 몸은 약 60조 개의 세포로 이루어져 있다. 세포 하나하나가 살아 있는 생물체다. 몸을 이루고 있는 하나의 세포는 낱생명(個體生命)이라 할 수 있다. 그 하나의 낱생명 이외의 다른 세포 모두를 '보생명(補生命)'이라 하고, 그 낱생명과 보생명을 합친 전부는 '온생명(全體生命)'이 되는 셈이다. 가령 세포 100개로만 이루어진 생물이 있다고 할

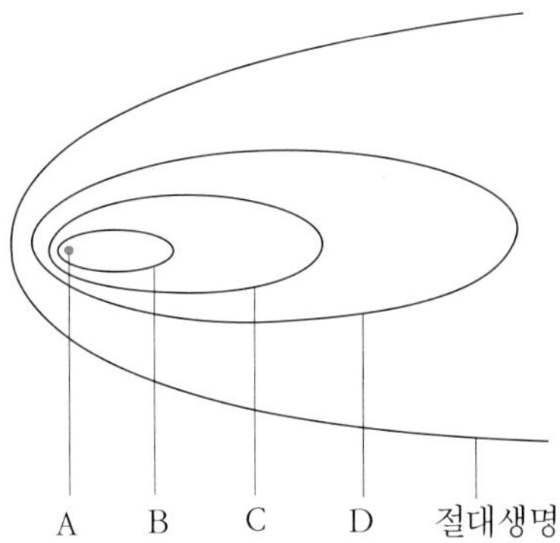

독립적인 작은 생명 A는 더 큰 생명 B의 일부분일 때, A는 낱생명이고 B는 온생명이란 상관관계가 형성된다. 마찬가지로 B는 더 큰 생명 C의 일부분이고 이때는 B가 낱생명이 되고 C가 온생명이란 더 큰 차원의 상관관계가 이뤄진다. 이와 같이 C는 더 큰 온생명 D의 낱생명이 되고 D는 C의 온생명이 되는 셈이다. 궁극적으로는 절대 온생명으로 이어지게 되는 상관관계이다.

[그림 2-2] 낱생명과 온생명의 상관관계

때, 그중 1개의 세포는 낱생명이 되고, 나머지 99개의 세포는 보생명이 되며, 100(1+99=100)개의 세포 전부는 온생명이 된다.

그런데 60조 개의 세포가 모여서 이루어진 내 몸을 다른 차원의 낱개로 볼 때에는 나는 낱생명이 되고, 나 이외의 주위의 모든 생명은 보생명이 되며, 나와 주위의 모든 생명을 합친 전부가 온생명이 되는 셈이다. 마찬가지로 지구의 모든 생명을 하나의 단위로 생각할 때 지구의 생명이 낱생명이 되고, 지구 이외의 우주 안의 생명이 보생명이 되며, 지구를 포함한 우주의 생명 전부가 온생명이 된다. 내 몸속의 하나의 세포는 나라고 하는 온생명의 일부로서의 낱생명이고, 내 생명은 지구라고 하는 온생명의 일부로서의 낱생명이며, 지구 생명은 우주라고 하는 더 큰 온생명의 일부로서의 낱생명이 되는 것이다.

의식에 있어서도, 나의 의식이 낱의식이고 나 이외의 모든 의식이 보의식이며, 내 의식과 그 외의 의식을 모두 합친 것을 온의식이라 할 수 있다. 다시 말해서, 의식에 있어서도 '낱(個)' '보(補)' '온(全)'의 관계가 겹겹이 싸여서 개인의식, 사회의식, 역사의식, 우주의식, 절대의식으로 확대된다.

하나의 생명체로서의 내 몸과 하나의 의식체로서의 내 정신은 따로 동떨어진 독립체가 아니라 내가 속해 있는 전체의 일부로서 밀접하게 서로 얽힌 상태로만 기능할 수 있다. 내 몸의 세포 하나는 내 몸 전체의 생리조건과 조화를 이룸으로써 건강하게 영위할 수 있고, 나는 나를 에워싼 인간사회와 조화를 이룸으로써 건강한 생을 영위할 수 있다.

하나의 생명에 대한 올바른 이해는 전체 생명에 대한 이해를 통해서만 가능하다. 기능과 작용 면에서 "모든 낱(個體)의 합(合)이 단순히 산술적인 온(全體)이 되는 것이 아니라 그 이상이다."라는 진리의 이해도 가능해진다.

4) 숨어 있는 질서

숨바꼭질을 할 때 숨은 사람이 보이지 않는다고 해서 그 사람이 정말로 없는

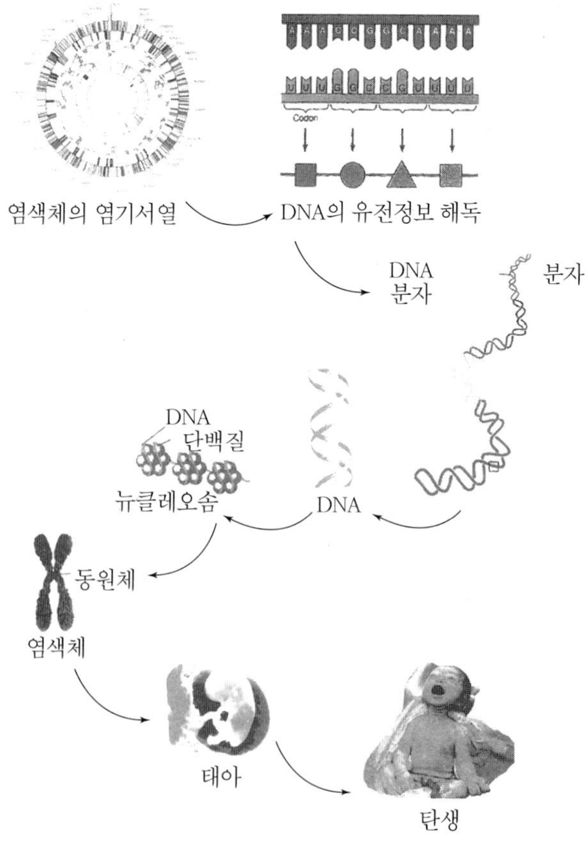

[그림 2-3] 숨어 있는 질서와 나타난 질서

것은 아니다. 다만 겉으로 나타나지 않았을 뿐이다. 숨어 있던 사람이나 나타난 사람이 다 동일한 사람이라는 데에 의미가 있다. 질서에도 숨은 질서가 있고 겉으로 나타난 질서가 있다. 어떤 나라나 어느 지역사회 사람들의 습관과 풍습에서도 그런 예를 찾아볼 수 있다. 은행 안에서 비키니 수영복을 입고 다니지 않고 여름 해수욕장에서 밍크 코트를 입고 다니지 않는 것은 보이지 않는 질서에 따라 나타난 표현이라고 볼 수 있다.

어른이 어른답고 아이가 아이답고, 여자가 여자답고 남자가 남자답다는 것도 역시 보이지 않는 질서가 나타나는 것이다. 어떤 도시가 보수적 또는 개방적이라고 하는 것은 그 지역의 보이지 않는 질서를 따라 그 도시 사람들의 생각이나 행동이 나타나는 것이다.

다른 측면의 예를 더 들어 보겠다. 농촌에서 쌀이나 배추가 서울로 이동되어 소모되는 흐름을 살펴보면 법으로 제한하거나 물리적으로 통제하는 것도 아닌데, 너무 지나치거나 부족하지 않은 범위에서 조절되고 있다. 나름대로 숨어 있는 질서에 따라 쌀과 배추가 이동되고 있는 것이다. 자연계 야생동물의 천적관계에도 이러한 질서가 있다. 가령 야생 토끼 수가 늘어나면 이 토끼를 잡아먹고 사는 천적 수가 늘어나며, 반대로 천적 수가 어떤 이유로 줄어들면 토끼 수도 저절로 줄어든다. 하나의 씨앗이 커다란 나무로 자라는 모습과 과정을 관찰해 보면 놀라운 생명의 신비에 감탄하게 된다. 어떻게 그런 작은 씨앗이 때가 되면 움이 트고 싹이 돋고 줄기가 자라서 커다란 나무가 되어 열매를 맺는가? 이러한 현상 역시 씨앗과 주위에 숨어 있는 질서 때문이다. 다시 말해서, 커다란 나무는 그 작은 씨앗에 숨어 있는 질서의 나타남(표현)이라는 뜻이다. 숨어 있는 질서란 이런 경우에는 이렇게 되고 저런 상황에서는 저렇게 변해야 된다는 프로그램을 말한다.

사람 몸의 숨어 있는 질서는 바로 유전자이다. 더 정확히 말해서 유전자에 입력되어 있는 정보다. 나는 나의 유전자가 지시하는 대로, 즉 프로그램화된 대로 키도 자라고 피부 색도 결정되고 외모도 변해 간다. '나' 가 곧 유전자이고, 유전자가 곧 '나' 다. 유전자 안에 숨어 있는 생명질서의 표현이 바로 '나' 다. 숨어 있는 질서가 유전자이고, 이 숨어 있는 질서의 나타남이 '나' 다.

이와 같은 숨어 있는 질서의 정체를 본체(本體)라고 하며, 우리가 감지할 수 있도록 겉으로 사물이 나타나는 질서를 작용(作用)이라고 한다. 본체와 작용의 상관관계가 바로 체용(體用)의 개념이다. 체(體)로서의 나는 진짜 나이고, 완전한 나이며, 겉으로 드러나지 않는 숨은 온나(全體)다. 용(用)으로서의 나는, 다른 사람들이 볼 수 있고 느낄 수 있는 구체적인 나이고, 그때그때 변화하는 겉으로 나타나는 부분적인 나일 뿐이다.

본체인 나는 항상 나로서 존재한다. 몸은 나의 몸이지 내가 아니고, 마음은 나의 마음이지 내가 아니다. 세 살 적 나의 모습, 스무 살 때나 지금의 나는 나의 표현이지 내가 아니다. 내 안에는 과거의 나, 현재의 나, 미래의 나가 다 같이 있다. 이미 나타났던 나, 지금 나타나고 있는 나, 앞으로 나타날 내가 다 함께 있다는 뜻이다.

하늘은 우리가 보고 감지하도록 나타난 질서로서의 하늘(天)과 보이지 않는 숨어 있는 질서로서의 하늘(乾)이 있다. 땅도 우리가 보고 감지하도록 겉에 나타나는 땅(地)과 숨어 있는 질서로서의 땅(坤)으로 구별된다. 이러한 개념은 하늘과 땅에만 국한되는 것이 아니다. 이 세상에 존재하는 모든 것에 적용되는 개념이다. 이 세상 모든 것은 보이는 것이 전부도 아니고 진짜도 아니다. 전부인 진짜는 보이고 감지되는 것과 숨은 질서 모두다.

우리 생활에 직접적인 영향을 끼치는 것으로 간주되며 옛날부터 동양에서 역학의 상징으로도 사용되어 온 8개 요소를 체와 용의 상관관계로 열거해 보면 다음과 같다.

일반 명칭	하늘	못(호수)	불	번개	바람	물	산	땅
체(體)	건(乾)	태(兌)	이(離)	진(震)	손(巽)	감(坎)	간(艮)	곤(坤)
용(用)	천(天)	택(澤)	화(火)	뇌(雷)	풍(風)	수(水)	산(山)	지(地)

결론적으로 나의 유전자가 나의 체이고, 나의 몸이 용이다. 유전자가 나의 '숨어 있는 질서' 이고, 나의 몸이 나의 '나타난 질서' 이다.

5) 생리와 생기

컴퓨터가 컴퓨터로서의 기능을 다 하려면 두 가지 요소를 갖추어야 한다. 하나는 프로그램이고 또 하나는 에너지, 즉 전원이다. 프로그램은 되어 있으나 전기가 흐르지 않으면 아무 글자도 그림도 소리도 나타나지 않을 것이고, 전기는 있으나 프로그램이 되어 있지 않으면 무엇을 어떻게 하라는 지시가 없으므로 역시 아무것도 나타나지 않는다.

이해를 돕기 위해서 컴퓨터의 프로그램과 전원의 개념을 우주 차원으로 확대해 보자. 우주 전체가 어떻게 생겨서 어떻게 변해서 어떻게 소멸하는지에 대한 절대적인 프로그램이 있고, 이 프로그램이 작동하는 데 필요한 절대적인 에너지가 있다. 이 절대적인 프로그램이 이(理)이고, 절대적인 에너지가 기(氣)다. 이와 기는 '스스로 있는', 시간적으로 영원하고 공간적으로 무한한 절대적인 프로그램이며 에너지다. 절대적인 이와 기는 어느 것이 먼저이고 어느 것이 나중일 수 없으며, 이가 없는 기가 있을 수 없고 기가 없는 이가 있을 수 없기 때문에, 이와 기는 서로 다르면서도 같은 것이고 같은 것이면서도 다른 것이다.

진짜 이가 진리(眞理)이고, 원래 이가 원리(原理)이며, 이를 풀어 헤쳐 보려고 하는 것이 이해(理解)이고, 이대로 따르는 것이 순리(順理)이며, 이에 맞는 게 없을 때 무리(無理)라고 한다. 하늘에는 천리(天理), 땅에는 지리(地理), 물체에는 물리(物理), 생명체에는 생리(生理)가 있다. 진짜 기가 진기(眞氣), 원래의 기가 원기(元氣), 하늘의 기는 천기(天氣), 땅에 있는 기는 지기(地氣), 사람의 기는 인기(人氣), 생명체에 있는 기는 생기(生氣), 마음의 기는 심기(心氣)다. 물에는 물기, 불에는 불기, 바람에는 바람기가 있다.

마치 나의 작은 개인 컴퓨터의 프로그램이 지역 네트워크망에 연결되어 있고, 지역 네트워크는 국가 네트워크에 연결되고, 이것은 또 세계 네트워크에 연결됨으로써 전 세계 인터넷망과 직결되듯이, 나의 생리와 생기는 지리와 지기에 연결되고, 이것은 천리와 천기에 연결되며, 천리와 천기는 우주의 이와 기에 연결되고, 종국적으로는 이 우주의 이기는 절대이기(絶對理氣)에 연결된다.

이와 기의 관계는 프로그램인 원리와 에너지 원인 전기의 관계와 같다.

6) 항상성

세상 만물에는 "이래야만 그것일 수 있다." 하는 나름대로의 실체(實體, identity)가 있고 그 실체에 대한 정의가 있다. "이러이러해야 나무다."라든가 "이러저러해야만 사람이다."라는 등의 개념상의 틀이 있다는 뜻이다. "나무는 이러이러해야 나무답다." 혹은 "사람은 이러저러해야 사람답다."라는 식의 '다움의 틀'이 있다. 바로 이 ○○다움의 틀이 상(常)이다. 나무는 나무대로의 상이 있고, 사람은 사람대로의 상이 있고, 새는 새대로의 상이 있고, 구름은 구름대로의 상이 있다.

가령 "나무가 나무다움의 틀 속에 제대로 있다."면 그 나무는 정상이라고 할 수 있다. 그 상이 제대로가 아니라면 비정상이고, 정상과 다르다면 이상(異常) 또는 비상(非常)이다. 그러한 상이 영원하지 않을 때 우리는 간혹 무상(無常)하다고 표현하기도 한다. 상이 늘 그 상 그대로 있을 때 항상(恒常)이라고 하며, 늘 같은 상으로 있으려고 하는 성질을 항상성(恒常性)이라고 한다.

생물은 항상성을 갖고 있기 때문에 생물일 수 있다. 항상성이 있을 때에만 생명을 유지할 수 있다. 생명은 항상성을 지니고 태어나며 항상성이 소멸될 때 생을 마감하게 된다. 항상성은 생물이 생명을 유지하기 위해서 가장 알맞은 조건을 늘 만들어 주도록 설계되어 있고 프로그램화되어 있다.

생리는 생명의 프로그램이고 생기는 생명의 에너지인데, 생리와 생기가 작용하여 생물체가 정상상태를 유지하도록 안전범위를 설정해 놓고, 심신상태가 안전범위 안에 머물도록 조절한다. 예를 들면, 식전 혈당이 90~110밀리그램이면 안전범위 안에 들어 있는 것이고, 수축기 혈압이 100~140수은주밀리미터(mmHg)면 역시 안전한 범위에 속한다든지, 체온은 36.7도를 전후해서 유지해야 한다든가 하는 디자인과 프로그램을 말한다. 우리 몸에는 이 항상성을 유지하려는 힘이 존재한다. 체온이 정상 이상으로 올라가면 올라간 온도를 정상범위 내로 끌어내리고, 반대로 정상 이하로 떨어지면 이번에는 온도를 끌어올리려는 힘이 작용한다는 말이다. 혈압도 비정상적으로 올라가면 끌어내리려는 힘이 작동하고 혈압이 떨어지면 올리려는 힘이 작동하게 되어 있다. 우리 몸이 비정상상태에 있는 것을 불건강 또는 병이라고 한다면, 정상상태로 되돌려 놓는 것을 치유라고 할 수 있다. 따라서 항상성을 유지하려는 힘은 곧 자연치유력이 된다.

낱생명의 항상성 또는 자연치유력의 안전범위는 상대적 온생명의 항상성에 의해 조절된다. 예를 들면, 나의 낱생명으로서의 항상성 안전범위는 나의 상대적 온생명인 인종(人種, humankind)의 더 큰 차원의 항상성에 의해 조절된다는 뜻이다. 내가 나의 정상적인 체온을 36.7도로 유지해야 된다는 것은 나의 유전자에 프로그램화된 지시에 따르는 것이지만, 36.7도가 나의 정상이라고 규정짓는 더 높은 차원의 프로그램은 나의 상대적 온생명인 인류 유전자 풀의 지시에 따른다는 말이다.

정상체온은 동물마다 다른데, 말의 경우에는 37.6도, 소는 38.3도, 고양이는 38.6도, 돼지는 39.2도, 닭은 41.7도다. 이렇게 동물에 따라 각기 다른 정상온도를 지니고 있는 것은 각 개체마다 별도의 프로그램에 의한 것이 아니라, 한 차원 위인 온생명의 프로그램에 의해, 즉 소는 소대로 닭은 닭대로 그 종 또는 류(類)에 따라 설정된 기준온도에 맞추게 되어 있다는 뜻이다.

사람 몸에서 일어나는 치유과정은 환자 자신의 몸이 자연치유력의 덕택으로 그렇게 되는 것이지, 의사나 치료사가 치유해 주는 것이 아니다. 의사나 치료사는 자연치유가 제대로 자연스럽게 일어나도록 도와주는 보조 역할을 할 뿐이다. 자연치유력의 현상을 임상적인 예로 설명해 보자. 40도나 되는 고열에 신음하는 환자가 있다. 열 증세에 가장 흔히 쓰는 아스피린 두 알을 주면 열이 좀 식을 것이다. 4시간쯤 뒤에 아직도 39도의 신열이 있는 환자에게 아스피린 두 알을 더 주었더니 체온이 38도로 내려갔다. 4~6시간마다 반복해서 투약했더니 정상체온인 36.7도까지 내려갔다. 만일 정상체온이 된 이 사람에게 아스피린을 계속 준다면 그의 체온이 35도, 34도, 32도 하는 식으로 자꾸 내려갈까? 아니다. 열이 있을 때는 쑥쑥 내려오던 온도가 일단 정상 수준에 도달한 다음부터는 계속 약을 먹어도 더 이상 떨어지지 않는다. 이 환자의 체온이 정상 이상으로 높을 때는 고열을 정상 수준으로 내려 보내려는 강한 힘(자연치유력)에 아스피린이 보조작용을 하여 온도가 내려가지만, 일단 정상체온이 되면 온도를 내리려는 힘이 작용하지 않으므로 체온은 더 이상 내려가지 않는 것이다. 우리의 일상생활에서 정도가 너무 강하게 또는 너무 오랜 기간해야 될 것을 안 하거나, 해선 안 될 것을 하거나, 하긴 하는데 제대로 안 할 때 우리 몸의 항상성 기전이 일부 제 기능을 발휘하지 못하게 될 수 있다. 이런 상태가 불건강 또는 병으로 이어지게 된다.

7) 자연의 리듬

모든 것은 율동의 영향을 받는다. 더 정확히 말하면 모든 것은 율동 자체다. 우주의 삼라만상은 일정한 율동을 따라 움직이고 변하고 흩어지고 모인다. 어떤 현상이 일정한 시간마다 똑같은 변화를 되풀이할 때, 그 일정한 시간을 주기라 한다. 어떠한 율동의 양상이 일정한 시간마다 한 번 되풀이될 때 이것을 1주기라고 한다. 하루의 밤낮, 심장의 박동, 호흡의 들이쉬기 내쉬기 등이 다 율동이면서 주기를 이룬다.

현대 과학에서는 에너지를 입자이면서 동시에 파동이라고 간주한다. 우주의 태초에도 빛과 소리가 있었다. 빛과 소리는 다 파동이다. 우주만물은 모두 크고 작은 율동 또는 주기의 영향하에 있게 된다. 어떤 것은 하나 · 둘-하나 · 둘 하는 율동을 따르는가 하면, 또 어떤 것은 하나 · 둘 · 셋-하나 · 둘 · 셋 하는 율동 또는 주기를 따른다.

영 (0)	잠재성(潛在性)	허무설(虛無說)
하나 (1)	완전성(完全性)	태극설(太極說)
둘 (2)	상대성(相對性)	음양설(陰陽說)
셋 (3)	시간성(時間性)	삼분설(三分說)

넷 (4)	공간성(空間性)	사상설(四象說)
다섯 (5)	조화성(調和性)	오행설(五行說)
여섯 (6)	안전성(安全性)	육합설(六合說)
일곱 (7)	생성성(生成性)	칠요설(七曜說)
여덟 (8)	변화성(變化性)	팔괘설(八卦說)
아홉 (9)	복잡성(複雜性)	구궁설(九宮說)

우리 몸의 12개 장부도 하루 24시간 중에 그 기능이 특별히 활성화되는 서캐디언 리듬을 지닌다.

우리는 자연의 크고 작은 다양한 리듬의 복잡한 패턴 속에 묻혀 살고 있다. 한두 가지가 아니라 수백 가지, 아니 수천 가지 이상의 서로 뒤얽힌 리듬 속에 있다. 이렇게 복잡한 율동의 패턴 안에도 간단하고 명쾌한 질서가 숨어 있다.

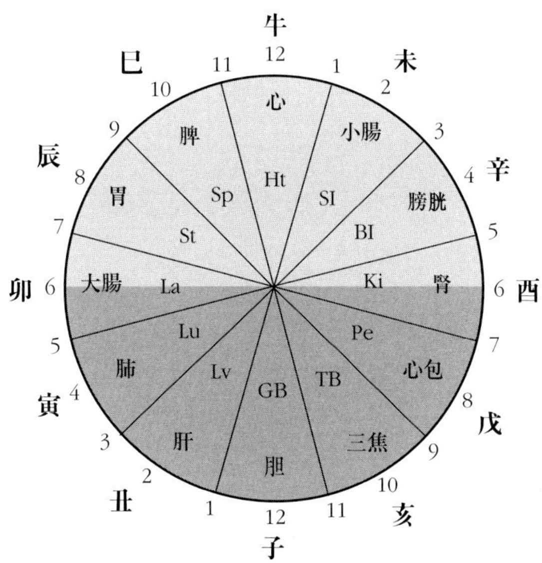

[그림 2-4] 12개 장부의 리듬

8) 힘

절대상태에서는 시간과 공간의 구분이 없으며, 물질과 비물질의 구별도 없다. 시간도 없고 공간도 없는 정지된 에너지 상태로 존재한다. 에너지의 움직임과 동시에 시간과 공간이 시작된다. 시간의 시작과 더불어 공간에 에너지의 움직임이 시작된다고도 할 수 있다. 에너지의 움직임이 힘이다. 힘에는 다섯 가지 기본 속성이 있다.

- 이(離, dividing): (分離) 따로따로 떨어지려는 속성
- 합(合, uniting): (結合) 한데 엉키려고 하는 속성
- 집(集, gathering): (集結) 한 군데로 모이려는 속성
- 산(散, scattering): (分散) 멀리 흩어지려는 속성
- 조직(組織, organizing): (構成) 특정한 기능의 틀을 구성하려는 속성

이러한 기본적 힘이 다양하게 어우러져 갖가지 힘의 숨은 질서를 만들어 내고, 이 숨은 질서가 나타난 질서로 표현될 때 세(勢)와 역(力)으로 나타난다. 힘의 성질에 있어서 힘의 성(性)이 세이고 힘의 질(質)이 역이다.

오름세, 내림세, 추세(趨勢), 위세(威勢), 강세(强勢), 약세(弱勢), 시세(市勢), 기세(氣勢) 등이 힘의 성인 세에 해당하며, 인력(人力), 근력(筋力), 기력(氣力), 압력(壓力), 탄력(彈力), 핵력(核力) 등이 힘의 질인 역에 해당한다.

우리 몸에서 근육의 힘은 역에 해당하는데, 무거운 것을 들고 끌고 밀고 하는 뚝심 같은 힘을 말하며, 심폐기능은 세에 해당하는데, 오랫동안 달리고 오르고 하는 끈기 같은 힘을 말한다. 다시 말해, 효율성(효능)과 물리적 힘의 차이 또는 기세와 기력의 차이라 할 수 있다.

국가를 예로 든다면, 군사력이나 국토나 인구 등이 역에 해당하며, 금융의 활성도나 경제시장의 유연성 등이 세에 해당한다. 즉, 경제는 세이고, 군사는 역인 셈이다.

우리의 몸도 에너지의 다양한 조합으로 견고성과 대소(大小)가 종합적으로 나타나서 이러한 외형, 즉 신체를 이루는 것이다. 그리고 이러한 힘의 덩어리인 우리 몸은 계속 들이닥치는 주위의 다른 힘들과 항상 영향을 주고받는 관계에 있게 되는 것이다.

에너지가 모이고, 흩어지고, 엉키고, 떨어지는 기본적 힘의 속성들의 종합에 의해 다양한 세와 역이 형성되고, 이 세력의 정도와 분포에 의해 딱딱하고, 연하고, 크고, 작은 것이 나타나니 이것이 곧 형상이다. 특히 생물체는 이 다양한 힘이 조직화시키는 힘의 틀 안에서 조직적으로 움직인다.

2. 생(生)

1) 생명의 정의

생명이란 무엇인가? 먼저 생명체란 무엇인가를 정의하는 것이 더 쉬울 것이다. 생명을 가진 존재를 생명체라 하기 때문이다. 생명체란 '영위생식(營衛生殖)하는 존재' 라고 정의할 수 있다. 생명이란 첫째로 영(營)을 할 수 있어야 한다. 자기 스스로를 영양하고 경영할 수 있어야 한다. 둘째로 위(衛)할 수 있어야 한다. 외부에서 오는 해(害)로부터 스스로를 지키고 방위할 수 있어야 한다. 셋째로 생(生)할 수 있어야 한다. 계속 살기 위해서 스스로를 복제할 수 있어야 한다. 넷째로 식(殖)을 해야 한다. 종의 번성을 위해서 번식할 수 있어야 한다.

생명에는 절대생명과 상대생명이 있으며, 상대생명에는 낱생명과 보생명과 온생명이 있다.

생명체의 기본 단위인 세포를 낱생명이라고 볼 때, 내 몸이 지니고 있는 약 60조 개의 세포 중 하나가 낱생명이 되고, 그 외의 나머지 세포들이 보생명이 되는 것이고, 이 낱세포와 보생명인 나머지 세포 모두를 통틀어 온생명이라 할 수 있다. 그런데 이런 경우 나의 몸은 상대적인 온생명일 뿐이다. 왜냐하면 나의 세포

하나와 내 몸 전체를 비교하면 내 몸이 온생명이 되지만, 나와 내 주위의 다른 생명들과의 관계를 생각할 때는 상대적으로 내가 낱생명이 되고, 나 이외의 내 주위의 모든 생명들이 나의 보생명이 되며, 나를 포함한 주위의 모든 생명을 통틀어 생각하면 그것이 온생명이 되기 때문이다. 이렇듯 작은 낱생명이 모여 작은 온생명이 되고, 이 작은 온생명은 큰 온생명의 일부인 상대적 낱생명으로 되고, 이 큰 온생명은 다시 더 큰 온생명의 일부로서 상대적인 낱생명이 되지만, 궁극적으로는 우주 전체를 아우르는 절대생명의 일부로 귀결된다.

따라서 절대생명이란 스스로 존재하는 영원불멸의 절대성 그 자체이기 때문에 '생명이란 영위생식하는 존재' 라는 정의는 상대적 생명에만 적용되는 정의다.

2) 생명의 출현

생명체를 포함해 지구와 우주의 모든 것은 시간이 시작된 순간에 나타난 법칙인 물리법칙에 복종한다. 에너지가 모이고, 흩어지고, 엉키고, 떨어지고, 조직화되는 힘의 법칙에 따른다는 뜻이다.

우리가 관찰할 수 있는 우주는 약 150억 년의 역사를 지녔다. 우주공간의 모든 것을 포함해 지금 우주라고 하는 모든 것은 처음에 하나의 아주 작은 덩어리로 뭉쳐 있었는데, 적어도 10^{29}도 정도로 뜨겁고 조밀했다. 그러다가 빅뱅(Big Bang)이라고 불리는 사건 동안 그 작은 덩어리가 느슨하게 풀렸다. 팽창이 시작된 처음 3분 동안 양성자, 중성자, 전자를 포함해 현재 존재하는 우주의 소립자를 만들어 낸 온갖 고(高)에너지 물리(物理)가 일어났다.

몇몇 양성자와 중성자가 결합해 헬륨 이온을 만들고 팽창하는 물질 안에 되는대로 덩어리가 생겨서 완전히 균일하지 않았다. 그런 다음 물질들은 고정되기 시작하고, 공간은 계속 확장하고 냉각되어, 수십만 년 후에 비로소 온도는 양성자와 헬륨 이온이 전자각을 얻고 안정된 수소와 헬륨 원자가 될 만큼 낮아졌다. 팽창은 다시 150억 년 동안 계속되어 직경 10^{24}마일의 현재 우리가 관측할 수 있는 우주가 되었다.

초기에 수소와 헬륨 원자들은 비균일적으로 팽창공간에 흩어져 있어서, 근접한 것들은 중력에 이끌려 더 가까워졌다. 그 결과 우주는 덩어리가 많고, 광대한 가스 구름이 여기저기 흩어졌으며, 때때로 서로 충돌하기도 하고 결합하기도 했다. 그 후 이러한 원시 소우주들은 수십 억 개의 서로 다른 은하로 계속 구별되는 한편, 각각의 은하 속에도 수십 억 개의 별이 생겨났다. 별은 3/4은 수소, 1/4은 헬륨인 가스구름으로 시작한다. 원자들은 중력에 의해 서로 모이는데, 그들은 가까워지면 가까워질수록 가속하고 온도는 더욱 높아져서, 마침내 전자가 벗겨지고 수소 원자핵이 결합하기 시작해 헬륨 이온을 만든다. 이 결합반응은 열을 발산하고 가스를 팽창시킴으로써 수축하려는 경향과 평형을 유지한다. 흐트러지려는 힘과 뭉치려는 힘이 평형을 유지하게 되는 것이다. 그 결과로 별은 수십 억 년 동안 수소연료를 태우며 온도와 크기가 안정된다.

수소가 다 타 버리면 핵융합 속도는 느려지고, 가스는 더 이상 쉽사리 팽창하지 못한다. 그러면 별은 다시 수축하기 시작하고, 결국 조밀하고 뜨거워져서 헬륨 원자핵이 서로 결합하기 시작함과 동시에 탄소, 산소, 칼슘 및 그 밖의 주기율표의 가벼운 원소 같은 더 큰 원자핵을 형성한다. 작은 별은 이 단계에서 불안정해지고, 외각층을 불어내 버리고, 새로 만들어 낸 빛 원소를 은하에 뿌리며 백색왜성(白色矮星)을 남긴다. 거대한 별은 계속 붕괴되어 점점 더 뜨거워지고, 점점 더 무거운 원자핵을 형성해 타지 않는 철(鐵)을 만들기 시작한다. 결정적인 양의 철이 모이면 별의 중심부는 중력 때문에 부서져 양성자별이 되고, 부서지는 과정에서 생긴 충격파는 별의 외각층에 거대한 폭발을 야기하는데, 이것이 초신성(超新星)이다. 우라늄 같은 방사성 원소를 포함해 매우 무거운 원자핵은 이 초신성 단계에서 생기는데, 모든 새로운 종류의 원자핵이 가스구름 속으로 퍼져 나와 식으면서 전자를 얻어 원자가 된다.

가스구름은 이제 2세대 별 속으로 계속 모이는데, 이 별들은 새로운 종류의 원자들을 포함하므로 그 이전 조상별보다 더욱 복잡하다. 2세대 별은 수소를 태우고 소멸한다. 그러나 이 과정에서도 더 새로운 원소를 만들어 내고 파편을 내보내고 다시 모여듦으로써 3세대 별이 되는데, 이들은 더욱더 복잡하다. 이러한 별의 탄생과 죽음의 순환은 앞으로도 수십 억 년 동안 계속될 것이다.

지구가 속해 있는 은하수는 중간 크기의 은하다. 은하계의 나선형 팔들 중의 한 팔(오리온 자리)에 자리 잡고 있는 태양은 주변의 초신성에서 나온 원자들로 형성된 2세대나 3세대의 중간 크기의 별이다. 태양은 약 45억 년 동안 존재해 왔는데, 앞으로도 50억 년쯤 더 연소시킬 수 있는 수소를 갖고 있다. 태양 주위를 도는 행성, 달, 혜성은 태양이 형성되는 동안 주위의 몇 가지 물질이 응집해 덩어리가 되고, 그것이 점점 커지고 서로 충돌하면서 융합해 결국 안정을 되찾은 결과물이다. 중요한 것은 지구를 포함해 이러한 몇몇 덩어리는 초신성에서 분출된 많은 양의 원자를 갖고 있다는 것이다. 거기에는 지구의 뜨거운 중심부를 형성하는 방사능 원소와 철, 지표를 형성하는 실리콘 그리고 생명에 필수적인 탄소, 산소, 질소 및 그 밖의 원소들도 포함된다. 더욱이 어린 지구와 충돌하는 혜성들은 멀리 떨어져 있는 초신성으로부터 더 많은 원자들을 가져오고, 얼음 형태의 엄청난 양의 물도 가져다주었다. 지구 내부에 갇힌 가스는 갈라진 틈과 화산을 통해 분출되고, 중력에 붙잡혀서 초기의 대기를 형성했으며, 떠다니던 지표면은 커다란 덩어리로 안정됨과 동시에 계속적인 지질활동으로 떠다니고 서로 부딪치며 대륙과 바다 만들기를 되풀이했다. 약 5억 년 동안 지구는 이렇게 통합되고 강화된 후에 비로소 생명이 시작되고 지속될 수 있는 물리 · 화학적 조건을 갖추게 된 것이다.

태초에 고에너지 물리가 있었지만 우주가 식는 동안 우리는 화학의 기원을 만난다. 화학은 원자들을 서로 결합시키고 다시 분자로 결합하게 한다. 또한 작은 분자들을 더 큰 분자와 결합시킨다. 다른 모든 것과 마찬가지로 화학도 물리로 환원할 수 있으나, 화학은 특정한 조건에서만 일어날 수 있다. 생명체가 이루어지는 데에는 두 종류의 화학이 필요했다. 즉, (1) 생명체를 구성하는 유기화합물을 만드는 화학(물, 이산화탄소, 포름알데히드, 메탄, 수소황화물 같은 작은 분자들)과, (2) 이들을 더 큰 집합으로 결합하게 하는 생화학이다.

40억 년 전에 두 번째 종류의 화학이 시작되었다. 원시 수프(primordial soup)의 화합물에서 생체분자가 형성된 것이다. 어린 지구의 원시 수프 웅덩이가 수

많은 리보뉴클레오티드(Ribonucleotide) 화합물을, 특히 A(Adenine), C(Cystine), G(Guanine), U(Uracil)라고 불리는 네 종류가 있는데, 이들은 오랫동안 에너지 흐름의 조건하에서 홀로 있었지만, 서로 화학적으로 결합하려는 경향이 있어서 무작위적인 길이의 사슬을 만들었다. 그러다가 생명체가 되는 순간이 왔는데, 이 분자들 중의 하나가 우연히 자기복제 능력을 갖게 된 것이다.

돌연변이 RNA 분자는 자기복제를 할 수 있을 뿐만 아니라 더 많은 리보뉴클레오티드를 만드는 능력을 갖게 되고, 만드는 방법에 대한 지시를 단위체(個體生命)에 암호화하는 능력을 갖게 되는 일이 일어난다. 그런 분자만이 리보뉴클레오티드의 합성을 지시할 수 있으므로, 웅덩이 안의 모든 RNA 중에서 그것만이 자기복제를 할 수 있었을 것이다. 이것이 오늘날 우리가 유전자라고 부르는 것이다.

그런 분자는 사실 자신의 원시 수프를 만들 수 있으므로 자연선택은 그런 분자를 선호했을 것이다. 그러나 리보뉴클레오티드를 만들어 웅덩이 안에 그냥 확산시켜버리는 것은 그리 효과적인 방법은 아니다. 그보다 더 나은 전략은 지방질의 작은 거품(RNA 막)으로 에워싸서 리보뉴클레오티드가 합성되면 거품 안에 있다가 다음 차례의 복제 시에 사용하는 것이었다. 막(膜, membrane)으로 둘러싸여 자기복제를 하고, 자기복제가 가능하도록 막의 지방질이나 리보뉴클레오티드 같은 부가적인 분자합성을 지시할 수 있는 분자, 이것이 세포다. 처음 세계는 분명히 RNA 세계였다. 그러나 이들 세포는 사라졌거나, 그보다는 DNA 분자 안에 유전자가 암호화된 세포로 진화했다. 그래서 우리는 이제 DNA 세계에서 살고 있다. RNA와 DNA 안에 암호화된 유전자는 단백질이라는 큰 분자들을 특수화하게 되었다. 특히 중요한 것은 효소라는 단백질인데, 그들은 세포 안에서 생화학이 정확하고 효율적으로 진행되게 하는 역할을 맡는다.

여기서 중요한 점을 다시 정리하면 우연히 모인 어떤 물질들의 화합물이 우연이 아닌 햇빛이 일으킨 화학작용에 의해 개체분자가 합성되었고, 이 화합물을 만들기 위한 지시가 복제하고 유전하는 능력을 얻음으로써 무생물에서 생명체가 출현했다는 것이다.

인간원리(anthropic principle)라는 논리는, 물리법칙은 화학이 출현하는 데에 완벽했고 또 화학은 생명이 출현하는 데에 완벽했기 때문에 일반적인 생명은 물론 인간생명을 낳을 수 있게 모든 것이 계획되어 있었다는 것이다.

3) 생명의 구조

(1) 인간 개체생명의 구조

구조란 건물구조, 사회구조, 산업구조, 화학구조, 조직구조 등 얽혀 만들어진 것을 일컫는 말인데, 물질과 비물질에 다 해당되는 용어다. 사람은 물질적인 몸(身)과 비물질적인 마음(心)으로 구성되어 있는데, 물질적인 몸에도 구조가 있고 비물질적인 마음에도 구조가 있다.

우선 몸의 구조를 살펴보자. 나의 몸속에는 나의 몸을 조절하는 기본적이며 숨어 있는 질서가 프로그램화되어 있다. 바로 이 기본 프로그램에 의해 숨은 질서가 겉으로 나타날 때 소위 나타난 질서인 나의 몸을 이루는 것이다. 나의 몸의 프로그램화된 숨어 있는 질서는 바로 유전자라 할 수 있다. 이 유전자에 입력되어 있는 프로그램에 의해 키, 체격, 피부색, 건강, 수명 등이 결정되고 조정된다. 다시 말해, 숨은 질서는 유전자이고 나타난 질서는 내 몸이다. 이러한 신체의 기본 프로그램(유전자)이 우리 문화의 전통적 개념인 백(魄)에 해당한다.

컴퓨터 역시 입력된 프로그램이 프로그램 자체만으로는 작동할 수 없다. 여기에는 에너지원이 필요하다. 컴퓨터에는 기 중의 하나인 전기가 필요하다. 전기 주위에는 전기장이 있고, 자기에는 자기장이 생겨난다. 마찬가지로 생기 주위에는 생명장이 생겨난다. 이 생명장이 우리의 전통 개념인 정(精)에 해당한다. 이러한 유전자, 생기, 생명장의 작용으로 물리적 · 화학적 힘이 생성된다. 이 힘의 작용으로 다양한 구조물이 이뤄지는데, 이것이 형(形)이다. 이것이 다른 사람들이 볼 수 있는 나의 형체이고, 신체이고, 육체이며, 몸이다.

- 백(魄): 물질적 생체의 기본 프로그램(life program), 숨은 질서(hidden life

order), 유전정보(genetically coded information)

- 기(氣): 생기(vital energy, vital force, bio-energy)
- 역(力): 화학적 · 물리적 힘(chemical/physical strength)
- 형(形): 체형(physical formation), 형태(physical appearance)
- 정(精): 생명장(life field)-정신에는 물질적 정신과 비물질적 정신이 있는데, 물질적 정신 즉, 몸의 정신

다음은 마음의 구조를 살펴보자. 물질적인 몸의 구성요소에 프로그램(魄), 에너지원(氣), 힘(力), 형체(形), 생명장(精)이 있듯이, 비물질적인 마음에도 이에 상응하는 상대적이며 대칭적인 혼(魂), 영(靈), 신(神), 명(明), 정(情) 등의 구성요소가 있다.

- 신(神): 비물질적 생명장 - 의식(consciousness)에 해당, 비물질적인 정신

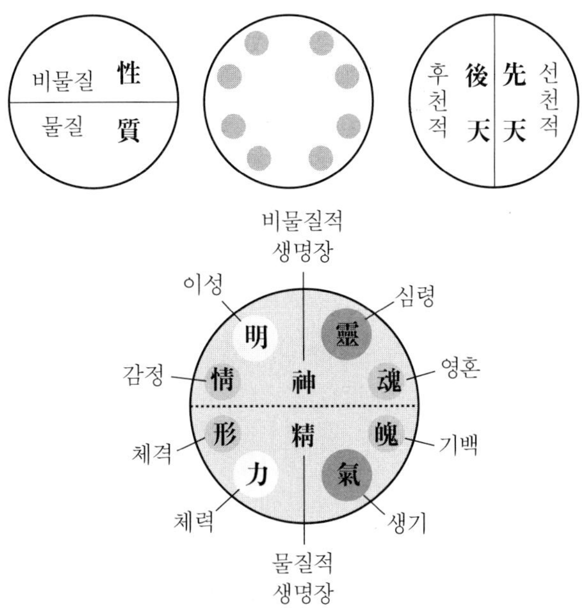

[그림 2-5] 심신의 구조

- 정(情): 심성의 느낌(feeling) – 몸의 소속인 정(精)과는 다른 정(情)
- 명(明): 심성의 힘 – 배워서 알고, 판별하고, 깨닫는 힘(reasoning)
- 영(靈): 생명의 비물질적 에너지(靈氣, spirit)
- 혼(魂): 비물질적인 생명의 기본 프로그램(soul), 물질적인 생명의 유전인자와 대칭적(상대적) 개념, 심성의 숨어 있는 프로그램

(2) 개체생명(낱생명)의 기능과 역할

낱생명의 기능과 역할은 다음과 같다.

- 백(魄): 온생명의 일부로서 온생명의 생명과정에 참여함과 동시에 낱생명의 생명과정 조정에 참여한다.
- 기(氣): 공명(共鳴)을 통해 외부의 기로부터 생기를 교환 취득한다.
- 역(力): 신진대사를 통하여 화학적/물리적 힘을 생성한다.
- 형(形): 신체, 육체, 외형을 형성한다.
- 정(精): 반응하고 적응한다.
- 신(神): 의식, 인식
- 정(情): 느낀다, 정서
- 명(明): 배워서 안다, 분별한다, 깨닫는다
- 영(靈): 공감을 통하여 비물질적 기를 교환 취득한다.
- 혼(魂): 비물질적 낱생명의 생명과정에도 참여하고, 온생명의 생명과정에도 참여한다(온생명의 일부로서 낱생명 조절에 참여한다).

(3) 개체생명의 손상

낱생명의 각 구성요소가 손상되거나 제 기능을 발휘하지 못하는 경우는 다음과 같다.

- 백(魄): 외적/내적 환경으로부터 지속적으로 부당한 영향을 받을 때

- 기(氣): 기/생기의 자연적 흐름에 막힘, 간섭, 불공명/부조율이 있을 때
- 역(力): 신진대사가 비정상적일 때
- 형(形): 자극/예민성이 지나치게 높거나 지나치게 낮을 때
- 정(精): 외적/내적 환경에 대한 노출과 적응이 부적절할 때
- 신(神): 뇌기능 손상 시나 정신적 자극이 지나치게 많거나 적을 때
- 정(情): 감정의 자극/예민성이 지나치게 많거나 너무 부족할 때
- 명(明): 잘못 알고 있거나, 모르고 있을 때
- 영(靈): 기/영기의 자연적 흐름에 막힘, 간섭, 부교감/부조율이 있을 때
- 혼(魂): 외적/내적 환경으로부터 지속적으로 부당한 영향을 받을 때

(4) 개체생명의 각 구성요소가 정상일 때 나타나는 소견이나 느낌

백(魄)과 혼(魂)은 숨어 있는 질서이므로, 겉으로 나타나는 소견이나 느낌은 없다. 그러나 이 혼백(魂魄) 이외의 다른 구성요소들은 정상일 때 다음과 같이 나타난다.

- 기(氣): 끈기와 기운이 왕성함
- 역(力): 편안함
- 형(形): 형색과 자세가 정상
- 정(精): 주위 환경과의 적응이 적절함
- 신(神): 정신/의식이 맑음
- 정(情): 정서의 안정과 성숙
- 명(明): 지혜, 자신감
- 영(靈): 직관/영감의 고조 및 행복감

(5) 개체생명의 각 구성요소가 비정상일 때 나타나는 소견이나 느낌

혼백 이외의 다른 구성요소들이 비정상일 때 다음과 같이 나타난다.

- 기(氣): 끈기가 없고 기운이 떨어짐
- 역(力): 편안하지 않음
- 형(形): 형색과 자세가 비정상적임
- 정(精): 적응이 부적절
- 신(神): 정신/의식상태가 둔해짐
- 정(情): 정서가 불안하고 미숙함
- 명(明): 혼동되고, 확신이 없음
- 영(靈): 직관/영감의 둔화와 우려의 고조

(6) 개체생명 구성요소들의 비정상을 정상으로 돌리기 위해 해야 할 일

- 백(魄): '낱생명은 온생명의 일부분이며, 낱생명의 프로그램은 온생명의 프로그램의 영향에 의해 조절된다.' 는 사실을 이해하고 확신을 갖는 것이 중요하다. 한 사람의 육체의 프로그램(遺傳子)은 전 인류의 생명 프로그램(유전자 풀)의 영향에 의해 조절된다는 사실을 확신해야 한다. 항상 그러한 확신을 가지고 살아가야 한다.
- 기(氣): 편안을 통해 심리적 · 육체적 스트레스를 긍정적으로 관리하고, 심신의 자극(침술 등 자극요법 포함)과 운동(氣功 포함)과 조식(調息)을 통해 내적 자연치유력을 극대화시켜 준다. 특히 호흡과 관계가 깊다.
- 역(力): 정식(正食: 제대로 먹기), 정면(正眠: 제대로 잠자기), 정식(正息: 제대로 숨쉬기), 정동(正動: 제대로 움직이기), 정심(正心: 제대로 마음 쓰기)을 통하여 적정한 신진대사를 유도하여 화학적/물리적 힘을 키운다. 식이와 특히 깊은 관계가 있다.
- 형(形): 올바른 자세와 동작을 통하여 정상적 형색을 유지한다. 특히 운동과 깊은 관계가 있다.
- 정(精): 훈련을 통해 환경에의 적응능력을 극대화한다.
- 신(神): 의식집중 훈련을 통해 자신의 개체의식이 사회의식으로, 거기서 역

사의식으로 그리고 궁극적으로 절대의식으로 연결되도록 한다.

- 정(情): 감정의 조절훈련을 통해 정서적 성숙과 안정을 얻는다.
- 명(明): 제대로 앎으로써 확신을 갖는 것이 가장 중요하다.
- 영(靈): 순수한 받아들임의 마음가짐과 절대의식과의 교감이 가장 중요하다. 특히 기도, 명상, 수면과 깊은 관계가 있다.
- 혼(魂): '나(自我)' 라고 하는 생명체 안에는 물질적인 나와 비물질적 나가 같이 있고, 비물질적 측면에서도 '낱생명은 온생명의 일부분이며, 낱생명의 프로그램은 온생명의 프로그램의 영향에 의해 조절된다.' 는 사실을 이해하고 확신을 갖는다.

4) 우주적인 생명

내 몸속에 있는 하나의 세포가 낱생명으로서 살아 있음이 가능한 것은 상대적인 온생명인 내 몸이 살아 있기 때문이다. 살아 있는 몸속에 있기 때문에 살아 있을 수 있다는 말이다. 내 몸이 살아 있을 수 있는 것은 내가 속해 있는 환경이 살아 있기 때문에 가능한 것이다. 지구 위의 모든 생물이 살아 있기 위해서는 지구가 살아 있어야 한다. 지구 위의 하나하나의 생명은 상대적인 낱생명이고, 지구는 상대적인 온생명이기 때문이다. 지구 자체가 하나의 낱생명 단위가 될 경우에는 우주 자체가 하나의 온생명이 되는 셈이다. 지구가 살아 있는 낱생명일 때 우주는 살아 있는 온생명이다. 이러한 우주도 절대존재 안에 속한 하나의 거대한 생명체다. 절대적인 존재는 그냥 본래부터 존재했고, 영원히 그대로 존재하는 살아 있는 존재(絶對者) 그 자체다. 상대적인 존재가 아니라 절대적인 존재라는 뜻이다. 모든 상대적인 존재는 절대적 존재 안에 흩어져 있는 국소적이고 한시적인 존재일 뿐이다.

대우주를 살아 있는 생명체로 인식하고 있는 동양 전통의학에서는 이 우주의 생명활동으로 변화무쌍하게 나타나는 계절과 주위 환경의 현상을 관찰함으로써, 소우주인 인체의 생리현상을 이해하려 한다.

5) 종으로서의 생명

생물은 여러 단위로 분류한다. 가장 큰 분류단위는 동물계, 식물계 하는 '계', 가장 작은 분류 단위는 '종' 이다. 종이 모여서 속, 속이 모여서 과, 과가 모여서 강, 강이 모여서 문, 문이 모여서 계를 이룬다.

장미와 사자를 예로 들어 본다.

	장 미	사 자
1. 계	식물계	동물계
2. 문	종자식물문	척색동물문
3. 아문	속씨식물아문	척추동물아문
4. 강	쌍떡잎식물강	포유강
5. 목	장미목	식육목
6. 과	장미과	고양이과
7. 속	장미속	표범속
8. 종	장미	사자

동물은 120만 종 이상이 있고, 식물은 30만 종 이상이 있다. 같은 종(種)에 속하는 생물들끼리가 유전적으로 가장 가깝다. 장미는 장미끼리 가장 가깝고, 사자는 사자끼리 가장 가깝다. 사람의 종이 인종인데, 키가 큰 사람과 작은 사람, 머리카락이 검은 사람과 노란 사람 등의 작은 차이점은 있어도 사람은 사람끼리 공통된 유전자를 가장 많이 공유하고 있다. 그리고 하나의 종은 하나의 생명체처럼 생성명멸하는 과정을 걷고 있다. 다시 말해서, 하나의 종은 마치 하나의 개체 생명체처럼 태어나서, 성장하고, 쇠퇴하고, 없어지는 과정을 거친다.

하나의 세포가 상대적 낱생명이고 몸 전체가 상대적 온생명이듯이, 한 차원 높여서 우리의 몸 하나가 상대적인 낱생명의 단위가 된다면 인종 전체가 상대적인 온생명이 되는 것이다.

생명에는 방향성이 있다. 즉, 의향(意向)이 있다. 낱생명은 온생명에 유익한 방향으로 생기고, 성장하고, 변하고, 죽어 간다. 우리 몸의 하나하나의 세포는 우리 몸 전체에 유익한 방향으로 생기고 죽어 간다는 뜻이다. 인간 하나하나는 인종 전체에 유리하도록 생겨나고 죽어 간다. 우리 유전자의 프로그램은 그렇게 입력되어 있다.

낱생명으로서 하나의 세포는 생겨나서, 자라고, 늙어서, 죽는 과정을 통해 온생명으로서의 몸에게 유리한 방향으로, 자신을 키우고(榮) 지키는(衛) 데 어떤 것이 유리했고 어떤 것이 불리했는지를 기억하고, 이 기억을 다음 세대 세포에게 넘겨준다. 하나의 인간이 태어나서 자라고 늙어서 죽는 과정을 통해서 경험한 기억 중에 어떤 것이 인종을 위해서 유리했고 어떤 것이 불리했는지를 기억하고, 이 기억 정보를 유전자 형태로 저장하여 다음 세대로 전해 주는 것이다. 이렇게 종을 단위로 하여 계속 변화해 나가는 것을 진화라 한다. 하나하나의 세포는 몸의 의지에 따라 변화하며 살아가고, 하나하나의 인간은 인종의 의지에 따라 변화하며 살아간다.

우리 몸속의 자연치유력은 인종에 유리한 방향으로 자연히 움직인다. 사람의 건강과 질병을 살펴볼 때도 계속 변화해 가고 있는, 즉 지금도 진화하고 있는 과정 속의 인간을 들여다볼 줄 아는 안목이 필요하다.

6) 의식체로서의 생명

생명에는 생명장이 있고 모든 사물에는 성질이 있다. '나(自我)' 라고 하는 존재도, 마음과 같이 '비물질인 나' 와, 육체와 같은 '물질적인 나' 로 구분되는데, 물질의 덩어리인 몸의 에너지장이 정, 즉 몸이 정신이고 비물질인 마음의 에너지장은 신, 즉 마음의 정신이다. 정신(精神)이란 이렇게 단순한 신경정신만을 의미하는 것이 아니다.

하나의 에너지장이 또 다른 에너지장과 접촉할 때 자극과 반응이라는 현상이 교환된다. 이러한 자극/반응현상을 통한 기본적 앎이 식(識)이다. 즉, 인식(認識)이다. 이와 같은 식에 어떤 의미를 부여할 수 있을 때, 이를 의식이라 한다. 어떤 자극/반응에 대한 인식에 좋다, 나쁘다, 싫다, 위험하다, 피해야 한다 등의 의미를 부여하는 능력이 있을 때 의식이 있다고 할 수 있다. 만일 뇌손상이 심한 환자가 바늘로 찔렀을 때 아픈 자극 때문에 꿈틀꿈틀하기는 하는데 아무런 의미를 부여할 능력이 없다면, 그는 의식이 없다 또는 무의식 상태라고 할 수 있다.

생명체를 중심으로 생각하면, 의식에는 겉으로 나타난 의식과 겉으로 나타나지 않은 의식이 있다. 생명체는 표면에서 활성화되어 있는 양성적 의식과, 이면에 있어서 겉으로는 활성화되어 있지 않은 음성적 의식이 있는데, 이것은 상대적 개념이다. 일상에서 사용하는 말로 의식이 있다 또는 없다는 것은 양성적 의식을 의미하는 것이고, 잠재의식이라는 말은 음성적 의식을 뜻한다.

사실 잠재의식이란 표현은 불공평하고 불평등한 개념이라 할 수 있다. 한쪽만을 강조하면서 다른 쪽을 경시 또는 무시하는 개념이라는 말이다. 남학생만 다니는 학교를 ○○ 남자학교라 하지 않고 그냥 ○○ 학교라 부르는 데 반해, 여학생들만 다니는 학교는 ○○ 여자학교라고 부르는 것은 남성 중심 사회의 불평등한 발상에서 나온 것이다.

한마디로 말해서 의식은 정신 중 신(神)의 기능이다. 신의 작용에 의해서 의식이 가능한 것이다. 그래서 우리는 기절하여 의식을 잃었을 때 실신했다고 한다. 동양문화권에서는 옛날부터 기가 흐르는 경로를 경락 또는 경맥이라고 했는데, 이와 비슷한 개념으로 신과 관계 있는 경로를 신경이라고 부르고 있다. 다시 말하면, 뇌를 비롯한 신경계가 인체의 내부/외부 환경의 조화를 주관하고, 감각과 운동의 정보를 전달하고, 감정을 조절하는 역할을 담당하고, 의식의 집중/산만을 조절하기 때문에, 그러한 기능을 수행하는 신의 경로라는 뜻으로 신경이라고 부른다.

의식은 신의 기능이므로 신이 있으면 의식이 있다. 의식은 여러 차원으로 존재한다. 생명체의 가장 기본이며 최소단위인 세포의 수준에도 광범위한 의미에서의 의식이 있을 수 있다. 이렇게 낮은 수준의 의식을 세포의식이라 할 수 있다.

약 60조 개의 세포가 뭉쳐서 이루어진 '나(自我)' 차원의 의식이 개체의식이다. 수없이 많은 개체의식들이 한데 모여 집단의식, 부족의식, 민족의식, 국가의식, 문화의식 등을 이루는데, 이런 것을 통틀어 사회의식이라 한다. 이러한 사회의식은 과거에도 있어 왔고 변화하면서 지금까지 이어져 왔고 또 앞으로도 이어질 것이므로 이것이 역사의식이 된다. 그리고 궁극적으로 다양하고 다차원의 의식이 그곳으로 귀결되고, 그 안에 수용되고, 그 일부로서 존재의미를 부여받는 영원불멸하고 스스로 존재하는 최고 차원의 절대의식으로 연결된다.

의식은 인식을 포함하므로 좋다, 나쁘다, 싫다를 식별할 수 있으며, 이에 따라 원하는 바(慾)와 추구하는 바(求)가 생긴다(慾求).

의식의 차원에 따라 다른 수준의 욕구가 나타난다.

- 세포의식: 가장 낮은 수준의 욕구인데, 생존을 위한 기본적 생리욕구가 주를 이룬다. 생명이란 영위생식(榮衛生殖)하는 존재이므로, 여기서 말하는 기본 욕구란 먹고(榮, 營), 싸우고, 도망가고(衛), 생식하는 욕구를 의미한다. 욕구가 충족되었을 때는 만족감을 경험한다.
- 개체의식: 심신의 편안함을 추구하는 욕구가 주를 이룬다. 건강을 추구하고, 좋아하는 것을 택하고, 싫어하는 것을 피하고, 편안한 안식처를 원하는 욕구가 여기에 속한다. 욕구가 충족되었을 때에는 안정감을 경험한다.
- 사회의식: 세력을 추구하는 욕구가 주를 이룬다. 권력과 재력을 추구하고, 여러 집단이나 사회조직에 참여하려는 욕구가 여기에 속한다. 욕구가 충족되었을 때에는 자유로움을 경험한다. 마음대로 하는 영역의 확대와 여유를 경험한다.
- 역사의식: 명예의 추구가 주를 이룬다. 과거나 현재, 미래의 잣대로 재어도 자신의 존재나 가치가 인정받기를 원하는 욕구다. 신용이나 명성의 추구가 여기에 속한다. 이 욕구가 충족되었을 때에는 보상감을 경험한다.
- 절대의식: 최고 차원의 욕구는 진리의 추구가 주를 이룬다. 이기적이 아니라 이타적인 마음으로 인류를 위하여, 세계를 위하여, 우주를 위하여 자기

성취를 추구하는 욕구다. 무아(無我)의 상태로 도를 탐구하거나, 절대신 탐구에 몰입하거나 무조건적으로 이타적 봉사를 하는 것 등이 여기에 속한다. 이 욕구가 충족되었을 때에는 행복감, 자비심, 수용, 사랑 등을 경험한다.

7) 반응체로서의 생명

생명체는 자신의 정체를 영위하기 위해서 끊임없이 반응하여야 한다. 우리 몸에 어떤 자극이 가해지면 변화가 생기고, 이 변화된 몸을 정상으로 되돌려 놓기 위해서 알맞은 행동을 취해야 하는데, 이러한 대응행동을 반응이라 한다. 자기 몸에 가해지는 자극에 대해 가장 신속히 그리고 가장 효율적으로 반응할수록 건강한 개체라 할 수 있다.

인공장기의 문제는 바로 이 반응능력의 한계에 있다. 심장을 예로 든다면, 우리가 움직일 때, 왼발을 디딜 때와 오른발을 내디딜 때, 숨을 들이쉴 때와 내쉴 때, 말을 할 때와 기침을 할 때 심장은 가장 알맞게 반응해 주어야 하는데, 0.001초까지도 정확하게 규칙적으로 뛰도록 만든 인공심장은 그렇게 순간적으로 정교하게 다른 반응을 취할 수 없다는 게 문제다. 반응을 제대로 가장 잘하는 생물이 가장 강한 생물이다.

일상생활의 경험을 통해서 어떤 것이 몸에 좋고 어떤 것이 몸에 나쁜지를 알게 되고, 나중에 비슷한 자극이 되풀이해서 찾아오면 나빴던 것은 피하려고 하는 반응을 취할 것이고, 좋았다고 기억되는 것은 더 취하려고 할 것이다. 이렇게 반복되는 반응의 경험은 습관을 만들고, 만일 이러한 습관이 인종 전체에 유리한 습관이라면 이 기억을 유전자에 입력시켜 다가오는 세대에 물려주는 것이다. 이런 식으로 유전자를 통해 입력된 반응능력을 선천성 반사반응이라 한다. 누가 가르쳐 주지도 않았는데도 갓난아기는 자기생명의 영위에 어떤 것이 유리하고 어떤 것이 불리한지를 알고 무의식적(반사적으로) 적절히 반응한다. 아기는 엄마 젖꼭지가 얼굴에 닿으면 물고 빨 줄 알고, 손바닥에 다른 사람의 손가락이나 물체가 닿으면 꽉 쥘 줄도 알고, 또 몸이 불편하거나 아프면 울 줄도 안다. 아기의 배가 방바닥을 향하도록 들고 갑자기 밑으로 내리면 마치 낙하산 타고 내려오는 사람처럼 양팔을 앞으로 뻗치는 자세를 취하는데, 이는 몸을 보호하기 위해 땅을 짚으려는 자세를 본능적으로 취하는 것이다.

몸속에 해로운 세균이 침입해 들어왔을 때에는 일부 백혈구가 동원되어 이 세균들을 상대로 소탕작전을 벌인다. 이 전투경험을 기억했다가 나중에 같은 세균이 또 쳐들어오면 쉽게 알아보고 미리 훈련되어 있는 항균성 백혈구들이 재빠르게 동원되어 침입세균을 소탕해 버린다. 이것이 면역계이고 면역력이다.

심리적인 측면에서도 우리 몸을 보호하기 위하여 반응을 한다. 화내는 것(怒), 즐기는 것(憙), 걱정하는 것(思), 슬퍼하는 것(悲), 우울해하는 것(憂), 놀라는 것(驚), 두려워하는 것(恐) 등의 감정은 다 생명을 보존하기 위해 싸울 준비를 하거나, 도망갈 준비를 하거나, 뭉친 것을 발산시키거나, 미리 마음의 경계를 시키거나 안으로 움츠리거나 하는 반응들이다.

혈액검사를 통하여 확인된 혈액 성분이 똑같은 두 사람이라 하더라도 혈액의 반응은 완전히 다를 수도 있다. 혈액 속에 녹아 있는 나트륨, 칼륨 등 전해질이나 혈당, 콜레스테롤 등 성분이 똑같은 두 사람의 경우를 예로 들면, 피를 수혈할 때 동일한 혈액을 사용하더라도 한 사람은 기운이 펄펄 나도 다른 사람은 죽을 수도 있다. 이것은 혈액의 성분이 달라서가 아니고 수혈받는 피에 대한 각자의 반응이 다르기 때문에 생기는 현상이다.

우리 몸에는 자연치유력에 예민하게 반응하는 반응점이 있어서, 이 점을 자극하면 자연치유력이 활성화된다. 이 점이 경혈(經穴)이다. 이러한 예민한 반응점을 침, 뜸, 지압, 부항으로 자극하면 자연치유력이 활성화된다.

모든 생명체는 시시각각으로 반응하며 변하고 있다. 사람도 물리적 · 화학적 · 심리적 · 사회적 · 영적으로 계속 자극받고 반응하며, 변해 가고 있다. 따라서 모든 치료자는 선천적 반응과 후천적 반응 그리고 일시적 반응과 장기적 반응을 예리하게 관찰함으로써 이런 정보를 진단과 치료에 응용할 수 있어야 한다.

8) 조직체로서의 생명

우주에는 기본적인 힘이 존재하며, 이 기본적인 힘은 떨어지려는 힘(離), 흩어지려는 힘(散), 모이려는 힘(集), 엉키려는 힘(合)이 있고, 질서를 형성하려는 힘(組織)이 있다. 조직화의 극치가 생명이며, 여기에는 완전하고 영원한 절대생명(온생명)이 있고, 그 속에 불완전하고 일시적인 상대생명(낱생명)이 있다.

(1) 행(行)과 경(經)

길에는 도(道)와 노(路)가 있다. 도는 오가고 할 수 있는 방향성을 나타내는 말이고, 노는 실질적이고 구체적으로 깔려 있는 길을 나타내는 말이다. 성질에 있어서 도는 성이고 노는 질이다.

행과 경은 둘 다 '간다(go)' 는 뜻을 지니고 있다. 그런데 동사도 아니면서 명사도 아니고, 동시에 동사이면서 명사다. 동명사인 '가고 있음(going)' 에 해당한다. 행은 '도를 따라감' 을 말하고, 경은 '노를 따라감' 을 말한다.

우주의 힘이 움직이는 방향성을 자연의 사물을 상징으로 설명하면 다음과 같다.

- 불(火): 붙어 있는 것을 서로에게서 떨어뜨리는(分離) 힘
- 흙(土): 뭉쳐 있는 것을 흩트리는(分散) 힘
- 쇠(金): 흩어진 것을 한데 뭉치게 하는(結集) 힘
- 물(水): 한데 섞어 엉키게 하는(結合) 힘
- 풀(木): 질서를 유지하려는 조직화(組織化)하는 힘, 나무를 포함하는 모든 식물이나 동물, 즉 생명을 나타내는 상징

(2) 신경(神經)

신(神)이 따라가는 경로를 신경이라 한다. 여기서 말하는 신을 하나님이나 귀신과 같은 고정관념으로 생각하면 잘 이해되지 않을 것이다. 우리가 흔히 일상

생활 표현 중에 기절한 사람을 보고 실신(失神)했다고 표현하는데, 이것은 '몸에서 신이 떨어져 나갔다.' 는 뜻이다. 이런 좁은 의미의 신의 개념을 이해하게 되면 신경을 따라 움직이는 신의 개념을 이해하기 쉬울 것이다. 의식에 관여하는 비물질적 에너지가 신이라는 개념이다.

(3) 기경(氣經)

생기(生氣)가 따라가는 경로가 기경이고, 기경의 연락 시스템이 경락(經絡)이다. 정신에서 정은 물질적 정신을 말하고, 신은 비물질적 정신을 말한다. 인체에서 정의 물질적 에너지가 정기(精氣)이고 신의 비물질적 에너지가 신령(神靈)이므로 어떤 의미에서는 신경은 신령과 공명하는 신령경(神靈經)이고, 경락은 정기와 교감하는 정기경(精氣經)인 셈이다.

9) 몸과 마음이 만나는 장으로서의 생명

마음과 몸이 하나의 시스템 안에서 질서를 유지하고 있을 때가 살아 있음이고, 마음과 몸이 한 시스템 안에 있지 않을 때 살아 있지 않음이다.

마음은 몸에 영향을 끼치고 몸이 마음에 영향을 끼친다. 마음이 몸을 변화시키고 몸이 마음을 변화시키는 것이다. 이렇듯 상호 변화시키려면 서로 만나야 되고 서로 접촉을 해야 한다. 그렇다면 실제로 마음과 몸이 만나는 지점은 어디인가?

마음과 몸이 만나고 접촉하면서 서로 영향을 주고 변화를 일으키는 광장이 바로 정신이다. 그래서 정신은 생명장이다. 비물질적 에너지에 해당하는 신과 공명하는 물질적 수용체가 신경이고, 물질적 에너지에 해당하는 정과 교감하는 비물질적 수용체가 경락이다.

3. 노(老)

1) 노화

노화는 무슨 병 때문이 아니라 자연스럽게 나이를 먹어 가는 과정을 말한다. 엄격히 말하면 노쇠화와 구별되는 개념인데, 노쇠화는 단순한 과정이 아니라 여러 가지 질병에 걸릴 위험성이 증가한다거나 손상을 복구하는 능력이 감소하는 등의 복합적인 현상으로 나타나는 변화 과정을 말한다.

우리 주위의 나이 많은 노인을 통해 직접 확인하면서도 우리는 자신의 몸이 늙어 가면서 죽음을 향해 끊임없이 변해 가고 있다는 사실을 현실적으로 실감하지 못하고 있다. 80세만 되어도 그 나이대의 반은 죽는다. 우리는 거의 매일 뉴스를 통해서 의학의 획기적인 진보나 희망적인 이야기들을 접하고 있지만 100세가 되면 99%가 죽고, 115세가 되면 대부분이 죽는다. 평균수명이 늘어나긴 했지만, 개인의 최고수명은 늘어나지 않았다. 100년 전에도 극히 일부만이 115세까지 살 수 있었고 오늘날에도 이 숫자는 거의 변하지 않았다.

(1) 마모설

평범한 일상 환경에서 특별한 문제없이 제 기능을 수행하던 세포와 기관이 극히 일상적이고도 연속적인 과정에 의해 파괴, 즉 마모(磨耗)된다는 것이다. 여기서 말하는 환경이란 지구 환경일 수도 있고, 세포 자체를 둘러싼 내 · 외부 환경일 수도 있다. 체내에서 제대로 제거되지 못한 독소가 계속 쌓여 세포의 정상적인 기능을 저해할 뿐만 아니라, DNA 자체를 파괴시켜 버리기까지 하는 것이다.

(2) 유전적 결정론

각 세포뿐만 아니라 기관과 모든 조직이 태어날 때부터 유전적으로 설정된 시계에 따라 노령화되어 간다는 것이다. 유전적 결정은 30년 전 래너드 헤이플릭

(L. Hayflick) 박사에 의해 발표된 이후 크게 부상했다. 그는 실험실에서 인간 세포를 배양하던 중 세포분열의 횟수가 최고 한계치인 50회 정도를 넘지 못하고 끝이 나는 사실을 관찰할 수 있었다. 또한 모든 생물체에 해당되는 세포의 사멸과정을 "늙어 불필요해진 세포는 다음 세대에게 자리를 내줘야 하기 때문에 예정된 죽음을 맞는다."라고 설명하였다. 이것은 스스로 목숨을 끊는 자살이 아니라, 예정된 운명을 순순히 받아들이는 것이므로 자사(自死)라고 해야 할 것이다.

헤이플릭의 연구는 생물을 분류하는 데 있어서 각 종이 각기 다른 수명을 갖게 되는 이유를 설명할 수 있고, 또 비록 같은 종이라 하더라도 각 개체의 수명이 해당 어버이의 수명과 상호 연관되어 있다는 이유도 설명해 준다.

(3) 온생명의 건강을 위한 낱생명의 사멸과정

인간이 태어나서 죽음에 이르는 순간까지의 모든 과정은 하나의 마스터플랜에 의해 지휘 · 감독된다. 낱생명의 생로병사의 과정이 온생명의 프로그램에 의해 조절된다. 낱생명의 죽음은 온생명의 건강을 위해 자연이 만들어 낸 발명품이다. 이처럼 죽음에 이르는 과정으로서의 노화 역시 자연스러운 것이다.

(4) 정기쇠퇴설

장부(臟腑)와 경맥(經脈)에 관여하는 정기(精氣)의 기능이 공허하고 쇠퇴하는 것을 노화의 원인으로 본다.

2) 노화의 증후

(1) 노화의 생리적 변화

노화의 생리적 변화는 다음과 같다.

- 기관의 보충능력이 저하된다. 각 장기에 필요할 때 꺼내 쓸 수 있는 여유분의 생기가 없는 것을 말한다.

- 생리적인 내부 조정장치의 기능이 떨어진다. 예를 들면, 체온의 조절이 적절히 안 되거나, 체내 압력(혈압, 뇌압, 안압 등)의 조절이 신속하게 되지 않는다.
- 새로운 환경에 적응하는 능력이 떨어진다. 바깥 온도가 올라가거나 내려갈 경우 이에 대하여 생리적 대응을 빨리 하지 못한다. 또 갑자기 체위를 바꿨을 때, 예를 들면 앉아 있다가 일어섰을 때 혈압조절이 잘되지 않아 저혈압 현기증이 생긴다.
- 스트레스에 대한 대처능력이 감소한다. 힘든 활동을 했다든가, 신열이 났다든가, 빈혈이 있는 경우 이 때문에 몸이 느끼는 스트레스에 대해 신속하고 적절한 생리적 대응을 하지 못한다.

(2) 노화 자체의 임상적 문제점

노화의 임상적 문제점을 신체적 문제, 정신 · 심리적 문제, 사회적 문제로 나누어 살펴보면 다음과 같다.

① 신체적 문제

- 동시다발적으로 여러 병이 한꺼번에 발생한다.
- 전신이 허약해진다.
- 관절이 쉽게 굳어진다.
- 환자가 가지고 있는 병과 병 사이의 상관관계가 복잡하게 전개된다.
- 약을 지나치게 과용한다.
- 불건강(不健康: 건강한 상태는 아니지만 아직 병도 아님) 상태로 있는 경우가 많다.

② 정신 · 심리적 문제

- 인지능력이 저하된다.
- 우울증이 발생한다.
- 표현력이 부정확해진다.

• 동기부여가 저하된다.

③ 사회적 문제

• 사회적으로 편견이 있다.
• 사회적 배려가 저하된다.
• 공공시설 접근이 불편하다.
• 보상체계가 불만족스럽다.

(3) 치료에 임하는 환자 자신의 문제점

환자의 문제점을 신체적 문제, 정신 · 심리적 문제, 사회적 문제로 나누어 살펴보면 다음과 같다.

① 신체적 문제

• 근력이 저하된다.
• 심장기능이 저하된다.
• 폐기능이 저하된다.
• 산소 활용능력이 저하된다.
• 직립성 체위 변경에 대한 적응력이 저하된다.
• 말초신경, 말초혈관 적응력이 저하된다.

② 정신 · 심리적 문제

• 학습능력이 느려진다.
• 모든 면에서 반복적이다.
• 치료에 대한 확신이 떨어진다.
• 회복에 대한 확신이 약하다.
• 자신에 대한 확신, 즉 자신감이 부족해진다.

③ 사회적 문제

• 노화에 대해 부정적으로 본다.

- 필요한 상담을 자주 하지 않는다.
- 스스로 늙음을 재촉하는 듯한 언행과 사고를 한다.
- 재정적 뒷받침이 부족하다.

3) 노쇠화

앞서도 언급했듯이 노쇠화는 노화와는 구별되는 개념이나 일반적으로 이 두 개념을 엄격히 구별하기보다는 임상적 측면과 기초연구에서 광범위하게 노화과정으로 다루는 것이 보통이다. 많은 노인병 학자들은 노쇠를 유발하는 기전을 돌연변이적인 실수가 아닌 자연선택에 의해 다듬어진 절충이라고 주장하고 있다.

노쇠화를 일으키는 기전은 다음과 같은 이론으로 설명한다.

(1) 유리기

유리기(遊離基)란 외곽궤도의 전자가 홀수개인 미분자를 뜻하는데, 이러한 구조는 매우 불안정하므로 평형을 유지하기 위해서는 전자를 하나 잃어버리든지 하나를 얻든지 해야 한다. 따라서 유리기는 지극히 민감한 반응을 보이게 되는데, 이러한 민감한 반응력은 생명의 시작에서부터 시작해 노화의 기전에 이르는 모든 과정에 참여한다. 이렇듯 유리기는 워낙 반응성이 커서 무슨 조직이든 접촉하기만 하면 손상시킨다. 우리의 몸은 이에 맞서 많은 방어 메커니즘을 진화시켰는데, 특히 과산화 돌연변이 억제효소(Superoxide dismutase: SOD)라는 화합물은 유리기가 우리 몸에 큰 피해를 입히기 전에 이를 중화시켜 버린다.

많은 종에서 SOD의 양은 그 종의 수명에 비례한다.

(2) 요산

또 다른 산화방지제인 요산(尿酸)이 혈액 내에서 차지하는 농도도 종의 수명과 밀접하게 연관되어 있다. 요산은 반응성이 높고 유해산소들을 아주 효과적으로 제거한다. 유해산소에는 하이드록시기, 과산화수소, 발생기 산소, +4에서 +5의 높은 철 원자가를 갖는 헤민 등이 있다.

다른 하등 영장류들에 비해 인간은 요산을 많이 가진 덕분에 평균수명이 늘어났고 암의 발병률도 낮아졌다고 한다.

(3) 기타 이론

고장 난 DNA를 복구시켜 주는 효소가 오래 사는 종들에게 더 많이 있다는 DNA복구 효소, 유전적 프로그램, 세포의 수명도, 미분자의 특질, 원활하지 못한 신진대사, 리포푸신 요인, 호르몬 요인, 면역체계의 이상 변화, 콜라겐(교원질)의 응고 등이 노화에 관여한다는 많은 연구와 이론이 있다.

4) 노쇠화의 증상

노쇠화에 따른 생물학적 변화는 전신과 전 기관에서 나타난다. 생사를 결정하는 가장 중요한 역할을 하면서 일단 손실된 세포는 재생이 안 되는 심장과 뇌 장기를 예로 들어 노쇠화 과정에 따른 생리적 변화와 증상을 살펴본다.

(1) 심 · 혈관질환

심장과 관련된 노쇠화의 증상은 다음과 같다.

- 나이가 들면서 심근세포들이 하나씩 죽게 되며, 심장은 그만큼 힘을 잃게 된다. 심근세포는 재생되지 않는다.
- 건강한 심장이 최대로 가동할 수 있는 박동수는 대략 1년에 한 박동씩 자연적으로 감소하는데, 그 수치는 220에서 자신의 나이를 뺀 값이 된다(예: 50세가 된 심장은 분당 170회 이상은 뛸 수 없다).
- 심근이 경직되어 감에 따라 좌심실이 혈액을 채우고 다시 밀어내는 시간이 길어지고 혈액 방출량도 줄어든다. 혈액의 부족분을 채우기 위해 혈압이 상

승한다(예: 60~80세가 되면 혈압은 대략 20수은주밀리그램 올라간다).

- 심장의 기능 저하로 혈액 공급량이 줄어들면 각 기관은 영양실조에 걸리게 된다.
- 신장으로 들어가는 혈액량은 40세 이후 매 10년마다 10%씩 감소한다. 40~80세에 이르는 동안 정상 신장은 총 중량의 약 20%가량을 잃어버린다. 소변 내의 불순물을 제거하는 주 여과장치의 50%가 파괴된다. 이처럼 기능이 약화된 신장은 초과된 나트륨을 제거하지 못한다. 노인의 신체조직 내에서 염분과 수분의 평형이 이루어지지 못할 경우, 심장사고나 탈수현상이 일어나게 된다. 또 신장이 칼륨의 과잉분을 제거하지 못함으로써 심장박동이 불규칙하게 나타나는 증세를 보인다.

(2) 뇌신경

뇌신경과 관련된 노쇠화의 증상은 다음과 같다.

- 심근세포처럼 뇌세포도 재생되지 않는다. 수십 년간 수많은 뇌세포가 죽어가지만 뇌는 계속해서 존재한다. 다양한 구성요소들이 그 기능을 대신해 주기 때문이다.
- 50세 이후가 되면 뇌는 매 10년마다 전체 무게의 2%가 줄어든다. 생각하고 지식을 받아들일 수 있게 해 주는 나선 모양의 뇌조직은 세월에 따라 퇴화되고 점차 그 기능을 잃어버린다.
- 전두부에서 운동능력을 담당하고 있는 부분은 신경세포의 2~50%를 잃어버리고, 뒤편 시신경과 양옆의 감각신경은 각각 50%가량 잃어버린다.
- 대뇌피질 중 가장 중요하다고 할 수 있는 고위지각 조절영역은 여러 겹으로 포개져 있고 기능이 중첩되어 있어 세포의 사멸화 정도가 상대적으로 낮다. 따라서 두뇌가 이성적으로 생각하거나 판단하는 지적 수용능력은 노화 과정이 거의 끝나갈 때까지 대체로 줄어들지 않는다. 최근의 연구자료에 따르면 뇌의 성장과정이 끝나도 뇌피질 중 일부 신경세포는 더욱 원숙해지는 경

향이 있어, 사고를 많이 할수록 그 부분이 발달한다고 한다.

- 남녀 모두 75세를 넘긴 노인은 55～59세 사이의 연령층에서보다 뇌졸중 사고율이 10배 이상 크다. 매년 인구 1,000명당 대략 0.5～1명이 뇌졸중으로 사망한다. 뇌의 경색과정은 대략 10여 년에 걸쳐 진행된다.
- 노인성 치매(Alzheimer type)는 1907년에 최초로 공식 보고되었는데, 병인은 점진적인 노쇠와 소위 뇌의 고기능이라 부르는 기억력, 학습력, 판단력 등을 담당하는 뇌조직 내의 신경세포 수가 감소하는 데 있다.

5) 회춘이 가능한가

인간이 태어나서 죽음에 이르는 순간까지의 모든 과정은 하나의 마스터플랜에 의해 지휘·감독된다. 섬유질이 형성되고 모든 기관에 생명이 깃드는 순간에 나타난 최초의 맥박 그 자체가 죽음의 근원이다. 즉, 죽음은 생의 첫출발과 함께 시작된다. 모든 생명에는 한계점이 있고, 각 생물의 종은 각각 정해진 수명을 부여받고 있다. 여러 가지 증거를 종합하면 인간의 정해진 수명은 약 120년으로 간주된다. 현재 문명이 발달된 국가에서도 100세 이상의 고령자는 1만 명당 1명 정도밖에 없다. 뉴스에 고령자에 대한 얘기가 다양하게 보도되지만, 지금까지 세계 최고령자로 공인된 사람은 114세가 최고였다.

"모든 생물체가 종별로 제한된 삶을 부여받고 있다."라는 이론은 명백한 증거를 갖고 있다. 각 동물 집단의 수명에서의 변이성(變異性)과 그것들이 각 종별로 나타나는 최고수명은 합치한다. 즉, 어떤 종류의 동물이든 자손의 수에 평균치가 있는데, 이러한 사실은 각 종별로 지닌 최고수명과 자손의 수의 평균치와는 역으로 연관될 수 있다. 인간의 경우 다른 동물과 달리 임신기간도 길고 개체가 생물학적으로 완전히 독립할 수 있을 때까지 걸리는 시간도 긴데, 이것은 종이 완전히 존속할 수 있을 만큼의 충분한 시간이 필요하기 때문이다. 바로 그 시간이 현재 우리가 누리고 있는 수명으로 인간은 포유류 중에서 가장 긴 수명을 가진다.

이전 세대들이 상상도 할 수 없을 만큼 평균수명이 길어졌음에도 인간은 여전히 삶을 연장시킬 궁리를 하고 있다. 아니 거꾸로 더 젊어질 욕심을 갖고 있다. 3,500여 년 전의 파피루스에는 회춘(回春)하는 방법이 적혀 있다. 동서양을 막론하고 전통적으로 회춘하는 방법 중의 하나로 나이 든 환자에게 젊음과 건강을 되찾아 준다는 명제 아래 "어린 처녀들을 양쪽에 끼고 자라."는 권유를 했었다. 우리 주변에 생의 젊음을 찾거나 수명을 연장시키려는 사람들은 수없이 많다. 그러나 그로 인해 더 젊어지거나 생을 연장받은 사람은 아무도 없다.

물론 수명을 연장시키려는 노력과 노화 과정의 속도를 늦추려는 연구는 많이 진행되고 있다. 성장 호르몬이 근육질과 골격을 회복시킨다는 연구를 바탕으로 성장 호르몬이 회춘 효과를 줄 수 있다고 주장하기도 한다. 또 DNA를 자르고 덧붙여 삶을 연장시킬 수 있다는 유전자 치료법 이론이 최근 논쟁의 초점이 되기도 한다.

인간에게 주어진 수명이 약 120년 정도 된다는 이론을 뒷받침해 주는 증거는 더러 있다. 대부분의 사람들은 의학이 발달하면서 평균수명이 늘어났다고 생각한다. 그러나 원래 인간에게 주어진 생명이 40년밖에 안 되는데, 의학이 발달해서 70년 이상으로 늘려 놓았다고 생각하기보다는 그동안 주어진 생명을 제대로 관리하지 못하다가 이제는 과학의 발달 덕분에 덜 빼앗기고 있는 것이라 보는 것이 더 타당할 것이다. 종을 기준으로 판단하여 인간의 주어진 생명의 햇수를 마냥 길게만 늘리려는 노력보다는, 우리에게 주어진 생명을 꽉 찬 삶으로 건강하게 즐길 수 있도록 노력하는 것이 더욱 바람직하다. 삶의 가치는 그 길이에 있지 않고 순간순간을 얼마나 알차게 유용했느냐에 있다. 아무리 오래 살았다 해도 내용과 결과에 따라 실제로는 얼마 살지 못한 결과가 될 수도 있기 때문이다.

결론적으로 회춘이란 없다. 건강하게 살다가 건강하게 늙고 그리고 깨끗하게 죽는 게 최상이라는 것이 자연이 우리에게 주는 메시지다. 노화 연구의 바람직한 방향은 병들고 비정상적으로 쇠퇴하는 심신을, 건강하고 정상적으로 자연스럽게 늙어 가도록 만들어 주는 것이어야 한다.

6) 노화와 노쇠화 그리고 죽음

어떤 의학 전문가는 다음과 같이 지적하였다. “삶을 위협하는 질병만을 생각하도록 훈련받고 있는 것이 일반적인 의사라고 할 수 있다. 전문의들이 그토록 집요하게 실험과 연구에 매달리는 진짜 이유는 인간의 고통을 덜어 주어야 한다는 명제보다는 그 병에 대한 수수께끼에 흠뻑 빠져들어 그것을 완전히 풀어 보려는 욕망이 있기 때문이다. 그리고 자연을 제어해 보겠다는 환상도 있는 것 같다. 인간은 자연과학의 발달에 고무되어 자연을 통제할 수 있다는 오만함을 싹 틔워 왔다. 의학 자체가 지닌 예술과 철학이 있음에도 현대 의학은 하나의 전문 직종으로서 정복이라는 목표만을 향해 달려온 나머지, 응용과학의 실습장으로 변모해 가고 있다. 인류를 끝까지 존속시키기 위해서라도 자연은 항시 인간의 도전을 패배로 이끌 것이다. 죽음은 새로운 시작이며 우리가 영원히 이 땅에 살기 위한 통과의례라는 생각과 매 순간순간이 마지막이라는 태도로 생을 일궈 나가는 것이 가장 바람직한 삶의 자세이다. 의사는 항상 한 생명을 책임지고 있다는 생각을 잊어서는 안 될 것이고, 환자는 수수께끼를 풀어 나가는 의사의 집요한 결과가 때로는 환자의 최고 이익과 상반될 수도 있다는 사실을 이해해야 할 것이다.”

사실 죽음에 대해 가장 정확히 알고 있는 사람은 의사가 아니라 철학자나 시인이라 할 수 있다. 그들은 삶을 보는 사람이 아니라 삶을 느끼는 사람들이다. 살아 있다는 것은 우리의 신체조직에 고통을 주는 동시에, 살아 있다는 자신감을 가득 채워 준다고 느끼는 것이다. 그런 삶의 상태가 어느 순간에 갑자기 끊어져 버리든지 아니면 천천히 빠져 나가든지 간에 뒤에 남는 것은 형편없이 위축되어 버린 물체뿐이라고 느낀다는 것이다. 중요한 것은 어떻게 살았는가가 아니라 어떻게 죽을 것인가를 생각하는 것이다. 의학적 연구는 노인의 삶을 전반적으로 연장시켜 주기는 했지만 그것은 노인의 기능적 나이가 연장된 것일 뿐, 노령화가 중단된 것은 결코 아니다.

자연에서 죽음은 모두 삶으로의 순환과정 속에 있는 것이다. 동물 중에는 출생한 즉시 99%가 사망하는 쥐의 새끼와 같이 태어날 때부터 죽음이 약속된 것도 있다. 이러한 현상이 가장 두드러진 것은 바다 속의 물고기가 낳는 막대한 수의 알이다. 생태계 안에서 태어나고 죽는 것은 자연의 법칙으로 삶 속에 내재되어 있다고 할 수 있다.

아프리카 코끼리의 경우는 58세에도 새끼를 낳을 수 있지만 곧 죽음을 맞이한다. 그런데 인간의 경우는 여성이 폐경기를 맞이하여 아이를 낳을 수 없게 되어도 20～30년 정도는 더 생존한다. 이 기간은 생물적인 부분이 아니라 이른바 사회적 · 문화적인 부분으로 인간적인 삶의 대부분은 오히려 이 기간에 있다고 해도 과언이 아니다. 노화하더라도 동물들은 인간처럼 병이 들어 자리를 보전하는 경우는 없다. 직립보행하는 인간의 경우 병이 들어 자리를 보전하는 것은 가장 먼저 다리가 약해지기 때문이다. 늙은 코끼리는 이마에 주름이 생기고 볼이 움푹 패이고 움직임이 둔해져도 최후의 순간까지 걷는다.

동물이든 인간이든 개체는 죽더라도 종의 수준에서 보면 번식 시스템에 의해 유전자로서 끊어지지 않고 계속 이어진다. 그러므로 유전자는 영원히 죽거나 사라지지 않는다. 어떤 종의 한 개체는 통합된 전체의 일부로 존재하고 이 현재의 개체는 종 전체의 과거와 미래를 연결해 주는 하나의 과정이 된다. 식물의 경우는 병원체의 침입을 재빠르게 세포가 감지하여 그 주위의 세포를 사멸시킴으로써 병원체의 활동을 봉쇄시킨다. 이런 현상을 과민감(過敏感) 세포사라 한다. 세포(낱생명)의 죽음으로 자신(온생명)을 구하는 것이다. 모든 생물체에는 세포의 사멸과정이 존재한다.

낱생명이 죽어야 온생명이 산다. 낱생명이 건강하게 제때에 죽어야 온생명이 건강하게 산다. 낱생명의 죽음은 온생명의 삶의 일부분이다. 노화는 이러한 자연변화의 자연 현상이다. 자연선택은 개체 간의 유전적 변이가 그들의 생존과 번식에 영향을 끼칠 때면 언제나 일어난다. 자연선택은 집단이 아니라 유전자를 선호한다.

4. 병(病)

1) 병의 정체

'병'의 정체 존재 여부는 예부터 논란의 대상이 되어 왔다. 의학은 사람의 건강을 다루는 학문적 접근법에 따라 분류된다. 전통의학은 병에는 정체가 없다고 보는 반면에, 현대의학은 병에 정체가 있다고 본다. 병이란 없는 것이지만 병든 사람은 있다는 것이 전통의학의 사고방식이고, 병이란 것이 있어서 몸속을 들락날락한다는 것이 현대의학의 사고방식이다. 얼핏 보기에는 비슷한 관점으로 보이지만 자세히 살펴보면 전혀 다른 뜻이다.

병의 정체는 없지만 병든 사람은 있다는 전통의학의 관점에서는 치료대상이 병든 사람이 되는 것이고, 병의 정체는 있다라는 현대의학의 관점에서는 치료대상이 병 자체가 되는 셈이다. 치료대상이 사람이냐 아니면 병이냐 하는 것이 두 의학의 가장 큰 차이다.

전통의학에서는 이 사람이 왜 이런 병든 사람이 되었는지와 왜 이런 증후가 나타나는지를 다루고, 현대의학에서는 이 환자에게 어떻게 이런 병이 들어오거나 생겼는지와 어떻게 이런 소견이 관찰되는지를 주로 다룬다. 전통의학에서는 '왜'를 주로 다루고, 현대의학에서는 '어떻게'와 '무엇'을 주로 다룬다.

전통의학에서는 병든 사람을 관찰하는 방법이 발달하였고, 현대의학에서는 병을 찾아내는 방법이 발달하였다. 전통의학에서는 많이 물어보고, 많이 말하고, 많이 바라보고, 많이 만져 본다. 현대의학에서는 말이나 만지는 일은 별로 없이 병을 찾아내는 기계를 많이 사용한다. 그래서 현대 의료시설에는 치료하는 기계보다 병을 찾아내는 기계와 시설이 더 많다. 현실적으로 임상에서 인간의 수명을 늘리는 데 크게 공헌한 것은 현대의학인데, 바로 현대의학에서 사용한 도구가 과학과 기술이었기 때문이다. 만약 전통의학적 접근법과 현대의학적 접근법이 접목된다면 더욱 이상적인 진료법이 될 것이다. 찾는 대상은 병으로 하고, 치료대상은 사람으로 하는, 병을 찾아서 사람을 치료하는 의학이 바람직한 미래의학이며 참된 전일의학(全一醫學)이다.

2) 병의 종류

(1) 감염성 질환

박테리아, 바이러스, 곰팡이 등의 세균 중에는 원래 우리 몸에 이로운 것도 있고 해로운 것도 있다. 그러나 어떤 세균은 같은 종류라 하더라도 어떤 때는 이로움을 주는데, 어떤 때는 해를 끼치기도 한다. 우리 몸에 세균이 비정상적으로 번식하여 세포와 조직에 괴사를 일으키는 경우가 감염성 질환이다.

(2) 염증

세균 이외의 자극으로 인체조직에 국소적으로 부종, 충혈, 괴사 등을 일으키며 흔히 통증을 유발하는 상태를 염증이라 한다.

(3) 종양

몸의 국소에 비정상적으로 세포의 수가 늘어나는 혹을 종양이라 한다. 몸을 해 치는 정도에 따라 성질을 순한 혹(良性腫瘍) 혹은 악한 혹(惡性腫瘍)으로 구분한다.

(4) 신진대사 질환

우리 몸은 에너지를 외부에서 받아들여 몸에서 필요한 만큼 사용하다가, 다시 외부로 내보낸다. 이러한 몸의 에너지 순환 과정을 신진대사라 하는데, 이 과정이 비정상적으로 된 상태를 신진대사 질환이라 한다. 당(糖)을 제대로 조절하지 못하는 당뇨병이 그 예다.

(5) 유전자 질환

우리 몸을 형성, 성숙, 변화를 조절하는 프로그램화된 코드가 유전자인데, 선천적 또는 환경적 요인으로 이 생명 프로그램에 손상이 생겨 나타나는 병을 유전자 질환이라 한다.

(6) 퇴행성 질환

노쇠화에 의한 변화로 세포와 조직에 탈수현상이 생기거나 탄력성과 유연성을 잃어버리는 질환이다. 척추 뼈의 퇴행성 변화가 그 좋은 예다.

(7) 부상

사고에 의한 조직의 손상, 자극성 강한 화학물질에 의한 손상, 열에 의한 손상 등이 포함된다.

(8) 정신질환

인지능력, 심리정서 상태의 장해로 정상적인 사회생활을 할 수 없는 질환을 말한다.

3) 병의 원인

(1) 불균형과 부조화

인체 내 생기의 부조화 또는 인체를 중심으로 한 내외 환경의 부조화가 병의 원인이 될 수 있다.

(2) 생활습관

먹고, 마시고, 움직이고, 잠자고, 호흡하는 데 지나침이나 부족함이 있을 때 병이 생긴다.

(3) 스트레스

물리적 스트레스, 화학적 스트레스, 정신적 스트레스가 어느 정도까지는 오히려 생력이 도움이 되지만, 너무 지나치거나 너무 적을 때는 병을 유발한다.

(4) 세균

박테리아, 바이러스, 곰팡이 중에도 우리 몸에 도움을 주는 것(共生細菌)이 있는가 하면, 병을 일으키는 것(病原菌)이 있다. 병원균의 침입 번식으로도 병을 일으킬 수 있고, 공생세균의 파괴로도 병증이 생길 수 있다.

(5) 외상

물리적 힘, 화학물질의 독성, 너무 높은 온도 또는 너무 낮은 온도 등으로 조직의 손상이 생길 수 있다.

(6) 정신장애

유전적, 생물학적, 환경적, 약물학적, 심리적 그리고 사회생활 부적응 등으로 정신질환이 유발될 수 있다.

4) 발병요인이 실제 병이 되게 하는 더 근원적인 이유

『인간은 왜 병에 걸리는가(*Why we get sick: the new science of Parwinian medicine*)』의 저자인 네스와 윌리엄스(R. Nesse & G. Williams)는 발병의 기전으로서 진화적인 측면을 강조하면서 다음의 여섯 가지 범주를 발병 기전요인으로 정리하였다(최재헌 역, 2005).

(1) 방어

근본적으로 몸을 지키기 위한 반응이지만, 겉으로는 병적 증상처럼 나타나는 경우가 있다. 예를 들면, 폐에 염증이 생겼을 때 폐 속의 분비물을 체외로 내보내기 위한 몸의 노력으로 기침이라는 증상이 나타난다.

(2) 감염

박테리아나 바이러스는 무턱대고 우리 몸에 쳐들어오는 게 아니라 우리 몸 상태에 따라 다양하게 변모하면서 사람을 갉아먹는다. 따라서 사람은 이에 대응하여 계속해서 다른 방법으로 생리적 반응을 개발해야만 한다.

(3) 새로운 환경

변화하는 환경에 우리 몸이 재빨리 적응하지 못할 때 병이 생긴다. 수천 년 또는 수만 년 이상을 산과 들에서 살기 적합하게 만들어진 유전자가 근대 들어 등장한 자동차나 비행기를 타는 환경에 적응하지 못하여 병이 생긴다는 것이다.

(4) 유전자

우리 몸에 병을 일으킬 소질을 가진 유전자가 그대로 몸속에 남아 있다가 병을 일으키는데, 이것은 옛날에 사람이 살던 환경에서는 아무런 해가 되지 않아 자연은 그 유전자를 우리 몸속에 그대로 놔두었지만, 옛날과 다른 현재의 환경에서는 병을 유발한다는 것이다.

(5) 설계상의 절충

자연선택은 우리 몸을 더 좋은 방향으로 진화시켰는데, 이 새로운 변화가 또 다른 새로운 문제점을 불러일으킨다. 예를 들면, 기어 다니던 사람을 서서 다니도록 진화시켰더니, 이번에는 직립자세 그 자체가 여러 가지 문제를 야기한다는 것이다.

(6) 진화적 유산

오랜 세월 동안 진화되면서 만들어진 우리 몸의 구조를 지금 고치기에는 너무 많은데다 복잡하고 힘든 구조조정을 해야 하기 때문에 지금까지 쓰고 있는 그대로 놔둔다는 것이다. 예를 들면, 식도와 기도가 너무 가까이 붙어 있어서 사레에 걸리기 쉽고 폐렴이 생기기 쉬운 구조이지만, 자연선택은 그것을 그대로 놔둔다는 것이다. 그래서 이런 구조가 때로는 병을 일으키는 원인이 된다는 것이다.

5) 병의 운명

병은 사람과 같이 있다가 없어지거나 사람과 함께 죽는다. 최근에는 오진으로 인한 사망보다는 정확한 병명을 알고서도 그 병을 이겨 내지 못해 사망하는 경우가 절대적으로 많다. 현재 노인층의 85%가 동맥경화증, 고혈압, 당뇨, 비만, 지력감퇴, 암, 감염이라는 일곱 가지 원인으로 사망하고 있는데, 앞으로의 미래 의학은 인간이 제 수명을 다 살 때까지 병과 함께 사는 방법을 개발하는 데 중점을 두어야 할 것이다.

뉴욕 시 의료검사관장인 밀턴 헬펀(Milton Helpern) 박사는 "죽음은 수없이 많은 질병과 신체의 기능 이상으로 올 수 있다. 그러나 모든 죽음 밑에 깔린 생리학적인 근본 요인은 체내의 산소 부족에 있다."라고 주장했다. 평균연령 88세인 23명의 노인을 상대로 한 연구에서 이들의 공통점이 영양 및 산소 부족으로 나타난 결과를 볼 때 그의 말은 어느 정도 신빙성이 있는 것으로 보인다.

폐렴균의 경우 인체의 방어체제가 약화되거나 마비되기만 하면 기다렸다는 듯 재빨리 번식활동을 개시한다. 더 나아가 혈류를 타고 들어가 몸 전체에 퍼져 패혈증(敗血症: 혈독상태) 위험수치로 떨어진 혈압과 더불어 심장, 허파, 혈관, 신장, 간 등 주요 신체기관들을 동시에 붕괴시켜 버린다.

현대 사회에서 가장 위협적이고 흔하면서 또 가장 악질적인 질병은 바로 악성 종양(암)이다. 악성 세포는 자신이 태어난 사회를 적대시해 제멋대로 횡포와 살상을 일삼는다. 그토록 파괴적인 암이지만 그들 역시 숙주인 환자와 함께 죽는다. 암은 태어날 때부터 죽기를 희망하고 태어난 집단이다.

암이 일으키는 결과는 다음과 같이 다양하다.

- 간이나 신장 같이 속이 차고 단단한 기관에 침투해 신체 정화기능을 마비시킨다.
- 장 기관처럼 속이 빈 기관들을 공격해 영양 습수기능을 파괴한다.
- 뇌종양을 일으켜 작은 덩어리로도 신체 통제기능을 완전히 마비시킨다.
- 위나 직장 등에서 혈관을 파먹거나 궤양을 일으켜 출혈을 야기하여 극심한 빈혈을 일으킨다.
- 큰 덩어리로 뭉쳐 박테리아 시체가 배출되는 길을 막는다.
- 폐렴을 일으켜 호흡장애 및 폐암을 유발한다.
- 숙주의 영양 공급로를 차단한다.

특히 암의 간접적 피해는 심각한 영양부족이다. 건강한 체조직은 일반적으로 에너지의 주생산원인 지방이 다 소모되어 일어나는 일시적 결핍 현상에 순응한다. 그러나 암에 걸린 체조직은 이 과정에 적응하지 못해서 곧바로 지방 대신 단백질을 에너지원으로 소모한다. 그리고 이렇게 영양 공급이 줄어들게 되면 즉시 근육이 쇠약해진다. 결과적으로 단백질의 양적 감소는 폐기관과 효소체계의 기능마비를 일으키게 되고, 면역기능까지 손상시킨다. 마지막 순간은 항시 패혈증으로 끝을 맺는다. 대부분의 암 환자들이 노령 층인 관계로 여러 결핍 상태는 자주 뇌졸중이나 심근경색증이나 심부전증 등으로 이어진다.

또한 암세포에서는 텔로미어(telomere)를 연장시키는 효소인 텔로머라아제(telomerase)를 발견할 수 있다. 텔로미어라는 짧은 염기 배열이 여러 번 반복되고 있는 DNA 영역이 있는데, DNA가 복제될 때마다 텔로미어는 조금씩 단축되는 특징이 있다. 복제가 반복되어 텔로미어가 전부 없어져 버릴 때쯤에는 일반적으로 정상세포는 더 이상 증식할 수 없게 되는데 거의 모든 암세포에는 텔로미어를 연장시키는 효소가 있다.

6) 병과 죽음

엄격히 말해서 세포의 기능이 손상된 것이 병이고, 장기의 기능이 손상된 것이 '기능장애(impairment)', 개체의 기능이 손상된 것이 '능력장애(disability)'인데, 바로 이 개인의 기능이 완전히 정지되었을 때 이를 죽음이라고 한다.

정(精)과 신(神)이 한데 어우러져 한 개체 안에서 항상성을 유지하는 동안 살아 있다고 하는 것이고, 이 항상성 기능이 제대로 작동하지 못할 때 불건강 내지 병이라는 상태가 된다. 항상성 기전이 점점 더 손상되어 결국 정과 신이 분리된 상태, 즉 정기(精氣)와 신령(神靈)이 분리된 상태가 죽음이다.

5. 사(死)

1) 죽음의 정의

죽음은 살음(삶)의 반대되는 개념이다. 죽음이란 말은 각 문화권마다 또는 각 민족마다 다양하게 사용되고 있다. 우리나라에서는 죽었다는 표현을 사망(死亡)했다, 숨을 거두었다, 목숨을 잃었다, 생명을 잃었다, 돌아갔다, 유명(幽冥)을 달리했다, 저승에 갔다, 영면(永眠)했다, 뻗었다 등으로 표현한다. 영어권에서는 die, expire, lose life 또는 pass away라는 표현을 쓴다. 영어의 die는 우리말의 죽었다, 사망했다에 해당하는 평범한 표현이다. expire는 숨을 거두었다, lose life는 생명을 잃었다는 말이다. 그런데 흥미로운 것은 우리말의 돌아갔다에 해당되는 영어는 passed away(지나갔다)라는 표현이라는 것이다. 우리말에는 '영혼이 어디에서 왔다가 다시 그곳으로 돌아갔다.' 는 뜻인 데 반해, 영어권에서는 '영혼이 어디에선가 이리로 왔다가 다시 다른 데로 지나가 버렸다.' 는 뜻으로 말하고 있다. 다시 말해서, 우리나라 사람들에게 인생은 '돌아갈 고향이 있는 영혼의 여행' 인 데 반해, 영어권 사람들에게 인생은 '고향이 없이 계속 떠돌아다니는 영혼의 여행' 인 것이다.

우리가 흔히 사용하는 살아 있다, 죽었다 등의 말은 보통 생물학적인 생사(生死) 상태를 말하는 것이다. 이것은 생명이 있는 존재에게만 해당되는 말이며 무생물에게는 해당되지 않는다.

절대계(絶對界)에서는 삶과 죽음의 구분이 없지만, 절대계 안에 속해 있는 상대계(相對界)에서는, 즉 우리가 살고 있는 이 세상에서는 살아 있는 것은 반드시 죽는다가 진리다. 생명체는 태어나는 순간부터 죽음을 향해 달리고 있는 것이다. 살아가고 있는 것은 죽어 가고 있는 것이다. 살아가고 있는 과정은 죽어 가고 있는 과정이다. 삶과 죽음 자체는 다른 것이지만, 살아가는 과정과 죽어 가는 과정은 같은 것이다.

우리의 심신은 유형(有形)의 정 덩어리와 무형(無形)의 신 덩어리로 뭉쳐져 있다. 따라서 정과 신이 한데 뭉쳐서 함께 영위활동을 하는 것이 삶이고 정과 신이 분리되는 것이 죽음이다.

동양의학적인 측면에서는 기혈(氣血)의 영위활동이 진행되고 있으면 살아 있는 것이고, 영위활동이 정지되면 죽은 것이다. 즉, 장부와 경락이 자극에 대해 반응하지 않을 때, 숨이 끊기고 맥이 없어졌을 때를 죽음이라 할 수 있다.

서양의학에서 죽음의 정의는 복잡하다. 서양의학은 학문으로서 분석적인 접근법을 강조하고 있기 때문에 즉음에 대해서도 분석적인 사고가 적용된다. 인체의 생명활동의 기본 단위인 세포, 생리기능의 기본 단위인 장기, 그리고 몸 전체를 포괄하는 개체의 서로 다른 차원에서 다루어야 하기 때문이다. 숨을 쉬지 않고, 심장이 뛰지 않고, 동공반사가 사라지면 죽었다고 간주한다. 이것이 임상적 죽음이다. 정밀검사 중 하나인 뇌파검사에서 뇌파활동이 정지되어 있으면 이를 뇌사로 인정한다.

어떤 사람이 임상적으로 죽었다 하더라도 모든 장기가 동시에 죽는 것은 아니다. 몸은 죽었어도 어떤 장기는 계속 그 기능을 유지하는 경우가 있다. 그래서 장기이식이 가능한 것이다. 그리고 어떤 장기가 기능적으로 죽었다 하더라도 그 장기에 속해 있는 일부 세포는 살아 있을 수 있다. 따라서 서양의학에서 죽음을 논할 때는 단위별로 세포의 죽음, 장기의 죽음, 개체의 죽음으로 나누어 다룰 수도 있다.

이렇듯 살아가는 과정과 죽어 가는 과정이 같으므로 의학에서 죽음에 대한 연구는 삶에 대한 연구만큼 중요하다.

2) 죽음의 원인

존 웹스터(John Webster)는 "죽음에는 인간이 출구로 삼고 있는 수만 개의 문이 있다."라고 했고, 마리아 릴케(Maria Rilke)는 "오 주여! 우리 각자에게 알맞은 죽음을 주소서."라고 시로 읊었다. 이렇게 죽음에 이르는 길과 원인은 비슷하면서도 아주 다양하다.

죽음의 원인을 크게 분류하면 다음과 같다.

(1) 노쇠화

병 없이 자연스럽게 늙어 가는 과정이 노화이고, 노화에 따른 생기약화와 퇴행성 변화 등을 포괄하는 과정을 노쇠화라 할 수 있다. 만일 이 세상에 노화밖에 없다면 비슷한 때에 태어난 사람들은 다 비슷한 때에 죽을 것이다. 그러나 지역, 문화, 생활습관, 사회환경, 직업 등의 다양한 요인으로 노쇠화 현상은 사람마다 다르게 나타난다.

(2) 질병

심신이 편안하지 않거나(diseases), 생리적 질서가 깨진(disorders) 상태가 질병이다. 이에는 세균성 감염, 염증, 종양, 신진대사 장해, 유전자, 퇴행, 정신장해, 생활습관 부적절 등이 있다.

(3) 외상

사고, 교통사고, 추락사고, 총상 자상, 전기 쇼크, 익사, 화상, 독극물 상해 등이 있다.

(4) 자살

로마의 대 웅변가 세네카(Lucius Annaeus Seneca)는 이렇게 말했다. "노령이 내 정신을 흔들어 혼돈시키고, 육체를 조금씩 갉아먹어 '살아 있음' 이 아닌 '호흡' 만을 남겨 놓게 된다면, 나는 휘청거리고 부패한 껍데기에서 미련 없이 떠날 생각이다. 고통스럽다는 이유로 내 몸을 스스로 해치는 일은 없을 것이다. 그러나 아무 희망도 없이 고통만 겪어야 한다면 나는 스스로 떠날 생각이다. 그것은 고통 자체에 대한 두려움 때문이라기보다는 그동안 살아온 인생을 더럽힐지도 모른다는 두려움 때문일 것이다."

이것은 자살을 했거나 시도한 많은 사람들이 가진 공통된 감정이다. 자살률이 높은 미국의 한 보고에 따르면, 현재 백인 노인층의 자살률은 전체 평균치의 5배에 달한다.

(5) 안락사

전 세계 대부분의 나라에서는 안락사를 법적으로 허용하고 있지 않지만, 오스트레일리아와 네덜란드에서는 이를 합법화하고 있다.

오스트레일리아에서는 1996년 7월 1일부터 북부 특별지역에서만 안락사 시행이 허용되고 있다. 인구 1,450만 명인 네덜란드의 경우 현재 안락사를 받아들이는 환자 수는 매년 2,300명으로, 이는 전체 사망자의 약 1%를 차지하고 있다.

3) 죽음의 종류

죽음의 종류에는 우선 일반적인 죽음이 있다. 이는 생물의 생활기능이 정지하는 것을 말한다.

그리고 둘째, 사회적인 죽음이 있다. 이는 사회적 지위와 명예, 명성을 잃어버리게 되는 것을 말한다.

그다음으로 셋째, 의학적인 죽음이 있다. 신체는 장기가 모여 이루어지고 장기는 세포가 모여 이루어진다. 세포는 단백질로 구성되어 있고, 단백질은 유전정보를 담당하는 핵산(DNA)으로 이루어지며, 핵산은 아미노산으로 구성되어 있다. 따라서 우리 몸은 궁극적으로 아미노산으로 이루어져 있다고 할 수 있다. 따라서 죽음이라는 것은 심장이 정지되어 장기가 괴사되고, 세포의 괴사가 일어나고, 단백질이 변성하고, 마지막으로 아미노산이 붕괴하여 생명이 끝나는 것이라 할 수 있다. 아미노산의 붕괴는 병원 미생물의 감염에 의한 염증, 암 같은 악성종양의 발생, 심근경색 등 혈류의 막힘, 노화에 의한 조직 변성 등 많은 원인에 의해서 발생한다.

마지막으로 넷째 프로그램화된 죽음이 있다. 아포토시스(apoptosis)는 모든 생물체에 해당되는 세포의 사멸과정이다. 이 말은 '○○에서 떨어지다' 라는 뜻의 그리스어다. 아포토시스는 세포가 작아지고, 핵이 응축하고, 미토콘드리아가 거의 변하지 않아 결국 세포는 아포토시스 소체라고 하는 몇 개의 작은 입자로 분리되는데, 그것들은 결국 매크로파지(macrophage)라는 아메바 형태의 대식세포(大食細胞) 등에 둘러싸여 흔적도 없이 사라지게 된다. 이것을 '세포의 깨끗한 죽음' 이라 한다.

이와 대조적으로 괴사는 세포가 팽윤하고, 미토콘드리아가 부풀어 커지고, 세포 자체와 미토콘드리아도 붕괴하여 세포의 내용물이 유출되어 염증을 일으켜서 죽어간다. 이것이 '세포의 지저분한 죽음' 이다.

이 아포토시스 과정은 비정상적인 환경하에 강력한 유전자적 반응을 보이는 'myc 유전자' 라는 단백질의 활동에서부터 시작된다. 자양분이 특정 세포군에서 제거될 경우, myc 유전자는 약 25분에 걸쳐 세포가 내파(內破)되는 과정을 진행시킨다. 문자 그대로 '생명에서 떨어지는 과정' 을 진행시키는 것이다. 이러한 예정된 죽음은 유기체의 성장에 있어 매우 중요한 과정으로서, 늙어 불필요해진 세포는 다음 세대에게 자리를 내줘야 한다는 것이다. 이러한 유전자의 직접 지시에 의한 죽음은 다양한 생리학적, 환경적 요소에 의해 유발된다. myc라는 단백질과 max라는 또 다른 단백질이 결합될 때 세포는 세 가지 일(성장, 분열, 아포토시스)에 의한 자기사멸 중의 하나를 진행하도록 지시받는다.

다세포 생물의 개개의 세포는 주위의 세포에서 전달되는 증식 촉진 또는 증식 억제의 신호에 대응하여 증식을 시작하거나 억제한다. 그런데 주위의 상황에 따라 '지금이 죽을 때다.' 라고 판단되면 흔적도 없이 사라져 버리는 것이 프로그램화된 죽음(apoptosis)이다. 아포토시스의 자연사멸과정은 낱생명인 세포의 단위에서 일어나는 현상의 설명이었지만, 이러한 프로그램화된 죽음은 60조 개의 세포로 이루어진 상대적 온생명인 몸의 죽음에도 적용되는 개념이라 할 수 있다.

4) 죽음의 필연성

인간은 태어난 이상 반드시 죽는다. 아니 죽음으로써 새로이 교체되어야만 한다.죽음의 손을 뿌리칠 수 있다는 환상은 인류 발전의 영속성과는 양립할 수 없다. 더 정확히 표현해서 우리의 영생이 우리 자녀들의 권익과 양립할 수 없다는 말이다.

무릇 모든 살아 있는 생물체는 때가 되면 죽음으로써 생의 무대를 다음 세대에게 물려주는 것이 자연의 섭리다. 죽음은, 이 세상을 자손들을 위해 더욱 아름답게 장식해 주는, 삶으로부터의 부드러운 탈출과정인 것이다.

생에 정해진 한계점이 있다는 사실을 담담히 받아들일 때 비로소 인생은 균형있는 조화를 이룰 수 있다. 모든 즐거움과 성취감 고통까지도 받아들일 수 있는 인생의 틀이 완성되는 것이다. 자연이 내린 한계를 억지로 뛰어넘으려는 사람은 자기 인생의 틀을 잃어버리게 된다. 우리 가까이에 다가와 있는 죽음을 직시할 때, 세상은 한층 더 빠르게 진보될 수 있고 시간은 더없이 소중한 것으로 여겨질 것이다.

16세기 프랑스의 철학자 몽테뉴(Michel Eyquem de Montaigne)는 "그대의 죽음은 우주질서의 한 부분이고, 세상 삶의 일부분으로, 창조의 근원을 이룬다." 라고 했다. 그는 또 『철학 연구는 죽는 것을 배우는 것이다』라는 에세이집을 통해 "타인이 그대에게 자리를 내준 것처럼 그대 역시 타인에게 자리를 내주라."

는 교훈을 주었다. 죽음은 생명이 살기 위해서 만들어 낸 발명품이다. 즉, 살기 위해서 죽는다는 말이다.

몸이 건강하게 살기 위해서는 세포는 계속 죽고 재생하는 과정을 되풀이해야 한다. 세포들이 건강하게 살다가 깨끗하게 죽어야 몸이 오랫동안 건강하게 살아갈 수 있다. 마찬가지로 상대적인 낱생명인 사람 하나하나가 건강하게 살다가 깨끗하게 죽어야 상대적 온생명인 인종이 건강하게 오래 생존할 수 있다. 인종이 건강하기 위해서 인간은 프로그램화된 대로 제때에 죽어야 한다.

5) 죽음의 경험

사람들이 죽음과 만나는 경험은 아름다운 죽음, 허무한 죽음, 슬픈 죽음, 수용하는 죽음, 담담한 죽음 등 다양하다.

죽음의 문턱에 갔다 돌아온 얘기는 오래전부터 논란의 대상이 되어 왔다. 경험자들을 직접 인터뷰한 믿을 만한 내용도 많고, 그러한 실례들을 과학적으로 풀어 보고자 한 시도를 통해 정신의학적인 것에서부터 생화학적인 것에 이르기까지 그럴듯한 요인이 다양하게 쏟아져 나오기도 했다. 어떤 이들은 종교적인 신앙이나 초심리학에서 그 원인을 찾기도 하고, 또 어떤 이들은 그러한 실례들이 사후의 지상낙원을 경험하고 돌아온 명백한 사실이라고 받아들이기도 했다.

윌리엄 오슬러(William Osler)는 500명의 임종을 관찰하고 다음과 같이 보고하였다. "500명 중 90명만이 고통이나 고뇌를 보였을 뿐 대다수 환자는 그들이 태어날 때처럼 조용히 눈을 감았다." 또 루이스 토머스(Lewis Thomas)는 "일반적으로 죽음에는 고통이 따르지 않는다."라는 것을 더욱 강조했다. 그러나 셔윈 누랜드(Sherwin B. Nuland)는 "고통 속에서 죽어 가는 사람들을 더 많이 보았다."라고 반론을 펴기도 했다.

위대한 탐험가이며 의료 선교사인 데이비드 리빙스턴(David Livingstone)은 자신의 경험을 이렇게 기술했다. "이빨로 나를 물고 전후좌우로 흔들어 대는 사자의 머릿짓에 정신없이 온몸이 흔들렸는데, 그 뒤로 갑자기 두려움이 사라졌다. 이 이상하리만치 평온한 감정은 사나운 짐승에게 죽음을 당해야 하는 모든 동물에게 존재할지도 모른다. 만약 그렇다면 그것은 우리의 창조주께서 죽음의 고통을 덜어 주기 위해 내리신 축복 중의 하나일 것이다." 예일대학교 의과대학 교수인 누랜드 박사도 비슷한 경험을 하고 다음과 같이 말했다. "수영할 줄 모르는 내가 물에 빠졌을 때 그 상황이 대단히 급박하고 위험한 것이었음에도 공포심은커녕 강한 평온함을 느꼈는데, 이런 사실은 무언가 나의 내부에서 변화가 있었음을 확신케 해 준다."

이런 임사체험(臨死體驗)과 같은 생물학적 현상이, 각 개체와 종의 보존에 어떤 도움을 줄 수 있을 것인가를 집중적으로 연구할 필요가 있다. 왜냐하면 이런 임사체험은 수백만 년에 걸쳐 진행되어 온 생물학적 진화의 소산이며, 생명을 지키고 종을 번식시키기 위한 자연의 섭리인지도 모르기 때문이다. 설사 다가온 죽음을 지연시키거나 고통과 스트레스를 해소시켜 주는 것이 우리를 편안하게 해 주는 체내에서 분비되는 강력한 진정 호르몬인 엔도르핀의 작용이 아니라 할지라도, 분명 이와 비슷한 생화학적 메커니즘이 분명히 존재할 것이다.

우리가 모든 일에 의문을 갖듯, 모든 일에 대한 가능성 또한 배제하지 말아야 한다. 회의론자들이 집요한 회의론 속에 빠져서 자기만족하고 있는 동안에도 우리 중 어느 누군가는 확신할 수 있는 무엇인가를 찾는 데 눈을 돌려야만 한다.

6) 죽음의 변화

죽은 직후의 변화를 살펴보면 다음과 같다.

- 생을 잃어버린 얼굴은 무의식상태로 들어간 얼굴과는 완전히 다른데, 생기가 전혀 관찰되지 않는다.
- 사체는 사망 후 몇 시간 내에 수축되어 거의 본래 크기의 절반으로 줄어든다.
- 동공이 산대(dilate)된 채로 고정되어 있고, 불빛에 무반응이다(광반사가 소

실되어 있다).

- 엷은 회색막이 눈동자 위를 덮게 되면 이미 혼이 날아가 버린 상태라고 할 수 있다.
- 동그랗고 통통하던 안구는 겨우 알아볼 수 있을 정도로 완전히 납작해진다.
- 혈액순환이 정지되면 세포도 자체적으로 파괴되기 시작한다. 중추신경계가 제일 먼저 죽고, 이에 연결된 근육과 섬유조직들이 뒤를 따른다. 혐기성, 즉 산소 없이도 생존할 수 있는 몇몇 기관은 사망 후에도 그 기능의 일부를 계속하는데, 간세포가 알코올을 분해하는 기능 따위가 바로 그것이다.
- 정(精)과 신(神)이 한데 어우러져 한 개체 안에서 항상성을 유지하는 것이 생명체이고, 항상성 기전이 심하게 손상되어 정신 기능이 정지되어 결국 정과 신이 분리되는 상태가 사망이다. 이때 죽은 사람은 '사람은 아직 사람인데 죽은 사람이고, 몸은 아직 몸인데 죽은 몸(屍體)' 이 되는 것이고, 이때 분리된 신은 '아직 신은 신인데 귀신(鬼神)' 이 되는 것이다. 즉, 귀신은 정신에서 분리된 지 얼마 안 되는 신을 말한다.

7) 죽음의 극복

문화권마다 다양한 우주관, 세계관, 인생관, 생명관, 죽음관을 갖고 있다. 생물이 영위생식(榮衛生殖)하는 존재라면 삶(生)이란 영위생식하는 과정이고, 죽음(死)이란 영위생식 활동의 종말을 의미한다. 생명의 소멸인 죽음은 삶과 상반되는 개념이지만, 죽음에 어떤 의미를 부여하느냐에 따라서 그 특정 공동체가 삶을 어떻게 바라보는지도 다르게 나타난다. 삶과 죽음에 대한 시각은 생물학적일 수도 있고 인류학적, 진화학적, 형이상학적이거나 종교적일 수도 있다. 그러나 일반적으로 생명에 대한 견해는 생물학적인 시각이 많이 강조되어 있고, 죽음에 대한 견해는 종교적인 시각이 많이 강조되는 경향이 있다.

사람이라는 생명체는 물질적인 몸과 비물질적인 마음으로 구성되어 있다. 몸은 백(魄), 기(氣), 역(力), 형(形), 정(精)으로 구성되어 있고, 마음은 혼(魂), 영

(靈), 명(明), 정(情), 신(神)으로 구성되어 있다.

여기서는 특히 정(精)과 신(神)에 대해서 다시 살펴보자. 전기에는 전기장이 있고 자기에는 자기장이 있듯이, 생명에는 생명장이 있다. 모든 사물에는 성질이 있는데, 비물질의 성질이 성(性)이고 물질의 성질이 질(質)이다. 비물질인 마음의 성질은 성이고, 물질인 몸의 성질은 질이다. 그래서 마음에 대해서는 심성(心性)이라고 하고 몸에 대해서는 체질(體質)이라고 한다. 물질적 몸의 에너지 장이 정이고, 비물질인 마음의 에너지장은 신이다. 질적 에너지 장이 정이고, 성적 에너지 장이 신이다. 따라서 정은 몸의 정신이고, 신은 마음의 정신인 셈이다.

물질계의 기본 에너지인 정기(精氣)를 공통 매개체로 하여 우리의 물질적인 몸은 주위 환경과 연결되어 있고, 환경은 큰 차원의 대자연과 연결되며, 대자연은 더 큰 차원의 우주(宇, 천체 집단으로서의 우주, Universe)와 연결되어 있고, 우주는 절대존재와 연결되어 있다. 따라서 우리 몸은 양파껍질처럼 한 단계 한 단계 단계 연결됨으로써 전체와 이어져야 되는 작은 존재인 것이다. 비물질계의 기본 에너지인 신령(神靈)을 공통 매개체로 하여 우리의 비물질적인 마음(心靈)은 우리를 둘러싼 사회와 연결되어 있고, 사회는 큰 차원의 역사와 연결되며, 역사는 더 큰 차원의 우주(宙, 질서집단으로서의 우주, Cosmos)와 연결되어 있고, 우주는 절대존재와 연결되어 있다. 따라서 우리의 심령 또한 양파껍질처럼 한 차원 한 차원 차원별로 이어지는 과정을 통해서 종국적으로 전체와 이어지도록 되어 있는 작은 존재다.

우리의 신체와 심령은 한 단계 높은 차원과 공명 · 교감을 통하여 적응, 조화를 이루면 정상으로, 건강 상태를 유지할 수 있다. 그러나 자신을 둘러싸고 있는 모체(社會環境, 宇宙自然)와 적응 · 조화를 이루지 못하면 스스로 분리되고 고립되어 에너지 순환(靈, 氣의 循環)을 원만히 이루지 못해 결국 없어져 버린다. 따라서 자기자신의 정체를 오래 존속시키고 싶어 하는 의지가 장수욕망으로 나타나게 된다.

그러나 아무리 오래 살더라도 결국에는 언젠가는 죽을 거라는 사실을 잘 알고 있는 인간은 죽음을 두려워하게 된다. 의식의 수준이 낮은 동물들은 자신의 죽음을 인식하지 못하기 때문에 인간이 인식하는 그런 죽음을 느끼지 못한다. 물론 동물도 자기가 없어져야 될 때를 직감으로 느낀다든가 생명의 위협을 느낄 때 본능적으로 그 위기를 피하려는 반사반응을 취하는 경우도 있지만, 사람들이 느끼는 것처럼 '내가 죽을 때 고통이 있으면 어떻게 하나, 자식들은 어떻게 하나, 집안 생활은 어떻게 하나.' 같은 걱정과 공포는 없다.

인간이 죽음에 대한 공포를 느끼는 이유는 다음과 같은 생각 때문이다.

- 죽음은 매우 고통스럽고 괴로운 것이다.
- 죽음은 매우 추한 것이다.
- 이 세상에서 자신이 영원히 소멸해 버린다는 고도의 쓸쓸함과 허무를 느낀다.
- 사후에 자신은 도대체 어디로 가게 되는 것일까 하는 막연한 불안감을 느낀다.

인간은 이러한 공포의 대상인 죽음을 극복하기 위해서 다양한 방법을 모색하며 꾸준히 영생을 갈구해 왔다.

죽음을 극복하는 데에는 다음과 같은 길이 있다.

(1) '나'를 복제해 놓음으로써 나의 흔적을 이 세상에 계속 유지시킨다

개체는 죽더라도 종의 수준에서 보면 번식 시스템에 의해 유전자로서 끊어지지 않고 계속 이어진다. 상대적 온생명으로서의 종의 차원에서 보면, 낱생명으로서의 개체는 죽을 수밖에 없는 운명이라 할지라도, 유전자의 프로그램에 의해서 나를 복제해 놓음으로써 나의 존재를 이 세상에 지속시키는 것이다. 그 의미에서 유전자는 영원히 죽거나 사라지는 것이 아니다. 전체로서는 종의 개체로 통합되고 그 뒤에 종의 역사의 시계 속에서는 다음으로 이어지는 과정이 된다.

(2) 영원히 죽지 않는 큰 생명의 일부에 속함으로써 '나'도 계속 산다

물질적인 나, 즉 신체는 생명의 프로그램인 유전자(氣魄)를 통해서 복제와 복제가 이어지면서 영속되는데, 비물질적인 '나', 즉 심령은 의식의 프로그램인 영혼을 더 높은 차원의 큰 의식계에 귀속시킴으로써 의식체로서의 나를 계속 살아 있도록 하는 것이다. 그러나 의식은 신(神)의 작용이므로 낱생명으로서의 나의 신이 온생명의 어느 차원의 신과 조화를 이루며 귀속되어 있는지에 따라 명(命)의 길고 짧음이 달라진다. 신의 작용인 의식은 양파껍질처럼 한 차원씩 겹겹으로 덮임과 쌓임으로 이루어져 있다. 신이 지니는 본성이 사랑이기 때문에 나의 사랑이 미치는 범위가 나의 의식계의 수준이다. 사랑과 맥을 같이하는 신의 본성은 자비, 감사, 경외, 이타를 포함한다. 이러한 느낌이 자기 자신에 국한되어 있으면 자기의 개체의식은 자기 개체신의 수준이고, 집단만을 사랑하면 집단신 수준에 머물러 있다.

신-의식 수준을 단계별로 구분해 보면 다음과 같다.

① 개체신-개체의식의 수준

자기 자신만을 사랑하고, 자신에게만 너그러운 등 자기라고 하는 개체에만 국한 된 인신(人神)의 수준이다. 이것도 자아를 발견한 사람들에 한하여 나타나는 현상이다. 자기 자신 속에 깃들여 있는 신(人神)의 존재를 아직 발견하지 못한 사람의 경우에는 심지어 자기 자신마저도 사랑할 줄 모르고, 용서할 줄도 모르고, 자신의 생명도 경외할 줄 모른다.

② 사회신-사회의식의 수준

하나하나의 개인이 모여 인간사회를 이루며, 사회는 사회신(社會神)을 지니게 되고, 이러한 사회신의 작용으로 사회의식을 형성하게 된다. 이것은 현재라고 하는 시간의 틀 안에 속한 의식이다. 한 개인의 개체의식이 확대되어 사회의식과 조화를 이루면서 그 일부가 된다면, 그 개체의식은 자기가 속해 있는 사회를 사랑하게 되고, 사회에 자비를 베풀게 되고, 이웃과 환경에 감사의 마음이 우러나고, 이웃을 위해 봉사하고 싶어지고, 주위 환경을 아끼고 깊어지며, 주위의 모든 생명을 귀하게 여기고 경외하게 된다.

③ 집단신－집단의식

어떤 시점에 어떤 독특하고 강렬한 사상이 나타나면 이에 공감하는 사람들이 모이고 또 이에 동조하는 생각들이 모이면서 조직화된 관념을 형성하게 된다. 여기서 관념이라 함은 '자극이 사라진 뒤에도 의식 속에 남는 심상 또는 대상을 나타내는 의식의 내용' 을 의미한다. 이러한 관념은 생물체처럼 성장하고 진화한다. 어떤 관념은 아주 크고 매우 강렬하여 수백 년 동안 혹은 수천 년 동안 역사 속에 살아 있으면서 현 사회 속의 일부 개체의식과 교류하며 계속 변화해 가고 있다. 영향을 서로 주고받으면서 계속 성장해 가기도 하고, 현상을 유지해 가기도 하고, 점차 사라져 가기도 한다는 뜻이다. 이처럼 같은 관념하에 집결된 집단이 지니는 신이 집단신(集團神)이고, 이 집단신의 작용으로 나타나는 의식이 집단의식이다.

집단신은 그 수도 무수히 많고 내용도 무척 다양하다. 여러 형태의 지방신, 씨족신, 민족신 등이 있으며, 조직화된 종교신도 있다. 물론 여기서 지방의식, 씨족의식, 민족의식, 종교의식이 나타난다. 어떤 개체의식이 확대되어 하나의 집단의식과 조화를 이루며 그 일부가 되면, 그 개체의식은 집단을 사랑하게 되고, 집단에게 자비를 베풀게 되고, 집단에게 자기희생적으로 봉사하고 싶고, 집단의 생명을 경외하게 된다. 한 집단신–집단의식이 개방적이지 않고 폐쇄적이면 같은 집단 안에서는 사랑을 행사하지만, 다른 폐쇄적인 집단신–집단의식과는 사랑의 교환이 없는 갈등을 야기할 수도 있다.

강렬한 사고는 동조 · 교감하는 세력을 형성하고, 집단적인 사고는 사상을 이룩하며, 정착된 사상은 하나의 관념을 탄생시킨다. 이렇게 탄생한 관념은 하나의 생물체처럼 성장하고 진화한다. 어떤 관념은 시간의 흐름과 함께 역사 속에서 살고 소멸되기도 하지만, 어떤 관념은 계속 성장 · 발전, 성숙 · 진화하면서 역사의식 속의 한 집단의식의 위치를 점하게 된다. 그런 다음 계속 현세의 사상에 영향을 주고 영향을 받으면서 꾸준히 변화해 간다.

④ 역사신 - 역사의식의 수준

지상에 생명체가 생겨난 이래로 성장 · 발전한 모든 종류의 생명의 의식체를 통틀어 역사신(歷史神)이라 한다. 여기서 말하는 생명체란 인류, 어류, 조류, 균류 등의 종류와 기타 모든 식물의 종류를 포괄하는 개념이다.

하나의 개체의식이 사회의식과 동조한 후 그 의식의 범위가 더욱 확대되어 한 차원 더 높은 역사의식과 조화를 이루게 되면, 그 개체의식은 모든 생명체의 과거와 현재와 미래를 사랑하며, 모든 생명체의 존재를 경외하며, 그 모든 생명체를 담고 있는 대자연의 과거와 현재와 미래를 사랑하게 된다.

⑤ 우주신 - 우주의식

개인신 - 개인의식이 점점 넓고 높게 확대되고 사회의식, 역사의식 차원을 넘어 우주의식과 교류하고 조율되고 조화를 이루면서 그 일부로 귀속되는 의식수준이다. 이러한 우주의식의 동조(同調)에 동조된 개인의식은 자기가 속해 있는 사회와 집단과 역사뿐만 아니라 우주 전체를 사랑하게 되고, 경외하고, 우주에게 감사하고, 우주를 위해 무언가를 공헌하고 싶은 의지를 지니게 된다.

⑥ 절대신 - 절대의식

스스로 있고, 처음부터 있고, 영원히 있는 절대적 존재는 그 자체가 절대신이면서 절대의식이다. 어떤 수준의 의식이든 이 절대신-절대의식과 동조하고 조화를 이루고 있으면 절대를 사랑하게 되고, 진리를 사랑하게 되고, 허무, 만유(萬有), 영원, 무한을 사랑하게 된다. 이 경지에 도달하게 되는 데는 여러 가지 경로가 있을 수 있다. 이미 옛날에 생겨나서 역사의식 속에서 성장 · 진화하고 있는 어떤 집단의식을 통해서 이루어질 수도 있고, 개인의식이 직접 절대의식과 동조를 이룰 수도 있다. 이렇게 한 개인의식이 절대의식에 동화되어 그 일부가 될 때 모든 것을 사랑하게 되며, 만사를 감사하게 되며, 있음과 없음을 포함한 모든 것을 그대로 담담하고 겸허하게 받아들이게 된다. 이렇게 되었을 때 죽음도 극복되며, 몸속에 내재한 자연치유력도 극대화될 수 있다.

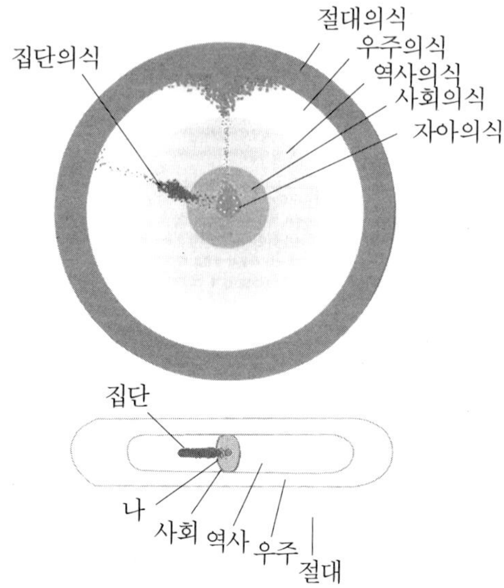

[그림 2-6] 의식의 차원

제 3 장

의(醫) - 인술(仁術)

1. 의(醫)

1) 의학은 인술의 학문이다

미국의 한 대학병원에서 환자들이 수술을 받기 전에 서명해야 되는 수술동의서의 첫 문장은 다음과 같이 시작된다. "의(醫)는 그 자체가 과학은 아니다(The medicine itself is not exactly science)." 환자들은 과학 만능의 시대에 의학은 과학이 아니라는 말에 한결같이 의아해하고 놀라워한다. 그러나 그다음으로 이어지는 문장은 이러하다. "그러나 의는 예술, 즉 인술(仁術)이다(But the medicine is an art-a healing art)." 이 수술동의서를 읽어 내려가다 보면 이 말들이 무슨 뜻을 내포하고 있는지 이해된다. "인생은 짧고 예술은 길다."라는 히포크라테스의 말처럼 인술 그 자체는 예나 지금이나 변함이 없고 앞으로도 변함이 없을 것이지만, 인술을 파헤치고 알아보고 향상시키려는 도구는 시대와 문화에 따라 변해 왔다. 인술을 이해하고 응용방법을 개선하기 위하여 사용하였던 도구들은 어떤 때는 무속, 어떤 때는 종교, 또 어떤 문화권에서는 형이상학과 철학이었으며,

어떤 문화권에서는 과학과 기술이었다. 따라서 위에서 말한 수술동의서의 문구의 뜻은 "인술은 과학도 아니고 철학도 아니다. 철학과 과학은 인술이 사용하는 도구일 뿐이다."라는 의미다.

인간의 본능 중에 살겠다고 하는 본능이 가장 강하다. 오래 살겠다는 장수욕망이 가장 강하다는 뜻이다. 그것도 아주 건강하게 말이다. 질병이나 부상이 없는 경우의 가상적 수명을 자연수명이라 하는데, 오늘날 인간의 자연수명은 120세가량이라는 것이 많은 학자들의 견해다. 모든 고등동물이 성장기의 5배를 사니까, 사람도 성장기(24세)의 5배면 120년이라는 계산이 나온다. 아직 전 세계적으로 120년까지 살았다는 사람의 수는 많지 않지만, 문명이 발달함에 따라 그 한계치에 점점 육박하고 있고, 유사 이래 서서히 늘어나던 인간의 수명이 산업화 시대를 맞아 급격히 증가하고 있는 것도 사실이다. 대부분의 선진국가에서는 약 2세기에 걸쳐 수명이 2배로 늘어났고, 또 일부 후발 산업국가에서도 불과 수십 년 사이에 수명이 거의 2배로 늘어났다. 우리나라의 경우는 현재 100세 이상의 인구가 1,000명이 넘으며, 해마다 약 100명 정도 늘어나는 추세다.

건강이란 어떤 상태이며 질병이란 무엇인가라는 건강관과 질병관은 장소에 따라 시대에 따라 변해 왔다. 근대에 와서 처음에는 "육체적으로 정신적으로 질병이나 장애가 없는 상태"를 건강이라고 정의했었다. 그 후에 사회적 요소가 추가되어서 건강이란 "단순히 질병이나 장애가 없는 상태를 말할 뿐 아니라, 신체적 · 정신적으로 그리고 사회적으로 정상적인 상태를 일컫는다."라고 정의했다. 더 나아가 1998년에는 각 나라의 건강 전문가와 학자들로 구성된 세계보건기구(WHO) 집행이사회가 건강의 정의에 영적 요소를 추가하자고 제안했다. 따라서 건강이란 "신체적으로, 정신적으로, 사회적으로 그리고 영적으로 정상(well-being)인 상태"라고 정의한다.

세계보건기구의 창립 50년 만에 일어난 극적인 이 변화는 국제적으로 많은 파급효과를 불러일으키고 있다. 영(靈)의 정체는 무엇인가? 영의 건강이란 어떤 상태를 말하는 것인가? 영적으로 건강하지 않은 것을 어떻게 찾아내는가? 건강하지 않은 영을 어떻게 건강하게 만드는가? 이러한 치료자의 역할은 누가 해야 하는가? 등이 쉽게 생각할 수 있는 질문이다. 이러한 극적인 변화 추세는 세계 도처에서 일고 있는 신과학운동이나 대체의학에 대한 관심의 고조 등과도 결코 무관하지 않다.

의(醫)는 하나이지만 의학(醫學)은 여러 개일 수 있다. 또 의학은 여러 가지일 수 있지만 요법(療法)은 수백 가지, 아니 수천 가지가 있을 수 있다. 나라마다, 문화권마다 또는 시대에 따라 전통의술이나 민간요법이 전해 내려오기 때문이다. 의학에 대해 지금까지는 현대의학, 전통의학, 서양의학, 동양의학이란 말을 주로 사용했었는데, 최근에는 전 세계적으로 보완의학(補完醫學, complementary medicine)이나 대체의학(代替醫學, alternative medicine) 등의 말도 흔히 쓰고 있다. 원래 보완은 '부족한 것을 보충한다.' 는 뜻이고, 대체는 '대신해서 다른 것으로 바꿔 쓴다.' 는 뜻이다.

20세기의 세계 의학을 주도해 온 것은 서양의학이라는 사실에 이의를 제기하는 사람은 없을 것이다. 오랜 역사를 통해서 서양과 동양에서 각기 발전한 전통적 의학에 우열이 없었던 것은 사실이나, 일찌감치 과학과 기술을 연구개발의 도구로 사용한 서양의학이 전염병 퇴치와 수술적 치료법으로 그 우수성을 드러내면서 세계 의학을 주도하기에 이르렀던 것이다. 항생제의 개발로 인류의 공포의 대상이던 나병, 폐결핵, 성병, 흑사병(페스트), 장질부사, 콜레라 등 수많은 전염병을 성공적으로 치료할 수 있게 되었고, 마취약의 발명과 수술의 개발로 많은 응급환자와 중환자를 구조할 수 있게 되었다. 이 때문에 20세기 말에는 인간의 평균수명이 20세기 초에 비해 거의 배로 늘어났다. 이러한 서양의학의 위세는 동양에서도 예외는 아니었다. 수천 년의 전통을 가진 우리나라의 한의학도 제도권 안에서 주도권을 빼앗기게 되었다.

그러나 1970년대 초반부터 동양의학에 대한 관심과 연구열이 서양의학계에서도 유행처럼 번지기 시작했다. 이와 때를 같이해서 정골의학, 동종요법, 자연요법, 심신의학, 아유르베다 의학 등 민간요법과 일부 의학자들의 작은 실험실 속에 은거하던 무명의 의술들이 우후죽순처럼 고개를 들기 시작하였다. 세계 의학의 주도권을 쥐고 있는 서양의학 학자들은 서양의학을 정통의학으로 간주하고 그 이외의 모든 의술과 의학적 이론을 대체의학 또는 보완의학이라 부르기 시작했다. 미국에서는 우리의 전통의학인 한의학도 대체의학에 포함시킨다. 그러나 우리나라에서는 의료제도가 이원화되어 있어, 한의학도 제도권 안의 공식 의학에 속하기 때문에 대체의학에 들어가지 않는다.

전 세계적으로 대체의학에 대한 관심이 높고 의학자의 수도 늘어 가고 대체의학적 치료를 찾아다니는 환자 군도 나날이 늘고 있다. 대체의학은 나라마다, 문화권마다 산재해 있는 다소 다른 전통적 의술과 이론을 하나의 범주 안에 넣어 놓았을 뿐, 횡적으로 연결시켜 하나의 의학으로 체계화된 것도 아니요, 기존의 의학보다 앞선 것도 아니요, 더 우수한 의학이라는 증거가 있는 것도 아니다. 그러나 의료인과 일반인의 대체의학에 대한 관심은 서양의학과 동양의학의 접목을 통한 새로운 의학 창출에 하나의 돌파구를 제시해 줄 것으로 기대된다.

2) 의학의 종류

20세기 후반에 들어서면서 서양의학, 동양의학, 대체의학, 보완의학, 현대의학, 전통의학, 정통의학, 민속의학, 종합의학, 통합의학, 전일의학 등의 용어가 난무하기 시작했고, 의료인과 일반인 모두를 혼란스럽게 만들었다.

정통의학은 각 나라 제도권 안의 공식적 의학을 일컫는다. 서양에서는 서양의학이 정통의학이고, 우리나라에서는 서양의학과 동양의학 둘 다를 정통의학으로 인정한다. 전통의학은 여러 문화권에서 나름대로 발전시켜 수천 년 또는 수백 년 동안 그 문화 속에 배어 면면히 흘러 내려온 의학을 말한다. 인도의 전통의학이나 티베트의 전통의학이 그 좋은 예다. 민속의학은 정통의학의 범주에는 포함되지 않으나, 일반 민간인의 생활 속에 널리 사용되어 온 민간요법을 지칭하는 말이다.

대체의학이란 정통의학 말고 그 외의 모든 전통의학과 민간요법을 통틀어 이르는 말이다. 보완의학은 대체의학의 다른 이름이다. 그래서 두 단어를 한데 합쳐서 보완대체의학(Complementary Alternative Medicine: CMA)이라고 부르기도

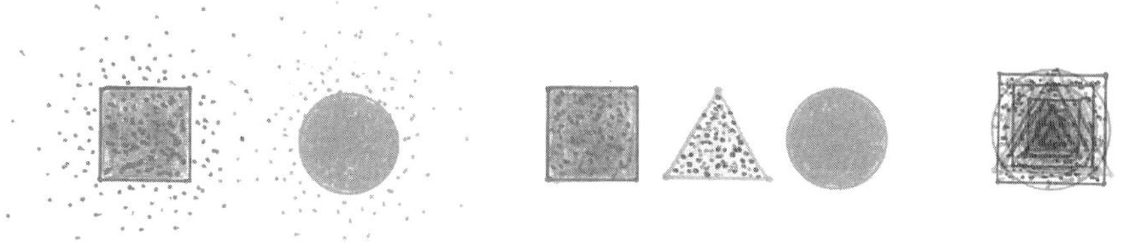

[그림 3-1] 의학의 종류

한다. 그리고 동양의학, 서양의학, 대체의학을 모두 합쳐서 통합의학, 종합의학 또는 전일의학이라 한다.

서양인의 사고방식은 '자기중심적' 이고 '지금 여기 중심적' 인 경향이 있다. 반면 우리나라에서는 모든 것을 균형과 조화를 강조한다. 한 단어에 고저(高低), 장단(長短), 강약(强弱), 완급(緩急), 애증(愛憎), 출입(出入), 시말(始末), 명암(明暗), 주야(晝夜), 음양(陰陽) 등 상대성(相對性)과 조화성(調和性)을 강조하는 것이 우리말의 특징이다. 우리나라 사람들이 유난히 위화감을 두려워하는 것도 이와 무관하지 않다. 의학계에서도 같은 사고의 틀이 적용된다. 서양문화권, 특히 미국에서 종래의 정통적 서양의학을 공식적이고 진짜이고 본래의 의학이라고 간주하기 때문에, 이 본래의 공식적 의학을 기준으로 하여 이 틀 안에 들지 않는 기타의 의학이나 의술은 다 보충적이고 대체적이라고 생각한다.

대체의학이란 말이 일반인에게까지 보편화되어 쓰이는 데에는 동양의학의 서양에의 유입이 직접적인 역할을 하였다. 서양인들에게 낯선 의학이 동양에서 왔으니 동양의학이라 부르기 시작했고, 자신들의 의학을 상대적으로 서양의학이라 부르게 되었다. 물론 그 이전에도 한의학이나 동양의학이란 말이 없었던 것은 아니지만 동양의학이란 말이 전 세계적으로, 특히 일반인에게까지 보편화되어 쓰이는 것이 이와 때를 같이한다는 뜻이다. 대체의학은 정통적 의학 이외의 모든 비주류 의학과 민간요법을 통틀어 이르는 말이다. 서양에서는 서양의학을 제외한 모든 의학(동양의학을 포함한)을 대체의학이라 하고, 우리나라에서는 서양의학과 동양의학을 제외한 모든 다른 의학을 대체의학이라 한다.

전 세계를 통틀어 체계화되어 주류를 이루고 있는 의학은 서양의학과 동양의학의 두 줄기로 대별할 수 있다. 그 외 다른 의학적 지식, 이론, 기술들은 궁극적으로 서양의학 아니면 동양의학의 범주에 속한다. 이런 의미에서 세계 의학을 본다면 서양의학의 대체의학이 동양의학이요, 동양의학의 대체의학이 서양의학이 되어야 타당할 것이다.

최근에는 서양의학과 동양의학과 대체의학을 한데 합쳐서 종합의학이라 부르는 경향이 있고, 동양권에서는 전일의학이라고도 부르기 시작했다. 전일의학 도입의 필요성은 첫째, 세계 추세에 발맞춘다, 둘째, 의료인과 건강 전문가의 지식의 폭을 넓힌다, 셋째, 다양한 인술의 지혜를 얻고, 무한히 잠재돼 있는 연구발상을 얻는다, 넷째, 새로운 미래의학인 전일의학 창출에 기여한다는 것이다.

의학계의 새로운 관심의 대상이 되고 있는 대체의학과 5,000년 역사를 지닌 전통의학은 21세기를 맞은 현대의학에 계속 도전하고 있다. 적어도 임상적인 측면에서는 그렇다. 우리나라의 전통의학인 한의학과 대체의학은 한계점에 부딪쳐 좌절하고 있는 의학 전반에 돌파구를 제시할 잠재력이 있다. 이러한 새로운 의학의 창출과 세계화는 과학적 연구의 뒷받침 없이는 불가능하다. 한의학의 과학화가 아니고 과학적인 방법으로 연구한다는 뜻이다. 과학의 세계에서는 실험과 검증을 통해서 확인된 정보만을 수용하고 인정할 뿐, 현재 수용하고 인정받는 지식과 이론이라 하더라도 다른 연구에 의해 계속 개선되고 수정되고 보완될 수 있다는 가능성을 항상 전제로 한다. 이것이 과학의 특성이며 장점이며 계속 발전시킬 수 있는 안전장치인 것이다.

현재는 동양의학과 대체의학의 가치를 인정하고 진지한 마음으로 이를 과학적 방법으로 검증 · 확인하려고 노력하는 한편, 철저히 과학에 의존하는 서양의학을 철학적 방법으로 이해하려고 노력하는 참된 의과학자들의 출현이 어느 때보다도 절실하다. 동양의학에 많은 장점과 보완적인 의학의 지혜가 숨어 있듯이, 다양한 대체의학 속에도 유용한 정보와 지혜가 담겨 있음에 틀림이 없다. 역사적으로 살펴보건대 새로운 의술과 이론이 소개될 때마다 의학계는 첫째, 공부도 제대로 안 하고 무조건 수용하는 그룹, 둘째, 알지도 못하면서 무조건 배척하는 그룹, 셋째, 심각하고 진지하게 연구 해 보려는 연구가 그룹으로 구분되었다. 그러나 괄목할 만한 연구업적과 의학 전반에 걸쳐 공헌을 한 사람들은 언제나 심각한 연구자들이었다.

3) 플라시보 효과

원래 플라시보(僞藥效果, Placebo effect)란 단어는 라틴어인데, '나는 기분 좋을 것이다(I shall please).' 라는 의미를 지니고 있다. 플라시보 효과라는 말은 전문적 의학술어였지만, 이제는 일반인에게도 널리 알려졌고 일상생활 대화에서도 쉽게 오르내리는 말이다. 우리나라 말로는 위약효과(僞藥效果)라고 하는데, 문자 그대로 가짜효과라는 뜻이다. 더 자세하게 이야기하면 가짜 약을 먹었는데도 진짜로 치료효과가 나타났을 때를 일컫는 말이다. 가령 두통이 있는 환자 200명을 대상으로 약 효과를 실험한다고 하자. 100명의 실험군에게는 진짜 약을 주고 다른 100명의 대조군에게는 그냥 밀가루나 설탕을 반죽한 가짜 약을 주고 난 뒤 치료효과를 비교해 보았더니, 놀랍게도 가짜 약을 먹은 환자의 약 30% 정도에서 증상이 호전되는 현상을 볼 수 있었다. 이것이 바로 위약효과다.

이 약을 먹으면 나을 것이라는 기대감 때문에 일시적으로 아프지 않다고 느껴지는 정신적 착각에 불과하다고 추측하는 사람도 있기는 하다. 그러나 좀 더 자세히 연구해 보면 이 가짜 약을 먹고도 통증이 없어지는 것을 경험하는 환자들에게서는 통증을 없애 주는 호르몬인 엔도르핀이 많이 분비된다는 사실을 알 수 있었다. 이 약을 먹으면 내 병이 나을 것이라는 긍정적인 생각은 인체 내의 생리적 변화도 긍정적인 방향으로 움직여 준다는 사실을 뒷받침해 주고 있다. 이것은 긍정적인 위약효과라고 할 수 있다. 반대로 이 약을 먹으면 통증이 줄어드는 효과도 있지만 피부에 두드러기가 나거나 소화불량도 생길 수도 있다고 하면 가짜 약을 먹은 일부 사람들에게서 실제로 두드러기가 난다든가 소화불량이 나타나는 것을 볼 수 있다. 이것이 부정적 위약효과이다. 이런 현상은 이 약을 먹으면 부작용이 생길 거라는 부정적 사고에 집착하는 사람들에게서 나타난다.

이와 같이 어떻게 생각하느냐에 따라 작은 밀가루 덩어리 하나를 먹고도 치료 효과가 나타날 수도 있고 부작용이 생길 수도 있다. 우리 몸은 생각에 따라 생리적 변화도 따라 일어나는 상관관계가 있음을 알 수 있다. 낙천적이며 긍정적인 사고방식의 소유자는 자기 건강에 스스로 도움을 주는 사람이며, 비관적이고 부정적인 사고방식의 소유자는 자기 건강을 스스로 해치는 사람이다. "낙관론자는 위기도 기회로 보지만, 비관론자는 좋은 기회에서도 위기를 느낀다."라는 말은 건강유지에도 그대로 적용된다.

그런데 이러한 위약효과의 현상 뒤에는 간과할 수 없는 중요한 현실이 있음을 알아야 한다. 우리가 사용하는 모든 약이나 치료방법은 제각기 다른 정도의 위약효과를 지니고 있는 게 사실이다. 치료를 제공하는 사람, 치료를 받는 사람, 치료에 사용되는 약이나 기기의 종류, 환자가 지니는 병의 종류나 증상의 정도에 따라 위약효과는 각기 다르게 나타난다. 위약효과에 대한 연구는 다양하게 보고되어 있다. 심지어는 처방약과 위약과의 효과에 큰 차이가 없었다는 보고도 있다. 만성 두통 환자를 대상으로 한 연구에서 일반 진통제는 82~87%의 치료효과를 나타내는 데 비해 위약효과는 60%로 나타났다. 또 다른 연구에서는 수술 후 통증을 완화시키기 위해서 모르핀을 사용했는데, 72%의 환자가 호전을 보였고, 위약을 사용한 경우에도 42%의 환자에서 진통효과가 있었다.

우리 몸에는 무언가 잘못되었을 때 저절로 낫는 방향으로 생리현상을 조절하는 자연치유력이 내재되어 있다. 이러한 자연치유의 기능을 약화시키는 요소를 없애거나 감소시키면 상대적으로 자연치유력이 강화될 것이라는 것이 위약효과에 대한 하나의 이론이며 가설이다. 여기서 말하는 자연치유력의 기능을 방해하는 요소는 환자가 느끼는 절망감, 자포자기, 병에 대한 부정적 사고, 자신감의 상실 등을 포함한다.

한편 우리가 사용하는 모든 약이나 치료방법은 어디까지가 위약효과이고 어디까지가 진짜 약 효과인지를 분명히 가려 놓아야 한다. 그렇지 않으면 치료를 하는 사람이나 치료를 받는 사람이 다 같이 착각 속에서 불분명하고 모호한 것을 주고받는 결과가 되기 때문이다. 더구나 위약효과란 대부분의 경우 통증, 메스꺼움, 배고픔, 피로, 어지럼증, 불안, 우울 같은 주관적이며 비교적 가벼운 증상에 국한되어 나타나거나, 그 효과가 일시적이거나, 확률적으로 우연에 포함되는 제한점을 지니고 있다. 또 진짜 약 효과는 없고 위약효과밖에 없을지 모르는 약을, 위약효과조차도 없는 환자에게 계속 투여할 수 있다는 윤리적 문제도 생각해 볼 문제다.

서양의학에서 사용하는 모든 약은 동물실험과 임상실험을 통해 위약효과의 범위와 부작용의 정도를 검정한 후 이 데이터(정보)를 공개적으로 제시하면서 임상치료에 응용한다. 약효의 수준과 안정성, 부작용의 종류와 정도 등을 객관적으로 알아보기 위해 실시하는 과학적 검증방법을 이중맹 검사법(double blind study)이라 한다.

환자 앞에서 약의 부작용을 줄줄이 설명하면 그 환자에게 부정적 위약효과가 생길 수도 있다는 문제점이 있지만 후에 왜 미리 설명을 해 주지 않았느냐는 환자들의 불평도 만만치 않기 때문에, 부정적 측면도 설명해 주어야만 하고 또 긍정적 위약효과를 얻을 셈으로 좋은 효과만을 지나치게 강조할 수도 없다는 것이 현재 의료계가 안고 있는 딜레마다.

여러 문화권의 전통의학은 수백 년 또는 수천 년의 전통을 지니고 있으나, 실험과 검증의 방법은 별로 사용하지 않았던 것이 사실이다. 약물의 임상적 치료효과와 의료인의 개인적 치료경험은 그동안 많이 축적되어 왔다. 그러나 그렇게 많은 약물과 치료방법에 대해서 일일이 위약효과의 범위와 부작용의 정도를 검증하지 않았다. 위약효과와 부작용의 범위가 검증되어야 비로소 치료약품으로 인정되는 것이 세계적인 추세인데도 말이다.

요사이 전 세계적으로 인기를 모으고 있는 대체의학요법 중에는 먹는 것도 있고, 몸에 부착하고 다니는 것도 있고, 덮고 자는 것도 있다. 그러나 이들 중 상당한 부분에서 안정성과 효능이 객관적으로 검증되지 않은 상태에 있다. 가령 새로 나온 약을 이중맹 검사법으로 조사해서 새 약을 먹은 사람 중 70%에게서 효과를 보였다 하더라도, 가짜 약을 먹은 사람 중 30%에게서 효과가 나타났다면 그 새 약의 진짜 효과는 고작 40%(70-30=40)에 불과하다고 해석하는 것이다. 또 특별한 목걸이가 몸에 좋다는 사실을 객관적으로 제시하려면 역시 이중맹 검사법을 거쳐야 한다. 만일 진짜 목걸이의 효과가 30%인 데 비해 실험용 가짜 목걸이의 효과는 10%라고 한다면 그 목걸이의 진짜 효과는 20%(30-10=20)나 되는 셈이다. 다른 극단적인 예를 들자면, 특수 담요를 덮고 자면 50%에서 효험이 있는데, 실험용 가짜 담요를 덮어도 50%에서 효험이 있다면 그 진짜 담요의 효과는 0%(50-50=0)라는 결론이 나온다.

위에서 지적한 대로 위약효과는 일반적으로 통증이나 불안감 같은 일부 증상이 호전되는 형태로 나타나는 것이지, 암과 성인병 같은 난치병을 완쾌시켜 주는 것이 아니다. 어떤 치료법을 사용하든 어느 정도가 진짜이고 어디까지가 위약효과인지는 알고 쓰는 것이 모르고 쓰는 것보다 안전하다. 다시 말해서, 불공평하고 억울한 일이 덜 생긴다는 뜻이다. 전 세계적으로 범람하고 있는 수백 가지의 다양한 대체의학요법에는 한결같이 위약효과가 숨어 있다. 그런데 대부분이 아직 검증과정에 있다는 사실도 알아야 한다.

위약효과는 신이 인간에게 내린 위대한 선물이다. 평범함 속에 숨어 있는 기적으로 우리 몸속에 내재한 자연치유력의 표현이다. 이것은 우리 모두에게 필요한 현상이요, 중요한 축복이다. 단지 무엇이 무엇인지를 분명히 가려내는 지혜는 더 큰 축복으로 이어질 수 있다. 플라시보 효과는 위약효과라기보다는 자연치유효과라는 표현이 더 타당할 것이다.

4) 건강, 불건강 그리고 병

건강과 질병의 변화과정은 3단계로 나누어 생각해 볼 수 있다. 제1단계는 자연치유력이 제대로 작용하여 우리 몸이 정상을 이루고 있는 상태다. 제2단계는 자연치유력이 균형과 조화를 잃은 상태다. 주위 환경과 대자연은 이 항상성 기전에 도움을 주거나 제동을 가한다. 자동차의 액셀러레이터나 브레이크 역할을 한다. 내가 어떤 마음가짐과 어떤 행동을 하느냐에 따라서 나 스스로 액셀러레

표 3-1 건강과 질병의 3단계

1단계	2단계	3단계
조화 - 정상, 건강	부조화 - 불건강	기질적 손상 - 질병
건강 관리를 위하여 • 정식 • 정면 • 정동 • 정식 • 정심	불건강을 이기기 위하여 • 전통의학요법 • 대체의학요법	질병을 제거하기 위하여 • 화학치료 • 물리치료 • 수술치료 • 심리치료

이터를 밟거나 브레이크를 밟는 격이다. 결과적으로 대부분의 사람들은 항상성 기능의 일부가 제대로 작동하지 않는 상태가 되는데, 이것이 소위 불건강이다. 제3단계는 무형의 자연치유력이 균형과 조화를 상실한 정도를 넘어서 실제로 세포와 조직에 기질적 변화가 생긴 것을 말한다. 여기서 기질적 변화는 세포나 조직에 부종, 충혈, 파열, 증식, 위축, 퇴행 등의 변화가 일어난 것을 의미한다. 이 제3단계가 병적 상태다.

지구상에는 60억의 인구가 살고 있다. 그중 극히 일부가 환자이고, 또 극히 일부가 건강한 사람이다. 그 나머지는 불건강한 사람이다. 전체 인구에 비해 환자는 극히 일부이고 진짜 건강한 사람도 환자 수와 비슷하게 극히 일부일 뿐이고 그 나머지는 전부 불건강한 사람이라는 뜻이다. 다시 말해서, 거의 모든 사람이 늘 불건강한 상태로 살고 있으면서 가끔 잠시 건강 상태로 되었다가 다시 불건강 상태로 돌아오거나 또는 질병 상태로 갔다가 다시 불건강 상태로 돌아오곤 한다는 것이다.

그래서 건강과 불건강으로 구분하면서 건강에 초점을 맞춘 동양의학과, 병과 무병으로 구분하면서 병에 초점을 맞춘 서양의학 사이에 건강하지는 않으면서 병이 아닌 회색지대 불건강이 등장하게 된다.

이 불건강을 다스려 보겠다고 등장한 풍운아 같은 존재가 대체의학이다. 대체의학의 등장으로 세계 의학계가 술렁거리고 있다. 최근에 건강 정의에 영적 요소가 추가되면서 본 건강의 영역은 더욱더 확대되었다. 자칫 사방에서 해결사를 자처하고 나서는 전문가가 너무 많은 무법지대가 될지 모른다는 염려의 소리도 있다. 낯설다고 무조건 해를 끼치는 존재로 배척하는 것은 바람직하지 않다. 낯선 이론이나 생소한 요법의 정체를 침착하게 알아보고 혹시 그 속에 우리가 잘 모르는 그리고 우리에게 도움을 줄 도구가 숨겨져 있는지 살펴보는 것이 참된 의인(醫人)의 자세다. 그러나 모든 의학의 정보는 객관적이고 과학적인 방법으로 검증되어야 한다는 경고의 나팔소리에도 귀를 기울여야 한다.

전세계적인 대체의학 붐은 기존 의학이 불건강을 효율적으로 다스리지 못했다는 사실에 그 바탕을 두고 있다. 참된 건강의 수호자는 이 불건강의 영역을 지배하는 자다. 21세기의 의료인은 불건강의 진정한 해결사가 되어야 한다.

5) 총체적 치유

'나' 는 물질적인 나와 비물질적인 나로 구성되어 있다. 물질적인 나의 핵심은 물질의 세계 속에 계속 이어지는 본체이고, 이 본체는 현대과학의 개념으로는 게놈(genome, 유전자 지도)에 해당한다고 할 수 있다. 물질적 나의 본체인 유전자는 나의 설계도다. 빌딩을 예로 들어 보면, 서울에 있는 빌딩의 설계도를 아프리카에 보내 건물을 지어도 똑같은 건물이 될 것이요, 남미에 지어도 역시 똑같은 건물이 될 것이다. 설계도가 같기 때문이다. 이것이 유전자를 가지고 똑같은 인간을 만들어 낼 수도 있다는 인간복제 이론이다. 사람은 죽어도 그가 가지고 있던 유전자는 사라지지 않고 대대손손이 이어진다. 마치 계주에서 바통이 한 주자에게서 다음 주자로 이어지듯이, 유전자는 한 세대에서 다음 세대로 끝없이 이어지는 것이다. 이것이 없어지지 않는 나의 본체다.

본체에 따라서 이루어진 구조물이 몸이다. 여기서 말하는 유전자에 해당하는 본체는 전통개념인 백(魄)에 해당한다. 백의 표현이 몸통(身體)이다. 신체는 생기라고 하는 에너지원에 의하여 움직이며, 정이라고 하는 에너지장에 잠겨 있다. 이렇게 형성된 물질적인 몸의 덩어리는 환경이라는 큰 통에 담겨 있고, 환경은 대자연이라는 더 큰 통에 담겨 있고, 대자연은 무한공간 속에 담겨 있다.

백의 상대적인 개념으로, 계속 이어지는 비물질적인 나의 본체는 혼(魂)이다. 혼의 표현이 마음(心)이다. 혼은 영(靈)이라고 하는 에너지에 의하여 움직이며, 이 심령은 신(神)이라고 하는 에너지장에 잠겨 있다. 이렇게 이루어진 비물질적 나(自我)는 너라고 하는 다른 나(他我)와 관계를 맺으며 인간사회라는 큰 통 속에 담겨 있게 된다. 인간사회는 인류역사라는 더 큰 통 속에 담겨 있고, 인류역사는 영원한 시간속에 담겨 있다.

우리가 일반적으로 육체 또는 몸이라고 부르는 물질적 나(魄)가 건강하기 위해서는 체 · 신 · 정(體身精)이 조화를 이루어야 하며, 이들을 둘러싸고 있는 환경과 조화를 이루어야 하며, 환경은 대자연과 조화를 이루고, 더 나아가서 대자연은 무한공간과의 조화를 이루어야 한다. 여기서 균형은 '낱개 대 낱개의 어울림'을 뜻하며, 조화는 '전체 속에서의 어울림'을 뜻한다.

비물질적 내(魂)가 건강하기 위해서는 영 · 심 · 신(靈心神)이 조화를 이룬 상태로 있어야 하며, 이들을 둘러싸고 있는 인간사회와 조화를 이루어야 하고, 인간사회는 과거와 미래를 포괄하는 인류역사와 조화를 이루고, 더 나아가 영원한 시간과 조화를 이루어야 한다. 영원한 시간 그리고 무한한 공간과 조화를 이룬다는 것은 절대자의 섭리에 따른다는 뜻과 같다. 심령을 품고 있는 신(神)이 나 외의 타에 반응할 때 이를 의식이라 한다. 비물질적 내가 건강하려면, 이러한 개인의 의식이 이를 둘러싸고 있는 인간사회 의식과 조화를 이루어야 하고, 또 인간사회 의식은 인류역사 의식과 조화를 이루어야 하며, 더 나아가 영원시간의 의식과 조화를 이루어야 한다. 따라서 영적 건강이라고 하는 것은 심령이 신의 작용으로 인간사회의 의식과 조화를 이루고, 또 이것이 인류역사의 의식과 조화를 이룬 상태라고 할 수 있다. 자기의 의식을 자기의식이라 하고, 인간사회 의식과 인류역사 의식을 통틀어 우주의식이라고 할 때 자기의식과 우주의식이 조화를 이룬 상태를 영적 건강의 상태라고 할 수 있다. 현실적으로 마음이 영을 재발견하고, 심령이 우주의식과 동조할 때, 즉 절대신의 섭리에 동조하여 따르는 상태가 곧 영적 건강이라 할 수 있다.

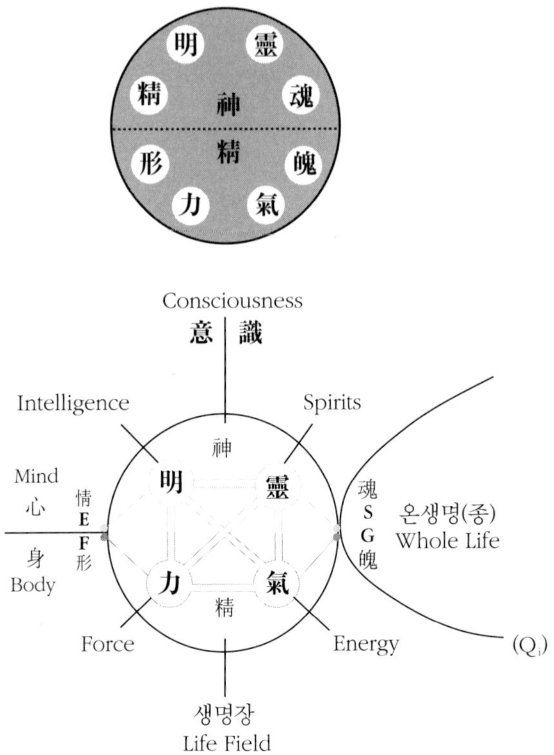

[그림 3-2] 총체적 치유 메커니즘

다시 강조하건대 조화가 건강이요, 실조가 불건강이다. 몸은 영(榮) · 위(衛)의 안정을 추구하며, 몸이 정상일 때는 안정을 경험하게 되며, 영위가 지나치게 되면 불안정을 경험하게 된다. 마음은 편안을 추구하며, 마음이 정상일 때는 편안을 경험하게 되며, 마음이 지나치면 불안을 경험하게 된다. 사회는 화평을 추구하며, 사회가 정상이면 화평을 경험하게 되고, 사회가 비정상이면 불화와 불평을 경험하게 된다. 영은 행복을 추구하며, 영이 정상적이면 행복을 경험하게 되고, 영이 비정상이면 불행을 경험하게 된다.

사람은 몸도 건강하고, 마음도, 사회적으로도, 영적으로도 건강해야 비로소 건강한 사람이다. 몸은 먹고 자고 숨 쉬고 움직이는 것을 제대로 할 때에 건강을 유지할 수 있고, 또 건강해야 이들 기본생활동작을 제대로 할 수 있다. 마음은 기뻐함, 화 냄, 슬퍼함, 근심함, 속상함, 놀람, 두려워함 등이 조화를 이룰 때 건강을 유지할 수 있으며, 또 건강해야 이들 감정의 조화를 이룰 수 있다. 사회는 화평을 유지해야 건강한 것이며, 건강해야 화평을 유지할 수 있는 것이다. 영은 행복을 유지해야 건강할 수 있고, 또 건강해야 행복을 유지할 수 있다.

내가 신체적으로, 심리적으로, 사회적으로, 영적으로 건강할 때 자연치유 기능이 최고도로 활성화되며, 역으로 자연치유 기능이 가장 활성화되었을 때 내가

표 3-2 자연치유력을 극대화시키기 위해 개인이 해야 할 일

자연치유력	구체적 실천 사항
심정(心情)	• 감정의 조화와 정서의 안정을 취해야 한다. • 명상을 해야 한다.
심명(心明)	• 제대로 알고 확신을 얻어야 한다. • 병이 나았으면 좋겠다는 희망이 아니라 틀림없이 나을 것이라는 확신을 가져야 한다. • 제대로 잠을 자야 한다.
심령(心靈)	• 행복감을 느껴야 한다. 느낄 수 있어야 한다. • 스스로 만족할 줄 알아야 한다. • 감사의 마음을 늘 지녀야 한다. • 남에게 이로운 일을 함으로써 기쁨을 느껴야 한다. • 사랑하는 마음을 지녀야 한다. • 나 자신을 사랑하고, 남을 사랑하고, 환경을 사랑해야 한다. • 제대로 기도해야 한다.
체형(體形)	• 몸의 올바른 형태와 올바른 자세를 유지해야 한다. • 모든 조직과 기관이 제자리에 있어야 한다. • 제대로 운동해야 한다.
체력(體力)	• 물리적인 힘을 정상으로 만들어야 한다(예: 근력, 조직의 탄력과 견고성, 관절의 움직임). • 화학적인 힘을 정상으로 만들어야 한다(예: 효소, 촉매작용, 면역력, 혈액 응고). • 제대로 먹어야 한다.
체기(體氣)	• 자연을 사랑해야 한다. • 환경에 적응해야 한다. • 제대로 호흡해야 한다(예: 금연과 복식 호흡).

최고로 건강할 수 있다. 신 · 체 · 정(身體精)이 환경과 자연과 조화를 이루고, 심 · 령 · 신(心靈神)이 사회와 역사와 조화를 이루게 될 때 자연치유 기전이 최고도로 활성화될 수 있다. 이러한 자연치유 기능을 약화시키는 것이 지나침이다. 지나치게 많거나 지나치게 적은 것이다. 좀 더 구체적으로 욕구의 과소가 전인치유와 전인건강에 영향을 끼친다.

불건강과 병을 극복하고 건강을 찾으며 또 그 건강을 유지하기 위해서는 자연치유력을 극대화시켜야 한다. 자연치유력을 극대화시키기 위해서 우리가 스스로 할 수 있는 일을 구체적으로 열거하면 〈표 3-2〉와 같다.

총체적 치유를 위한 처방에서 가장 두드러진 특징은 사람사랑, 자연사랑, 이타심, 확신, 명상, 기도, 감사, 만족감, 행복감이 강조된다는 점이다. 총체적 치유에서는 이러한 요소가 단순한 권고사항이 아닌 필수처방이다. 이러한 요소가 빠지면 빠질수록 자연치유력은 점점 약화되고, 이러한 요소가 많으면 많을수록 자연치유력을 강화된다. 미래의학의 처방전에는 아마도 '사랑' 이 기재될 것이다.

2. 동양의학과 서양의학의 바탕

1) 동양의학의 틀

(1) 동양의학의 철학

우주는 살아 있고, 사람은 생명을 가진 소우주다. 우주의 일부가 소우주(사람)이기 때문에, 우주와 소우주는 불가분의 관계를 유지한다. 소우주를 제대로 이해하려면 우주를 이해하여야 한다. 과학이 우주를 완전히 이해하려면 앞으로 수천 년이 걸릴지, 아니면 영원히 불가능할지도 모른다. 그러므로 우주와 소우주와의 관계를 이해하기 위해서는 철학과 형이상학적인 사고와 이론을 어느 정도 이용할 수밖에 없다. 철학은 아직 증명되지 않은 과학이기 때문에 객관적 증명이 축적되면 될수록 철학과 과학은 일치하게 될 것이다.

(2) 기능의 상관관계

동양의학은 기능과 관계의 이해가 기본 바탕이다. 우주의 기능과 소우주의 기능을 이해하고, 그 상관관계를 이해하지 못하면 동양의학을 이해할 수 없다. 동양의학은 물질적인 관찰과 측정이 아니라, 성능적인 성찰과 인정을 강조한다. 예를 들면, 실함과 허함을 성찰하고, 통함과 불통함을 성찰하고, 이것이 어떻다고 인정할 줄 알아야 한다.

생명체는 자극에 예민하고 자극에 반응한다. 자극은 하나의 반응을 일으키고 그 반응 자체가 또 다른 자극이 되어 반응을 일으킨다. 연쇄반응의 연속이다. 우주와 소우주는 상호 영향을 주고받기 때문에 끊임없이 자극과 반응을 주고받는 관계다. 살아 있는 큰 우주의 자극과 반응의 현상을 살아 있는 소우주인 사람의 생명현상에 적용하는 의술이 동양의학이다.

프로그램으로서의 이(理)와 에너지원으로서의 기(氣)가 대우주(天理, 天氣)에도 있고 소우주(生理, 生氣)에도 있어서 서로 영향을 교환한다. 무엇이 움직이고 어디로 가는지를 알아야 한다. 또한 우리 몸에 반응점(經穴)이 있음을 성찰하고, 이들의 '움직이고 감(運行)' 이 어떤 관계로 이어지는지(經絡)를 인정한다.

(3) 성능의 단위

동양의학에서는 성능(性能)을 다루고, 성능의 기본 단위는 12개 장부이다. 장부는 장기가 아니라 장기 성능의 단위이며, 12개의 장기는 우리 몸 전체의 생리를 모두 담당할 수 없다. 그러나 12개 장부의 성능은 인체 전부의 성능을 포괄한다.

(4) 사람의 병증(病症)

동양의학에서는 병이란 없고 단지 병든 사람이 있다고 본다. 즉, 없는 병을 찾아서 제거하는 것이 아니라 병든 사람을 고치는 것이다. 따라서 병의 이름은 없고, 단지 병든 사람이 나타내는 증상이 있을 뿐이다. 이를 속어로 '쯩' 이라고들 부른다.

병든 사람이 흔히 느끼는 증상은 밥을 먹지 않았는데 배가 고프지 않다, 밥을 많이 먹었는데 자꾸 배가 고프다, 잠을 자지 않았는데 졸리지 않다, 잠을 많이 잤는데 자꾸 졸리다, 힘들었는데 피곤하지 않다, 쉬었는데도 자꾸 피곤하다, 우울할 이유가 없는데 우울하다, 우울해야 되는데 자꾸 기분이 좋다 등이다.

(5) 진단의 바탕

성능의 기본 단위인 12개 장부 중 어떤 장 또는 어떤 부의 성능이 비정상적인가를 찾아낸다. 주로 성능이 항진되어 있는지, 아니면 억제되어 있는지를 가려낸다. 예를 들면, 신장이라고 하는 장기가 아니라 신(腎)의 성능이 실한가 허한가를 가려낸다는 뜻이다. 질(質)을 관찰하고 측정하는 것이 아니고, 성(性)을 성찰하고 인정하는 것이 기본이기 때문에, 무엇을 찍고 영상화하고 수치를 재는 것이 아니라, 환자에게 물어보고 바라보고 들어 보고 만져 보는 과정을 통해서 환자의 상태를 인정하는 것이다.

(6) 치료의 수단

동양의학에서 사용하는 치료의 수단은 생약요법, 훈련요법, 자극요법(침술, 뜸, 지압술, 부항) 등이 있다.

생약요법이라 함은 화학적으로 가공한 약품을 쓰지 않고, 천연물(식물, 동물, 광물)을 사용하여 치료하는 것을 말한다. 대부분의 운동이나 훈련은 민간요법으로 사용되고 있는데, 최근에는 일부 병원에서도 동양식 운동치료법을 사용하기도 한다. 소위 태극권운동이나 기공치료가 이에 속한다. 자극요법은 신체표면에는 자극에 예민하게 반응하는 점들이 있는데, 이러한 반응점에 여러 가지 형태의 자극을 가함으로써 치료효과를 이끌어 내는 것이다. 이러한 반응점에 바늘로 자극을 하면 침술이라 부르고, 작은 쑥 덩어리에 불을 붙여 열로 자극을 가하면 뜸이라 하고, 손가락으로 꾹 누르는 자극을 가하면 지압술이라 하고, 빨아내는 음압을 가하면 부항이라 한다. 전통적으로는 침, 뜸, 지압, 부항의 네 가지 자극법만을 사용해 왔으나, 최근에는 초음파 열, 전기, 자기, 광선, 레이저 등의 새로운 에너지로 자극하는 방법도 개발 · 사용되고 있다.

2) 서양의학의 틀

(1) 서양의학의 철학

우선 서양의학은 실험과 검증을 통해서 확인된 정보만을 수용하고 인정한다. 모든 치료법의 효능, 안전성, 임상 적용, 의미 있는 결과에 대한 근원적인 의문에 과학적 방법을 통해 대답하는 것이야말로 환자와 의료인 모두에게 도움이 될 것이다. 현재 수용하고 인정받는 지식과 이론이라 하더라도 다른 연구에 의해 계속 개선되고 수정 · 보완될 수 있다는 가능성을 항상 전제로 한다. 이것이 과학의 특성이고 장점이며 계속 발전시킬 안전장치다.

그리고 서양의학은 증거 중심의 의학이다. 의학에는 오직 적절히 검증된 의학과 검증되지 않은 의학이 있을 뿐이다. 주장, 추측, 증언 같은 것이 증거로 인정되어서는 안 된다. 새로운 이론이나 기술을 수용하는 것도, 기존의 이론이나 기술을 버리는 것도 다 검증되고 확인된 증거를 가지고 행해져야 한다. 증거를 가지고 받아들이고, 또 증거를 가지고 버려야 한다.

(2) 해부와 생리

서양의학은 해부학이 기본바탕이다. 해부학을 모르고서는 서양의학은 단 한 발자국도 나아갈 수가 없다.

① 세포

세포는 인체의 기본단위다. 독자적으로 영 · 위 · 생 · 식(榮衛生殖)하는 최소단위다. 영은 스스로를 영양하고, 위는 스스로를 방위하는 기능을 말하고, 생은 스스로를 복제하며, 식은 스스로를 증식할 수 있는 능력을 말한다.

② 기관

한 군데 모여 공동의 생리작용을 수행하는 세포의 덩어리를 기관이라 한다. 그래서 기관을 가진 생체를 'organism' 이라 부르는 것이다. 인간사회에서도 인체의 장기처럼 여러 사람이 모여 공동의 작업을 하는 집단을 형성하는 것을

'organize' 라고 부르고, 그런 조직체를 'organization' 이라 한다. 사람들이 구성하는 단체들도 인체 장기처럼 작용한다면 아주 이상적일 것이다.

③ 계통

여러 기관이 연결되어 공동의 기능을 수행할 때, 이 기능적으로 연결된 장기들을 계통이라 한다. 한 계통은 다른 계통과 밀접하게 생리적인 상호작용을 수행한다.

사람에게는 호흡계, 순환계, 소화계, 생식계, 비뇨계, 내분비계, 근육계, 골격계, 신경계, 피부의 10개 계통이 있다.

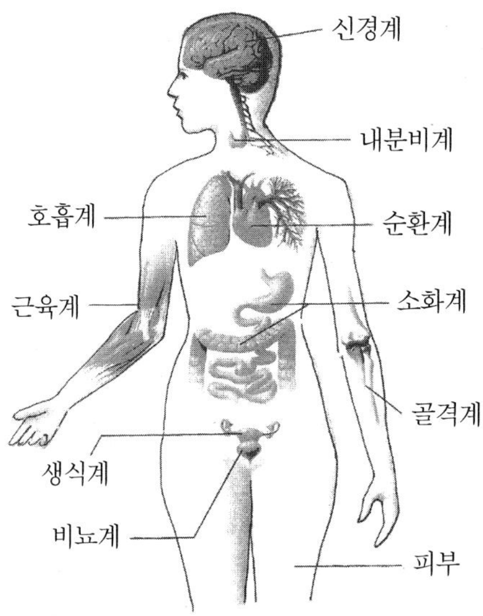

[그림 3-3] 장기의 10계통

(3) 정상 생리

조화가 정상이요, 부조화가 불건강 또는 병이다. 심신이 정상상태 또는 건강상태를 유지하려면 외적 환경과 내적 환경이 조화를 이루고 있어야 한다. 이러한 생리적 환경의 조화를 위해서는 자율신경계와 내분비계의 활동이 필수적이다.

(4) 세포의 병

세포의 수, 세포의 크기, 세포 성분의 과소가 병이다. 병적인 상태에서는 첫째, 세포의 수가 정상보다 너무 많거나 너무 적고, 둘째, 세포의 크기가 정상보다 너무 크거나 너무 작으며, 셋째, 세포의 성분이 정상보다 너무 많거나 너무 적다.

(5) 사람의 병

비정상적으로 세포의 수가 늘어나거나 줄어들거나, 세포의 크기가 커지거나 작아지거나 또는 세포성분이 많아지거나 적어지는 결과가 어떤 원인에 의해서 유발되는가에 따라서 질병을 분류한다.

(6) 사람의 기능 장애

세포나 조직, 장기가 고장나면 기능이 떨어지게 된다. 기능적 장애는 다음의 세 가지로 구분한다.

① 기능장애

장기(organ) 수준의 장애를 'impairment' 라고 한다. 일정한 수의 세포가 병이 나면 그 세포들이 속해 있는 장기의 기능이 떨어진다. 예를 들면, 일부 심장세포가 병들면 심장 전체의 기능이 떨어지는 심장기능 저하가 된다. 일부 세포의 고장만으로도 심장 전체의 기능이 떨어지게 된다.

② 능력장애

개인 수준의 장애를 'disability' 라고 한다. 하나의 장기가 고장나면 전체의 기능이 떨어진다는 말이다. 즉, 병이 난 장기는 심장 하나뿐인데, 환자의 몸 전체 기능을 떨어뜨리는 결과를 초래한다는 것이다. 예를 들면, 심장이 나쁘면 조금만 빨리 걷는다든가, 계단을 조금 걸어 올라간다든가 할 때 가슴이 아프고 숨이 차는 등의 문제가 생긴다. 정상적인 활동을 하지 못하는 것이다.

③ 사회적 장애

사회적 수준의 장애를 'handicap'이라 한다. 정상인처럼 빨리 걷지도 못하고, 뛰지도 못하고, 계단도 올라가지 못할 정도로 개인활동이 떨어져 있어 사회적으로 제 기능을 못하게 된다.

(7) 진단의 원칙

진단을 위해서는 병이 있다는 증거를 제시해야 하고, 병이 있는 부위를 찾아야 하며, 병의 정도를 규정해야 한다.

(8) 치료의 수단

병의 증거와 부위와 정도를 알아낸 다음에 이 병을 제거하기 위하여 화학적 방법, 물리적 방법, 수술적 방법, 심리적 방법을 사용한다.

3. 보완대체의학

1) 대체의학이란 무엇인가

서양의학 이외의 모든 전통의학과 민간요법을 통틀어 연구대상으로 삼는 의학을 대체의학이라고 한다. 구미 의료 선진국에서는 자신들의 서양의학을 정통적인 의학이라고 간주하고, 제도적으로 이 공식적인 의학의 틀 안에 들지 않는 기타의 의학, 의술, 전통요법, 민간요법 등을 다 보충적이고 대체적이라고 생각한다. 최근에는 전 세계적으로 보완의학이니 대체의학이니 또는 보완대체의학이니 하는 말을 흔히 쓰고 있다.

1970년대 초반에 미국에서 동양의학의 일부인 침술이 의학계와 일반인에게 특별한 관심을 불러일으키면서 붐을 일으켰고, 이것이 세계적으로 퍼져 나갔다. 이러한 추세에 때를 같이해서 다른 의학들이 속속 소개되기 시작하였다. 이러한 낯선 의학들은 동양에도 많이 있었고 서양에도 많이 있었다. 이 크고 작은 의학들의 혼잡을 정리하기 위해 서양의학자들은 서양의학 외의 모든 의학적 지식과 기술들을 담는 용어를 새로 만들어서 이를 대체의학이라 부르기 시작한 것이다. 구미 각국에서는 우리의 전통의학인 한의학도 대체의학에 포함시킨다. 그러나 우리나라에서는 의료제도가 이원화되어 있으므로 한의학도 제도권 안의 공식의학에 속한다. 서양의학, 동양의학, 대체의학이 동시에 광범위하게 사용되고 있는 오늘날 이들 의학 속에는 상호 보완적인 측면이 많이 있다는 증거가 속속 제시되고 있다.

최근에 전 세계적으로 대체의학에 대한 관심이나 연구가 점점 고조되고 있다. 제도권 안의 의료계에서 널리 받아들이고 인정한다는 뜻이 아니라 관찰과 연구의 길을 점진적으로 열리고 있다는 뜻이다. 이러한 변화는 세계 도처에서 일고 있는 신과학운동이라든가, 대체의학에 대한 관심의 고조와 결코 무관하지 않다. 대체의학의 이론이나 시술법 가운데 현재 비교적 많이 알려져 있고 또 비교적 많이 응용되고 있는 것 중에는 신체적 혹은 정신적, 사회적인 측면에서는 설명할 수 없고 이해가 쉽지 않은 부분이 상당히 많다. 따라서 영적인 측면에서까지 그 해답을 구해 보려는 시도가 고조되고 있는 것이다.

대체요법으로 질병을 치료하고 건강을 증진시킬 수 있다고 주장하는 의학자도 많고, 환자들을 나름대로의 그런 기술로 치료한 경험이 있다는 시술자도 많다. 또 그러한 치료를 받고 나았다고 믿고 있는 환자도 많다. 대체의학 또는 보완의학이라고 간주되는 많은 이론과 방법이 그 타당성을 객관적으로 인정받은 부분도 있기는 하지만, 과학적인 방법으로 검증되지 않은 부분이 더 많은 상태다.

2004년도에 미국에서는 80여 개 이상의 의과대학에서 대체의학을 교과과정으로 택하여 강의하였다. 또 1992년에 국립보건원 산하에 대체의학국(Office of Alternative Medicine: OAM)을 설립한 후에 국립보완대체의학센터(National Center of Complementary Alternative Medicine: NCCAM)로 승격시켜 해마다 1억 달러 이상의 연구비를 투자하고 있다. 그러나 이러한 사실이 미국 사회나 의학계가 대체의학을 정식으로 인정하고 받아들인 증거라고 해석하는 것은 시기상

조다. 과학적으로 검증하고 확인된 정보만을 정식 의학의 일부로 인정한다는 철학을 중심사상으로 견지하고 있는 의학계에서는, 대학에서의 대체의학 교과과정 설립이나 국립보건원에의 대체의학센터 설립이 대체의학을 과학적으로 연구할 수 있는 토대를 만들어 주고, 연구의 기회를 제공해 주고, 연구자들의 의욕을 고취시킨다는 것이지, 대체의학의 존재를 있는 그대로 받아들인다는 뜻은 아니기 때문이다.

대체의학을 연구하는 일부 학자들이 염려하고 경고하는 사항은 다음과 같다.

첫째, 대체의학이 서양의학과 동양의학의 한계점을 뛰어넘어 해결사 역할을 하는 우수한 의학은 아니다. 대체의학이란 주류 의학에 속하지 못한 비주류 의술과 민간요법 등을 총망라하여 지칭하는 말일 뿐이며, 대부분의 경우 아직 그 효능성에 대한 객관적 평가가 이루어지지 않은 채로 있다.

둘째, 대체의학이 만병통치의 요법이라고 착각할 수 있다. 극히 소수의 환자들의 일화성 보고에 따라 그릇된 확신을 가진 나머지, 만병통치요법이라는 착각에 빠질 수 있다.

셋째, 환자에게 제도권의 정통의학을 경시하는 마음을 조장시킬 수 있다. 최첨단 치료법에도 효험이 없던 질병을 대체의학요법으로 극복할 수 있었다는 일화성 보고를 접한 환자들이 기존의 정통의학을 불신하거나 부정하는 행태를 보인다는 것이다. 이로 인해 양호한 치료효과가 기대되는 기회마저 놓쳐 버리는 우를 범할 수 있다.

넷째, 대체의학이 비윤리적 상술에 악용될 수 있다. 정통의학도, 대체의학도, 민간요법도 아닌 것이 무슨 비법으로 둔갑하여 무지한 소비자에게 피해를 입힐 수 있다.

다섯째, 수혜자에게 임상적 피해를 입힐 수 있다. 적정한 자격과 경험을 갖추지 못한 치료사(요법사)의 시술이 소비자(환자)에게 해를 끼칠 수 있다는 것이다. 일부 대체의학이 그 치료결과를 지나치게 과장함으로써 신뢰감을 주지 못하는 점, 전문 의료인이 아닌 비의료인이 대체의학을 표방하고 무책임한 비과학적 · 비의학적 시술을 행하고 있다는 점, 그리고 사회 분위기가 그것을 옹호하거나 눈감아 주는 점 등이다.

『뉴잉글랜드 의학저널(*The New England Journal of Medicine*)』(1998) 사설에서는 "의학에는 오직 적절히 검증된 의학과 검증되지 않은 의학이 있을 뿐이다. 주장, 추측, 증언 같은 것이 증거로 인정되어서는 안 된다. 대체의학도 정통적 치료법과 똑같이 과학적 검증을 거쳐야 한다."라고 주장하고 있다. 『미국의학협회지(*Journal of the American Medical Association*)』(1998)에서도 "대체의학도 과학적 검증이 가능함을 보여 주고, 모든 치료법의 효능, 안전성, 임상 적용, 의미 있는 결과에 대한 근원적인 의문에 과학적 방법을 통해 대답하는 것이야말로 환자, 의사, 대체의료 시술자 모두에게 도움이 될 것이다."라고 주장하였다. 동양의학, 서양의학, 대체의학 모두 나름대로의 장점이 있고 동시에 제한점이 있다. 이론적 바탕과 시술의 접근법이 서로 다른 각 의학마다 서로 보완하는 장점을 지니고 있다는 과학적 증거가 계속 제시되고 있다. 어떠한 형태의 의학이든 간에 과학과 기술을 도구로 삼아 연구하고 개발할 때에만 진정한 세계 의학의 일부로 정착할 수 있을 것이다.

대체의학이라는 것은 이론과 시술이 체계화된 하나의 의학이 아니라, 동양의학과 서양의학의 주류에 속하지 못한 일부 비주류 의학의 단편적 지식과 시술법 그리고 산재해 있는 민간요법을 통틀어 부르는 명칭이라 할 수 있다. 이렇듯 한 주머니 속에 집어넣은 의학지식이나 기술을 끄집어내어 과학적이고 객관적인 방법으로 검증한 후 유효한 것은 정통의학 범주 내에 귀속시키고, 무효하다고 확인된 것은 버리는 과정을 통하여 궁극적으로 하나의 의학으로 정리하게 될 것이다. 따라서 이렇게 연구를 통하여 하나씩 하나씩 밝혀지면, 대체의학의 일부는 서양의학의 범주에 속하게 되고 다른 일부는 동양의학의 범주에 속하게 될 것이다. 왜냐하면 전 세계를 통틀어 나름대로 잘 체계화되어 있고, 지난 수천 년 동안 동양과 서양문화권에서 주류를 이루고 있는 의학으로서는 서양의학과 동양의학의 두 줄기로 대별될 수 있기 때문이다. 이와 같이 양대 산맥으로 다시 새롭게 정리된 의학은 서양의학의 대체의학이 동양의학이요, 동양의학의 대체의학이 서양의학이라는 사고방식을 견지하게 될 것이다. 그리고 수십 년이 될지 아니면 수백 년이 될지는 모를 일이나, 모든 의학이 하나로 융합이 되는 먼 훗날 의학을 그저 의학이라고 부르게 될 때에는, 서양의학과 동양의학과 대체의학이 한데 합쳐져서 종합의학 또는 전일의학이라고 불리게 될 것이다.

현재 대체의학의 범주에 포함시킬 수 있는 항목이 200여 개나 되지만, 잘 알려져 있는 요법은 50개 내외에 이른다. 대체의학은 의학자들에게는 연구의 대상으로 각광을 받고 있고, 정통적 의학에 한계를 느낀 환자들에게는 확실한 실패보다는 불확실한 희망에 의존해 보려는 마음 때문에 각광을 받고 있다. 이러한 의료인과 일반인의 대체의학에 대한 관심은 서양의학과 동양의학의 접목을 통한 새로운 의학 창출에 하나의 돌파구를 제시해 줄 것이다.

2) 대체의학의 종류

대체의학의 범주에 포함시킬 수 있는 수백 개 항목 중에는 소위 할머니의 약손도 있고, 현대과학이 받아들일 수 없을 정도로 너무나 앞선 이론을 바탕으로 하고 있는 요법도 있다. 현재 사회적으로, 정책적으로, 제도적으로 당면한 문제는 그렇게 다양한 대체요법을 어떤 자격을 가진 사람이 해야 되는가, 어떤 교육을 필요로 하는가 그리고 그런 교육을 누가 시키는가 하는 것이다. 따라서 의료서비스 소비자의 권익과 안전을 위해서는 교육과 연구와 진료와 제도가 병행하여 조절되면서 단계적으로 정착되어야 할 것이다.

(1) 대체의학의 직능별 분류

앞으로 연구와 진료경험 축적을 통해서 제도화될 전문인력의 분류를 전망해 보면 다음과 같다.

- 의사: 면허와 자격증이 있는 의사(양방의사, 한의사, 치과의사)가 할 수 있는 요법이다. 마취하에 시행할 정도로 수술에 가까운 요법(예: 심층근육 자극요법 IMS) 또는 응급처치를 할 수 있는 전문가가 직접 시술해야 되는 요법(예:

킬레이션 요법, 세포 치료) 등이 여기에 속한다.

- 치료사: 의사 이외의 면허가 있는 치료사, 간호사, 약사 등이 할 수 있는 요법이다. 초음파, 초단파, 레이저, 그 외 특수기기 등을 다룰 수 있는 치료사(예: 물리치료사, 작업치료사, 언어치료사, 심리치료사)라든가, 근육주사나 정맥주사를 놓을 수 있는 전문가(예: 간호사)라든가, 관련된 의약품의 약리학적 기전을 이해하는 전문가(예: 약사) 등이 안전하게 취급할 수 있는 요법 등이 이에 속한다.
- 일반 전문가: 그 분야에 대한 충분한 교육과 경험을 축적한 일반 전문가가 할 수 있는 요법이다. 의사, 간호사, 치료사, 약사 등의 면허 소지자가 아니더라도 요가, 기공, 최면처럼 특정한 분야에 상당한 기간의 훈련과 경험의 축적한 전문가들이 시술해야 하는 요법이 여기에 속한다.
- 일반인: 별로 위험부담이 없고 누구나 쉽게 사용할 수 있어서 영원히 민간요법으로 남아 있어야 될 요법을 말한다. 몸을 쓰다듬어 주거나 기도를 해 주는 등의 요법이 여기에 속한다.

(2) 대체의학의 시술별 분류

수백 가지나 되는 대체요법을 이론의 바탕이 비슷하거나, 기능적으로 공통점이 있거나, 시술법이 유사한 것 등을 그룹별로 분류하면 다음의 일곱 가지로 나뉘어진다.

- 전통의학: 우리나라의 한의학, 중국의 중의학, 베트남의 월의학, 인도의 아유르베다 의학, 티베트 의학 등이 여기에 속한다.
- 자연의학: 인체에 내재한 항상성과 자연치유력에 의존하면서 햇빛, 물, 공기, 자연적인 식약물(食藥物)을 이용하는 의학을 말한다.
- 심신의학: 명상, 요가, 기공, 선무 등 몸과 마음의 상관관계를 이용한 요법을 말한다.
- 생약요법: 인공적으로 합성 조제한 약품을 사용하는 것이 아니고, 식물의

뿌리, 열매, 잎사귀, 광물질, 동물의 조직(예: 뿔, 뼈, 쓸개) 등을 사용하는 요법을 말한다.

- 수기요법: 카이로프락틱, 정골요법, 응용운동학, 두개천골요법, 반사요법처럼 손으로 압력을 가하거나, 마사지를 하거나, 자세를 교정해 주는 등의 손기술을 이용한 요법을 말한다.
- 영양식이요법: 영양식품, 기능식품, 비타민, 광물질을 개개인에게 알맞게 사용하거나, 금식(단식, 절식)처럼 적절히 굶는 과정을 통해서 치료효과를 노리는 모든 요법이 여기에 속한다.
- 에너지 요법: 전기, 자기, 광선, 음향, 레이저, 열 등 다양한 에너지원을 치료에 응용하는 요법을 포괄한다.

(3) 대체의학의 뿌리에 따른 분류

비교적 잘 알려진 약 50여 가지의 대체요법을 서양의학 이론에 바탕을 둔 것과 동양의학 이론에 바탕을 둔 것과, 동서 의학의 공통 지혜에 바탕을 둔 것으로 분류해 보면 〈표 3-3〉과 같다.

표 3-3 대체의학의 뿌리에 따른 분류

분류	대체요법 종류
서양의학과 밀접한 대체요법	척주교정의학, 족부의학, 중금속제거요법, 최면요법, 엔자임 요법, 응용운동학, 두개천골자극요법, 홍채진료법, 신경언어학적 프로그램 요법, 재건요법, 세포치료법, 생체되먹이요법, 심신의학, 자장요법, 산소요법, 영양요법, 정골의학, 해독요법, 에너지 의학, 분자정형의학, 환경의학, 바디워크 요법, 롤핑 요법, 꿈 치료법, 오락치료, 마술요법, 신경치료, 자발요법, 라이히안 요법, 도인상상요법, 무도요법, 생물학적 치과치료법
동양의학과 밀접한 대체요법	아유르베다 의학, 기공치료, 자연의학, 향기요법, 명상요법, 반사요법, 접촉요법, 선무요법, 요가, 꽃요법, 소리 요법, 원예요법, 봉침요법, 심령치료법
동서 의학 접목형의 대체요법	임상미술치료, 광선요법, 수치료, 오감요법, 생약요법, 식이요법, 절식요법, 동종요법, 심층근육 자극요법, 고열요법, 양자의학, 주스 요법, 뇨요법, 테이핑 요법, 장요법

각 대체요법에 대한 자세한 내용은 제4장 4절 보완대체의학의 내용에서 다룬다.

4. 의학에서 철학과 과학의 만남

우리는 자연의 크고 작은 다양한 리듬의 복잡한 패턴 속에서 살고 있다. 한두 가지가 아니라 수백 가지, 아니 수천 가지 이상의 서로 뒤얽힌 리듬 속에 있다. 이렇게 복잡한 율동의 패턴 안에도 간단하고 명쾌한 질서가 숨어 있다.

수(數)는 '하나' '둘' 하는 낱개의 수량만을 나타내는 것은 아니다. 물론 수리(數理)에는 사물의 수량을 나타내는 의미, 즉 사물의 성질 중에 질(質)을 표현하는 의미도 있지만, 수의 보이지 않는 질서, 즉 성(性)의 의미도 포함하고 있다.

(1) '하나의 패턴' 이론: 태극설(太極說)

하나(一)는 쪼갤 수 없는 전체다. 우주는 영원불멸의 하나다. 우주 안의 부분들은 흩어지고 변하고 모이고를 되풀이하지만 전체인 하나는 늘 하나로 스스로 거기에 있다. 절대적이고 영원하고 무한하며, 스스로 있음이며 쪼갤 수 없는 완전한 하나를 의미한다. 숨어 있는 질서로서의 하나(1)는 암흑에서 빛이 생기고 여기에서 우주가 생성되고 계속 팽창하다가, 종국에는 다시 암흑과 무(無) 상태로 되돌아가는 식의 나타나는 질서로 표현된다. 이처럼 숨어 있는 질서로서의 하나(1)와 나타나는 질서로서의 하나(1)가 그대로 하나(1)로 영원히 스스로 존재한다는 뜻이다.

있음(有)이 극(極)에 달하면 없음(無)이 되고, 없음이 극에 달하면 있음이 된다. 혼돈이 극에 달하면 질서가 되고, 질서가 극에 달하면 혼돈이 된다. 블랙홀의 상태가 극에 달하면 빅뱅이 되고, 빅뱅의 상태가 극에 달하면 블랙홀의 상태로 된다. 없음(0)이 극하면 온전한 하나의 있음(1)이 되고 , 있음(1)이 극하면 없음(0)이 된다. 0은 없음의 전부요, 1은 있음의 전부다. 0은 1의 숨은 질서요, 1은 0의 나타난 질서다. 하나는 없음에서 나오고 없음은 하나에서 나온다(一始無始

一 一終無終一).

이 절대 하나에 대한 올바른 이해가 있어야 그 속에 있는 낱개 하나(1)에 대해서도 이해할 수 있을 것이요, 그 하나 속에 속해 있는 나(我)에 대해서도 제대로 알 수 있을 것이다. 사물을 하나의 틀 안에서 바라보는 포괄적이고 종합적이고 전일적인 사고방식은 특히 의학에서 인간의 생명을 올바르게 이해하는 데 중요한 개념이다.

- '더 이상이 없는 극치' 를 태극이라 한다. 크기를 말할 때는 더 이상 클 수 없는 상태, 끝을 말할 때는 더 이상 갈 데 없는 끝, 높기로 말하면 더 이상 높을 수 없는 곳 등을 말한다.
- 있음이 극하면 없음이 되고, 없음이 극하면 있음이 된다. 양(陽)이 극하면 음(陰)이 되고, 음이 극하면 양이 된다.
- 빛이 극에 도달하면 블랙홀이 되고, 블랙홀이 극에 도달하면 빛이 된다. 절대적인 빅뱅과 절대적인 블랙홀이 영원무궁하게 되풀이된다. 혼돈이 극에 달하면 질서가 되고, 질서가 극에 달하면 혼돈이 된다.
- 무질서가 극에 달하면 질서가 생기고, 질서가 극에 달하면 혼돈이 생긴다. 우주가 극에 달하면 허무가 되고, 허무가 극에 달하면 우주가 된다.

(2) '둘의 패턴' 이론: 음양설(陰陽說)

상대성의 이론이다. 이것이 있기 때문에 저것이 있을 수 있고 저것이 있기 때문에 이것이 있을 수 있다. 가장 대표적인 비유가 어둠과 밝음의 상관관계다. 어둠이 있기에 밝음이 있는 것이고 밝음이 있기에 어둠이 있는 것이다. 어둠이 없으면 밝음이 있을 수 없고 밝음이 없으면 어둠이 있을 수 없다. 어둠의 상징이 음이고 밝음의 상징이 양이다.

음과 양은 상호대립, 상호의존, 상호소장, 상호전화의 관계를 유지한다. 상호소장(相互消長)이란 양이 줄고 음이 늘어나거나, 음이 줄고 양이 늘어나는 운동변화 과정을 말한다. 상호전화란 음양 쌍방이 일정한 조건에서 반대측으로 변화될 수 있는 것으로, 음이 양으로 변하고 양이 음으로 변할 수 있는 것을 의미한다.

음양의 균형과 조화를 이루면 정상 또는 건강이 되는 것이요, 음양실조 하면 불건강이요, 비정상이 되는 것이다. 장부에도 음양이 있고, 경락에도 음양이 있으며, 병증에도 음양이 있다. 어떤 장부에 음양실조가 있는지 알아내는 것이 진단이요, 잃어버린 조화를 되찾는 것이 치료다. 음양 중에서 너무 많은 것은 덜어주고 모자라는 것은 보충해 준다는 뜻이다.

(3) '셋의 패턴' 이론: 삼분설(三分說)

앞쪽 · 뒤쪽 · 중앙(前中後) 또는 왼쪽 · 오른쪽 · 중앙(左中右), 위쪽 · 아래쪽 · 중앙(上中下) 등 삼박자 리듬의 현상을 설명하는 이론을 삼분설이라 한다. 역동설 또는 시간성으로도 설명을 한다. 그냥 있음이 첫 단계이고, 이 있음이 상대성을 지니는 것이 두 번째 단계이고, 상대가 있으면 그 사이에 힘이 생기면서 움직임이 일어나는 것이 세 번째 단계다(力動說). 하나의 씨앗이 수년 동안 싹이 트지 않고 그대로 있으면 이 씨앗에는 시간이 정지되어 있는 상태이지만, 싹이 트기 시작하면 시간이 시작되는 것이다(時間性). 시간에도 초 · 중 · 말(初中末)이 있어 질병에도 초기, 중기, 말기가 있다. 사람이 태어나는 데 있어서도 난자와 정자가 되기 전 단계 물질(precursor)이 우선 생기고, 다음 단계로 이 물질이 정자와 난자가 되고, 마지막 단계로 정자와 난자가 합쳐진 수정란이 되어 사람의 시초가 되는 3단계를 거친다. 하나의 법이 탄생할 때에도 여론에서 시작하여 찬반양론의 법안 단계를 거쳐 마지막 법 제정의 3단계를 거치게 되어 있다. 법을 수정하는 과정에서도 여론을 건드려야 할지 국회 원내에서 찬반투쟁을 적극적으로 해야 할지의 작전을 세워야 되듯이, 병을 치료하는 데 있어서 초기에 치료방법과 말기의 치료방법을 달리하는 작전이 필요하다.

양을 셋으로 나누면 태양(太陽), 소양(少陽), 양명(陽明)의 삼양(三陽)이 되고, 음을 셋으로 나누면 태음(太陰), 소음(少陰), 궐음(厥陰)이 되어, 팔에는 삼양(三陽), 삼음(三陰)의 6개 경락이 흐르고, 다리에도 삼양, 삼음의 6개 경락이 흐른다. 진맥(診脈)에서도 촌(寸), 관(關), 척(尺)의 삼부(三部)를 절진(切診)하고, 각 일부(一部)마다 부(浮), 중(中), 침(沈)의 삼후(三侯)가 있다.

(4) '넷의 패턴' 이론: 사상설(四象說)

1은 점이고, 2는 선이며, 3은 평면이고, 4는 입체다. 입체는 삼차원이면서 공간이고 물질이고 형체를 의미한다(空間性). 동서남북, 전후, 춘하추동이 모두 넷의 리듬을 탄다.

오전, 오후, 저녁, 밤의 주기가 하루를 이루고 소년기, 청년기, 중년기, 노년기가 사람의 일생을 이룬다. 두 개의 음양이 더 쪼개어져 네 개의 음양이 된다. 즉, 태양, 소양, 태음, 소음으로 되는데 봄은 소양의 성질을, 여름은 태양의 성질을, 가을은 소음의 성질을 그리고 겨울은 태음의 성질을 갖게 된다. 사람도 봄의 성질과 비슷한 체질이 있고 여름, 가을, 겨울의 성질과 같은 체질을 가지게 되는데, 체질에 맞게 섭생과 치료를 해야 한다는 것이 소위 사상체질의학(四象體質醫學)이다.

(5) '다섯의 패턴' 이론: 오행설(五行說)

오행설은 일명 오운설(五運說) 또는 운행(運行)의 이론이다. 운수(運數) 또는 천운(天運)의 행동양상을 말한다.

동서남북과 중앙 또는 전후좌우와 중앙 등의 5개 모델이 여기에 속한다. 우리가 보통 기운(氣運)이라고 하는 것에는 오운(五運)과 육기(六氣)가 있다. 5개의 운(運)에 음과 양이 있어서 5×2=10이 되는데, 이것이 10진법의 이유다. 하늘(天)의 운(運)인 10천간(十天干)도 10에 토대를 둔 것이다. 십간(十干)이란 갑(甲)·을(乙)·병(丙)·정(丁)·무(戊)·기(己)·경(庚)·신(壬)·임( )·계(癸)를 말한다.

변화와 안정의 과정을 설명하는 데 가장 이상적인 것이 오행설이다. 5개의 개체가 서로 항진시키고 동시에 억제하는 상관관계를 형성할 때 가장 효율적으로 동·중·정(動中靜)의 안정을 얻을 수 있다. 다시 말해서, 5개체의 상관관계는 동·중·정의 이상적인 모델이다. 행(行)이란 지속적으로 변화하는 과정 중의

한 국면을 말한다. 물의 변화과정에서 증기가 한데 잠시 모였다가 흩어지는 구름과 같은 현상을 말한다. 물질적인 의미를 지닌 요소가 아니다. 구름은 하나의 실체라기보다는 그런 모양으로 잠시 있다가 다른 모습으로 변해 버리는 한 국면이며, 현상에 불과하다. 우주의 기본적인 다섯 가지 힘—분리하는 힘(分), 해산하는 힘(解), 집합시키는 힘(集), 결성하는 힘(結), 조직하는 힘(組)—의 상징이기도 하다. 오행의 상징은 목(木)·화(火)·토(土)·금(金)·수(水)다. 이 오행에 사물, 현상, 동태를 귀속시켜 그 상관관계를 풀어 나간다. 인체의 장부도 오행에 귀속시켜 항진과 억제의 상관관계를 풀어 나가는 것이다.

(6) '여섯의 패턴' 이론: 육합설(六合說)

육합설은 기합설(氣合說) 또는 육기설(六氣說)이기도 하다. 힘과 시간의 상징인 셋(3)이 두 개가 대칭으로 균형을 이루고 있는 안정성의 모델이다. 겉으로는 안정을 이루고 있으나, 속으로는 두 힘이 계속 움직이고 있는 상태이기 때문에 정·중·동(靜中動)의 모델이 되는 것이다.

동서남북상하 또는 전후좌우상하는 대칭적이며 안정적인 6의 모델이다. 하늘에는 오운이 작용하고 땅에는 육기가 작용한다고 한다. 육기(六氣)는 풍(風)·한(寒)·서(署)·습(濕)·조(燥)·열(熱)을 말한다. 6개의 기의 수(數)에도 음양이 있어서 둘로 곱하면 12(6×2=12)가 되고, 이것이 12진법의 이유다. 땅의 기인 십이지지(十二地支)도 이 12에 근거를 둔 것이다. 십이지는 자(子)·축(丑)·인(寅)·묘(卯)·진(辰)·사(巳)·오(午)·미(未)·신(辰)·유(酉)·술(戌)·해(亥)를 말한다.

10개의 천간과 12개의 지지를 결합하여 시간의 주기를 표시하는 데 사용한다. 하나의 천간과 하나의 지지를 결합하여 갑자(甲子), 을축(乙丑) 등으로 조합을 하면 60개의 짝이 나오는데, 이를 육갑(六甲)이라 한다. 갑자에서 시작하여 60회가 지나면 다시 갑자로 돌아오게 되는데, 이를 회갑(回甲) 또는 환갑(還甲)이라 하는 것이다. 이 육갑의 기호가 해 年(元), 달 月(會), 날 日(運), 시 時(世)를 표기하는 데 사용된다. 이 오운육기(五運六氣)의 수 5와 6의 조화로 12, 30, 60,

360의 수가 생기고 이들 수가 1년 12개월, 1년 360일, 1개월 30일, 1시간 60분, 1분 60초 등의 단위를 만들어 낸 것이다. 다섯 낱개의 항진-억제 상관관계가 동 · 중 · 정의 의미를 지녔다면, 여섯 낱개, 즉 육각(六角)의 상관관계는 정 · 중 · 동의 의미를 지녔다고 할 수 있다.

의학에는 육기(六氣), 육장(六臟), 육부(六腑)의 개념이 응용되고 있으며, 삼양(三陽), 삼음(三陰)이 합한 육합(六合)에 해당하는 육경락(六經絡)이 상지(上肢, 팔)에 위치하고 있으며, 다른 육경락이 하지(下肢, 다리)에 속한다. 어떤 의학자들은 사람의 체질을 6으로 분류하여 6체질론을 주장하고 임상에 응용하기도 한다.

(7) '일곱의 패턴' 이론: 칠요설(七曜說)

주기설(週期說) 혹은 칠정설(七情說)이기도 한 칠요설은, 안정의 상징인 여섯 6 속에 하나 1을 품은 생산, 생성 또는 새로운 시작의 모델이다.

전후좌우상하중앙 또는 동서남북상하중앙으로 구성되는 구조 모델이다. 가장 잘 알려져 있는 일곱의 율동은 역시 일주일의 주기라고 할 수 있다. 동양의 심리학에서는 일곱 가지 감정을 매우 중요하게 여긴다. 칠정(七情)에는 희(喜, 즐

표 3-4 여성 주기의 칠변설

연령	생리적 변화
7세	신기(腎氣)가 겨우 형성되어 그 표현으로 영구치가 생기고 모발의 숱이 많아짐
14세	생식능력이 생김. 임맥(任脈)이 완전유통되고 혈해(血海)인 충맥(衝脈)도 왕성하게 되므로 월경(月經)이 시작됨
21세	신기가 전신을 균등하게 돌게 되므로 사랑니가 나고 완전히 치아가 갖춰짐
28세	근골이 단단해지고 모발도 많아지며 여성으로서 신체가 가장 충실한 상태가 됨
35세	양명(陽明)의 경맥(經脈)이 점차 쇠퇴하고, 신기도 점차 쇠퇴함. 주름살이 생기기 시작하고 모발이 빠지기 시작하며 치아가 나빠짐
42세	태양(太陽), 양명, 소양(少陽)의 삼양경맥(三陽經脈)이 쇠퇴하고 양기(陽氣)의 순환이 나빠져 안면을 충분히 영양할 수 없으므로 주름살과 백발이 생김
49세	임맥이 공허하게 되기 시작하고, 간기(肝氣)와 신기가 감퇴되며, 근육약화와 노화현상이 생김. 혈해인 충맥이 쇠퇴하여 생식능력이 저하되고 월경이 끝남

김), 노(怒, 화냄), 사(思, 염려함), 비(悲, 슬퍼함), 우(憂, 울적함), 경(驚, 놀라움), 공(恐, 두려움)이 포함된다.

더욱 재미있는 것은 여성칠변설(女性七變說)이다. 여성의 생리는 일곱의 사이클을 따르는 경향이 있다는 설명이다. 14세(7×2=14)에 초경(初經)이 있고, 28일(7×4=28) 마다 월경이 있으며, 280일(7×40=280)간의 임신기간을 가지며, 49세(7×7=49)에 폐경기를 맞게 된다는 이론이다.

(8) '여덟의 패턴' 이론: 팔괘설(八卦說)

자연의 변화 모델이다. 삼차원이며 공간의 상징 넷 4인데, 인간을 둘러싼 우주적 환경 네 가지 요소와 직접적 생활환경의 네 요소를 합친 8개가 서로 엇갈리고 어울리면서 변화해 가는 패턴이다. 여기서 우주적 환경요소란 하늘(天), 땅(地), 불(火), 물(水)를 말하며, 생활환경 요소란 산(山), 못(澤), 바람(風), 번개(雷)를 말한다.

이것이 바로 '여덟의 율동'에서 가장 중요한 개념인 팔괘(八卦)다. 양(陽)의 상징은 작대기(—)이고, 음(陰)의 상징은 끊어진 작대기(--)이다. 이것을 상·중·하(上中下) 또는 초·중·말(初中末) 3개씩을 배열하면 모두 8개의 조합이 나온다.

팔괘는 건 乾(天,☰), 태 兌(澤,☱), 이 離(火,☲), 진 震(雷,☳), 손 巽(風,☴), 감 坎(水,☵), 간 艮(山,☶), 곤 坤(地,☷)을 말한다. 이 팔괘를 기호로 삼아 우주자연과 인간사의 변화를 풀어 보는 공식으로 이용한다. 가장 흔히 사용하는 것으로는 위의 팔괘와 아래 팔괘를 다시 조합하면 64괘가 나오는데, 이것으로 삼라만상의 변화과정을 풀어 본다는 것이다.

방향의 팔방(八方), 사주팔자의 팔자(八字) 등이 여덟의 율동과 패턴을 따른다. 여성이 7의 사이클을 따른다는 주장에 비해, 남성은 8의 사이클을 따른다는 이론이다. 남성은 16세(8×2=16)에 생식능력이 생기고, 64세(8×8=64)에 생식능력이 떨어지는 남성 폐경기를 맞는다는 이론이 소위 남성팔변설(男性八變說)이다. 임상적으로 진단에는 8강진법(八綱診法), 즉 음(陰)·양(陽)·표(表)·이

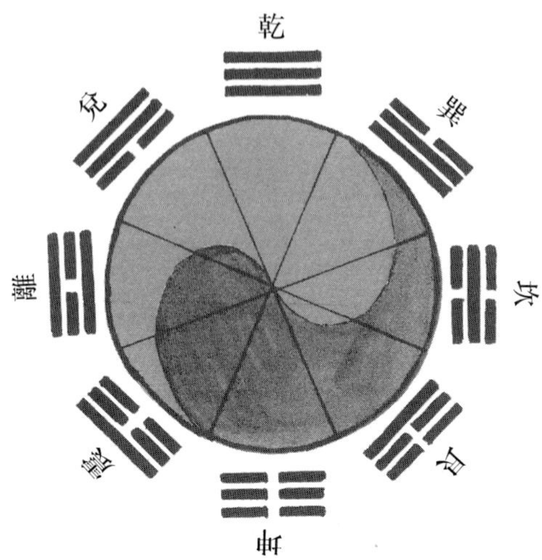

[그림 3-4] 태극과 팔괘

(裏)·한(寒)·열(熱)·허(虛)·실(實)이 있고, 치료에는 팔법(八法)이 있는데, 이들은 한법(寒法), 토법(吐法), 하법(下法), 화법(和法), 온법(溫法), 청법(淸法), 보법(補法), 소법(消法) 등의 여덟 가지다. 어떤 의학자들은 사람의 체질을 8개로 분류하여 8상 체질의학(八象體質醫學)이라 부르며 임상에 응용하고 있다.

(9) '아홉의 패턴' 이론: 구궁설(九宮說)

구성설(九星說) 또는 복잡성(複雜性)의 이론이기도 하다. 아홉 9는 가장 잘게 나뉘어진 단위다. 9는 십진법에서 가장 큰 수다. 우리의 일상생활에서 크다 또는 많다는 뜻으로 표현하기 위하여, 화투에서는 제일 많은 끗수인 아홉을 '가보' 라 하고, 큰 집이라는 것을 나타내기 위하여 99칸 집 또는 999칸이라고 표현한다. 숫자 9는 9 이외의 다른 수(1에서 8까지)를 9로 나누면 그 수를 무한대로 만들어 내는 성질을 가지고 있다. 예를 들면, 1÷9=0.1111111111…… 라든가 5÷9=0.5555555555…… 하는 식이다. 팔방(八方)과 중앙이 아홉의 구조를 이루는 것이 한 예다. 사물현상을 9개로 세분하여 그 상관관계를 관찰함으로써 전체의 변화 과정을 파악하는 사고의 틀이라 할 수 있다. 아홉 9라는 숫자

(8+1=9)는 전체의 상징인 하나 1을 둘러싸고 변화의 법칙인 여덟 8이 변화하는 패턴을 한다든가 또는 전체인 하나 1 안에서 8의 변화법칙이 움직이고 있다는 의미를 상징하고 있다. 복잡성을 추구하며 변해 가는 생명의 속성을 나타내는 것이라고도 할 수 있다.

고전적으로 구성학(九星學)이라는 틀 안에서 여러 방면으로 연구가 진행되고 있다. 구성(九星)이란 만두형세론(巒頭形勢論)에서 양구빈(楊救貧)의 재천구성(在天九星)과 요금정(廖金精)의 재지구성(在地九星)을 말하며, 이기론(理氣論)에서는 구궁(九宮)을 구성이라 하기도 한다.

구궁은 의학점성술(醫學占星術)과도 밀접한 관계가 있으며, 풍수지리의 이론적 바탕이기도 하다. 인체의 생리현상의 변화와 연결 지어 연구하기도 한다. 동양의학 임상에서는 맥진(脈診)을 할 때에 한 손목에서 아홉 가지의 구후맥(九侯脈)을 짚어 본다. 세 손가락 끝으로 촌(寸), 관(關), 척(尺)의 삼부에서 각각 부(浮), 중(中), 침(沈)의 삼후를 짚어 보니, 합하면 구후(九侯)에서 맥을 감별하는 셈이다.

(10) '열의 패턴' 이론: 십태극설(十太極說)

설명은 일태극설(一 太極說)과 마찬가지다. 다만 1에서 시작하여 최대한으로 쪼갠 9까지 갔다가 다시 1로 돌아가는 식으로 되풀이되는 다른 차원의 1이라는 뜻이다.

10은 1과 0이 한자리에 같이 있는, 즉 없음(無), 비어 있음(空), 숨어 있는 질서(原理), 아무것도 아님(混沌)인 영(0, 零) 그리고 있음(有), 차 있음(色), 나타난 질서(宇宙), 모든 것(全一)인 하나와 한자리에 같이 있는 또 다른 차원의 하나를 나타내는 태극설이다.

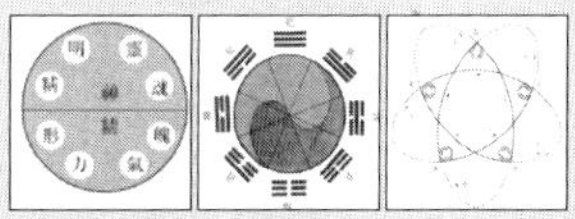

제 4 장

동서 의학과 보완대체의학

1. 동양의학과 서양의학의 비교

동양의학이건 서양의학이건 간에 다루는 대상은 같은 사람이요, 같은 질병이다. 사람을 괴롭히는 질병을 퇴치하고 건강을 지킨다는 궁극적 목표는 같다. 단지 건강이라는 것은 어떤 상태를 말하며, 질병은 왜 생기며, 어떻게 하면 건강을 되찾는지에 대한 이해방법과 진단과 치료를 위한 접근방법 및 시술방법에서 다소 차이가 있을 뿐이다. 동양의학과 서양의학은 서로 중복되는 면이 많고, 비록 서로 다른 면이 다소 있더라도 그 경계가 불분명한 경우가 많다. 동양의학과 서양의학 모두에 있는 개념이나 이론이라 하더라도 어떤 부분은 동양의학에서 더 강조하는가 하면 또 서양의학에서 더 강조하는 부분도 있다. 이러한 것을 차이점으로 간주하여 열거해 보면 다음과 같다.

1) 동서 의학의 차이

(1) 지식체계의 바탕이 동양의학은 철학적이고 서양의학은 과학적이다

동양의학은 형이상학적 사고로 이미 완성된 지식의 체계라고 간주하기 때문에 그 원전(原典)에 대한 해석이나 쉽게 풀이해 놓은 것은 있어도 새로 고쳐 쓰는 개정판이나 증보판은 없다.

서양의학은 실험과 검증을 통하여 확인된 것만 포함되는 지식의 체계이므로, 아직도 검증할 부분이 있는 영원히 미완성의 지식체계라고 할 수 있다.

(2) 동양의학은 직감적인 정보가 많고 서양의학은 학습을 통한 정보가 많다

동양의학의 지식체계 속에는 '직감적으로 얻은 정보' 가 많이 삽입되어 있고, 서양의학의 지식체계 속에는 주로 배워서 알게 된 정보가 많다.

(3) 동양의학은 주관적인 면을 강조하고 서양의학은 객관적인 면을 강조한다

동양의학에서는 주로 주관적인 것을 강조하는 경향이 있다. 환자도, 의사도 자기 자신의 잣대로만 재기 때문에 다른 사람의 잣대로는 얼마나 되는지 알 수가 없다. 그래서 동양의학에는 통계라는 개념이 발달하지 않았다.

서양의학에서는 객관적인 것을 강조한다. 내가 사용하는 잣대나 그들이 사용하는 잣대가 같은 것이어야 한다. 따라서 서양의학에서는 객관성과 재현성이 강조되며, 통계적 연구가 발달하였다.

(4) 동양의학은 총체적이고 서양의학은 분석적이다

사물을 관찰할 때 모든 것을 하나 속에 묶어 놓고 생각하는 방법과, 단위별로 나눌 수 있는 데까지 자꾸 나누어서 생각해 보는 방법이 있다. 동양의학에서는 모든 것을 하나 속으로 끌어 모으는 구심적 사고와 총체적 사고가 발달하였다. 한의학의 틀 안에서 의학, 약학, 치과학, 간호학, 수의학 등이 분리되지 않고 계속 하나의 상태로 유지되어 오는 것은 이러한 구심적 사고방식 때문이다.

서양의학에서는 전체를 이루고 있는 낱개가 건전하면 그 낱개가 모여서 이루어진 전체도 건전하다고 생각한다. 따라서 자꾸 작은 것으로 쪼개어 연구하고 평가하는 분석적 사고가 발달하였다.

(5) 동양의학은 방어적이고 서양의학은 공격적이다

문제점을 보는 시각에는 두 가지가 있다. 과오를 타(他)에서 찾는 태도와 자(自)에서 찾는 태도다. 한의학에서는 과오(질병의 원인)를 나 속에서 찾는 경향이 있기 때문에 나를 보(補)한다는 뜻에서 보약을 강조한다. 다분히 소극적이고 방어적이라고 할 수 있다.

서양의학에서는 건강한 나 속으로 해로운 타가 처들어온다는 생각이 강하다. 그래서 들어오는 타를 막는 방법과 이미 들어온 것을 죽이는 방법(anti__ 또는 __cide)과 잘라 내는 방법(__ectomy)이 발달하였다. 다분히 적극적이고 공격적이라고 할 수 있다.

(6) 동양의학은 경험적이고 서양의학은 실험적이다

동양의학에서는 동일한 이론을 바탕으로 시술한 임상경험이, 수천 년 동안 축적된 경험과 나의 경험이 일치한다면 그 경험 자체가 유의하고 중요하다는 입장이다.

서양의학에서는 어떠한 가설이 설정되면 이것을 실험과 검증을 통해 확인하고, 그 확인된 결과를 임상에 적용하여 임상결과를 평가하는 과정을 강조한다. 객관성과 재현성이 비교적 잘 표현되는 이중맹 검사법(二重盲檢査法, double blind study)은 가장 중요하고 기본적인 검사법이다.

(7) 동양의학은 인문주의적이고 서양의학은 기술의존적이다

인문주의적 의술에서는 환자가 행위자가 되고 치료자는 지도자가 되는 관계를 유지하는 게 특징이다. 치유를 위한 많은 임무와 책임을 환자에게 부여한다. 마치 운동장에서 실제로 뛰는 것은 운동선수들이요, 옆에서 소리 지르며 지시하는 것은 코치인 것과 비슷한 관계다.

기술 의존적 의술에서는 환자는 수혜자이고, 치료자는 행위자가 되는 관계다. 환자에게 책임지고 해야 할 치료적 임무를 많이 부여하지 않는다. 치료과정의 여러 가지 결정을 기계적이고 기술적인 소견에 의존하는 경향이 짙다.

(8) 동양의학은 적당성을 강조하고 서양의학은 정확성을 강조한다

동양의학에서 말하는 적당이란 '아무렇게나' 의 뜻이 아니고 '가장 알맞게' 라는 뜻이다. 약물의 성분 조합, 용량, 조제과정, 치료횟수, 치료기간 등이 적당히 조절된다.

반면에 서양의학에서는 정확하고 분명하기를 원한다. 예를 들면, 약 알맹이를 1,000만 개를 만들어도 전부가 정확하게 똑같은 양을 함유하도록 만든다는 것이다. 모든 사람이 같이 쓰는 기준을 공동의 잣대로 사용한다.

(9) 동양의학은 필연성을 강조하고 서양의학은 사실성을 강조한다

동양의학은 '○○은 이래야 한다' 는 필연성으로 지식의 체계를 세웠고, 서양의학은 '○○은 이렇다' 라는 사실성으로 지식의 체계를 세웠다. 동양의학에서는 비록 형이상학적인 설명이긴 하지만 '왜(why)' 에 대해서 설명하고 있고, 서양의학에서는 사물과 현상이 이렇게 저렇게 변한다는 '어떻게(how)' 에 대해서 많은 연구가 이루워졌다.

(10) 동양의학은 기능 위주이고 서양의학은 해부학 위주이다

장기(臟器)의 개념은 동양의학과 서양의학에서 서로 다르다. 예를 들면, 서양의학에서 신(腎)이라 한다면 해부학적인 장기인 신장(腎臟)을 의미한다. 그러나 동양의학에서 말하는 신은 신장-신경락-신기(腎臟-腎經絡-腎氣)의 복합체의 총체적 성능(性能)을 의미한다.

(11) 동양의학은 성 중심이고 서양의학은 질 중심이다

우주에 존재하는 모든 것에는 성질이 있다. 시간이라든가 마음이라든가 하는 비물질적의 성질이 성(性)이고, 물질의 성질이 질(質)이다.

동양의학에서는 음성, 양성, 악성, 양성, 연성, 경성 등 성을 주로 다룬다. 그리고 성의 조화를 강조한다. 영양실조라는 말은 '영양의 조화가 깨졌다.'는 뜻이다.

서양의학은 단백질, 지방질, 당질, 섬유질, 광물질 등 질을 주로 다루고 질의 균형을 강조한다. '균형식을 먹어라.' 라는 말은 균형을 강조하는 말이다.

(12) 동양의학은 건강 중심이고 서양의학은 병 중심이다

동양의학에서는 치료자가 상대하는 대상이 건강이며, 사람의 상태를 건강과 불건강으로 나눈다. 그래서 동양의학에서 대부분의 불건강 상태를 기술할 때는 증(證, 症)으로 나타나고 병명은 별로 없다.

반면에 서양의학에서는 병의 개념을 강조하며, 사람의 상태를 병적 상태와 무병의 상태로 구분한다. 병을 찾아내는 진단방법이 발달하였고, 또 병을 없애 버리는 치료방법도 수없이 개발되었다. 서양의학에는 병명이 매우 많다.

동양의학과 서양의학의 건강관과 질병관은 다음과 같다.

건강과 질병의 3단계

1 단계	2 단계	3 단계
조화-정상, 건강	부조화-불건강	기질적 손상-질병

동양의학의 건강관

건강	불건강(병적 상태 포함)

서양의학의 질병관

무병(병적 상태 포함)	병

[그림 4-1] 동양의학과 서양의학의 건강관과 질병관

2) 동서 의학의 공통점

동양의학과 서양의학의 차이점은 곧 동양의학과 서양의학의 공통점이기도 하다. 차이점 하나하나마다 그 일부가 서로 중첩되어 있어 공통점이 되기도 하며, 동서의학의 접합점이 되기도 하며, 상호 보완점이 되기도 한다.

동양의학의 치료법에는 생약요법, 훈련요법(운동요법), 자극요법 등이 포함되며 자극요법은 침, 뜸, 지압, 부항으로 세분된다. 서양의학의 치료법은 광범위한 의미에서 화학적 요법, 물리적 요법, 수술적 요법, 심리적 요법 등이 있다.

동양의학의 생약요법과 서양의학의 화학적 요법은 둘 다 약물요법이라는 점에서 공통점이 있다. 동양의학의 자극요법과 운동요법은 서양의학의 물리적 요법과 많은 유사점이 있다. 동양의 칠정(七情)의 개념에서는 서양의학의 심리적 요법과 유사점을 엿볼 수 있다. 가장 현격한 차이를 보이는 분야가 있다면 수술적 요법에 있어 서양의학이 매우 강한 반면에 동양의학에서는 매우 미미하다는 점이다.

동양의학을 과학적으로 연구하여 실험과 검증으로 확인되는 부분이 확대될수록 동양의학과 서양의학의 공통된 부분의 폭이 넓어질 것이다.

3) 동양의학의 우수한 점

서양의학과 동양의학을 일대일로 단순비교하는 것은 쉽지도 않고 가능하지도 않다. 단지 동양의학의 장점을 열거해 보라면 몇 가지 예는 들 수 있다. 우수한 점이나 장점이라는 것은 비교상대를 두고 상대적인 평가를 제시하는 수밖에 없다. 그것도 '이쪽은 희고 저쪽은 검다.' 하는 식이 아니고 '이쪽이 저쪽보다 검다.' '좀 더 희다' 라는 정도의 비교를 할 뿐이다. 어떤 면이 더 강조되어 있느냐는 점을 지적하는 정도다.

(1) 오랜 임상경험의 축적이다

한의학은 경험의 의학이다. 수천 년 동안 쌓아 놓은 경험의 축적이다. '이렇게 치료해 주면 낫더라.' 라든가 '이렇게 치료받으니까 낫더라.' 가 수없이 쌓여왔다. 의학에서는 '병을 실제로 낫게 해 주는 것' 이상의 도전은 있을 수 없다. "꿩 잡는 게 매다." 라는 우리나라 속담처럼 병 고치는 게 의학이라고 말할 수 있다. 이론이야 시대와 장소에 따라 바꿀 수도 있고 바뀔 수도 있지만, 병을 낫게 해 주는 임상결과는 시대와 장소에 관계없이 인정받고 또 인정해 주어야 한다는 것이 일부 한의학자들의 주장이다.

(2) 침술 마취를 한다

1972년에 미국의 닉슨 대통령이 전 세계의 이목을 한 몸에 받으면서 거의 30년간 외부세계에 개방되지 않고 폐쇄적이었던 중국을 서방지도자로서는 처음으로 방문하였다. 이때 전 세계인을 놀라게 한 사건 중의 하나가 침술 마취였다. 마취약을 사용하지 않고 침(鍼)만 몇 대 꽂아 놓은 상태에서 수술을 하는 장면은 서방 세계의 모든 사람을 놀라게 하기에 충분하였다. 눈으로 보고 있는 현실이니 부정할 수도 없고, 그렇다고 여태까지 배운 상식과 머릿속에 입력된 지식으로는 도저히 설명할 수도 없는 희안한 일이 벌어진 것이다. 침 마취는 수술은 해야 하는데 마취약을 쓸 수 없는 환자에게는 최상의 선택이 된다. 한의학의 우수성을 지적하면서 우선 침 마취를 들먹이는 이유는 바로 그 때문이다.

(3) 일반적으로 침술의 시술은 간편하고 편리하며 저렴하다

침 몇 대만 있으면 갖가지 병을 다 치료해 볼 수 있으니 간편하다. 종합병원이나 현대식 의료시설이 구비되어 있지 않은 오지(奧地), 무의촌, 의료 선교지 등이나 장거리 여행 중의 버스, 기차, 비행기 등 장소와 때를 가리지 않고 사용할 수 있으니 편리하다. 값비싼 진단기기, 치료장비, 의료시설이 따로 필요 없으니 저렴하다. 물론 처방된 한약이나 특별히 준비한 보약은 몹시 비싸지만 보통 맞는 침 치료는 저렴한 편이다.

(4) 한약은 부작용이 적다

약을 매우 빠른 속도로 체내에 흡수시키거나 주사로 조직과 혈액 내에 직접 주입시키면 여러 가지 부작용이 쉽게 일어나지만, 한약은 음식물이 소화 · 흡수되는 자연스러운 과정을 그대로 거치기 때문에 부작용이 적다. 특히 약물에 예민한 반응을 보이고 생리적 인내력이 약한 노년층 환자들은 약을 쓰지 않는 침술치료를 선호한다. 침술치료는 수개월, 수년을 계속해도 위장장애와 같은 부작용이 생기지 않는다. 한약의 특징 중의 하나는 환자들이 한약을 기꺼이 먹는다는 것이다. 대개 양약은 마지못해 먹는다는 점과 대조적이다.

(5) 건강 중심 의학이므로 건강 유지와 건강상태를 향상시키는 섭생법(攝生法)이 발달하였다.

생명활동의 기본적인 행위인 식사법, 수면법, 운동법, 호흡법, 조심법(調心法)을 구체적으로 제시하고 있다. 약을 음식화하고 음식을 약물화한 것은 매우 훌륭한 건강법으로 간주된다. '약은 맛이 없는 음식이라 필요한 때만 가끔 먹는 것이고, 음식은 맛이 좋은 약이니 매일 먹는 것이다.' '맛이 좀 더 있고 없고의 차이이지 음식과 약은 같은 것이다.' 이 가르침은 음식을 약 먹듯이 마음을 가다듬고 먹는 습관을 길러 주고, 약을 거부감 없이 먹는 습관을 길러 준다.

(6) 임상에서 인문주의적 접근법을 사용한다

인문주의적 접근법을 사용하므로 의사는 지도자의 역할을 맡고, 환자가 행위자의 역할을 하게 된다. 행위자가 된다는 것은, 환자 자신이 할 수 있고 해야 되는 일을 가능한 한 환자가 직접 한다는 뜻이다. 이러한 행위는 치료효과를 극대화시킬 수 있다. 환자에게 주로 긍정적인 치료효과만을 제시해 주는 병의원 분위기는 과장이라는 비난도 받을 수 있으나, 위약효과(placebo effect)를 극대화시키는 장점도 있다.

(7) 철학과 형이상학을 바탕으로 한다

동양의학은 기본이론의 체계가 수천 년 전에 정립되어 있고, 과학적 검증이 앞으로 오랫동안 이뤄지지 않을 정도로 비약돼 있다. 과학적으로 검증될 때까지는 '미과학(未科學)' 이라는 비난을 받을 가능성도 있지만, 기존의 이론을 토대로 임상시술은 과거에 행하였듯이 현재도 행해지고 있고 앞으로도 계속 행해질 수 있을 것이다. 만일 이 이론이 맞는 것이라면 그 의술의 혜택을 벌써부터 받고 있는 셈이 된다. 축적된 경험이 이런 혜택을 뒷받침하고 있는 상황에서 과학적 검증만을 기다리고 있다면 그만큼 손해를 보게 된다.

4) 서양의학의 우수한 점

(1) 전염병을 퇴치하였다

과거 인간의 평균수명이 짧았던 것은 모든 사람의 수명이 짧아서가 아니라 영유아들이 태어나자마자 전염병으로 사망하는 비율이 높았기 때문이다. 그러나 흑사병, 호열자, 장질부사, 나병, 폐결핵 등 한번 걸리게 되면 거의 죽게 된다고 보았던 병이 이제는 약을 먹으면 다 낫는 것으로 취급되기에 이르렀다. 항생제의 발명으로 전염병을 퇴치할 수 있게 된 것은 서양의학 최고의 성과다.

(2) 마취약의 발명과 함께 수술적 치료법이 발달하였다

우리 몸은 끊어내고 붙이고 해야 될 일이 너무나 많다. 곪은 부분을 째서 고름을 빼내 주고, 찢어진 팔다리를 꿰매 주고, 끊어진 혈관을 이어 주고, 살 속에 박힌 총알을 빼 주고, 주먹처럼 솟아나는 혹 덩어리를 떼내 주고, 얼굴의 주름살을 펴 주고, 편편한 가슴에 풍만한 살을 붙여 주는 등 수술로 해야 할 일이 무척 많다.

전쟁터에서 부상당한 사람, 심한 화상을 입은 사람, 숨을 제대로 못 쉬어 목에 구멍을 뚫어야 하는 사람, 골반이 너무 작아 아기가 나오지 못하는 산모 등 이 모든 사람들의 생명은 수술만으로도 구제가 가능하다. 응급실이나 중환자실에 있는 대부분의 환자들은 항생제와 수술치료가 아니었다면 살기 힘들었을 것이다.

(3) 질병을 찾아내는 진단방법이 매우 발달했다

혈액 내의 성분을 화학적, 물리적으로 아주 미세하게 분석하여 정상과 비정상을 가려낸다. 해부학적인 구조물도 계속해서 잘게 쪼개어 가고 심지어 유전인자의 모양까지도 잘못된 부분을 집어낸다. 몸에서 발산되는 전자파, 초음파, 적외선, 자장 등을 포착하여 이를 그래프, 영상, 파장분석을 통하여 병변(病變, 병의 변화)을 찾아낸다.

(4) 식물인간에게도 검사와 진단, 치료를 실시할 수 있다

의식이 전혀 없는 식물인간에게도 밥을 먹일 수(영양분을 주입) 있으며, 검사와 진단, 치료를 할 수 있다.

(5) 인체가 부족을 느끼는 부분을 인공적으로 보충시켜 주고 메꿔 줄 수 있다

사지절단 환자에게 의수족을 끼워 주거나 각종 보조기를 대 주고, 심장박동기를 삽입하고 산소 공급을 시켜 주며, 혈액과 혈중 전해질을 보충해 준다.

(6) 약이나 기기의 치료효과가 신속하다

국소마취제는 주사바늘을 빼기도 전에 통증이 사라진다. 대부분의 진통제는 먹은 지 30분 정도면 진통효과가 나타난다. 토하게 만드는 약도, 토하는 것을 막는 약도, 숨찬 것을 멈추게 하는 약도, 심장이 아픈 것을 멈추게 하는 약도 투입 후 바로 효과가 있다.

(7) 객관성과 재현성을 지닌 과학적 검증을 거쳤다

서양의학에서는 정보와 데이터의 정확성을 매우 강조한다. 모든 임상적 데이터는 소위 이중맹검사로 분명하게 가려진다. 약효과도 검사결과에 따라 81%의 완치, 5%의 부작용(2% 설사, 5% 두통) 하는 식으로 정확성을 기한다는 뜻이다. 과학적 검증은 "새로운 검증이 옛것의 과오를 찾아낸다면 즉시 수정한다."라는 원칙을 전제로 한다.

일부 학자들은 서양의학은 인간 대 인간의 훈훈한 인문주의적 관계가 다소 희석된 채 기술 의존적 경향이 짙고, 객관화시키려는 통계 속에 개인의 가치가 매몰돼 버릴 가능성이 높으며, 정확한 정보를 제시하여 환자에게 공포심을 불어넣어 줄 염려가 있다고 지적하기도 한다. 그러나 이러한 결점을 있는 그대로 솔직히 제시하는 게 역시 장점이기도 하다.

2. 철학적 전통의학 이론의 과학적 해석

동양의학 속에는 전통의학 이론이 상당히 많이 포함되어 있다. 이 중 서양의학을 전공하는 의료인에게 가장 생소하게 느껴지는 대표적 전통이론은 기(氣), 음양(陰陽), 오행(五行), 장부(臟腑), 경락(經絡), 경혈(經穴) 등이다. 이러한 개념은 서양의학 체계에는 존재하지 않기 때문이다.

1) 이와 기

기(氣)와 가장 비슷한 개념을 지닌 말은 에너지다. 기나 에너지 자체는 객관적으로 측정하거나 가시적으로 제시할 수 없으나, 기나 에너지에 의해서 생기는 현상을 간접적으로 관찰할 수는 있다. 마치 시간이라는 것이 존재하지만 시간을 직접 측정하거나 오감으로 감지할 수 없으며, 단지 일정하게 움직이는 물체나 현상을 관찰함으로써 간접적으로 시간의 존재를 인식하는 것과 흡사하다. 특정한 성질과 현상을 가지고 구체적으로 표출되는 기의 현상을 과학이 하나씩 발견하고 이를 명명하고 또 실생활에 응용하고 있기는 하다. 전기(電氣)와 자기(磁氣)는 그 좋은 예다. 우리말 속에는 기의 개념이 많이 섞여 있는데, 공기, 물기, 습기, 화기, 핏기 등이 그 예다.

또 기나 에너지는 힘으로 표현되기도 하기 때문에 다른 형태로 나타나는 기나 에너지는 중력, 압력 등 역(力)이라고도 표현한다. 이러한 기본 에너지가 생체 속에서 작용할 때 이를 생기(生氣)라고 부른다. 또한 생명이 생명으로 존재하게끔 유지시키는 이치를 생리(生理)라 한다. 생리를 따라 생기가 움직이는 것이 생물이요, 그렇지 못한 것이 무생물이다. 동양의학에서 기라고 하는 것은 좁은 의미에서의 생기를 의미하며, 이것을 서양의학에서는 항상성 에너지, 자연치유력, 생명 에너지라는 개념으로 이해하면 좋을 것이다.

(1) '이'는 데이터베이스 또는 프로그램의 개념이다

영원불변하고 무궁불멸하는 절대적 마스터 프로그램이 진리(眞理)다. 상대적이고 국소적인 프로그램도 있기 때문에, 하늘에는 하늘의 이치인 천리(天理)가 있고, 땅에는 지리(地理), 물체에는 물리(物理), 생체에는 생리가 있는 것이다.

(2) '기'는 에너지와 같은 개념이다

영원불변하고 무궁불멸하는 절대적 기본 에너지가 진기(眞氣)다. 상대적이고 국소적으로 작용하는 기의 개념으로, 하늘에는 천기(天氣), 땅에는 지기(地氣), 생체에는 생기(生氣)가 있다.

2) 음과 양

음양(陰陽)은 상대성의 개념이다. 우주만물과 모든 현상은 두 가지의 상대적인 에너지의 조화를 이룸으로써 존재하는 것이고, 조화를 이루기 위해 변화해 간다. 예를 들면, 어두운 것과 밝은 것, 찬 것과 더운 것, 무거운 것과 가벼운 것, 빠른 것과 느린 것, 여자와 남자, 마이너스(-)와 플러스(+), 네거티브와 포지티브 등이 음양의 관계다.

의학에서는 몸과 마음(心身), 동맥과 정맥, 체신경과 자율신경, 운동신경과 감각신경, 교감신경과 부교감신경, 빠른 섬유와 느린 섬유, 전해질의 마이너스 이온과 플러스 이온, 세포막의 바깥쪽과 안쪽이 각각 마이너스와 플러스로 충전된 것, 심리학에서의 이드(id)와 초자아(superego) 등이 음양의 관계에 있다고 볼 수 있다.

동양의학에서는 삼라만상이 무한대로 큰 매크로(Macro-) 수준에서도 음양의 상대적 관계를 이루고, 세분하여 아주 미세한 마이크로(Micro-) 수준에서도 음양의 상대성을 가지고 존재한다. 우리 몸의 장기도 조직도 세포도 심지어 분자도 원자도 그리고 자연치유력 또는 항상성 에너지로 간주되는 기(氣, 生氣)도 각 수준에서 상대적 관계를 형성하기 때문에, 이들 사이에 상호 균형과 조화를 유지하면 정상이고 조화가 깨지면 비정상이라고 본다.

- 음양은 상대적 상관관계를 나타내는 성질이다.
- 음은 양의 존재이유이고 존재가치이다. '밝다' 고 하는 것은 그것보다 상대적으로 더 밝음과 덜 밝음이 있기 때문에 존재하는 것이다. '어둡다' 고 하는 것도 그것보다 더 또는 덜 어두운 것이 있기에 존재하는 현상이다. 밝음이 있기 때문에 어두움이 있고, 어두움이 있기 때문에 밝음이라는 개념이 존재할 수 있다.
- 아인슈타인의 상대성 원리는 음양의 개념이다.
- 프로이트의 정신심리에 관한 이론에서 에고(ego)를 이루는 이드와 슈퍼에고의 개념도 음양이다.
- 신경계에도 체신경과 자율신경이 상대적이고, 체신경은 운동신경과 감각신경이 상대성을 이루고, 자율신경은 교감신경과 부교감신경으로 나뉘면서 상대성을 이룬다.
- 체액도 플러스와 마이너스의 성질을 띠는 전해질로 상대성을 이룬다. 양성을 띠는 전해질은 $Na+$, $K+$, $Ca++$, $Mg++$ 등이고, 음성을 띠는 전해질은 $Cl-$, HCO_3-, $H2PO_4-$, HPO_4-, SO_4- 등이다.

3) 오행

서양학자들은 오행을 다섯 가지의 요소라는 뜻에서 element라고 번역했으나, 이것은 행(行) 자 속에 숨어 있는 뜻을 제대로 이해하지 못하는 데서 비롯된 잘못된 번역이다. 고대 희랍에는 만물을 구성하는 네 가지 요소가 있다고 간주하는 사상이 있었기 때문에 동양의 다섯 가지 행을 그냥 5 elements 라고 번역한 것이다. 행은 어떤 고정된 물질이라는 개념이라기보다는 사물이 한 상태에서 다른 상태로 계속 변해 가고 있는데, 이 변화하는 순환과정에 잠시 머무는 한 단계의 특정한 상태를 의미한다. 국면(局面), 단계(段階), 상(相), 상(象)의 뜻을 지닌 'phase' 가 더 적합한 표현이다.

오행에는 각각 목(木) · 화(火) · 토(土) · 금(金) · 수(水)라는 이름이 붙여 있다. 이것을 문자 그대로 나무, 불 또는 물 자체를 가지고 생각하면 잘 이해가 되지 않는다. 이를 서로 연관은 있으면서도 서로 다른 양상으로 존재하는 특정한 상태를 지칭하는 기호나 상징이라고 생각하는 것이 오행을 이해하는 데 도움이 될 것이다.

오행 뒤에 숨어 있는 뜻을 이해하기 위해서 다소 어설픈 해석을 가한다면, 나무(木)가 타서 불(火)이 되고, 불은 타서 재가 되니, 결국은 흙(土)으로 변하는 셈이고, 흙 속에는 많은 광물질(金)을 함유하고 있으며, 광물질을 많이 함유한 물(水)은 풀이나 나무(木) 같은 식물에 공급된다는 식의 일련의 순환을 나타내는 상징적 구도로 이해하면 된다.

또 다른 예를 하나 들어 보자. 생명이 존재하기 위해서 가장 중요한 물질인 물을 예로 들면, 열(火)에 의해서 증발된 물은 하늘로 올라가서 구름의 형태로 존재하고, 구름이 식으면 한데 뭉쳐서 무거워지니까 땅(土)으로 내려와 땅 위에 고이게 되고 (하늘에서 내리는 물을 그대로 마시면 생명체에 큰 도움이 안 됨), 이렇게 땅 위에 떨어진 물이 땅속으로 스며들어 광물질(金)과 골고루 섞이게 되며, 이와 같이 광물질을 흠뻑 함유한 물이야말로 식물이나 동물의 신진대사에 필요한 살아 있는 물(水)이 되면서, 샘물의 형태로 다시 지표로 나오고 냇물로 흐르게 되는 것이고, 이러한 물은 다시 증발하여 구름이 되는 순환을 되풀이하는 것이다.

물은 증기나 안개나 구름의 형태로도 존재하고, 비나 눈이나 이슬과 같은 형태로도 존재하며, 지하수로도 존재하고, 우물물이나 냇물, 강물, 바닷물의 형태

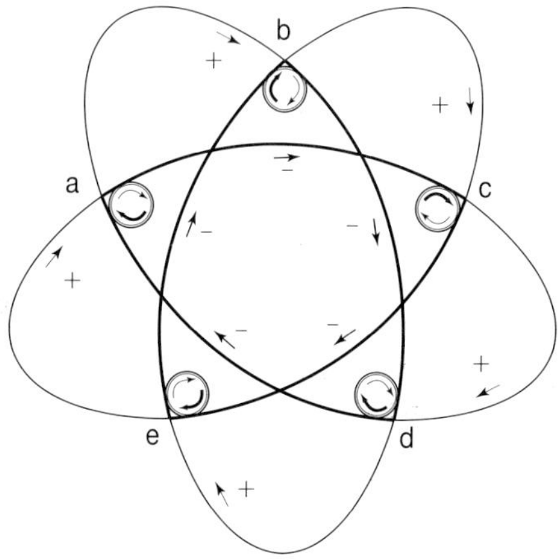

[그림 4-2] 오행의 상생 상극 이론

로도 존재하고, 동물이나 식물과 같은 생명체 속에서 활동하는 형태로도 존재한다.

이와 같이 물은 물이로되 다른 형태로 머물면서 다른 기능을 수행하는, 그러면서 서로 한 형태에서 다른 형태로 끊임없이 순환 변화하는 자연의 순환법칙을 설명하기 위한 이론이 오행설(五行說)이다.

오행설은 동양의학에서 중요한 의미가 있다. 인체는 신진대사를 통해 끊임없이 변화해 나가는데, 만일 일정한 통제기능 없이 변한다면 쉽게 비정상적인 방향으로도 변할 수 있을 것이다. 그러나 인체는 어떤 자극을 받아 크고 작은 변화를 일으키게 되면 되도록 빨리 균형과 조화를 추구하면서 안정을 되찾으려 하는데, 이러한 균형을 추구하면서 안정을 되찾는 상호작용 기전이 바로 오행의 상관관계 구도다.

가령 ⓐ에 어떤 자극이 가해졌다면 그 자극은 촉진의 방향을 따라 ⓑ로 갈 것이고, ⓑ에서 ⓒ로, ⓒ에서 ⓓ로, ⓓ에서 ⓔ로, 다시 ⓔ에서 ⓐ로 하는 식으로 끝없이 순환하게 될 것이다. 그러나 ⓐ에서 출발한 자극은 억제의 방향을 따라 우선 ⓒ로 가서 ⓑ에서 오는 자극을 막는 역할을 할 것이다. 만일 자극의 일부가

ⓒ에서 ⓓ로 흘러가면 ⓑ에서 가는 억제자극이 ⓓ로 가서 이를 막아 버리므로 자극의 행진은 여기서 멎게 된다. 이렇게 함으로써 자극의 연쇄반응은 일단락짓고 안정을 되찾게 된다. 이와 같이 어떤 자극에 의해서 연쇄적으로 일어나는 반응을 가장 빨리 그리고 가장 효율적으로 안정시키는 데는 촉진과 억제기능이 다섯 개 사이에서 서로 작용하는 것이 가장 이상적인 모형이 된다. 고대 동양에서는 ⓐⓑⓒⓓⓔ 대신에 목 · 화 · 토 · 금 · 수의 상징을 부여한 것이다.

세상만물이 오행 중 하나에 속한다는 동양사상은 의학에도 적용되어, 인체 내의 모든 장기를 오행에 귀속시켰다. 그렇게 함으로써 장기간의 촉진과 억제의 상호작용이 진행됨으로써 생리적 균형과 조화와 안정을 유지할 수 있다고 설명한다. 동양의학에서는 촉진반응을 상생(相生)이라 하고 억제반응을 상극(相剋)이라고 부른다. 바로 이것이 오행의 상생상극이론이다.

4) 장부

동양의학에서는 장기(臟器)를 장(臟)과 부(腑)로 구분한다. 장은 음에 속하는 장기이고 부는 양에 속하는 장기다. 음양설에 따르면, 음은 속과 안(內部)이요 양은 겉과 바깥(外部)이다. 따라서 음의 장기인 장은 몸속 깊숙이 자리 잡고 있으며, 양의 장기인 부는 바깥과 통하는 곳에 있다. 다시 말해서 가느다란 관이나 도관 같은 것이 몸의 구멍(입, 코, 요도, 항문)을 통해서 들어가 닿을 수 있는 장기가 곧 부가 되는 셈이다. 장은 비교적 단단한 덩어리 같은 장기이고 부는 무엇을 담는 자루나 주머니 같이 속이 빈 장기를 말한다.

주요 장기인 12개의 장부 외의 기관들은 각각 12개 장부에 속하는 부속 장기로 간주된다. 주요 장기와 부속 장기는 모두 오행에 귀속되는데, 이 상관관계를 행별로 열거해 보면 〈표 4-1〉과 같다.

매우 흥미로운 것은 동양의학에서는 뇌가 주요 장기 대열에 끼지 않는다는 것이다. 뇌는 간이나 폐처럼 인체의 신진대사의 일부를 맡아서 수행하는 하나의 장기가 아니라, 이들 장기간의 역할을 서로 연결시켜 주고 조절하는 중앙관제탑 같은 기능을 가진 특수 부위라는 생각에서다.

표 4-1 오행, 장부, 색의 상관관계

오행	장부	색
목(木)행	간(肝), 담(膽), 힘줄(筋), 톱(瓜, 손톱발톱), 눈(眼)	파랑
화(火)행	심장, 소장, 피(혈), 털(髮) 혀(舌)	빨강
토(土)행	비(脾), 위(胃), 고기(肉), 피하지방(脂), 입(口)	노랑
금(金)행	폐(肺), 대장(大腸), 피부(皮膚), 솜털(毛), 코(鼻)	하양
수(水)행	신(腎), 방광(膀胱), 뼈(骨), 이(齒), 귀(耳)	검정

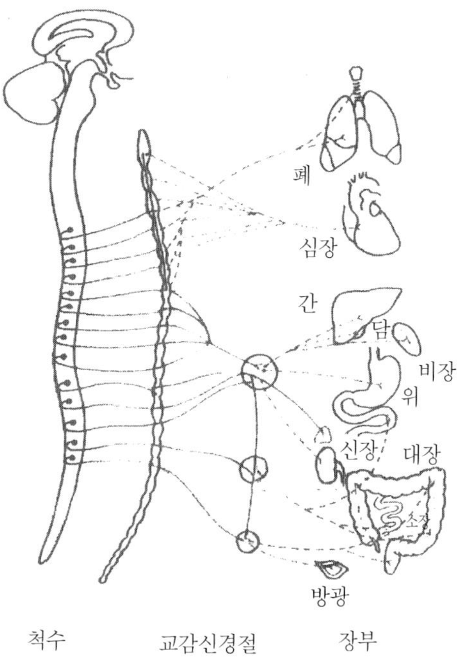

[그림 4-3] 12개 장부

5) 경락계

동양의학에서는 가장 중요한 개념인데, 서양의학에서는 아예 존재하지 않는 것이 바로 경락이다. 인체의 체표에는 자극에 예민하게 반응하는 반응점이 있다. 이 점을 자극하면 체내의 장기에 영향을 주고, 반대로 장기에 병변이 생기면 이 점에 동통이나 이상감각, 피부색 변화와 같은 반응이 나타난다. 이 반응점을 기가 들락날락하는 구멍이라는 뜻에서 경혈(經穴)이라고 부른다. 어떤 장기와 특별히 기능적으로 관련이 있는 점들이 상당히 많이 있는데, 이러한 공통점이 있는 경혈들을 연결한 반응선을 경락이라 한다. 경혈은 기혈(氣血)의 운행을 조절해줌으로써 우리 몸의 자연치유력을 활성화시키는 자극점이다. 경혈은 어떤 장기에 이상이 생기면 그 점에 반응이 나타나고, 그 점을 자극하면 해당 장기에 생리적 영향을 끼치는 반응점이다.

경락과 경혈은 해부학적인 구조를 가진 조직이 아니고 기능적으로 반응을 예민하게 하는 무형의 점이요, 선이다. 지도나 지구의 위에 줄로 그어 놓은 위도나 경도는 실제로 땅이나 바다 위에 줄이 있는 것이 아니지만 위치를 정확히 명시하는 데 매우 중요한 역할을 한다. 위도나 경도를 서양에서는 'meridian'이라고 부르는데, 경락과 경혈도 이와 비슷한 특성이 있다고 생각하는 서구 학자들이 경락을 'meridian'이라 부르기 시작했다. 각 장기에는 그 장기와 특별히 기능적으로 연결되어 있는 경락이 따로 있어서 경락의 이름도 신경락(腎經絡), 폐경락(肺經絡), 간경락(肝經絡) 등으로 부른다. 그리고 경락끼리 복잡하게 서로 얽히고 연결되기도 한다. 원래 종적으로 연결된 것을 경이라 하고, 횡적으로 연결된 것을 낙이라고 한다. 어떤 경락의 이름은 산맥이나 맥박이라고 할 때의 의미로 맥(脈)자를 사용하여 경맥(經脈)이라고 불리기도 한다. 인체의 정중앙을 종적으로 달리는 임맥(任脈)과 독맥(督脈)이 그 예다.

서양의학에서 신(腎)이라고 하면 장기로서의 콩팥을 의미하지만, 동양의학에서 신이라고 하면 장기로서의 신장(腎臟)과, 여기에 부속된 신경락(腎經絡)과 그리고 특별히 신장과 신경락에 작용하고 있는 신기(腎氣)가 한데 어우러진 기능의 단위, 즉 장기-경락-기 복합체를 의미한다. 한 장기에 생기는 변화는 그 경락에 반응을 일으키고, 경락을 자극하면 그 장기에 변화를 일으킨다는 이론이다. 그래서 서양의학에서는 기질적인 의미를 지녔기 때문에 신장이 손상되었다, 비

대해졌다, 수축되었다고 표현하지만 동양의학에서는 성능적인 의미를 지녔기 때문에 신이 허하다, 실하다라고 표현한다.

3. 전통의술의 과학적 연구

철학과 형이상학을 바탕으로 동양의학의 여러 현상을 객관적이고 과학적인 방법으로 연구해 보려는 많은 시도가 있다. 동양의학 분야 중에서도 특히 침술에 대한 연구가 가장 활발하다.

침술의 연구결과와 연구진행 방향을 예를 들어 정리해 보면 다음과 같다.

1) 해부조직학적 연구

북한의 생리학 교수인 김봉한은 경혈에서 떼어 낸 조직에서 특별한 난형의 세포로 구성된 소체(小體)를 발견하였고, 이 소체와 연결된 가느다란 소관(小管)이 있었으며, 이 소관의 주행이 경락과 일치한다고 보고하였다(이 연구결과는 재현성이 결여되었다는 지적을 받고 있다).

하반신 마비로 감각이 없는 다리에 침을 자극하여 마비되지 않은 상체부위의 통증을 치료할 때 마비부위의 자율신경 활동(땀샘 등)이 비교적 활발하면 치료효과가 있었고, 자율신경 활동이 손상을 받은 경우에는 유의한 치료효과가 없는 것으로 나타났다. 이를 볼 때 침술의 작용기전이 자율신경계와 밀접한 관계가 있음을 알 수 있다. 현대의학에서 종종 관찰되고 있는 전위통(轉位痛)의 부위와 분포양상이 동양의학의 경락 주행과 많은 부분에서 일치하고 있음이 밝혀졌다.

동양의학에서 전통적으로 중요한 경혈로 다루고 있는 배유혈(背兪穴)의 배열순서는 현대의학에서 잘 규명 · 정리된 교감신경의 분포와 장기의 배열과 거의 완벽에 가깝게 일치한다. 침술에서 배유혈이라고 하는 것은 척추 주위에 종적으로 배열된 특수 경혈로서, 12개의 혈이 12개의 장부와 기능적으로 직접 연결되는 것인데, 그 유혈의 이름도 각기 속하는 장기에 따라 폐유(肺兪), 심유(心兪), 간유(肝兪) 등으로 명명되었다. 그런데 수천 년 전에 제시된 장부의 순서가 근대의학에서 뒤늦게야 발견한 교감신경 분포에 따른 장기의 순서와 일치함은 놀라운 사실이다.

현대의학에서 가장 흔히 임상적으로 접하는 통증은 근막통증 증후군인데, 이 통증을 유발하는 유발점의 대부분(약 86%)이 침술의 경혈과 그 위치를 공유하고 있다. 생리학자 쿤츠와 브리치(K. R. Kuntz & A. Brizzee)는 피부 어느 지점에 열을 가하면 내장, 특히 소장의 소동맥이 확장되고 혈류가 증가하는 것을 관찰하였고, 반대로 차가운 자극을 주면 소동맥의 수축과 혈량감소가 관찰되었음을 보고하였다. 이와 같이 피부의 특정 지점의 자극이 내장에 영향을 주고 변화를 일으키는 것을 알 수 있다.

2) 전기자장학적 연구

전통적인 침술 시술자는 환자에게 침을 놓기 전에 우선 침 바늘을 자기 머리카락에 한참 비비는 것을 볼 수 있었다. 금속을 털에 마찰시키면 정전기가 발생한다. 침을 일단 꽂은 후에는 침의 손잡이를 손톱으로 긁거나 손끝으로 톡톡 튀기는 동작을 하는데, 이것은 일종의 진동효과를 노리는 것으로 보인다. 즉, 전자력 에너지와 자극빈도라는 개념을 연결시키는 것이다.

인체의 피부는 전기적 저항성을 지니고 있다. 경혈이 위치한 피부의 저항성이 주위의 다른 피부보다 더 낮다. 저항성이 낮다는 것은 전기적 전도성(conductivity)이 높다는 뜻이다. 따라서 경혈은 전기적 저항성이 낮고, 전도성이 가장 높은 점이라고 할 수 있다.

프랑스의 신경생리학자인 노지에(Paul Nogier)는 외이(外耳)를 물리적으로 자극하면 맥박의 질이 변한다는 소위 이심반사반응(耳心反射反應)을 발표하였다. 이 연구에 따르면, 귀에 어떤 빈도의 전기자극을 가하느냐에 따라 이심반사 현상이 다르게 나타난다. 예민하게 반응하는 자극의 빈도수에 따라 외이를

2.5～160헤르츠 사이의 7부위로 구분하였다.

통각(痛覺)은 말초신경에서 척수시상로(spino-thalamic tract)를 따라 올라가 시상을 거쳐 대뇌 감각신경중추에 종착한다. 시상부에 미세 피펫(micro-pipette)을 삽입하고 실험동물의 꼬리나 코끝을 아프게 자극하면 미세 피펫을 통해 통증의 전기적 반응이 그래프로 그려져 나오는데, 침술자극을 한 후에 다시 측정해 보면 그 통증의 파장이 그래프에 나타나지 않을 정도로 통각을 억제시켰음을 알 수 있다.

3) 신진대사 내분비학적 연구

실험동물 두 마리에게 혈액이 서로 교차순환할 수 있도록 실험조작을 한 후, 두 마리 각각에게 통각자극을 주어 재빨리 반사적으로 통각원(痛覺源)에서 피하는 반응을 확인한다. 그러고 나서 한 동물에게만 침술자극을 주어 진통효과를 유발하면 전과 같은 통각자극을 가해도 그 동물은 통각원을 피하지 않는 둔한 반응을 보이는데, 재미있는 것은 침 자극을 받지 않은 동물도 똑같이 둔한 반응을 보인다는 것이다. 이것은 한 동물에게 침 자극을 했을 때 분비된 진통 호르몬이, 교차순환을 통해 다른 동물에게도 건너갔음을 시사하는 것이다.

캐나다의 포메란츠(Bruce Pomeranz) 교수는 침 자극과 내분비작용에 대한 연구를 가장 많이 한 연구자 중의 한 사람이다. 그는 침 자극을 가하면 내분비 진통 호르몬 특히 엔도르핀이 분비되는데, 그 분비량이 약 20분경에 최고도에 도달한다는 사실을 보고하였다. 침 자극으로 마약 중독자들을 치료할 수 있고, 침술 마취가 가능한 이유는 바로 이 엔도르핀의 분비 때문이라는 것이 확인되었다.

할로탄(halothane)으로 마취시킨 실험견에게 코끝과 입술 사이에 위치한 인중혈을 침으로 자극하면서 혈류동태검사를 한 결과 혈압, 맥박수, 혈중 산소량 등이 증가하는 것이 확인되었는데, 이어서 경혈이 아닌 점을 임의로 자극하였을 때는 혈압, 맥박수, 혈중산소량에 큰 변화가 생기지 않았다.

4) 심신의학적 연구

최면술 연구가인 오른(Martin T. Orne) 교수는 최면에 예민한 반응을 보이는 사람들에게서 침술효과가 더 좋게 나타나는 것을 보아 침술효과의 기전이 최면 현상과도 관계가 있을 가능성을 제시하고 있다.

관절염 전문가인 무어(Mary Moore) 교수는 침술로 골관절염 환자들을 치료한 결과 통증치료효과가 위약효과를 넘지 못했다고 하면서 침술효과는 위약효과에 불과하다고 주장하였다.

정신심리학자인 로스만(M. Rothman) 박사는 침술 마취에 대한 연구를 통하여, 실험 대상자들에게서 마취가 될 것이라는 암시를 준 부위에 마취가 되지 않고 여태까지 축적되었던 마취경험을 통해 기대되었던 부위에 마취현상이 생기는 것을 확인하고 침 마취는 최면효과에 의한 것이 아니라는 결론을 내렸다.

수의학 마취과 교수인 클라이드(Allan Klide) 박사는 침 마취로 동물들을 많이 수술하고 있는데, 동물들이 최면이나 암시효과를 나타낼 가능성이 없으므로, 침술의 효과는 위약효과나 최면효과가 아니라고 주장하였다.

구소련의 과학자 키를리안(S. Kirlian) 부부는 사람의 몸에서 발산되는 모종의 에너지를 관찰하였고, 후에 이것을 사진으로 찍어 놓는 방법을 개발하였다. 아직도 이 발산되는 에너지의 정체를 정확하게 밝혀내지 못하고 있으나, 이러한 현상이 신체적 변화와 심리적 변화에 공히 반응한다는 사실에 착안하여, 키를리안 현상과 심신의학적 상관관계와 동양의학에서 말하는 기와의 상관관계를 연구하는 학자들이 늘고 있다.

4. 보완대체의학의 내용

정통의학인 서양의학을 제외한 그 나머지 문화권의 전통의술과 민간요법을 통틀어 연구대상으로 삼는 의학을 보완대체의학이라 한다. 지금까지 200여 가지의 대체요법이 소개되어 있으나, 그중에 비교적 많이 알려지고 보급되어 임상에 응용되고 있고 기초연구도 활발히 진행되고 있는 것은 60여 가지다.

기본적인 이론의 바탕을 서양의학에 둔 대체요법과, 동양의학에 밀접한 대체요법과, 동서 의학 혼합형의 대체요법으로 대별할 수도 있다(전세일, 1998).

1) 서양의학과 밀접한 대체요법

(1) 정골의학(整骨醫學, osteopathic medicine)

신체기구의 정상상태와 구조상의 결함을 발견하고 교정하는 조작법의 중요성을 특별히 강조한다. 1874년에 스틸(Andrew T. Still)에 의해서 창시된 치료체계로 "신체가 정상구조 관계에 있으며 알맞은 환경조건과 균형 잡힌 영양을 취한다면 신체는 질환 및 다른 중독상태를 스스로 치유할 수 있다." 라는 이론에 기초하고 있다. 주로 척추 및 관절질환, 관절염, 소화기장애, 만성통증 치료에 많이 사용된다. 치료에 사용하는 기술로는 정골의학적 수기법(osteopathic manipulation)을 강조한다.

(2) 족부의학(足部醫學, podiatric medicine)

우리나라에는 없는 분야이며 의료인에게조차 매우 생소한 전문분야다. 족의학 전문의는 정형외과 의사가 하는 절단수술과 같은 큰 수술은 시술하지 않지만 살 속을 파고드는 발톱 제거나 발바닥의 굳은살과 티눈 제거 등의 비교적 간단한 수술과 발의 통증이나 근육의 강직을 제거하기 위한 보조기 사용 등의 발 관련 질병이나 불편한 증상을 진단하고 치료하는 모든 방법을 사용한다. 족의학이란 한마디로 '불편한 발을 편안하게 만들어 주는 의학' 이다.

(3) 척주교정의학(脊柱矯正醫學, chiropractic medicine)

'카이로프랙틱 의학' 으로 불리는 이 요법은 1895년에 팔머(Daniel D. Palmer)가 창시한 것이다. 중추신경에는 뇌와 척수가 포함되는데, 이 척수를 담고 있는 뼈가 바로 척추다. 이렇게 작은 뼈들을 이어서 만든 것이 척추이다 보니, 이 중의 어떤 척추는 제자리에서 조금 삐져나올 수도 있는데 이런 현상을 카이로프랙틱에서는 '아탈구(亞脫臼)' 라고 한다. 아탈구는 신경을 압박하여 결국 신경기능의 장애를 일으키게 된다. 따라서 카이로프랙틱 치료의 목표는 아달구가 된 척추를 주로 수기법(manipulation)으로 교정해 줌으로써, 신경을 통한 자연치유력의 잠재력이 최대한 정상적인 방향으로 작용할 수 있도록 하는 것이다.

(4) 중금속제거요법(重金屬除去療法, chelation therapy)

인체에 필요 이상의 중금속이 축적되면 만성피로 증후군이나 우울증을 비롯한 많은 질병을 유발할 수 있는데, 바로 이러한 중금속을 체외로 배출시켜 줌으로써 질병을 치료하고 예방하는 요법이다. 구체적인 치료방법은 비타민과 광물질이 함유된 에틸렌디아민 사아세트산(Ethylene Diamine Tetra-acetic Acid: EDTA)을 정맥주사나 경구투여함으로써 혈류에서 독소나 노폐물을 제거해 주는 것이다. 동맥경화증이나 심근경색 같은 심혈관질환의 예방에도 도움이 된다.

(5) 해독요법(解毒療法, detoxification therapy)

문자 그대로 인체 내에서 몸에 해로운 독소를 제거하는 치료법이다. 인간은 대기권, 물, 음식, 토양 등의 수많은 오염물질이나 화학적 독소에 노출되어 있다. 이로 인해 면역기능 저하, 신경질환, 호르몬 기능 저하, 정신질환, 암 등이 발생할 수 있다. 이러한 경우 절식요법, 식이요법, 장요법, 비타민 C 요법, 발열요법 등을 사용하여 체내의 독소를 제거하는 방법을 해독 요법이라 말한다.

(6) 최면요법(催眠療法, hypnotherapy)

문자 그대로 최면술을 이용한 치료법이다. 최면요법은 많은 의학적 · 정신학적인 문제를 다루는 데 사용된다. 구체적으로 흡연, 과음, 과식 등을 멈추는 데 도움을 주기도 하고 스트레스, 불면증, 분노, 공포, 억울 등의 정신적인 문제를 치료하는 데도 도움을 준다.

(7) 에너지 의학(energy medicine)

인체에 전자기파를 주입하여 에너지 균형을 맞춤으로써 정상 또는 건강한 상태로 되돌아오도록 하는 치료법이다. 에너지 의학은 현재 일어나고 있는 질병의 원인이나, 앞으로 일어날 수 있는 질병들을 알아내기 위해 인체 내에 흐르는 여러 전자기를 측정하는 진단기기를 사용한다.

(8) 영양요법(nutritional supplement)

영양실조가 자주 일어나는 현대인의 식생활 습관을 볼 때, 식이요법만으로는 영양물질을 충분히 공급할 수 없다. 비타민이나 광물질 등을 함유한 영양공급을 해야 수많은 질병, 외상, 수명 연장 등에 영향을 줄 수 있고, 육체적 · 정신적 건강을 유지하며, 또 만성질환 예방에도 기여할 수 있다는 것이다.

(9) 분자정형의학(分子正形醫學, orthomolecular medicine)

최적의 영양상태를 만들어 주는 비타민, 광물질, 아미노산 등을 사용하여 신체의 균형(몸의 분자성분)을 유지시켜 주는 방법을 말한다. 고혈압, 암, 감정 저하, 정신분열증, 그 외 정신질환 등의 치료에 도움이 된다고 한다.

(10) 엔자임 요법(enzyme therapy)

부족한 엔자임을 보충시켜 줌으로써 치료효과를 기대한다. 모든 화학적 반응이 신체에서 일어나며 이러한 자극에 관여하는 것들이 효소(enzyme)인데, 이러한 효소가 부족할 때 다양한 질환을 유발시킬 수 있다.

(11) 환경의학(environmental medicine)

건강과 질병이 식생활 규칙과 어떤 연관성이 있는지 연구하고 먼지, 곰팡이, 화학물질, 여러 식품 등이 무슨 알레르기의 원인이 되는지 등을 탐구하여 생물학 및 신체와 환경과의 상호작용을 철저히 이해함으로써 환자들의 육체적 · 정신적 건강에 도움을 주는 의학이다.

(12) 산소요법(酸素療法, oxygen therapy)

산소를 이용하는 치료법으로 고압산소요법(hyperbaric oxygen therapy), 산화요법(oxydation therapy), 오존요법(ozone therapy) 등이 있다. 산소요법은 신체를 화학적으로 향상시켜 질병을 회복하고 재활을 증진시키며, 전반적인 기능을 증진시킨다. 바이러스, 곰팡이, 박테리아의 감염, 순환기 질환, 만성피로 증후군, 관절염, 알레르기 등에 사용된다.

(13) 자장요법(磁場療法, magnetic field therapy)

전자기 에너지와 인체는 중요한 교차관계를 가지고 있음을 이해하고, 전자장을 치료에 응용하는 방법이다. 자기요법은 인체 내의 세포와 신경계의 흐름 사이에서 화학적인 반응을 일으켜서 치료를 하게 된다. 자기치료법은 육체와 정신적인 장애를 진단하고 치료하는 데 사용되며, 통증 등의 증상 감소, 질병 예방, 스트레스 해소 등에도 사용된다.

(14) 응용운동학(應用運動學, applied kinesiology)

골격의 기형이나 만곡이 근력 약화와 관계되고, 또 근력 약화는 내장의 기능장애와도 관련된다는 점에 착안하여 포괄적인 근육검사를 통하여 다양한 건강문제를 진단한다. 또 잘못된 근골격 계통을 관리해 줌으로써 환자의 관절운동범위, 면역이나 소화기능, 신경기능, 호르몬의 분비 또는 다른 내장의 기능을 호전시켜 주는 치료방법이다.

(15) 바디워크 요법(bodywork therapy)

국소나 전신 마사지, 심부조직 수기법(deep tissue manipulation), 의식적인 운동, 에너지 균형조절 등을 통하여 긴장을 완화하고 이완을 증진시켜 통증을 감소시킨다. 또 손상된 근육을 회복시키고 혈액순환을 자극시켜 줌으로써 궁극적으로 인체의 구조나 기능을 향상시키고 전신건강을 증진시키는 치료법이다.

(16) 롤핑 요법(rolfing therapy)

창시자인 롤프(Ida P. Rolf) 박사의 이름을 따서 명명했는데, 치료방법이나 기술이 획기적이거나 기발한 것은 아니다. 인간은 직립동물이기 때문에 수직적 중력을 잘 다스려야 건강을 유지할 수 있다는 이론이다. 중력을 이용해서 인체를 수직축으로 늘려 주고 근골격을 좌우 대칭적으로 균형을 잡아 줌으로써 근골격계통과 전신의 건강을 증진시키는 치료법이다.

(17) 꿈 치료법(dream therapy)

꿈은 자기인식의 한 형태이기 때문에 꿈의 내용을 잘 기억하고, 이것을 깨어있는 의식세계와 연결시켜 행동하고 훈련함으로써 건강증진에 연결시키는 치료법이다.

(18) 오락치료(娛樂治療, recreation therapy)

오락성을 띤 동작이나 운동이나 행위를 통하여 치료효과를 도모하는 요법인데, 그 일부 기술은 재활의학 분야에서 이미 많이 사용하고 있다. 억지로나 마지못해서가 아니라 즐겁고 스스로 하고 싶은 마음으로 치료행위에 동참하도록 한다. 환자의 소질이나 취미에 따라 미술, 서예, 도예, 음악, 무용, 운동, 꽃꽂이, 마술, 원예 등의 방법을 이용할 수 있다.

(19) 마술요법(魔術療法, magic therapy)

마술을 이용하여 치료효과를 얻는 방법이다. 마술 자체에는 치료효과가 없지만 치료적 운동이 필요한 환자에게 재미있고 신기한 마술을 배우게 하여 효과를 얻고자 한다. 마술을 배울 때는 배우느라고 또 일단 배운 다음에는 그 기술을 다른 사람들에게 보이고 싶어서 치료에 도움이 되는 특정한 동작을 자꾸 되풀이하게 되어 자연스럽게 치료효과가 생긴다는 것이다.

(20) **신경치료**(神經治療, neural therapy)

마취제의 주입을 통하여 인체 에너지의 흐름을 자유롭게 하고 세포의 기능을 정상화시킨다는 이론을 바탕으로 한다. 신체의 구조상 완전한 상태에서도 외상 등을 통하여 에너지의 흐름이 차단될 수 있는데, 이때 자율신경계의 신경부분, 혈위(穴位), 상처 부위, 다른 조직 등에 마취제를 주입하여 에너지 흐름을 통하게 해 준다는 것이다.

(21) **재건요법**(再建療法, reconstructive therapy)

자연물질을 주입하여 약한 부위를 강하게 하거나, 손상된 인대나 건(tendon)을 강하게 하기 위해 결합조직의 성장을 자극하는 치료방법이다. 경화제를 주입하여 약한 조직을 경화시킴으로써 강화시키는 조직경화치료법도 여기에 속한다.

(22) **세포치료법**(細胞治療法, cell therapy)

동물의 기관(器官), 태아(胎兒), 배(胚) 등에서 떼어 낸 세포질을 주입하여 여러 가지 퇴행성 질환을 치료하는 데 사용하는 요법이다. 관절염이나 파킨슨씨병 같은 퇴행성 질환에 흔히 시도되고 있다. 넓은 의미에서는 세포질의 주입뿐만 아니라 수혈이나 골수이식 등도 포함된다.

(23) **두개천골요법**(頭蓋薦骨療法, craniosacral therapy)

두개골이나 천골을 조작함으로써 두통이나 강직상태의 호전 그리고 일반적인 신체기능을 향상시키는 치료법이다. 자율신경 중 부교감신경은 뇌신경과 천골신경에서 나오므로 이 부위에 자극을 주어 부교감신경의 기능을 향상시켜 결과적으로 자율신경 전반의 균형을 잡아 주는 것이다.

(24) **홍채진료법**(虹彩診療法, iridology)

지난 100여 년간 하나의 독특한 진단방법으로 정립되어 왔고, 이 방법을 통해 얻은 진단을 토대로 자연요법, 자연치유법, 척주교정치료 등과 연관지어 치료한다. 헝가리 의사인 페첼리(Ignatz von Péczely) 박사가 1881년 그의 저서 『자연과학과 의학의 새 발견: 눈을 보고 진단하는 방법(*Discoveries in the Field of Natural Science and Medicine, a guide to the Study and Diagnosis from the Eye*)』를 통해 소개한 것이 이 홍채진단학의 공식적 출범이다. 사람 눈의 검은자위는 그 구조나 짜임새, 색채, 밀도가 시시각각으로 변하는데, 아무렇게나 변하는 것이 아니고 내장이나 인체 다른 부위의 변화가 반영되므로 이 변화를 관찰함으로써 어떤 장기나 조직에 문제가 있는지를 알아낼 수 있다는 것이다.

(25) 자발요법(自發療法, autogenic therapy)

독일의 의사 슐츠(Johannes Schultz)가 1930년대에 창시한 치료법으로, 환자 자신의 마음의 창의력에 의식을 집중시켜 스스로의 이완과 자각상태를 강화시킴으로써 전반적 건강증진 효과를 얻으려는 일종의 심리요법이다. 자발요법의 구체적인 예를 들어 보면, 환자로 하여금 '나의 왼팔이 무겁다.' 라는 자기암시를 주면 환자의 팔이 이완될 수 있고, '나의 왼팔이 더워진다.' 라는 자기암시를 주면 이번에는 왼팔의 혈액순환이 향상된다는 것이다.

(26) 라이히안 요법(reichian therapy)

1897년에 오스트리아에서 태어나 1939년부터는 미국에서 활약한 정신분석학자인 라이히(Wilhelm Reich) 박사가 창시한 이 방법은, 주로 성기능장애의 치료에 많이 사용되었다. 이 치료법은 정신분석이나 심리적인 측면에 치중하는 경향을 피하고, 오히려 직접적으로 신체적인 면과 성격적인 면을 다루면서 비정상적으로 억제되었던 성적 · 정서적 에너지를 효율적으로 분출시킴으로써 치료효과를 도모한다.

(27) 신경언어학적 프로그램 요법(neuro-linguistic programming)

정신학적인 반응과 치료과정을 좋은 방향으로 발전시키기 위해 행동이나 사상의 무의식적인 형태를 평가하고 이를 정적인 방향으로 재프로그램(reprogramming)함으로써 효과를 기대하는 치료방법이다. 회복이 어려운 질병을 갖고 있는 환자는 자신의 회복에 대해 부정적인 생각에 꽉 차 있을 가능성이 많은데, 이런 환자에게 '꼭 나을 수가 있다.' '분명히 희망이 있다.' '노력할 가치가 있다.' 라는 식의 말을 되풀이하면서 긍정적인 사고를 하도록 프로그램을 재편성해 주는 것이다.

(28) 생체되먹이요법(biofeedback therapy)

특수한 기기를 이용하여 심신의 반응을 측정하고, 이 측정된 정보를 소리나 광선이나 그래프의 형태로 환자에게 감각적으로 되먹여(feedback) 알려 준다. 이를 통해 환자가 자신의 이완이나 긴장상태를 스스로 조절하도록 훈련시킴으로써 통증 감소, 스트레스 해소, 정신적 안정, 전반적 건강 증진을 도모하는 치료법이다. 이 치료의 일부는 재활의학 분야에서 통증치료와 근육이완법으로 널리 사용되고 있다.

(29) 생물학적 치과치료법(biological dentistry)

치아건강은 몸 전체의 건강에 큰 영향을 미치고, 만성적인 퇴행성 질환들은 직접·간접적으로 치아 문제와 관련이 있다고 보는 입장으로 치아 주위를 마취시키거나, 근육 저항검사를 시행하거나, 경락을 이용하는 방법으로 충치, 감염, 중독물질, 알레르기 유발물질 등을 제거한다. 또 치근관이나 치아, 턱의 비정렬을 교정해 줌으로써 전신의 질병을 치료하고 예방한다.

(30) 수의학(獸醫學, veterinary medicine)

사람에게 적용하는 것은 아니지만 대체의학의 개념은 수의학에도 적용된다. 실험동물을 이용한 미래의 연구를 위해서도 동물들의 대체의학적 반응을 관찰해 두는 것은 매우 중요한 일이 될 것이다.

(31) **행위예술치료**(行爲藝術治療, performing art therapy)

음악, 무용, 연극, 미술, 조각, 도예, 사진 등의 예술활동을 의술과 접목시킴으로써 다양한 심신의 질환이나 증상을 호전 또는 완화시키는 데 도움을 주는 요법이다.

2) 동양의학과 밀접한 대체요법

(1) **아유르베다 의학**(ayurvedic medicine)

인도에서 5,000년 이상 일상생활에서 활용되어 온 의학체계다. 아유르베다(ayurveda)라는 말은 '생활의 과학'이라는 뜻의 산스크리트어다. 아유(ayu)는 '삶'을 의미하며, 베다(veda)는 '앎'을 의미한다. 아유르베다의 가르침에 따르면, 모든 인간은 종교적 본능, 경제적 본능, 생식적 본능, 자유를 향한 본능의 네 가지 생물적 또는 영적인 본능을 가지는데, 이러한 본능을 충족시키기 위해서는 기본적으로 균형 있는 건강이 필요하다는 것이다. 아유르베다는 의학적이면서도 형이상학적인 일상과학이며 모든 치료의 모체라고 생각한다. "모든 인간은 스스로 자신의 질병을 치유할 수 있는 능력을 갖고 있다."라는 것이 아유르베다의 기본 철학이다. 아유르베다는 생활의 과학이라고 볼 수 있으며, 아유르베다 의학은 한의학과 마찬가지로 나름대로의 의학적 이론과 치료술이 잘 정립되어 있다.

(2) **자연의학**(自然醫學, naturopathic medicine)

약으로 알려진 것을 쓰지 않고 공기, 광선, 물, 열, 마사지 등의 자연의 힘을 빌려치료한다. 인류역사의 시작과 더불어 시작되었다고도 할 수 있는 자연의학은 "우리 몸에는 스스로를 낫게 하는 항상성 에너지가 존재하기 때문에 자연의 힘을 빌려 자연치유력을 활성화시킨다."라는 이론을 바탕으로 하고 있다. 시술자들은 식이요법, 영양요법, 동종요법, 한약, 침, 운동치료, 수치료, 수기요법, 전기치료, 광선치료, 그 외 여러 형태의 물리치료 등을 수용하여 쓰고 있다.

(3) 명상요법(冥想療法, transcendental meditation)

명상을 통하여 육체적, 정신적, 감정적 상태의 균형을 맞추어 줌으로써 치료효과를 기대하는 방법이다. 스트레스, 통증, 고혈압, 심장질환의 치료에 사용된다.

(4) 요가(yoga)

요가라는 단어의 의미는 결합(union)이라는 뜻으로 육체적, 정신적, 심리적 에너지의 복합체를 의미한다. 전 세계적으로 가장 오래전부터 알려져 있는 건강체계라 할 수 있는 요가요법은 자세와 호흡 그리고 명상을 통하여 스트레스 및 혈압강하 효과, 심장박동을 고르게 하는 효과, 노쇠를 막는 효과가 있다고 알려져 있다.

(5) 기공치료(氣功治療, qigong therapy)

수십 세기 동안 동양문명권에서 주로 사용해 오던 건강법인데, 호흡조절과 정신집중과 육체운동을 어떤 형식에 따라 반복함으로써 기혈을 고르게 하고 몸을 튼튼하게 하고 병도 낫게 하는 방법이다. 혈액순환을 향상시키고 면역기능을 증가시킨다고 알려져 있으며, 훌륭한 건강유지법으로 널리 사용되고 있다.

(6) 생약요법(生藥療法, herbal medicine)

식물의 잎이나 뿌리나 열매를 적당히 섞어 먹음으로써 치료효과를 기대하는 요법이다. 동양에서는 한약재로서 주로 의료인이 다루지만, 구미 여러 나라에서는 자연식품으로 취급되고 있다. 전 세계적으로 약 25~50만 가지의 식물이 알려져 있는데, 이 중에서 약 5,000가지 정도만 생약으로서 다루어지고 있다.

(7) 꽃요법(flower remedies)

꽃을 이용하여 치료효과를 기대하는 방법인데, 직접적으로 신체 및 정신의 양면으로 감정의 상태를 호전시키려는 것이다. 감정은 신체건강에 많은 역할을 하는데, 부정적인 감정이나 스트레스의 균형을 바로잡아서 효과적으로 건강을 회복시키려는 시도다. 시술자들이 사용하는 방법을 살펴보면 꽃들을 아침 일찍 이슬이 있는 채로 따서 샘물을 담아 놓은 항아리에 넣고 3시간가량 태양에 노출시킨 후, 다시 꽃과 잔가지를 제거하고 이 액체와 브랜디를 일대일로 섞어서 원액을 만들어 사용한다.

(8) 향기요법(香氣療法, aromatherapy)

향기를 이용한 치료법으로, 식물이나 생약에서 추출한 정유를 사용한다. 호흡기 계통의 박테리아성 감염, 면역결핍, 피부질환, 방광염, 단순성 헤르페스 등과 같은 감염성 질환에 사용된다.

(9) 소리요법(sound therapy)

소리요법에는 소리치료와 음악치료가 있다. 소리와 음악은 인간의 건강에 큰 영향을 미친다. 소리요법은 스트레스를 감소시키기 위한 효과적인 치료로서 정신과학적 치료과정, 저혈압이나 지속적 통증의 치료, 학습능력 저하의 치료과정에 사용되며, 운동감각과 균형감각 그리고 인내력 등을 향상시키는 데 사용된다.

(10) 원예요법(園藝療法, horticulture therapy)

꽃을 피우고 채소를 가꾸고 식물을 키우는 원예행위를 통하여 환자에게 자신감과 자존감을 길러 줄 수 있으며, 정신박약자나 정서가 불안정한 사람이나 정신적 장애가 있는 사람에게 적용하면 치료효과가 있다.

(11) 반사요법(反射療法, reflexology)

"인체의 특정한 부위는 외부 자극에 특별히 예민하고 그 부위를 자극하면 체내의 다른 부위에 반사반응을 일으킨다는 전제하에, 마사지나 지압술 또는 열자극을 가함으로써 국소뿐만 아니라 전신의 건강까지도 증진시킨다."라는 이론을 바탕으로 한다. 발반사요법(foot reflexology)이 가장 많이 사용되고 있다.

(12) 봉침요법(蜂針療法, bee venom therapy)

문자 그대로 벌에게 쏘임으로써 치료효과를 기대하는 것이다. 많은 경우에 경혈의 자리를 택하지만, 반드시 그런 것은 아니고 몇 군데 피부부위를 선택하여 인위적으로 벌침을 쏘아 줌으로써 통증 감소, 관절염 호전, 전신건강의 증진 효과를 얻는다.

(13) 접촉요법(接觸療法, touching)

아주 간단하거나 또는 아주 복잡한 접촉(만져 주는 것)법을 이용해서 치료적 효과를 기대하는 방법이다. 영유아의 건강한 성장에도 접촉 자극은 반드시 필요한데, 성인의 경우에도 치료적 접촉은 정신적 안정을 제공하고 병 증세를 호전시킨다.

(14) 심령치료법(心靈治療法, psychic healing)

환자 자신이 스스로 무엇을 하는 것이 아니고, 보통사람 이상의 능력을 가졌다는 소위 초능력자가 특수한 심령적 시술을 환자에게 행함으로써 질병이 치료된다는 것이다.

3) 동서 의학 접목형의 대체요법

(1) 미술치료(美術治療, art therapy)

미술이라고 하는 창의적인 활동을 통해서 피검자의 감정적 · 정서적 문제를 표현하도록 하고, 미술치료 전문가는 이러한 활동을 통해 숨어 있는 문제점을 평가하고, 이를 토대로 질병의 치료나 증상의 호전에 도움이 되는 임상적 미술 프로그램을 제공, 교육, 감독해 주는 요법이다. 1800년대 후반부터 사용되어 왔으며, 그림 그리기, 색칠하기, 조각, 도예 등을 사용한다. 미술요법은 아동이나 성인의 심리적 · 정서적 문제, 스트레스와 관련된 다양한 심신 상관 증상, 암이나 통증과 같은 만성질환 환자들이 겪는 심리적 고통을 완화 또는 호전시켜 준다.

(2) **동종요법**(**同種療法**, homeopathic medicine)

이열치열(以熱治熱)과 비슷한 철학을 바탕으로 삼고 있다. 건강한 사람에게 어떤 물질(약물)을 투여했을 때, 어떤 질병에서 생기는 증상과 비슷한 증상이 발생한다면, 그 같은 종류의 물질을 사용하여 그 병도 치료할 수 있다는 이론이다. 독일 의사 하네만(Samuel Hahnemann)이 1810년에 『인술의 원칙(*Organon of the Art of Healing*)』이라는 책을 펴내면서 확산되기 시작하였다. 질환의 원인이 되는 것과 동일하지는 않지만 그것과 유사한 물질을 다량 사용하면 질병의 증상을 일으킬 것이고 적당량을 사용하면 질병의 치료효과가 나타난다는 것이다. 수많은 약물 중에서 가장 유사한 증상을 일으키는 것을 하나 골라서 그 사람의 체질과 질병의 과정을 고려하여 약을 희석하여 투여한다. 그런데 매우 흥미로운 사실은 그 약을 희석하면 희석할수록 약효는 더 강하게 나타난다는 것이다. 동종요법의 핵심적인 철학은 질병을 치료하는 것이 아니라 사람을 치유하는 것이다.

(3) **식이요법**(**食餌療法**, diet therapy)

음식을 약처럼 먹으면서 치료효과를 기대하는 것이다. "내가 먹은 것이 바로 나다(I am what I eat)."라는 말이 있다. 내 몸의 구성은 바로 내가 먹은 것에 의해 만들어진다는 뜻이다. 나의 몸이 지니고 있는 성분들은 수개월 또는 늦어도 1년 안에 다 체외로 빠져나가고 새로운 성분으로 대체된다. 내가 먹은 것으로 나의 새 몸이 구성된다. 무엇을 먹을 것인가? 어떻게 먹을 것인가? 언제 먹을 것인가? 하는 것을 제대로 시행함으로써 건강유지와 치료효과를 기대한다.

(4) **절식요법**(**絶食療法**, fasting)

일정 기간 먹지 않는 절식으로 치료효과를 기대하는 방법이다. 정수나 주스 등을 이용하는 절식요법이 있는데, 절식요법 시행자들은 고혈압, 두통, 알레르기 등에 치료효과가 있으며, 전반적인 건강상태의 향상에도 도움이 되고, 면역체계에도 영향을 미친다고 주장한다.

(5) 주스 요법(juice therapy)

과일 및 채소에서 얻은 신선하고 생생한 주스를 이용하여 신체를 자양시키고 충전시키는 방법이다. 스트레스나 질병이 있는 상태에 영양물질 공급의 차원에서 주스 요법은 건강을 유지시키는 방법으로 사용될 수 있다. 주스 치료 시행자들은 면역체계를 자극시키고, 혈압을 낮추고, 독소를 제거하며, 환경적 요인에 의한 질병이나 음식 알레르기, 소화기장애를 치료하는 데도 도움이 된다고 주장한다.

(6) 장요법(腸療法, colon therapy)

건강한 장은 일부 필수영양분을 흡수하며, 기본적인 신체의 배설물과 독소를 제거하는 역할을 한다. 장을 세척하여 건강한 장으로서의 기능을 증진시키는 치료법이다.

(7) 광선요법(光線療法, light therapy)

빛과 색을 이용한 치료법이다. 인체는 24시간을 주기로 돌아가는 생체시계인데, 이로 인해 수면을 취하고, 호르몬을 분비하며, 체온이나 다른 생화학적 기능을 하게 된다. 이 리듬에 장애가 생기게 되면 감정저하나 수면장애 등이 생기는데, 이때 자연광선이나 다양한 형태의 빛을 조사해 주게 되면 인체의 자연리듬을 되찾고 건강을 유지할 수 있다는 이론이다. 실제 임상에서 사용하는 자외선이나 레이저는 바로 이 광선치료에 속한다.

(8) 수치료(水治療, hydrotherapy)

물리치료실에서 사용하는 수치료뿐만 아니라, 체내에 투여하거나 체표면에 적용하는 등 외부에서 질환의 치료목적으로 물을 사용하는 방법을 통틀어 수치료라 한다. 물뿐만 아니라 얼음, 수증기 등으로 뜨겁거나 차가운 온도를 유지시켜 건강을 증진하는 방법도 포함된다.

(9) 고열요법(高熱療法, hyperthermia)

우리 몸은 감염이나 염증에 대항하기 위해 자연적으로 열이 생기게 되어 있는데, 열이 생기지 않을 때 인위적으로 발열시켜 국소질환이나 전신질환을 치료하려는 모든 방법을 일컫는 말이다. 열은 질병에 대해 가장 힘 있게 대항할 수 있는 것 중에 하나다.

(10) 양자의학(陽子醫學, quantum medicine)

양자의학이란 분자생물학 차원을 넘어서 원자 차원으로 접근하는 치료법이다. 원자에서 방사하는 양자 에너지를 전자군에서 나오는 에너지와 그 주위의 소립자 군에서 나오는 에너지를 구별하여 분석함으로써 우리 몸의 정상적인 상태와 비정상적인 상태를 가려내고, 병적인 에너지의 발원지를 미세 전자파로 자극함으로써 정상적인 상태로 되돌려 놓는다는 이론을 바탕으로 한다. 미국에서는 자기공명 분석기로 불리고, 일본에서는 양자공명 측정기로 불리는 기기를 이용하여 연구와 시술을 병행하고 있다. 현재 우리나라에도 도입되어 사용되고 있다.

(11) 요료법(尿療法, urine therapy)

건강유지 섭생법으로 소변을 마시는 것이다. 주로 자기 자신의 오줌을 마신다. 소변에는 인체의 여러 생리적 상태를 반영하는 정보가 들어 있는데, 되마시는 소변의 정보가 몸의 생리기전을 자극하여 불건강한 요소들을 수정 · 보완할 수 있다는 것이다.

(12) 무도요법(舞蹈療法, dance therapy)

육체적 · 심리적 변화를 유도하기 위하여 몸의 율동에 초점을 맞추어 효과를 얻는 치료법이다. 신체장애에도 사용하지만 정신장애 치료를 위해 더 많이 사용된다. 춤은 흥미를 유발하는 동작이기 때문에 비교적 가벼운 심폐기능 운동으로도 사용되고 있다.

(13) 도인상상요법(導引想像療法, guided Imagery)

마음의 힘을 빌려 마치 질병이 몸에서 빠져나가는 것처럼 상상함으로써 실제로 병이 없어지는 것을 기대하는 치료방법이다. 과거의 즐거웠던 기억이 현재 일어나고 있는 것처럼 상상함으로써 기분을 좋게 하여 신체건강을 증진시키거나 또 몸속에 자리 잡고 있는 통증이나 궤양이나 어떤 질병이 몸 바깥으로 빠져나가는 것을 상상함으로써 실제로 병이 없어지는 효과를 가져올 수 있다는 것이다.

(14) 심신의학(心身醫學, body-mind therapy)

정신과 육체의 심오한 상관관계를 인식시키고, 인체의 본래 타고난 치료능력과 치료과정에서 자기책임을 지게 함으로써 치료효과를 기대하는 방법이다. 생체역학, 심상요법, 최면요법, 명상요법, 요가 등을 포함한 광범위한 형태의 치료방법을 동원한다.

2부 동서 미술치료

제 5 장

동양의 색깔과 서양의 컬러

1. 문화와 색채

색채에 대한 감각은 인간의 삶에 깊이 연관되어 왔다. 색은 인간의 인식과 감성을 표현하고 전달하는 수단이다. 색의 역사는 인류의 역사와 함께 시작되었다. 최초의 인류는 생존을 위해 주변의 색에 순화되고 이를 보호색으로 활용하며 생명을 이어 왔다. 그러면서 점차 인류가 번영하고 의식주의 변화를 가져오게 되었으며, 사냥에 의존하던 주식은 조그마한 동식물에게까지 손이 미치게 되었다. 이에 따라 동식물은 방어의 수단으로 강렬한 색상을 띠게 되고, 인류는 이것을 구분하면서 조금씩 색에 대해 눈을 뜨게 되었다.

고대인이 사용한 색상 팔레트는 빨간색, 황금색, 노란색, 녹색, 파란색, 자주색, 흰색, 검은색 등으로 단순하고 직접적이며, 고대 세계 어디에서건 색상의 선택이 거의 같았다. 그러나 문화가 발달하면서 그에 맞는 색채가 연구·발전되고 사용되었다. 최근에는 문화적 차이를 구별하기 쉽지 않을 만큼 공통적으로 다양한 색채가 사용되고 있다. 그러나 우리의 잠재의식 속에 내재된 색채를 보는 근본적인 시각의 차이는 분명히 존재한다.

색채에 대한 상징성은 나라와 민족에 따라 차이가 있다. 동서양의 색채 의식은 그 차이점만큼 공통점도 많은데, 그것은 색채가 지닌 속성의 힘이다. 동양의 철학적·사상적 접근방식과 서양의 과학적·체계적 접근방식이 함께 연구되고 발전된다면 더욱 깊이 있는 색채 활용이 가능해질 것이다.

이를 위해 우선 동양과 서양의 색채에 대한 근본적인 시각 차이를 살펴본 후 서양회화와 동양회화(특히 한국의 회화) 속에서 각각의 특징을 찾아보고자 한다.

2. 동서양의 색채의식

1) 동양의 색채의식

(1) 동양의 색채의식: 음양오행사상

동양의 색채의식은 중국을 중심으로 한 동양사상의 근간이 되는 음양오행(陰陽五行)사상을 바탕으로 하고 있다. 동양문화권 내의 고대 민족은 자연의 운행 속에 보이지 않는 절대적이고 위대한 법칙이 있다고 생각하였다. 즉, 자연은 음과 양의 이원적 구조로 이루어져 있으며 음양의 두 기운이 상생(相生), 상극(相剋)함에 따라 만물이 생성되는 것으로 믿어 왔다. 이것이 음양설(陰陽說)이고, 이 음양설의 영향을 받아 만물의 생성원리를 목(木), 화(火), 토(土), 금(金), 수(水)의 오원기(五元氣)로 설명하는 것이 오행설(五行說)이다.

음양설과 오행설은 각각 독립적으로 발전하다가 전국시대 중엽에 하나의 사상체계로 통합되었다. 무극에서 음과 양의 기운이 생겨나 하늘과 땅이 되고 다시 음양의 두 기운이 다섯 가지 원소를 생산하였는데 이것이 오행인 것이다.

음은 어둡고 수동적이며, 양은 밝고 능동적인 속성을 보유하는 것으로 양은 음에 의해 과도하게 왕성해지지 않고, 음은 양에 의해 조화를 얻어서 과도하게 쇠퇴하지 않음으로써 유동적이고 동태적인 평형관계를 유지하고 있다. 오행 역시 마찬가지로 서로 조화를 이루기도 하고 충돌하기도 하는 상생·상극을 통해

표 5-1 오행소속표

구분	목(木)	화(火)	토(土)	금(金)	수(水)
형상	나무	불	흙	금속, 바위	물
방위	동	남	중앙	서	북
계절	봄	여름	4계절, 환절기	가을	겨울
색채	청색	적색	황색	백색	흑색
오상	인(仁)	예(禮)	신(信)	의(義)	지(智)
오성	기쁨	즐거움	욕심	분노	슬픔
오장	간장	심장	비장	폐장	신장
오관	눈	혀	몸	코	귀
맛	신맛	쓴맛	단맛	매운맛	짠맛

균형 있는 통합을 이루어 질서를 유지하고 있으며, 하늘에는 오운(五運)이 있고, 땅에는 오재(五材), 사람에게는 오성(五惺)이 있어서 모두 오사(五事)가 따른다고 하였다. 즉, 여러 사물의 변화원리를 오행으로 설명하고 〈표 5-1〉에서와 같이 모든 산물의 근본으로 취급하며 물질 구성의 궁극적 요소로 본 것이다.

동양에서는 오행을 색, 방위, 맛 등과 결부시켜 왔다. 목은 청색, 동쪽, 신맛 등을 의미하고, 화는 적색, 남쪽, 쓴맛 등을 상징한다. 토는 황색, 중앙, 단맛 등을 의미하고, 금은 백색, 서쪽, 매운 맛 등을 상징하며, 수는 흑색, 북쪽, 짠맛 등을 의미한다.

우리나라 역시 중국의 영향을 받아 음양오행사상을 색채문화에 적용시켜 실생활에 사용하였다. 벽사를 상징하는 청색과 적색은 주술적 의미로 사용하였으며 흉례 시에는 백색과 흑색을 사용하였다. 오색을 전부 사용하여 화(禍)와 흉(凶)을 막고 길(吉)과 복(福)을 비는 복합적인 의미를 내포하기도 하였다. 서낭당에 오색포(五色布)를 걸거나 아이들의 색동옷, 오곡밥, 단청 등이 그러하다고 할 수 있다.

동양의 색채의식은 음양오행의 이치를 바탕으로 자연친화적인 순환성을 중시하여 자연과 인간의 관계를 좀 더 친밀하게 여겼으며, 오색이 지닌 상징적인 의미를 활용하여 생활의 길운을 빌고, 악을 물리치는 벽사의 개념으로 사용하였다. 이렇듯 동양에서는 색채의 사용에 있어서 색채 그 자체의 미(美)보다 상징성과 의미를 부여하는 수단으로서 철학적 · 사상적으로 사용하여 왔다.

(2) 동양의 오색관: 오방색

음양오행사상에 의하면, 오행에는 오색이 따르고 방위와 계절이 따르는데 중앙과 사방을 기본으로 삼아서 오방이 결정되고, 그 방위에 따라 오색이 배정되며, 오행의 상관관계로 인하여 중간색이 나오고, 중간색에서 무한한 색조가 형성된다. [그림 5-1]에서와 같이 동쪽은 청색, 서쪽은 백색, 남쪽은 적색, 북쪽은 흑색, 중앙은 황색이며 이 중에서 청색, 적색, 황색은 양의 색이고 흑색과 백색은 음의 색이다. 이 다섯 가지 색을 오방색 혹은 정색(正色)이라 부르며, 정색과 정색의 혼합으로 생기는 색을 간색(間色)이라 부른다. 간색으로는 청색과 황색 사이의 녹색, 청색과 백색 사이의 벽색, 적색과 백색 사이의 홍색, 흑색과 황색 사이의 유황색, 흑색과 적색 사이의 자색 등 다섯 가지가 있으며, 모든 간색은 음의 색이다. 음양오행사상은 정색과 간색을 음양에 따라 적절하게 사용하는 것

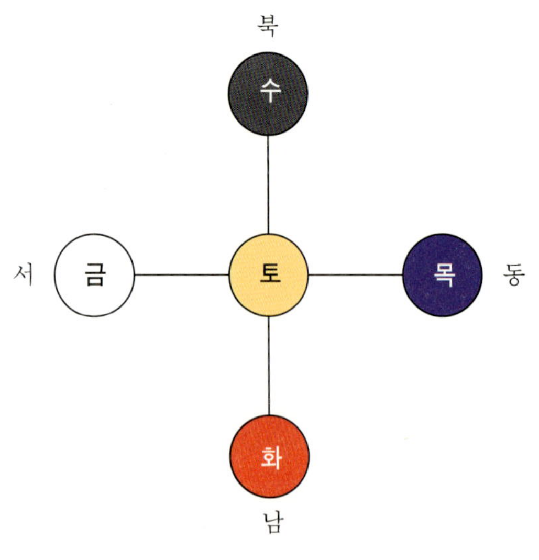

[그림 5-1] 오방색과 방위

을 중요하게 생각하였다.

① 청색

동방은 해가 솟는 곳으로 나무(木)가 많고 푸르기 때문에 청색을 의미함과 동시에 봄을 상징한다. 즉, 하늘과 물, 식물 등의 생명을 상징하고 발전, 창조, 신생, 불멸, 희망 등을 의미하는 색으로 이용되었다. 영어에서 바다는 blue, 산은 green, 하늘은 sky blue, cyan이라고 각기 다른 색으로 표현하는 것과 달리, 우리나라는 푸른 바다, 푸른 산, 푸른 하늘이라는 같은 단어를 사용하며 초록, 남색, 청색 등을 총칭하여 청색이라는 표현을 사용하였다. 또한 서양의 청색이 지니는 우울함과는 달리 젊음, 희망, 신선함을 상징하였으며, 장유유서(長幼有序)를 숭상하던 사회에서는 미숙함, 낮은 지위를 의미하기도 하였다. 특히 한국인은 청색과 백색에 강한 선호를 보여, 청색을 학과 같은 청렴결백한 선비의 색으로 간주하였다.

청색은 청정한 생명력을 가지고 있어 창조, 신생, 생식을 상징하기 때문에 양기가 강한 색이다. 우주의 만물이 생성 · 발원하는 원천적인 힘을 지닌 기운으로, 기운이 쇠퇴해 가거나 죽어 가는 목숨을 살리기 위한 방법의 하나로 청색을 사용하기도 하였다.

② 적색

적색은 음양오행설에서 온화하고 만물이 무성한 남방색으로 태양, 불, 피를 상징하며 생명력이 풍만하고 강력한 양의 색으로 청색과 더불어 우리 민족과 밀착되어 사용되어 왔다. 적색은 가장 강력한 양의 색으로 인식되어 재앙과 악귀를 물리치는 강력한 색으로 사용하였다. 예로부터 붉은 팥죽을 쑤어 문짝에 뿌려서 액운을 제거한 것, 단오에 대궐이나 경사대부의 집에 붉은 부적을 벽이나 출입문에 붙인 것, 신부의 두 뺨에 연지점을 찍은 것, 장을 담근 후에 붉은 고추를 두르는 것 등은 모두 귀신, 나쁜 기운으로 대표되는 음을 양으로써 물리치고 막는다는 의미가 있다.

적색은 우리말로 붉은색으로 밝음, 고귀함, 남쪽 등을 의미한다. 청색과 비교하여 높은 벼슬의 신분을 나타낼 때 많이 사용하였다. 가락국의 건국신화에서 나오는 '하늘에서 내려온 붉은 보자기' 는 천상의 밝음과 함께 나라의 시작을 의미하는 것이다. 『삼국사기』『고구려본기』에서는 "검은 개구리가 붉은 개구리와 싸움을 하다 죽었다." 라는 기록이 있는데, 여기서 검은 개구리는 북쪽에 있는 부여를, 붉은 개구리는 남쪽에 있는 고구려를 의미하는 것으로 부여가 고구려에게 망했다는 뜻이다.

③ 황색

오행 중 토(土)에 해당하며 오방색의 중심색으로 모든 것을 포용하고 조화롭게 만드는 땅을 상징한다. 고대어에서 '누렇다' 의 어근은 '놀-' 이고 이것은 땅의 의미를 지닌다. 한자어 '천지현황(天地玄黃)' [1]에서 알 수 있듯이 하늘은 검게, 땅은 누렇게 인식했음을 알 수 있다. 또한 황색은 우주의 중심에 해당하고 가장 밝게 빛나는 존귀한 색으로 인식되어 광명과 생기의 정화로 보았으며, 중국문화의 영향으로 황제의 색으로 사용되었으며, 중국에서뿐만 아니라 한국과 일본에서도 오랫동안 사용이 제한되었다.

황색은 전통적으로 땅, 중앙, 황제, 권위를 의미한다. 중앙의 특징은 땅이 평평하고 늘 젖어 있어서 만물이 잘 자라는 곳인데, 단군이 도읍을 정했다는 평양(平壤)도 이러한 지형을 가리키는 것이었으나 후에 지명으로 바뀌었다. 조선 태종은 오방신의 각 방위색인 파란색, 하얀색, 빨간색, 검은색, 노란색의 제물을 올려 하늘에 제사를 드렸는데, 여기서의 노란색은 중앙인 서울을 의미하였다.

④ 백색

백색은 오행 중 금(金)을 나타내며 서방에 속하는 것으로 가을에 해당된다. 흰 백의 한자는 '白' 자로, 태양을 뜻하는 한자어 '日' 위에 빛을 가리키는 한 획을 내리 그어 이루어진 것으로 태양숭배사상에 그 근원이 있다.

1) 천지현황(天地玄黃): "하늘은 검고 땅은 누렇다." 라는 뜻으로, 중국 남북조시대 양(梁)나라의 주흥사(周興嗣)가 지은 『천자문(千字文)』의 첫 구절이다.

우리 민족에게 백색은 결백, 진실, 낮, 순결 등을 의미하여 우리 민족이 백의(白衣)를 즐겼으며, 전통적으로 태양, 신성, 탄생, 길한 조짐, 서쪽을 상징한다. 또한 음양오행설에서는 처음 출발 준비적 태세가 음(陰)이 되고 그의 발동이 양(陽)이라고 말한다. 이것이 자연적인 순서라고 생각하고 백색을 색채의 시발점으로 보고 있다. 『삼국사기』와 『삼국유사』에 나타난 고구려의 주몽신화[2] 와 신라의 박혁거세 신화[3]에서는 태양의 빛으로 하늘의 기운을 상징하고 있으며, 단군의 국호 조선(朝鮮)도 아침 조(朝), 고울 선(鮮) 자로 한민족의 '붉' 사상에 그 연원이 있다. 우리 민족을 일컫는 배달민족이란 말도 '백산=밝달' 로 우리말의 음운 변화 때문에 '배달' 이 된 것이다. 즉, 배달민족은 한민족을 의미하는 동시에 맑고 밝고 신성한 하늘의 자손임을 표현하는 말이다.

⑤ 흑색

흑색은 오행 중 수(水)로서 북방을 나타내고 겨울에 속한다. 흑색은 태양이 사라진 어두움을 나타내며 고요한 밤, 죽음을 나타내기도 한다. 흑색의 우리말은 '검은색' 으로 전통적으로 신격, 물, 북쪽을 의미하며, 어근 '검/감' 에서 곰, 거북, 거미 등이 파생되었다. 이들은 동물인 동시에 신격화되었으며, 단군신화의 검은 곰에서 웅녀가 탄생한 것과 김수로왕의 탄생설화에 나오는 구지가(龜旨歌)[4] 에서 그 예를 찾아볼 수 있다. 흑은 물의 색으로 세종실록에서 춘분, 하지,

2) 해모수는 하백의 딸 유화와 인연을 맺고 하늘로 돌아간다. 이 일로 유화는 하백에게 쫓겨나 금와왕에게 구출된다. 어느 날 햇빛이 유화 부인을 따라오면서 비추자 그로부터 태기가 있어 알 하나를 낳았는데 그것에서 나온 아이가 주몽이다.

3) 나정(蘿井)이라는 우물가에 번개빛 같은 기운이 하늘에서 땅에 드리워시고 흰 말 한 필이 발을 꿇어 절하는 형상을 하고 있었다. 말 앞에 자줏빛 알 하나가 있고 알에서 사내아이가 나왔는데, 그 아이 몸에서 광채가 나고 햇빛과 달빛이 더욱 밝아져 '혁거세' 라고 지었다고 한다.

4) 가락국(駕洛國) 시조인 수로왕(首露王)의 강림신화 가운데 곁들여 전하는 신화에 나오는 삽입가요다. 김해(金海) 구지봉(龜旨峰)에서 신(神)의 소리가 들려 추장들은 모든 백성을 구지봉에 모아 놓고 신의 계시대로 흙을 파헤치며, "거북아, 거북아, 머리를 내놓아라. 만약에 내놓지 않으면 구워 먹으리." 라는 노래를 합창시켰다. 이 노래를 300여 명의 군중이 춤추며 불렀다. 이윽고 하늘에서 6개의 황금알이 내려와 6명의 귀공자(貴公子)로 변하여 각각 6가야(伽倻)의 왕이 되었는데, 그 중 제일 큰 알에서 나온 사람이 수로왕이었다고 한다.

추분, 동지에 구름빛이 검으면 물난리가 난다고 보았다. 또한 화재예방 부적은 물의 상징인 검은색을 사용하였고, 풍수지리설에서 묏자리가 명당의 형국을 갖추었다 할지라도 흙빛이 검을 때에는 물이 나와 자손이 패망하게 된다 하여 피하였다.

우리 조상은 음양오행에 의해 모든 것이 규정된다고 믿었으며 색채도 이러한 이치에 따라 사용하였다. 한자의 '색(色)' 은 상형적으로 '인(人)' 과 '파(巴)' 를 합한 글자다. 이는 소용돌이를 사람이 누르고 있다고 해석하거나 사람이 힘 있는 소용돌이를 일으켜 영향을 미치는 것으로 해석된다. 즉, 색은 사람과 관련이 있고 또 사물에 영향을 미칠 수 있다는 의미를 나타낸다고 할 수 있다. 이렇듯 동양에서는 색채의 미나 개인의 감각보다는 색채의 의미에 따라 상징적인 수단으로 색채를 사용하였다.

2) 서양의 색채의식

(1) 서양의 색채의식

서양의 색채 개념은 과학적인 접근에 의해 형성되기 시작하였다. 이미 색채를 과학적으로 연구하려는 시도는 기원전부터 시작되었다. 인류가 색채를 사용한 흔적을 살펴보면 원시시대 빙하의 유물로부터 구석기시대의 동굴벽화를 비롯하여 이집트, 그리스, 로마에 이르기까지 점점 색이 다양해지고 상징과 계급의 구별에 사용되었음을 알 수 있다.

중세를 거쳐 르네상스 시대에 레오나르도 다 빈치(Leonardo da Vinci, 1452~1519)는 그의 저서인 『회화론(*Tretise on Painting*)』에서 배색이론을 피력하고 있다. 근대에 들어서는 색채에 대해 과학적인 이론을 전개한 사람은 뉴턴(Isaac Newton, 1642~1727)이다. 그는 빛의 입자가 눈에 들어가면 색감각이 발생한다는 입자설을 주장하고 빛이 삼각형의 프리즘을 통하여 생기는 스펙트럼에 대한 역사적인 학설을 전개하였다.

한편 뉴턴에 반대하여 이론을 전개한 괴테(Johann Wolfgang von Goethe, 1749~1832)는 "빛은 자연 그대로 보아야 하며, 뉴턴의 프리즘 광선처럼 결코 좁은 틈에서 새어난 빛을 도입해서는 안 된다."라고 주장하면서 색채는 물리학적인 것뿐만 아니라 심리·생리학적인 것인 것이며, 예술에 속하는 색채는 과학적으로만 해결할 수 없다고 주장하였다.

이렇듯 물리학, 생리학, 심리학 등의 분야에서 색에 대한 연구가 이루어졌으며 이를 바탕으로 다양한 색채학 이론들이 등장하였다. 이 중에서 색채의 아름다운 효과를 나타내기 위한 색채조화론은 복잡하고 변화 많은 색상에 일정한 질서와 규칙을 제시하여 배색 간의 조화의 원리를 규명하려고 한 것이다. 가장 대표적인 것으로는 먼셀(A. H. Munsell)의 표색계[5]가 있다. 먼셀 표색계에 따르면, 색채는 색상(hue), 명도(value), 채도(chroma)에 의해 파악되며, 이를 색의 삼속성이라고 한다. 색상은 색을 구별하고, 명도는 색의 밝음과 어두움을 나타내며, 채도는 색의 순도를 표현한 것이다. 이러한 표색계를 통한 색채조화론은 계통적으로 색채를 이해하고 보편적, 일반적, 객관적으로 바라보도록 하였다.

또 한편으로는 색채에 대한 색채감정에 대해서도 연구되었다. 색채감정은 생활, 환경, 개성 그리고 경험 등의 여러 조건에 따라서 서로 다르게 나타난다. 그러나 일반적으로 작용하는 색채에 의한 심리적 효과를 보편적으로 규정하려는 노력이 있었다.

이와 같이 서양의 색채 개념은 다양한 학문적 측면의 연구에 의해 과학적이고 합리적인 체계를 갖추어 왔다. 즉, 표색계와 각종 색채에 관한 이론들을 활용하여 색채를 활용하고 있는 것이다.

5) 표색계는 수많은 색을 정리, 분류하여 계통적으로 표시한 색체계를 말한다. 표색계는 크게 현색계와 혼색계로 나뉜다. 현색계는 물질상에 지각되는 색을 물체표준색으로서 색표 등으로 계통적으로 정한 표색계이며, 먼셀 표색계와 오스트발트 표색계가 유명하다. 혼색계는 색광을 표시하는 표색계로 빛의 혼색에 의한 것이며, CIE(국제조명위원회) 표색계가 대표적이다.

(2) 서양의 오색관

서양문화에서는 색에 대한 연상이나 감정적 가치가 발전하여 일반적 통념을 형성하였다. 서양문화에서 주요색에 대한 상징적 의미에 대해 알아본다.

① 청색

청색은 색채의 감정효과 면에서 시원한 느낌을 주는 한색이다. 주로 차분하고 안정된 색으로 바다, 하늘, 우주를 묘사할 때 많이 사용된다. 또한 심리학적으로 신진대사를 느리게 하고 근육을 이완시키는 효과가 있다.

영국에서 'true blue' 란 진정한 푸른색이란 뜻으로 '정절' 의 의미로 사용되며, 청색을 정절과 신의의 색으로 사용한다. 또한 청색을 혼수품목으로 준비해야 하는 관습도 있다. 또한 노발리스(Novalis, 1772~1801)의 문학작품 『하인리히 폰 오프터딩겐(*Heinrich Von Ofterdingen*)』(1802)[6]에 나오는 주인공이 꿈꾸는 '푸른 꽃' 은 무한을 향한 동경을 상징하는데, 이 또한 환상을 의미하는 청색이다.

또한 청색의 'blue' 는 '우울함' 을 의미하기도 한다. 이는 피카소(Pablo Picasso)의 〈청색시대(The Blue Period)〉 작품에 잘 나타나 있다.

② 적색

적색의 가장 대표적인 상징은 '불 '과 '피' 다. 적색은 열정, 생명, 환희, 분노, 공격성, 흥분, 위험, 유혹, 에로스, 역동적, 적극적 등의 이미지를 가지고 있다. 또한 적색은 감정적인 면에서 난색에 속하며 먼 거리에서도 물체의 존재를 알아볼 수 있는 시인성과 주목성이 높은 색으로 소방차, 교통신호, 비상등, 안전판에 사용되고 방화, 정지, 금지의 의미를 갖고 있다.

서양에서는 적색과 관련해 자주 사용되는 비유적 표현이 많다. '마을을 붉게 물들이다.' 는 폭동이 일어나는 것을 의미하며, '빨강을 본다.' 는 것은 격노한다는 것이다. 붉은 화성은 공격적이고 전투적인 군신인 '마르스(Mars)' 를 따서

6) 푸른 꽃이 상냥한 소녀의 얼굴로 바뀌는 꿈을 꾸고, 그 소녀를 동경한 나머지 길을 떠난 주인공이 여러 체험을 하고 시인으로 성장하는 과정을 그린 내용이다.

부르며, 적기는 혁명을 상징하고 있다.

③ 황색

서양에서의 황색은 이중적인 이미지를 지니고 있다. 황색은 인류 역사상 극히 중요한 두 가지 현상인 태양, 금과 연관되어 있다. 그래서 황색은 희망, 부, 풍요, 고귀함 등을 의미하는 반면 질투, 배신, 의혹, 불신 등을 상징하기도 한다. 황색의 이러한 부정적인 이미지는 검은색, 회색, 녹색 등이 아주 적은 양만 첨가되어도 황색 본래의 성질을 상실하게 되는 특성에 기인한 것으로 분석하기도 한다.

④ 흰색

서양에서 백색은 고대 그리스 시대부터 빛의 색, 신의 색을 상징해 왔다. 백색은 신에 속하는 색으로 신들의 의상을 흰색으로 표현하였다. 또한 백색은 평등, 평화를 상징하기도 하는데, 프랑스 혁명 때 봉기한 3색기에서 청색은 자유, 백색은 평등, 적색은 박애를 상징했다.

서양의 여성들은 결혼을 할 때 순백의 웨딩드레스를 입는다. 이것은 백색이 순결, 무구, 청초의 상징이기 때문이다.

⑤ 흑색

모든 빛이나 색을 흡수하는 흑색은 신비, 정숙, 엄숙성의 상징이며 권위, 세련, 위엄, 슬픔, 후회를 나타낸다.

죽음의 이미지를 가지고 있는 흑색은 16세기 영국 왕실에서 상중에 검은색 옷을 입기 시작한 것이 기원이 되어, 현재까지 서양에서는 흑색이 상(喪)을 상징하고 슬픔을 표시하는 색채로 사용되고 있다.

흑색은 희망 없음을 의미하며 기분을 우울하게 하거나 좌절감에 빠지게 한다. 서양에서의 흑색은 마녀, 마법을 연상시키기도 하며 요술과 초자연력을 의미하기도 한다.

서양의 색채에 대한 상징적 의미는 심리학적, 사회학적 요소의 영향을 받아 형성되었다. 동양에서 색채가 철학적, 사상적으로 발달되어 온 것과는 사뭇 다른 모습이다.

3. 동서양 회화의 색채

1) 동양회화의 색채

(1) 고구려 고분벽화

고구려는 삼국 중 가장 먼저 벽화를 제작하기 시작하였으며 이를 백제, 신라에 전파함으로써 수준 높은 예술미를 보여 주었다. 고구려 고분벽화는 우리 회화사에 있어서 채색화의 여명기라 할 만큼 고대 회화의 기원과 발전과정을 보여 주는 위치에 있으며, 고인의 명복을 빌기 위한 우리 민족의 영혼불멸의 내세관이 잘 반영되어 있다.

고구려의 고분벽화는 고분 자체의 구조상, 회화의 내용이나 양식상 보통 3기로 나누는데, 초기(4~5C)의 인물풍속도, 중기(5C 중반~6C)의 인물풍속 및 사신도, 말기(6C 중반~7C 초반)의 사신도로 나눌 수 있다. 초기 고분벽화의 대표적인 예는 안악 3호분으로 묘주와 묘주부인의 초상화가 그려져 있으며, 중기 고분의 대표적인 무용총은 무용도, 수렵도 등이 그려져 있다. 말기 고분은 사신도가 그려져 있는 사신총으로 대표된다. 안악 3호분의 초상화와 수렵도에서는 원근에 따라 백-적-황색으로 하는 고대의 설채법의 원리를 보여 주는 묘사방법이 잘 나타난다.

고구려 고분벽화의 색채는 초기에는 검은색을 주로 하여 붉은색, 자주색, 청색, 녹색 등을 사용하여 어두운 색조를 보이고 명도가 낮으나, 말기로 갈수록 색채가 다양하고 화려해지며 배색이나 농담의 변화도 풍부하여 형상의 효과를 높이고 있다. 특히 사신도는 네 방위를 수호하는 신을 그린 그림으로 청룡도(青龍圖),[7] 백호도(白虎圖),[8] 주작도(朱雀圖),[9] 현무도(玄武圖)[10]가 있으며, 오방색과

[그림 5-2] 사신총의 〈백호도〉

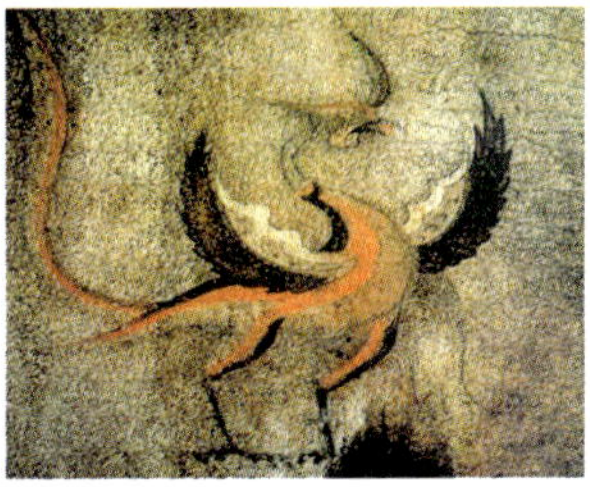

[그림 5-3] 사신총의 〈주작도〉

[그림 5-4] 무용총의 〈수렵도〉

오행의 사상을 잘 반영하고 있다.

고구려의 고분벽화는 한국의 회화사적 입장에서 볼 때 그 정신과 색채가 고려의 불화, 조선시대의 민화 또는 무속화로 이어지는 귀중한 자료다.

(2) 고려 불화

고려는 국교를 불교로 하여 불교회화가 특히 발달하였다. 현존하는 고려 불화 중 가장 연대가 오래된 것은 〈아미타여래입상〉이다. 빨간색 바탕에 황금색 장식의 옷을 입고 있는 아미타여래의 모습은 호화롭고 정교한 느낌을 자아낸다. 고려 불화 중 가장 우수한 작품의 하나로 손꼽히는 〈수월관음도〉는 유연한 곡선, 정교한 채색 등으로 유명하다.

고려시대의 불화는 청, 황, 적, 백, 흑의 5색을 밝고 화려하면서도 은은한 색으로 쓰고 있다. 주된 색채는 적색과 금색임을 알 수 있는데, 적색은 고대부터

7) 청룡은 푸른 용으로 상징되는 사신으로 하늘의 다섯 개 구문인 오관(五官) 중 동관(東官)을 지키는 수호신이며, 태세신(太歲神, 목성)으로 통한다. 무덤의 현실(玄室) 동쪽 벽이나 관(棺)의 왼쪽에 그렸다.

8) 백호는 하늘의 서관(西官)을 지키는 수호신으로 태백신(太白神, 금성)으로도 통한다. 예로부터 무덤의 현실 서쪽 벽이나 관의 오른쪽에 그렸다.

9) 주작은 남방을 지키는 남방성수(南方星宿)의 이름으로 주조(朱鳥)라고도 한다. 붉은 봉황을 형상화하여 예로부터 무덤과 관의 앞쪽(남쪽)에 그렸다.

10) 현무는 하늘의 북관(北官)을 지키는 수호신으로 『예기』에서는 "현무는 거북이다."라고 하였고, 어떤 학자는 거북과 뱀의 형상으로 그리기도 했지만 대체로 현무는 영구(靈龜)로 여겨진다. 현무는 태음신(太陰神)으로도 통하며, 예로부터 무덤과 관의 뒤쪽(북쪽)에 그렸다.

[그림 5-5] 수월관음도

귀한 신분, 최고의 신을 나타나는 데 쓰인 색으로 불화에서는 신성하고 숭고한 의미를 지닌 색으로 쓰였다. 금색 역시 부처의 절대적인 존재를 나타내기 위하여 사용한 색으로 부처의 진리와 지혜라는 무한한 빛을 상징하는 것이다. 백색은 백색 연꽃과 조화를 이루며 깨끗하고 순수한 존재임을 나타내고 황색은 왕족과 같음을 의미하며, 지장보살(地藏菩薩, ksitigarbha)[11]에 나타나는 흑색은 사람이 죽은 뒤에 심판을 받는 곳인 명부(冥府)의 의미를 담고 있다.

이처럼 불화에서의 색채는 음양오행사상을 표현하는 방식으로 오방색을 사용한 것처럼 장식으로서의 기능보다는 불상들의 존재와 내용을 암시하는 상징적 기능으로 사용된 것임을 알 수 있다. 또한 독특한 도상과 기법을 창안한 고려 불화는 뛰어난 사실성과 세련된 미의식으로 그 우수성과 독창성이 동아시아 최고의 수준을 보여 주고 있다.

(3) 조선 민화

조선시대에 들어 유교가 국교가 되자, 수묵화가 득세하고 색채의 사용이 저조하게 되었다. 이런 시대적 상황 속에서 민화는 고려시대의 색채전통을 조금이나마 지켜 내는 데 중요한 역할을 담당했다고 할 수 있다.

민화는 실생활에 밀착되어 있는 생활미술로 그림의 내용과 형식은 생활목적과 직결되어 있어 그 내용을 보면 무속이나 벽사에 의한 것이 많다. 귀신을 쫓아내고 복이 깃들기를 염원하는 마음을 담아 그린 그림으로 음양오행사상에 영향을 받아 오방색으로 채색하였다. 가장 대표적인 민화의 소재로는 도교적인 '십장생' '사신도' '신선도'와 유교적인 '문자화' '문방도' 등이 있고 가장 일상적

11) 석가모니의 부촉을 받아 그가 입멸한 뒤 미래불인 미륵불이 출현하기까지의 무불(無佛)시대에 6도(六道)의 중생을 교화 구제한다는 보살이다.

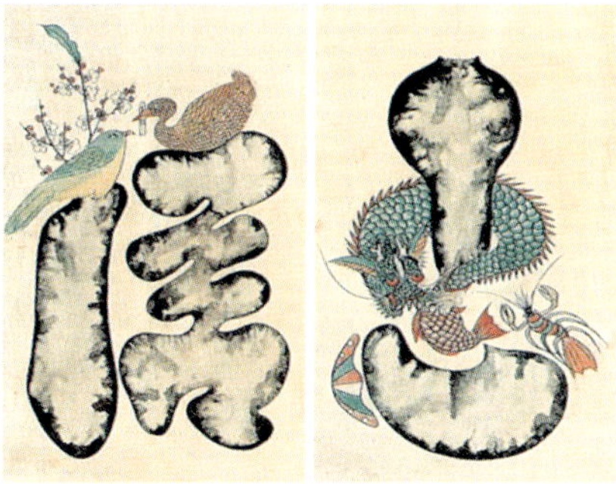

[그림 5-6] 문자화

[그림 5-7] 문방도

[그림 5-8] 풍속화

[그림 5-9] 화조화

인 '화조화' '산수화' '풍속화' 등이 있다. 특히 화조의 그림은 민화 가운데에서도 가장 색채가 풍요롭고 화려한 그림으로 부인방, 신혼부부의 방에 병풍으로 많이 사용하였다.

민화는 강렬한 원색들 간의 대비효과를 강조하여 평면성을 강조함으로써 장식 효과를 추구하였다. 민화에서 느껴지는 색채의 미는 고분벽화, 단청, 색동, 노리개 등의 장신구와 오색고명, 신선로 등의 음식에서 느껴지는 전통적인 색감과 직결된다. 즉, 민화는 대상의 사실적인 색감보다는 음양오행에 의한 색의 질서와 주관적인 색의 가치를 추구하여 그려진 것으로 한국적인 색조와 조화미를 잘 나타내고 있다.

2) 서양회화의 색채

(1) 고대 회화의 색채

나일강과 피라미드라는 유적을 가진 신비한 나라 이집트의 문화는 기원전 3000~4000년경부터 기원전 1300년까지 크게 번영하였다. 이 시기에 피라미드의 석조대신전이 건립되었고, 조각은 물론 거대한 벽화가 제작되었으며, 특히 미라가 들어 있는 관과 주변의 소장품 등 여러 유물로 보아 그 당시의 다양하고 화려한 생활풍습과 색채장식을 엿볼 수 있다.

태양을 상징한 금색을 위시로 하여 적색, 녹색, 황색, 청색, 흑색, 백색, 갈색 등의 여러 색을 이용하였으며, 그 중간색을 사용하기도 하였다. 금색은 태양을 상징하고, 녹색은 자연을, 청색은 하늘을 상징하여 도자기, 유리제품, 귀금속과 목공예품의 색채도 다채롭고 화려한 색을 지녔는데, 이는 왕친 및 특권층의 화려한 색채선호도에서 기인한 것이라 할 수 있다. 화장술의 원칙은 흰색은 피부의 색소를 교정하고, 빨간색은 뺨에 생기를 주며, 파란색은 이마의 끝을 강조하고, 진홍색은 입술의 빨강을 활기차게 하며, 밝은 빨간색은 손가락에 여명의 색조를 준다. 이러한 색에 퍼진 화장색이 더해져 검은색과 녹색이 보인다.

그리스 건축에 남아 있는 부분적인 채색현상에 의하여 당시 색채조절 상태를 조금이나마 볼 수 있다. 도리아식에는 청색과 금색으로 장식되었으며, 코린트식은 금색을, 이오니아식에는 청색, 적색, 금색을 사용하여 채색된 돌을 이용하여 장식하였다. 이 시기의 철학자 제논은 "색채는 물질의 최초 현상 형식이다."라고 주장하여 색채에 대한 관심을 과학적 시선으로 보았으며, 플라톤은 '백색에 의한 눈의 개방, 흑색에 의한 눈의 수축'이라는 이론을 제시하여 당시 그리스인은 눈에서 광선이 발생하여 사물이 보인다고 생각하였다. 그리고 그의 제자 아리스토텔레스는 '왜 어둠 속에서는 물체가 보이지 않는가?'라는 주제로 색채에 대한 다른 이론을 전개하여 색채에 더욱 과학적으로 접근하였다.

(2) 중세 회화의 색채

기원전 지하무덤인 카타콤 속에서 기독교미술은 시작되었다. 기독교 박해시대인 동로마의 수도인 이스탄불에서 비잔틴 문화가 발생하면서 다채로운 모자이크 기하문양이 새겨졌다. 금세공품의 빛나는 황금색과 맑고 푸른색, 스테인드글라스의 강한 붉은색과 짙은 초록색은 초자연적인 세계의 관념을 전달할 수 있게 만들었다. 이 스테인드글라스를 성당에 도입함으로써 색채를 감성적 최고조에까지 이르게 했던 것이다. 로마네스크 양식의 교회는 프레스코 벽화로 전개되었는데, 상징적 표현의 수단으로서 청명하고 뚜렷한 색조를 나타내려고 노력하였다. 하늘의 파란색과 녹색은 비잔틴과 로마의 모자이크에서 신성한 투성명성과 내적인 형상화속에서 재구성되었다. 고딕시대의 색채는 복잡하고 강렬하며 벽면은 스테인드글라스가 발달하여 물질세계를 초월한 신비의 세계를 엿볼 수 있다. 중세기에는 암흑시대라고 하지만 색채응용 면에서는 결코 어둡지 않았으며, 다만 종교와 인위적인 금지령에 의해 색채와 용도에 제한을 두었던 것으로 추측된다.

[그림 5-10] 중세의 스테인드글라스

(3) 르네상스 회화의 색채

이탈리아 피렌체를 중심으로 과학과 결합된 르네상스의 색은 15~16세기에 걸쳐 미술양식에 큰 영향을 주었다. 당시 미술에서 회화형식은 물론 색채의 미가 조금씩 눈을 뜨면서 반에이크(Hubert van Eyck)는 유체안료를 발명했는데,

[그림 5-11] 비너스의 탄생, 보티첼리(1485)

그 당시 화가들은 기성화된 물감을 구입할 수 없었다. 그들도 대부분 색이 있는 풀이나 광물질에서 여러 가지 안료를 만들어 다채로운 유화작품이 선보이기 시작했다. 이 당시의 레오나르도 다빈치는 자연과학과 기술 방면에서의 활약과 업적을 바탕으로 회화에 큰 혁신을 가져왔다. 무엇보다 현실을 사실적으로 그리기 위해 사물을 예리하게 관찰하고 각종 원리를 이해하여야 한다고 주장하였으며, 원근법과 해부학, 중력과 역학, 색채학 등 사실적인 재현을 위하여 노력하였다. 이 시기는 유채안료의 발전과 원근법, 명암법에 대한 이론이 확립됨으로써 다양한 색채를 통한 작품들이 제작되었다. 다빈치의 저서 『회화론』에서 '보색조화설' 이 상당히 주목을 끌었는데, 당시 미술에 있어서 색채의 의미가 중요하게 된 것은 베니스를 중심으로 한 베네치아파 화가들의 영향으로 유화기법의 다채로운 작품이 많이 나타났기 때문이다.

(4) 근대 회화의 색채

근대에 이르러 물리학자, 생리학자, 심리학자 등이 색에 많은 관심을 가지면서 '색채학' 이라는 말이 등장하였다. 아리스토텔레스의 영향을 받아 색채보다 과학적인 이론을 전개한 뉴턴은 "빛은 직진한다." 라는 이론에 의해 "빛은 입자가 흐르다가 그 입자가 눈에 들어오면 색감각이 발생한다." 라는 입자설을 주장하고, 빛이 삼각형 프리즘을 통하여 생기는 스펙트럼에 대한 역사적인 학술 전

[그림 5-12] 야경, 램브란트(1642)

[그림 5-13] 유태인 신부, 램브란트(1655)

개를 하였다. 이 시대의 화가 램브란트는 귀족들의 자화상과 인물들의 군상을 통하여 바로크 색채에 대해 여러 가지를 제시해 주었다. 그는 빛의 밝음과 어두움을 대비시켜 주제를 강렬하게 전하고자 하였으며, 이것은 〈야간순찰대〉 〈자화상〉 등의 작품에서도 잘 나타나고 있다. 그 후 뉴턴의 체계에 반론을 제기한 괴테는 평생 색채연구에 몰두하여 색채론을 두 편이나 냈다. 괴테는 색채를 눈에 속하는 것으로서 눈의 작용과 반작용에 의해 생겨나는 것으로 보는 생리색과 이보다 더 객관적인 성격을 띠는 물리색, 가장 객관적이고 지속적인 성격을 띠는 것으로서 내재적인 속성을 가진 화화색으로 구분하였다. 괴테는 인간의 감각과는 무관하게 존재하는 색채 자체의 실체를 인정하기를 거부하였으며, 색채 현상을 밝음과 어둠의 양극적 대립현상으로 보면서 빛과 어둠의 경계에서 색깔이 생겨난다고 보았다. 이 연구는 물리적 입증은 받지 못하였으나 정신적으로 큰 영향을 주었다.

(5) 19세기 회화의 색채

프랑스의 대혁명과 영국의 산업혁명으로 근대적 전환기를 맞으면서 과학의 발달은 색채학, 사진술, 석판인쇄 등이 독자적인 양식을 형성하였다. 색채의 영향과 이론에 대한 일반의 관심이 높아진 것은 19세기 초엽이다. 파리의 화학자 슈브뢸(M. E. Chevreul, 1786~1889)는 1830년대 『색의 동시대비 및 채색된 조성에 관한 법칙에 대하여(*The Principles of Harmony and Contrasts of Colours and their Application to the Art*)』라는 저서를 발간하였는데, 이후 인상파와 신인상파 화가들의 과학적 기초가 되었다. 클로드 모네가 루앙의 성당을 연작으로 그린 까닭은 장소의 분위기보다 그 시간의 분위기를 표현하여 하였다. 즉, 자연의 색은 빛에 따라 달라진다는 현상을 탐구하기 위해 시차를 두고 동일 풍경을 그렸는데, 그것은 태양의 진행과 빛의 반사에서 오는 색의 변화를 표현하기 위한 것이었다. 토머스 영(Thomas Young)은 뉴턴의 광학이론을 전개시킨 사람으로 뉴턴의 이론을 정리하면서 "사람의 눈에는 가지각색의 핵신경이 있을 것 같지 않다. 색광의 스펙트럼을 통해 볼 때 적색에서 주황색 부분까지는 적색, 황색에서 초록색까지는 초록색, 청색에서 자주색까지는 청색이라 하는 것을 볼 때, 우리 눈에는 적색, 초록, 청색의 세 가지 신경이 존재할 것이다."라는 가설을 세웠다. 그 이후 토마스 영의 이론을 발전시킨 헬름홀츠(H. v. Helmholtz)는 『시각의 회화』를 발표하여 이목을 끌었다. 이러한 분위기에서 생겨난 미술표현은 신고전주의, 낭만주의, 자연주의, 사실주의, 인상주의, 초기인상주의, 인상주의 등으로 발전하게 되었다.

[그림 5-14] 풀밭 위의 점심, 마네(1863)

[그림 5-15] 벼랑에 선 모네 부인과 아들 장, 모네(1875~78)

(6) 20세기 이후 회화의 색채

20세기 이후는 다양한 현상이 나타나는 시기로 색채 위주의 감성적인 경향으로 본능적이며 원색의 표현을 통해 다양함과 자유분방함을 추구했다. 반 고흐

(Vincent van Gogh)와 폴 고갱(paul Gauguin)의 작품이 관심을 끌기 시작했으며, 앙리 마티스(Henri Matisse)는 색채를 적극적으로 사용하여 원색의 평면적인 화면을 통해 색채의 짜임새를 연구하여 현대 디자인의 발전에 도움을 주었다. 그 후 파블로 피카소를 위시하여 20세기 추상미술의 발달에도 큰 역할을 하였다. 색을 하나의 기호체계로 정립한 사람은 먼셀과 오스트발트(Friedrich Wilhelm Ostwald)였다. 미국의 화가였던 먼셀은 먼셀 표색법을 확립하여 명도, 채도, 색상에 의한 조화론을 제창하였으며, 오스트발트는 독일의 화학자로서 색채를 연구하여 색의 표시체계를 제창하여 규칙적인 혼색에 의하여 색을 수치화하였다. 이들은 색을 색상, 명도, 채도로 분류하여 하나의 기호체계로 정립함으로써 오늘날까지 국제 간에 통용되는 중요한 업적을 남겼다. 그리고 바실리 칸딘스키(Vasilii Kandinski)는 러시아의 화가로서 디자인의 기초가 되는 추상화의 이론과 실천을 주장하였으며, 1922년에 바우하우스에 참가하여 색채의 역할을 분석함으로써 큰 영향을 주었다. 또 요하네스 이텐(Johannes Itten)은 1913년 바우하우스에 참가하여 색채를 표현의 중요한 요소로 파악하고 색채의 전문교육법을 확립하였다. 따라서 20세기는 다양한 색채와 형태를 통하여 미술, 문화, 음악 등 예술활동이 의복이나 유행 그리고 사진, 미디어, 화학, 물리학, 심리학 등의 전반적인 발달로 색채에 대한 일반적인 관심도 크게 높아졌다.

4. 색채치료

1) 색채치료란

색채치료(color therapy)란 개인의 건강과 균형을 유지하고 정신적 행복을 도모하기 위해서 인간의 유기조직에 각기 다른 색상들을 도입시키는 것이다. 색의 진동은 인간의 신체 주위에 존재하는 신비한 에너지의 장(아우라)을 통하여 흡수된다. 눈과 피부 그리고 내분비체계와 연결되는 힘의 핵심(차크라)으로도 흡수된다.

색채의 움직임은 신체적으로 몸속의 모든 조직에 활력을 복구시켜 줄 뿐 아니라 정서적 · 정신적인 회복도 촉진해 준다. 따라서 색채치료는 인간의 신체와 정신과 감정을 조화롭게 맞춰 나가는 데 도움이 되며, 그 결과 개인적인 성장과 영적인 개발을 격려해 줄 수 있다.

빛의 스펙트럼에서 나오는 색들을 완벽하게 받아들이는 가장 확실한 방법은 자연광에 자신을 노출시키는 것이다. 고대 그리스인과 이집트인이 주로 그 방법을 사용하였다. 하지만 안타깝게도 우리가 원할 때마다 혹은 필요할 때마다 태양을 통하여 빛을 받아들인다는 것이 항상 가능한 일이 아니다. 그러한 이유 때문에 색채치료의 도구들이 개발되었다. 그 도구들은 스펙트럼 내에 있는 특정한 색을 분리해서 신체의 전체나 그 색이 필요한 특정 부위에 투사시킨다. 색채치료의 또 다른 형태는 정신적인 투사, 즉 색채 시각화와 암시, 명상 같은 기법을 활용하는 것이다. 이 방법들이 우리의 내적인 빛과 우주의 에너지를 활용하여 치료능력을 더 확실하게 다져 줄 수 있다.

인간은 지구와 우주에서 언제나 고갈되지 않는 에너지의 근원을 받아들인다. 지성을 지닌 존재이기 때문에 이 에너지를 긍정적으로 사용하는 방법도 알아 갈 수 있다.

치료의 힘은 실제로 우리 안에 잠재되어 있으며, 이 힘은 겉으로 드러나기보다 수면상태에 빠져 있는 경우가 더 많다. 그 이유는 우리가 문제의 해결책을 안에서보다 외부에서 찾으려 하기 때문이다. 대부분의 사람들이 자신의 힘과 능력을 과소평가하느라 바빠서 자신의 안에 내재된 힘을 깨닫지 못한다. 하지만 이 에너지와 힘을 생산적으로 사용하면 현재의 불편함과 질병을 경감시킬 수 있다. 질병을 예방하는 효과도 끌어낼 수 있다.

2) 서양 색채치료의 역사

(1) 서양 민족문화의 색채치료

세계 각지의 문화나 문명의 역사에서 인간은 색채효과를 잘 이용하고 있다.

특히 고대인은 종교적인 운용을 통해 색에 특별한 작용이 있다고 믿고 있었다. 색채가 가진 치료효과라고 말할 수 있을 것이다. 마야민족의 영장(靈場)에 가까운 곳이 있는데, 그곳에서 샤먼에 의한 기도의식이 행해진다고 한다. 그것을 색채기도라고 한다. 샤먼들이 입고 있는 민족의상은 색채가 매우 풍부하고 아름다우며 더욱이 디자인 감각이 훌륭하다. 검은색 바탕에 빨간색과 흰색, 파란색과 초록색 등 선명한 자수를 이용한 상징적인 그림이 그려져 있다. 그것들은 비, 번개, 태양 등의 자연현상을 상징하는 것인데, 그에게 있어 태양이나 번개도 전부 신의 화신이므로 그 힘을 신체에 담기 위해 몸에 장식하는 것이라고 한다. 이런 면은 일본의 신도(神道)를 포함해 세계 각지의 원시종교와 공통점이 있는 듯하다.

고대 마야 문명의 피라미드는 전부 빨갛게 채색되었다. 짙은 녹색의 밀림 속에서 하늘을 향해 빨간 피라미드가 솟아 있는데, 이 빨간색은 마야, 아즈텍 등 고대문명에서 중요한 의미를 가지는 것으로 전해 온다. 티칼(Tikal)에 있는 제사센터의 피라미드뿐만 아니라 멕시코 각지의 다른 피라미드에도 빨갛게 채색된 흔적이 남아 있다고 한다.

고대 이집트 주술사들은 붉은색으로 주문을 썼는데, 색채가 악귀와 귀신을 물리치는 큰 힘을 지녔다고 믿었다. 스코틀랜드와 헝가리, 포르투갈, 덴마크, 독일 등지에서도 가축이 죽는 것을 막으려고 가축에 빨간 끈과 빨간 헝겊조각을 매달았다. 북부 아프리카의 대상(隊商)들은 사막을 건널 때 푸른색 사기 구슬을 낙타의 이마에 얹어두었다. 악한 기운의 악마 눈이 파란 구슬에 고정되어 낙타를 해치지 못할 것이라 여겼다. 색에 신비하고 영험한 힘이 있다고 믿었기 때문이다. 고대인은 색깔 있는 재료를 장식품과 장신구로 썼는데, 고대 이집트와 바빌로니아의 비문을 해석한 결과, 신의 은총을 불러온다는 믿음 때문이었다. 이집트에서는 빨간색 부적이 여자들의 하혈을 막는 의미로 사용되었고 노란색은 황달치료에 쓰였다.

(2) 종교 속의 색채치료

종교에서도 색채를 이용하여 신을 상징하였는데, 이집트에서는 신을 상징하는 태양을 황금색, 노란색 또는 붉은색으로 나타냈고 고대 그리스에서는 아테나(Athena) 여신을 노란색이나 황금색으로 가리켰다. 주신(酒神) 디오니소스(Dionysus)는 붉은 얼굴을 하고 있었고, 이리스(Iris)는 무지개를 상징하였고, 성서 속 하느님의 색은 청색, 녹색 에메랄드는 그리스도와 관련된다.

기독교에서는 성 삼위를 성부(손), 성자(양), 성신(비둘기)으로 나눈다. 신이 삼위일체로 나눠지는 것과 같이 퍼져 있는 빛도 그러하다. 예컨대 성부의 신이 파란색 광선으로 나타나고, 성자를 유지시키고 보존하는 힘은 노란색 광선으로 나타나며, 분해하는 힘을 가진 성신은 빨간색 광선으로 나타난다.

미국 원주민 문명에서는 빨간색 등의 색을 주술적인 힘을 가진 것으로 취급하였고, 이슬람권에서는 종교상의 우상숭배는 아니나 힘을 상징하거나 왕권의 표징으로서 역시 태양의 붉은 이미지가 사용되었다. 이슬람권을 여행하면 왕족의 문장으로서 빨간색이나 금색으로 칠한 태양의 그림을 볼 수 있다. 그리스도교에서는 빨간색 이 인간의 죄가 그에 의해 용서받는다는 치유의 이미지와 관련된다.

(3) 색채치료의 역사

문명 초기부터 현재까지 수많은 사람이 색채가 가지고 있는 치료효과에 관해 연구해 왔다. 1966년에 뉴턴은 프리즘을 사용해서 태양빛에 존재하는 모든 색채를 발견했다. 그러나 19세기에 색채이론을 쓴 괴테는 이 내용을 반박했다. 이 분야에 있어서 그의 계승자는 색채는 살아 있는 존재라고 믿었고, 뉴턴의 경우 빛과 어둠의 상호작용을 통해 색채가 나타난다고 본다는 점에서 그의 색채이론과 달랐다.

19세기 후반에 색채치료법은 팬코스트와 배빗 등의 연구로 다시 관심의 대상이 되었다. 1877년에 팬코스트(Seth Pancoast)는 『파랑과 빨강(*Blue and Red*)』이라는 저서를 출간하였는데, 이 두 색채가 그가 사용한 유일한 색채였던 것으로 보인다. 그는 빨간색과 파란색의 유리로 된 창으로 빛을 통과시키는 방법으로 치료를 했는데, 이 유리창을 지나온 광선은 환자에게 집중하여 비친다. 당시 그의 기록에 따르면, 색채치료는 효과적이었다고 했다.

하버드 대학의 교수이자 저술가였던 에드윈 배빗(Edwin D. Babbit, 1828~1905)의 『빛과 색채의 원리(*The Principles of Light and Color*)』(1878) 출판으로 빛과 색의 힘과 에너지 영역에 대한 관심이 되살아났다. 배빗의 치료법은 빨간색과 파란색에다가 노란빛도 함께 사용했다는 점에서 팬코스트의 치료법과는 다소 다르다. 배빗은 환자가 유색광을 흡수할 수 있도록 다양한 도구를 활용하였다. 예를 들어서, 열이 나면 환자를 앉혀 놓은 다음 스테인드글라스 필터를 통하여 직접 전달되는 자연광을 흡수할 수 있도록 했다. 또한 그는 태양수(水)를 만들어 치료에 사용했다고 전해진다. 태양수를 만드는 데 필요한 색채의 색채 렌즈(chrome lens: 치료 목적을 위해 개발한 것)와 장착된 작은 유리병을 햇볕 아래 걸어 놓아 태양수를 만들고, 환자는 이 물을 마시면서 질병을 치료했다.

루돌프 슈타이너(Rudolf Steiner, 1861~1925)는 영적인 인식과 비전 및 경험을 과학적으로 추구하는 방법에 관심이 있었다. 신비학자, 철학자, 스승 그리고 종교적인 지도자로 불린 슈타이너는 '루돌프 슈타이너'로 이름 붙여진 학교를 1919년에 설립했다. 그는 색채이론에 관해 매우 발전된 이론을 전개시킨 것으로 명성이 나 있었고, 색채치료법이 미래에는 중요한 역할을 하게 될 것이라고 예견했다. 질병은 현실의 의식과 더 높은 차원의 지각과 일치되지 않아서 생겨나는 것이며, 질병은 예술을 통해 치료될 수 있다고 믿었다. 또한 그는 빨간색, 파란색, 노란색 같은 활동적인 색채가 있고, 형태와 관련이 있는 초록색, 흰색, 검은색, 복사꽃 같은 이미지 색채가 있다며 색채를 두 개의 범주로 나누었다.

1921년에 루돌프 젠나(R. Zenna)는 일련의 강의에서, 어떤 증상의 보조적 치료로서 색채의 형(形)을 응용할 것을 제안하였다. 여기서 말하는 색채란 눈으로 보이지 않는, 적외선의 어두움에서 생기는 농적색에서 시작해서 기압이 서서히 올라감에 따라 자외선에 녹아드는 심홍색으로 끝나는 과정의 대기압의 미묘한 변화를 말한다. 이것의 농도 변화는 시각뿐만 아니라 피부와 같은 모든 체표에서도 감지된다. 장님의 경우에도 색에 반응하는 이유가 여기에 있다. 그 반응은 개인에 따라 차이가 있지만, 그 차이가 치료를 위한 유익한 지침이 된다고 젠나는 논한다. 이 치료에 응용되는 것은 적(赤), 오렌지, 황(黃), 녹(錄), 터키청, 청

(靑), 자(紫), 마젠타(magenta)라고 하는 자연분광의 색채다. 구체적인 색채요법으로는 색이 칠해진 천이나 벽 또는 조명을 사용하거나 나아가 색채 리듬방사기, 색채 레벨램프, 벽의 색, 색채조정기 등의 장치가 이용되고 있다.

1934년에 가디알리(D. P. Ghadiali)는 세 권으로 엮은 『분광-크롬법 백과사전(*Spectro-chrome Metry Encyclopedia*)』을 출간했다. 이 저서는 집에서 할 수 있는 색채치료과정을 담고 있다. 그리고 그는 소리, 빛, 색채, 자기가 모두 같은 에너지이며 차이점은 진동수뿐이라고 믿었다. 그는 색채와 진동을 몸의 생리현상과 연관시켰고, 어떤 것도 완전히 순수한 요소란 없으며, 모든 요소가 단일 스펙트럼을 가지지 않는 복합체라고 믿었다. 그는 슬라이드를 통해 빛을 방출하는 두 개의 기구를 발명했다. 첫 번째 기구는 그가 색채분석기(graduate spectro-chrome)라고 부르는 것으로 이 기구는 2,000와트 전구가 있고 모터로 가동되며, 알루미늄 슬라이드 운반기에 장치된 채색된 회전하는 슬라이드를 집어넣은 기구이다. 두 번째 기구는 가족치료를 위해 개발한 알루미늄 색 분석기이다. 이 기구는 1,000와트 전구와 색채파장, 슬라이드를 갖춘 봉해진 신호기로서 슬라이드 운반체를 내장하고 있다. 이 기구는 그 자체에 스탠드와 자동 시간 전환기가 있고 색채 분석을 가정에서 사용하기 위한 안내서도 포함하고 있다.

『분광-크롬법 백과사전』의 3권에서 가디알리는 다음과 같은 내용을 진술하였다.

> 몸을 회복시키고 기운을 내게 하며, 원기를 되찾게 하는 과정에서 인간의 몸은 특정한 주기의 법칙(law of periodicity)에 따르게 된다. 이렇게 지금까지 알려지지 않았던 법칙은 분광-크롬법의 창시자에 의해 처음으로 발견되고 실용화되었다. 분광-크롬법을 사용하는 데 있어서의 대단한 성공은 부분적으로는 점성술적이고, 또 부분적으로는 중력에 관계되며, 부분적으로는 생화학적인데, 이것은 무엇보다도 발광과 관련되어 있는 법칙을 정확하게 적용하는 것에 달려 있다. 이러한 것들이 지나치게 복잡하고 인식하기 어렵지만 나는 모든 법칙을 조직화함으로써 복잡한 과정을 단순화했다.

20세기 중반쯤, 롤런드 헌트(Roland Hunt) 박사가 진단과 치료를 목적으로 색을 사용할 수 있다는 내용의 책들을 출판하였다. 그는 소리와 음악, 향기와 조명에 관련된 색의 효과를 연구하였고, 우리의 환경에서 사용할 수 있는 컬러 램프와 조명 장비를 개발하였다. 그가 개발한 램프는 정신적인 면을 치료해 줄 뿐 아니라 인간의 의식을 고양시키는 미학적인 디자인으로 만들어졌다.

1958년에 발간한 『시각에서의 새로운 빛(*New Light on the Eye*)』이라는 저서에서 심프킨스(C. A. Simpkins)는 몸에 음식물이 필요하듯이 눈에는 빛 에너지가 필요하다고 주장했다. 시각을 통해 적용되었을 때 색채의 치료적 가치는 특히 효력이 있다고 믿었고, 그는 자신의 저서에 눈에 적절한 빛을 쏘임으로써 백내장을 치료한 성공사례를 소개하였다.

눈에 빛을 쏘이는 것의 중요성을 연구한 현대의 연구자는 리버먼』(Jacob Liberman)이다. 『미래의 광의학(*Light, Medicine of the Future*)』이라는 저서에서 각종 암과, 우울증, 스트레스, 시각장애, PMS, 인간의 면역체계, 학습장애를 치료하는 데 빛과 색채를 이용하는 것에 대해 그는 논의했고, 일광치료법의 선구자들처럼 그도 태양 빛이 우리의 행복한 생활에 필수적이라고 믿었다. 이와 같이 계속되는 색채에 대한 연구를 통해 가시광선의 놀랄 만한 치료효과가 더 많이 확산되고 있다.

1960년대 바젤대학 심리학 교수인 로르샤흐(Hermann Rorschach) 박사가 개발한 '로르샤흐 테스트' 라는 성격검사법에는 73매의 색채 카드가 사용된다. 그는 실험을 통하여 피험자에게 빨간색을 보여 주면 혈압이 오르고 호흡이나 심장박동이 격해지며, 감색을 보여 주면 반대의 결과가 나타나는 것을 알게 되었다. 또한 감색, 적색, 황색, 녹색, 자색, 갈색, 회색, 흑색의 여덟 종류 중에서 감색, 적색, 황색, 녹색은 심리적 원색으로 분류하고, 간단한 검사의 보조색으로 자색, 갈색, 회색, 흑색을 사용함으로써 심리적 육체적 스트레스가 있는 부분을 판정하였다. 이러한 테스트를 통해 병의 징후를 일찍 발견하고 대응할 수 있게 되었다.

1978년에는 독일의 만데르(P. Mander) 박사가 서양의 빛과 색에 관한 지식과 동양의학의 음양오행론, 침과 경락에 관한 연구, 그것의 포톤(photon, 광양자)에 관계하고 있는 생물학적, 물리학적 연구를 통합하여 색채광선요법을 개발하였다. 독일의 물리학자 포프(Fritz-Albert Popp) 박사는 모든 생명체의 세포가 생체 포톤(bio-photon)을 발하고 있다는 것을 실증하였다. 포톤이 양자론에서 말하는 특정의 에너지와 운동을 가지는 일종의 빛의 입자로, 포프 박사는 생명체가 물질적 육체 외에 전자장적 에너지체를 가지고 있다는 것을 발견한 것이다. 동양의학의 경락과 경혈은 바로 이 광 네트워크의 무언가와 관련이 있다고 말하고 있다.

1994년 조지 에게리(George Egery) 박사는 생명에너지 수준을 측정하는 방법을 개발했다. 그것은 엷은 필라멘트 포일을 사용하여 회전 상황에서의 활력지수(vitality quality: VQ)를 측정하는 방법이다. 필라멘트를 손바닥으로부터 직각으로 5센티미터 정도 띄워 놓고 피험자의 손에서 나오는 에너지를 측정한다. 이 과정에서 침이나 뜸 등에서는 강한 에너지가 방사되고 경혈이 아닌 곳에서는 약한 에너지가 방사되는데, 이를 통해 볼 때 포일을 회전시키고 있는 에너지와 경락에 따라 흐르고 있는 에너지가 같은 종류의 것이라고 추정할 수 있다(이준 역, 카시마하루키 저, 2002).

3) 동양 색채치료의 역사

(1) 동양 민족문화의 색채치료

중국문화에서 색은 5,000년 이상 전에 만들어진 음양오행의 우주관에서는 대단한 의미를 갖고 있다. 음양사상은 혼돈의 우주 '태극'에서 음과 양의 2대 원소가 분리되며, 더욱이 목, 화, 토, 금, 수의 요소를 정해 오행으로 했다. 그리고 오색, 오방, 오시, 오감, 오장, 오승 등 혹성에서 인체를 하나로 연결된 우주로 보며, 삼라만상을 대응시켜 생활의 지혜로 삼았던 것이다. 더불어 목, 화, 토, 금, 수에 대응하는 오색은 청, 적, 황, 백, 흑이다. 더욱이 오방은 동, 남, 중앙, 서, 북이며, 오시는 봄, 여름, 토용, 가을, 겨울을 말하고, 오장은 간장, 심장, 비장, 폐, 신장에 대응한다. 중국 역대 황제의 상징적 색깔이 노란색인 것도 세계의 중심을 나타내는 것이다. 이 우주관은 한국을 비롯해 아시아 각국에도 전해졌다. 한국에서는 현재에도 국기의 디자인에 음양을 상징하는 색과 오행을 의미하는 표징이 나타나 있다.

일본에서도 중국의 사상을 적극적으로 받아들여 신사의 오색 막과 가이세키 요리 등 생활 전반에 걸쳐 영향을 끼치고 있다. 또 색이 가진 치료효과와 관련해서 환자의 피부색으로 진단을 하는 한방치료에서 오색의 의미는 진단 기준이 되며, 치료방법으로도 색이 지침이 되고 있다.

중국이나 인도의 사원과 불각에는 다양한 색이 도색되어 있다. 그러한 색은 단순히 화려하게 보이고 눈에 띄게 하는 역할만을 하는 것은 아니다. 그와 같은 배색은 사원이 있는 지역의 기후나 풍토, 생활양식 속에서 어떠한 색이 사람들의 신체에 적합한 것인지 그리고 어떠한 색이 마음에 영향을 미치는지에 대한 사려 깊은 의도가 숨어 있다고 할 수 있다.

① 차크라

차크라(chakra, 에너지 응집률)는 물질적 혹은 정신의학적 견지에서 정확하게 규명될 수 없는 인간정신의 중심부다. 그림이 직선과 곡선 혹은 명암만을 가지고 완전하게 설명될 수 없듯이, 차크라도 생리학적 정신의학적 또는 어떤 과학적 형태로도 설명될 수 없다. 차크라란 '숙시마 프라나(sukshma prana, 미세한 프라나)' 라고 하는 미세한 생명력이 활동하는 중심부다. 차크라는 교감신경계, 부교감신경계 및 자율신경계와도 상호 관계를 맺고 있으며, 우리의 몸 구석구석과 긴밀히 연결되고 있다. 차크라는 마음의 바퀴이며 욕망의 숲 속에 살고 있다. 바퀴 그 자체와 마찬가지로 욕망 또한 커다란 동기의 힘이다. 그리고 각 차크라는 단계별로 욕망을 담고 있는 욕망의 보금자리다. 일생을 통하여 우리는 욕망의 늪 속에 살며, 각자가 가장 편안하게 느끼는 차크라의 견지에서 삶의 상황을 이해하고 판단한다. 차크라를 논의할 때는 반드시 이 에너지 중심센터의 미묘한 성질을 이해해야 한다. 신경들은 단지 기본 원동력에 지나지 않지만, 그 메시지는 매우 미묘하며 의식 혹은 자기인식이 있게 마련이다.

차크라란 어떤 물질적 형상을 지니지 않으며 생리학적 혹은 순수 물질적 차원에서 설명될 성질의 개념이 아니다. 차크라는 영혼 에너지와 육체의 움직임이 합치되고 침투되어 만나는 중심이다. 차크라는 연꽃으로 비유되며, 차크라 하나하나는 색채와 관계가 있다. 특히 색깔 차크라 명상법은 색깔이 특정한 진동을 통해서 신체에 영향을 미친다는 이론을 전제로 고안됐다. 이 외에도 자연과 접촉하거나 향기를 맡으며 해당 차크라에 부드럽게 주의를 집중하는 차크라 명상법이 있다.

요가에서는 의식 에너지가 어떤 차크라에 머물러 있는지에 따라 기질이나 성격 등이 결정된다고 본다. 차크라에 집중하고 또 그것을 자각하면서 나를 지배하고 있는 특정 성향을 객관적으로 관조하는 능력을 얻을 수 있다. '나는 마음을 관찰하지만 마음은 나에게 영향을 미치지 못한다.' 는 판단능력을 견지하게 되는 것이다. 이 같은 자각과정을 거쳐 차크라 명상을 지속적으로 진행한다면 일곱 개의 차크라 에너지가 각성되면서 그 안의 극과 극의 성향들이 통합될 수 있다. 양극성의 통합을 이루는 것은 양극성에 대한 자각을 놓지 않으면서 양극이 균형을 이루는 중도를 체화하는 것으로 설명된다.

② 음양오행설

이 세상의 모든 사물에는 반드시 상반되는 두 가지의 성질이 존재한다고 보고, 이것을 음과 양이라는 속성으로 체계화시킨 것이 음양설이다. 강약, 과부족, 장단, 표리 등 대립적 평형관계를 도처에서 발견할 수 있다.

한편 이 세상의 모든 사물은 목, 화, 토, 금, 수라는 다섯 가지 성질이 있다는 사상에 기반한 것이 오행설이다. 오행설을 해석하기 위해 사용되는 상생(相生)이라는 용어는 '태어나다, 도와주다' 라는 의미로 받아들여진다. 따라서 목생화는 "나무는 연료로서도 사용하지만, 불은 나무가 있기 때문에 타오를 수 있다." 라고 해석할 수 있다. 토생금은 "광물질은 모두 흙에서 생성되기 때문에 흙은 금, 은, 다이아몬드 등을 낳게 할 수 있다." 라고 해석되며, 화생토는 "불은 모든 것을 태워 버려 재로 만들고, 불에서 나온 재로 흙을 만들 수 있다." 라고 해석된다. 금생수 역시 "물의 수원은 흙 속에 있으므로 흙은 광물을 낳고, 만물의 성장에 없어서는 안 되는 물을 저장하는 수원을 만들기 때문에 광물질은 물을 낳게 한다."라는 것이다. 마지막으로 수생목은 "나무의 생장은 흙 속의 수분을 흡수함으로써 자란다."라는 것을 말한다.

한편 상극(相剋)이란 '이기다, 제압하다, 이용하다'라는 뜻이다. 수극화는 "불기운은 왕성해도 물을 부어 버리면 소멸한다. 따라서 물은 불을 이길 수 있다."라고 해석된다. 화극금이란 "광물은 불기운에 닿으면 녹아서 액체화된다. 화기에 의해 광물은 정련되고 주조되어 물건으로 제공되는 것처럼, 불이 금에 이겨서 이용될 수 있다."라는 것이다. 금극목은 "광물에 의해서 나무의 생장이 닫히고 광물의 독성으로 초목이 말라 버리는 것은 금의 차가움이 강하기 때문이다."

목극토는 "토기의 본성은 만물을 길러 내는 것이지만, 나무가 생장하기 위해서는 흙의 영양이나 정기를 흡수하기 때문에 흙에서 양분을 섭취해 나감으로써 상극을 이룬다." 그리고 토극수는 "물을 흘러가는 것에 의해서 청명을 유지할 수 있지만, 흙에 의하여 물의 흐름의 방향이 막히거나 제한됨으로써 연못과 같은 흐르지 않는 물이 되어 때로는 탁해지고 썩어 버리기도 한다. 이것은 흙의 기운에 제압되기 때문이다."라고 해석한다.

이와 같이 나무, 불, 흙, 쇠, 물은 모든 것에 응용될 수 있다. 대우주의 법칙을 음양오행설로서 포착해 낸 중국 특유의 자연철학은 인간의 건강을 관리하는 의료 분야에도 응용되어 오늘날 중국의학의 기초가 되었다.

중국의학의 진찰방법 중에는 사진법이 있다. 사진이란 망진(望診), 문진(聞診), 문진(問診), 절진(切診)을 말한다. 이는 각각 바라보고, 듣고, 물어보고, 만져 봐서 환자의 병 상태를 파악하는 것이다. 이 중 가장 첫 단계인 망진은 형과 색을 관찰하는 것으로 병의 정도를 파악하는 것이다. 망진 중에서도 몽색진은 진단 시에 피부색이나 안면색이 중요한 진단 요소가 된다.

예를 들어, 안색을 살펴서 증상을 보는 경우 흰색은 허증, 한증, 실혈증으로 진단한다. 청자색은 한증, 통증, 어혈증, 경증으로 진단한다. 한편 적색은 열증,

황색은 비허증과 습증, 그리고 흑색은 신허증, 수음증, 악혈증으로 진단한다. 또 일상의 음식물도 색으로 말하면 파란색은 간과 담에 좋고, 붉은색은 심장과 소장에 좋으며, 노란색은 비와 위에 좋고, 흰색은 폐와 대장에 좋고, 검은색은 신장과 방광에 좋은 음식물이라고 설명된다.

건물의 배색과 연관시켜 보면 중국의 건물 배색에는 음양오행설의 사고방식이 크게 영향을 미치고 있다. 붉은 심장에 관계하고 있는 색으로, 교감신경을 흥분시키는 작용을 한다. 결국 적색은 황제 앞에서 긴장하고 있는 자의 힘조차도 잃어버리게 만들고, 황제의 입장에는 복종시키는 데 좋은 색이라고 말할 수 있다. 반면에 황제측에서는 자극이 적은 배색으로 청색이나 황색 등의 색이 사용되었다. 이것은 부교감신경을 억제하여 냉정하게 신하를 내려다보고 판단할 수 있도록 하기 위한 것이다. 이러한 배색 역시 당시 생활경험에서 얻은 지혜다.

(2) 종교 속의 색채치료

인도의 힌두교에서도 색채는 큰 의미가 있다. 그것을 더욱더 느끼게 하는 것이 매년 봄에 성대하게 행해지는 힌두 3대 축제의 하나인 호리 축제다. 2~3월에 걸쳐서 개화의 시기 봄이 오는 것을 축하하며 수확을 기원하는 이 축제는 서사시 '마하바라타' 에 따라서 사랑의 신 크리슈나를 찬양한다. 이 축제는 한마디로 말하면 '색의 제전' 이다. 시장에서는 빨간색, 분홍색, 노란색, 초록색 등 선명한 색의 가루가 날개가 돋친 듯이 팔린다. 이 축제 속에서 평소 사회적인 질서는 사라져 버린다. 색을 뿌리는 행위는 사랑의 상징이다. 사랑의 축제가 색채의 제전이기도 한 것은 인도에서는 더욱더 의미가 깊다.

인도의 신분제도를 나타내는 '바르나' 라는 말이 있는데, 이 말은 '색' 을 의미하는 산스크리트어다. 색채에 의해 신분이 색으로 구분되어 왔던 것이다. 사실 색은 계급의 기호이기도 하며, 높은 지위의 브라만이 흰색, 다음의 크샤트리아가 빨간색, 바이사가 노란색, 수드라가 검은색으로 정해져 있다. 인도사회 특유의 계급제도를 넘어, 색의 제전 '해피호리' 는 사람들을 해방시키는 것이 아닐까 싶다.

일본은 신도에서 죄를 씻는 절차를 상징하는 색으로서 '흰색'을 사용한다. 백목으로 만들어진 신전이나 백장속, 무도에서 도복이 흰색인 것 등은 정신집중이나 명상효과 등 심리적인 정화작용을 나타내기 때문이다. 서양에서 노란색은 비겁, 편견, 박해를 상징하기 때문에 기독교에서는 노란색을 제일 부정적으로 본다. 그러나 힌두교, 도교, 불교에서는 제일 좋아하는 색이며, 스님의 의복에 사용된다. 사원 불상에도 노란색은 많이 사용되고 있다.

(3) 색채치료의 역사

중국의 의술은 전통적으로 주술(呪術), 탕액(湯液), 수기(手技)의 세 가지 요소로 이루어져 있으며, 지역과 민족에 따라 특색 있게 발달해 왔다. 중국 최고의 의학서인 『황제내경소문』『한방석원명저』에서 다음과 같은 기록을 볼 수 있다.

동방 지역은 해변에 위치하여 어업을 주로 하기 때문에 생선과 염분을 많이 섭취한다. 따라서 피부병이 많고 악성종양이나 농양을 앓는 경우가 많다. 그리하여 폄석에 의한 외과적 요법이 발달했다.

서방 지역은 불모의 산악지대로 수렵이나 광업을 주로 하였고, 격변하기 쉬운 기후를 가지고 있다. 따라서 두꺼운 옷을 입고 기름진 음식을 먹기 때문에 내장질환이 많다. 독성이 강한 약물을 사용하여 치료하는 의술은 서쪽으로부터 기원했다.

북방 지역은 고원으로, 기후가 차고 주민은 유목생활을 하여 고기나 젖을 주로 먹는다. 그런 환경 때문에 울혈(鬱血)에 의한 내장질환이 많다. 따라서 북방에서는 뜸, 즉 온열작용에 의한 요법이 발달하였다.

남방 지역은 습기가 많은 평야로, 주민은 농경을 업으로 삼고 있다. 고온다습하고 곡물을 주식으로 삼고 있기 때문에 혈행장해에 의한 근맥의 병이 많다. 이와 같은 표재성(表在性)의 신경질환에는 미침이 좋다.

중앙부는 평원으로 습하여 교통이 편리하고 촌락을 이루어 생활한다. 이들은 정신노동이 많고 운동이 부족하여 사지빈혈과 위축을 불러오기 쉽다. 따라서 도인(導引), 안마(按摩), 운동요법과 마사지 방법이 성행하였다.

이렇게 음양오행설의 자연관에 기인한 한의학에서 또한 색이 중요한 의미를 가짐을 알 수 있다.

(4) 임상에서 색채치료의 응용 사례

한의학에서 색의 중요성은 앞에서 말한 대로이지만, 동양에서 색에 대한 연구는 현재의 의료 분야에서도 많이 활용되고 있다. 티베트의 밀교에서는 명상에서 색채가 지니는 특성을 인정하고 있다. 인도에서는 지금도 전통적인 방법으로 색채요법이 행해지고 있다. 그것은 적, 황, 청, 녹 등의 색깔이 들어 있는 물을 컵에 담아 태양에 비춘 다음, 그것을 환자에게 먹이는 것이다. 환자는 그 색에 의하여 활동적으로 되거나 온순해지기도 하는데, 그것을 보고 상태를 진단한다. 때로는 산성 체질과 같은 특수한 상태까지 색채로 치료하고 있다. 또 인도의 요가에서는 육체의 에너지를 일곱 개의 차크라로 나누고 있다.

도호쿠(東北) 공업대학교 정보처리기술연구소에 있는 진마사테루(神正照)는 생체의 광 네트워크 시스템에 대하여 다음과 같이 이야기하고 있다. "생체는 광 커뮤니케이션을 위한 시스템을 가지고 있다. 생체 포톤에 있어서 극미한 생체 포톤 발광이 생체계의 다중계층구조 각각의 수위 내 및 수위 간에 있어서의 협력 현상과 피드백 작용을 통해서 형성되고 있다." 다시 말해서, 이것은 질서 있는 생명 시스템 그대로, 항상성(homeoastasis)의 상태나 거동을 알리는 새로운 생체 광 정보라고 이해할 수 있을 것이다. 생체 포톤을 계측하는 과정에서 경락상의 경혈이 서로 관련되어 있음이 관측되었고, 합곡혈(合谷穴)에 침을 꽂는 시점 전후로 발광량을 측정해 본 결과 생체 포톤에 변화가 있었음이 발견되었다.

한편 1980년에 치지이와 히데카겐는 「색채에 따른 연상: 일본과 미국 학생의 비교」라는 흥미로운 발표를 하였다. 색채를 지각하는 데는 개인이나 국민성에 따라 다소 차이가 있지만, 이 데이터는 시각치료에 참고가 될 뿐만 아니라, 생리학적으로도 중요한 가치가 있다. 이렇게 우리가 색을 의식하든 의식하지 않든, 색은 생활 속에서 매우 중요한 부분을 차지하고 있다.

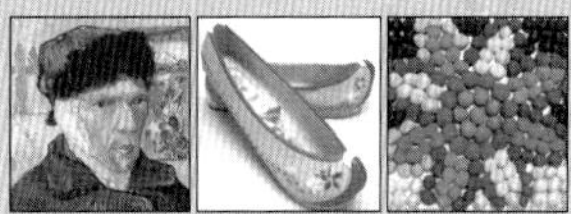

제 6 장

동양미술과 서양미술

미술의 시발은 생활을 영위하기 위한 원시인의 인위적인 행위에서부터 찾을 수 있다. 생산이나 안녕을 비는 본능적 · 종교적 몸짓이 곧 원시예술이요, 도구를 만들고 다듬거나 장식을 가하며, 무슨 목적으로든 그림을 그려 흔적을 남기고 형태를 만드는 원초적인 조형활동이 미술의 기원이다(진홍섭, 강경숙, 변영섭, 이완우, 2006: 40). 즉, 미술은 시대와 장소에 따라 전혀 다른 것을 의미하며, 오랜 역사를 거쳐 인간의 정신적인 면을 내포하고, 기초적인 생활양식에서부터 발달하여 현재에 이르렀다. 동서양을 막론하고 내면과 외면의 미를 추구하며 작가의 세계를 드러내는 것이지만, 그것의 표현방식은 매우 다양하게 나타난다.

근대에 들어오면서부터 동양의 미술시장이 서양의 문물을 받아들이게 되면서 많은 변화를 가져오게 되었다. 그러나 전통문화를 지키려고 하는 많은 예술가(미술, 음악, 운동 등)의 활동을 통해 서양 중심의 예술 흐름에도 불구하고 동양의 예술이 점점 빛을 발하며 서양으로 파고들고 있다. 그렇기 때문에 현대의 미술은 동서양 모두 통합되어 가고 있지만 그 양식에서는 분명히 차이를 보인다.

동양화와 서양화는 재료는 물론 기법에서도 확연한 차이를 보이는데, 그 이유는 미술에 막대한 영향을 미치는 작가의 세계관과 자연관이 다르기 때문이다. 작가는 각 나라의 영향을 받기 때문에 동서양으로 나누어 구분할 수 있다.

동서양의 세계관과 자연관의 차이를 들여다보기 전에 그것을 형성시킨 각국 역사 속의 미술의 변화와 특징을 살펴보면서 미술에 대한 일반적인 개념을 짚어 보아야 한다. 동양은 한국, 중국, 일본 그리고 인도로 세분화하여 각 나라에서 발전해 온 미술에 대한 일반적 개념을 살펴보고 서양은 개괄하여 살펴본다. 그리고 동서양의 세계관과 자연관의 차이를 들여다보고 미술표현 방식의 차이를 알아보기로 한다.

1. 동서양 미술의 일반적 개념

1) 동양미술의 일반적 개념

(1) 한국미술

우리나라의 초기 미술은 신석기시대 토기의 빗살무늬와 조형적으로는 고인돌을 들 수 있다. 생활양식의 도구를 미술품이라고 단정 짓기는 힘들겠지만 그것이 제작자의 사상, 생활, 감정을 대변하고 있으며, 또 우리 민족의 민족성과 역사, 문화를 반영하고 있다는 데는 이견이 없을 것이다. 우리나라는 일찍부터 대륙문화와의 교류를 통해서 이국의 문화를 받아들였지만, 우리 민족은 자연환경과의 조화 속에서 독특하고 아름다운 우리만의 문화를 꽃피워 왔다. 선사시대부터 삼국시대, 통일신라시대, 고려시대, 조선시대, 근대에서 현대까지 각 시대별로 미술양식이 다양하게 나타나고 있지만, 담담하고 조용하며 다소곳한 미덕을 장점으로 하는 공통점을 가지고 있다. 특히 평화롭고 인간적이며 가식이 없는 수수한 미를 보여 주는 자연 존중 회화작품에서 많이 나타나고 있는데, 이를 기본으로 하여 한국적 미술양식을 형성해 왔다.

(2) 중국미술

중국의 미술은 신분을 나타내거나 죽은 사람의 무덤에 죽은 사람이 사용하던 물건들을 실물 대신 그림으로 그려 넣는 것에서 시작되었다고 볼 수 있다. 기원후 궁중미술이 활성화되면서 지배층은 자신들의 정통성을 확보하기 위한 이념을 미술작품에 상징적으로 포함시켰으며, 이로 인해 표현미술이 발달하게 되었다. 당대 이전의 중국미술은 정치적인 성격을 띤 그림이 많을 수밖에 없었고, 당대에도 대중보다는 소수의 선택된 감상자를 위해 그림이 제작되었다.

중국은 기원후 1세기경부터 인도에서 발생한 불교의 영향을 받았다. 이것은 동시에 일어나지 않고 계층별, 성별, 지역별, 종교 성향의 차이에 따라 다양한 양상으로 드러나 한국과 일본에까지 영향을 주며 지금까지 이어져 왔다. 기원후 1000년경에는 돈이 있으면 누구나 미술 전문가가 될 수 있었고, 그림이 그려져 있는 의복이나 장신구를 구매할 수 있는 시장미술이 형성되었다. 그렇지만 아직까지 사회주의 국가인 중국에서는 소련의 미술교육 영향을 받아 개인의 사념이나 이념이 내재된 미술작품보다는 표현미술이 많이 나타나고 있다(임영애 역, Craig Clunas 저, 2007).

(3) 일본미술

일본은 섬나라라는 지리적인 환경의 영향을 받아 내부의 조화를 중시하는 문화를 형성해 갔다. 그러나 일본은 대륙의 미술(대표적으로 한국과 중국)도 동경하여, 그 문화를 수용하고 자신들의 정서에 맞게 독자적인 기법으로 발전시켜 나갔다. 초기에는 한국과 중국의 불교문화의 영향을 받아 그들만의 호국 불교문화를 형성하였는데, 귀족의 우아한 미의식과 무사들의 단호하면서도 강인한 정신이 일본문화를 자극하였다. 후기에는 권력 중심의 화려한 문화가 집중적으로 발전하다가 서민층의 경제적 성장으로 세련된 미가 전개되어 오늘날의 일본문화로 계승되었다(국립중앙박물관, 2005).

(4) 인도미술

인도는 기원전 3000년경에 고도로 문화가 발달하여 중국을 통해 한국과 일본의 미술에까지 영향을 주었다. 인도미술은 대부분 종교미술로서 건축, 회화, 조각 등에 그들의 신앙이 나타나 있다. 인도 고유의 종교는 불교, 자이나교, 힌두교의 3대 종교로 대표되지만 그 가운데서 조형예술에 가장 먼저 착수한 것은 불교미술로, 고대 초기에서부터 그 활동이 두드러졌다. 불교미술의 영향을 받아 힌두교도 중세 전기부터 신상이나 신전의 제작에 열중하기 시작했다. 근세에는 외래의 이슬람교도의 침입으로 인하여 이국적인 건축(사원, 궁전건조물 등)을 많이 남겼다.

인도의 고유 미술은 일반적으로 상징적, 신비적인 표현이 많고 괴이하거나 음울한 것이 많다. 또 난해하고 명랑함이 부족한 것이 특색이다. 동시에 조각이나 회화에서 관능성을 강조한 표현도 인도미술의 특색인데, 이는 종교에 의한 정신적 압력 아래에서도 세속적 즐거움을 추구했던 인도인의 반발이었다고 생각된다(고정은 역, 미야지 아키라 저, 2006).

2) 서양미술의 일반적 개념

서양미술의 시발점은 알타미라 동굴 등에서부터 찾을 수 있는데, 사실적인 표현으로 주술적 의미를 내포하고 있다. 그렇게 시작하여 이집트, 그리스, 로마, 유럽 등으로 미술의 중심지가 점점 옮겨지며 미술의 양상이 독특하며 다양하게 나타났다.

서양인은 자신들이 숭배하는 어떤 존재를 미술작품으로 많이 남겼다. 그것을 통해 서양의 정신은 신 중심적으로 발전되어 왔고, 후세에 가면서 인간 중심적으로 변화된 것을 알 수 있다. 서양의 미술은 색과 조형미를 중시했으며 사실 그대로 표현하는 것에 중점을 두었다. 근대에 와서야 미술의 폭을 넓혀 작가의 정신을 담은 모든 것에 대해 미술작품이라고 인정하기 시작했다. 동양과 그 문화가 다르지만 독특한 미술세계를 가지고 전 세계의 미술을 현재까지 이끌어 왔다.

2. 동서양 미술의 주제와 소재 비교

동양과 서양은 각 나라의 언어로 미술을 말하고 있다. 각 나라에서 말하는 미술(art)이라는 언어는 전 세계적으로 공통어로 표현된다. 그러나 미술작품을 만드는 작가와 그 작가가 소속되어 있는 나라의 문화에 따라 다양한 양상으로 형성되고 있다.

특히 동양과 서양의 두 갈래로 그 양상이 독특하게 나누어지고 있다. 그 차이는 다양하게 찾아볼 수 있지만 미술작품 제작과정 중 가장 중요한 주제와 소재 선택에서 동서양의 차이를 발견할 수 있다. 동양의 미술이 자연을 추구하고 정신세계를 강조하면서 산수화를 주로 그렸다면, 서양은 인간 중심적이며 사실적 묘사를 강조하며 인간을 주제로 주로 그렸다. 이렇게 다른 주제를 선택하게 되는 이유는 동양과 서양의 세계관과 자연관이 다르기 때문이다.

1) 동서양 미술의 세계관

세계관이라는 것은 지적 측면뿐만 아니라 실천적 · 정서적 측면까지를 포함한 포괄적 세계 파악을 목적으로 하는 것이다(두산백과사전). 세계를 파악해야 하기 때문에 제3자의 입장에서 세계를 바라보는 것으로 이해하여 오해하게 될 수도 있지만, 사실은 세계관을 형성하는 인간도 세계를 구성하는 한 부분이기에 현실 속에서의 세계를 바라보고, 반대의 입장에서 세계를 바라봄으로써 실재가 무엇인지, 인간은 무엇인지(인간관), 죽은 후의 세계는 어떤지(내세관), 인간에게 역사는 어떤 의미인지(역사관) 그리고 바르게 사는 도덕의 기초는 무엇인지(윤리관)를 형성해 가며 세계관을 만들어 가는 것이다. 그렇게 형성되는 세계관은 끊임없이 역사를 바꾸어 가며 주체적 · 실천적 요소를 강조하게 된다. 그렇다면 동서양에서 나타나는 세계관의 차이점은 무엇인가?

동양의 세계관은 음양(陰陽)과 오행(五行)으로 질서가 정해져 있다. 동양은 모든 우주 만물을 음과 양으로 구분하는데, 예를 들면 낮의 태양은 양(陽)이고 밤의 달은 음(陰)이며, 남성은 양이고 여성은 음이다. 또 봄과 여름을 양이라 하면 가을과 겨울은 음이라고 표현할 수 있다. 각각의 음과 양은 그 자체로만 존재하는 것이 아니라 음은 양으로 양은 음으로 변화하려는 성질이 있으며, 극에 도달하면 상호 대립의 양상을 보이기도 한다. 음과 양은 상호 의존적이며 상대적으로 증감하는 성질을 지니고 상호 평형을 유지하려는 속성을 가지고 있다. 이렇게 음과 양은 서로 다르면서도 완전히 나눌 수 없는 것이다. 그래서 동양에서는 우주를 음양으로 나누어 갈라 놓는 것이 아니라 음양의 조화가 이루어져야만 참된 생명이 되는 것이라고 말하고 있다.

오행이라는 것은 음양의 연속선상에 있어서 우주를 이루는 요체로 목(木), 화(火), 토(土), 금(金), 수(水) 다섯 가지로 이루어지는 것을 말한다. 또한 오행을 오방색으로 표현하기도 하는데, 목은 청색으로 생명이 태어나는 봄을 표현하기도 하며 귀신을 물리쳐 복을 비는 데 사용하기도 했다. 화는 적색으로 생성과 창조, 정열과 애정, 적극성을 뜻하며, 토는 우주의 중심이라 하여 고귀한 색으로 임금의 옷을 만드는 데 주로 사용되었다. 금은 백색을 나타내며 결백과 진실, 삶, 순결 등을 뜻해 예로부터 우리 민족은 흰 옷을 즐겨 입기도 했다. 마지막으로 수는 흑색을 나타내며 인간의 지혜를 관장한다고 생각했다.

음양오행은 동양화를 나타내는 가장 대표적인 세계관이다. 화폭에 담겨 있는 모든 주제는 음양의 조화가 나타나며 오방색을 사용하여 채색하여 그림을 완성하였다. 또한 건축물과 의복에서도 오방색을 사용하여 그 의미를 더하기도 하였다.

서양의 세계관은 진취와 극복의 물질문명이라고 할 수 있다. 서양의 인간은 조화를 이루기보다는 끊임없이 세계를 정복하고 발전해 나가는 존재로 보았다. 그래서 타민족을 괴롭히고 그들의 물질을 빼앗아 자신의 것으로 만드는 역사를 만들어 갔다. 서양은 현실을 있는 그대로 받아들이며 정신적인 이상을 추구하기보다는 이성적으로 판단하여 인간의 욕심을 좇았다. 기원후부터 형성되어 온 기독교적 세계관이 17세기까지 서양의 세계관을 지배해 왔고, 기독교적 세계관은 신 중심적인 세계관으로 신을 인정하고 인간이 신에게 자연을 지배하도록 내어 주며, 인간은 신의 명령에 순종해야 하는 존재로 보았다. 그리고 수없이 많은 철학자에 의해 끊임없이 다양한 세계관이 형성되어 오늘날에 이르렀다.

2) 동서양 미술의 자연관

자연관은 자연에 대한 관념이나 견해를 뜻한다. 동양에서는 자연 속에 인간이 존재하는 것이라고 생각하여 자연을 존중하고 인간과 자연의 조화를 중시하여 자연을 훼손하지 않고 있는 그대로 보존해 가면서 동반자로서의 삶을 살았다면, 서양은 인간 속에 자연이 있다고 생각하여 인간과 자연을 구분하고 정신과 물질을 분리시켜 자연을 극복하거나 정복하는 대상으로 보았다. 그래서 동양은 숲을 먼저 보고 나무를 보는 철학적 사고방식과 유사하지만, 이에 비해 서양은 사실을 중시하여 나무를 보고 숲을 보는 과학적 방식과 유사하다. 예를 들면, 동양은 인체를 하나라고 이해하며 우주 안의 소우주라고 표현하는 반면에, 서양에서는 인체의 부분을 따로 분리하여 이해하려고 한다.

이러한 것이 작품에서도 드러나는데, 동양화를 보면 화폭 안에 소재들을 세밀하게 묘사하여 나타내기보다는 하나를 이루어 전체적인 감상을 하게 하는 반면에 서양화는 화면을 구성하는 소재들을 하나하나 세밀하게 그려서 전체를 이루고 있는 요소들을 들여다보게 한다.

3. 동서양 미술의 재료와 기법 비교

동양과 서양의 미술은 재료부터가 다르다. 동양화에서는 그림의 바탕재료로 자연적인 환경에서 가공된 종이를 이용한 화선지, 한지 등을 이용하여 그 위에 그림을 그렸지만, 서양화에서는 화학적인 가공으로 두껍게 처리된 펄프지나 천(캔버스) 위에 그림을 그렸다. 바탕의 재료가 다르기 때문에 그 위에 올려지는 물감에서도 차이를 보인다. 동양화에서는 수용성인 먹과 안료를 물에 섞어 채색하는 방법을 사용하였고, 서양화에서는 르네상스 시대의 회화에서 쓰인 안료를 달걀흰자에 녹여서 사용하여 그린 템페라화를 사용하였는데 지금의 유화로 발전되어 사용되고 있다.

재료의 차이뿐만 아니라 세계관과 자연관의 영향으로 기법에서도 차이가 있다. 동양화에서는 자연주의적 사상을 가지고 자연 속에 정신이 있다고 생각하고 그 정신을 담아서 그림으로 표현하였다. 먹을 이용하여 선으로 자연을 나타내는데 탁월함을 보여 준다. 산세의 모양이나 한복의 곡선 등 선을 잘 표현하였고 농담을 이용하여 음양을 표현하였다. 반면에 서양화에서는 있는 사실 그대로 자연의 모습을 화폭에 담았다. 선보다는 면 중심으로 빛을 통해 눈에 들어오는 모습을 묘사하는 것이다.

그림을 표현하는 데 있어 또 다른 차이는 동양화는 삼원법(근경-중경-원경)을 사용하여 화폭의 공간을 처리했다면, 서양화에서는 투시원근법이나 공기원근법을 사용하여 화면을 처리했다. 그렇기 때문에 그림을 보면 동양화는 마치 위에서 보고 있는 듯하기도 하고 앞에서 보고 있는 듯하기도 하여 거리감을 정확하게 표현할 수 없지만, 서양화에서는 사진을 보듯 거리감을 정확하게 느낄 수 있다.

동서양 회화의 특징을 비교하자면 동양화에서는 여백의 미를 두어 종이의 색을 그대로 드러냄으로써 자연을 표현하기도 하며, 그 빈 공간으로 감상자를 끌어들여 감상자 스스로 여유를 갖고 생각하여 창조적 공간 속에 또 다른 창작이 일어나도록 한다. 반면에 서양화는 화폭을 가득 메워서 밑바탕의 재질이 보이지 않게 하여 작가의 사상만을 그림 속에 담아내고, 그것을 바탕으로 감상자가 감상할 수 있도록 이끌어 낸다.

4. 동서양 미술의 작품 비교

〈감로도〉와 〈최후의 만찬〉은 이승과 저승을 그림으로 나타낸 것이다. 각각 동양과 서양의 종교적 세계관을 바탕으로 그려진 것이다. 감로도는 중생교화를 위

[그림 6-1] **감로도, 작자 미상**(조선 1649년)

[그림 6-2] **최후의 만찬, 레오나르도 다빈치**(1495 ~ 1498년)

해 그려진 것으로, 유교의 덕목인 효가 강조되며 조상숭배신앙이나 영혼숭배신앙을 표현하기 위해 그려졌다. 〈최후의 만찬〉은 마지막 날 신이 인간을 심판하고, 천국과 지옥으로 나누어져 세상의 최후의 인간 모습을 보여 주기 위해 그려졌다. 〈감로도〉에서는 인간이 자연 속에 있는 모습을 보여 주고 그 안에서 고통받으며 노동하고 있는 모습을 그려 내고 있다. 그리고 부처의 모습이 하늘 위에서 인간의 모습을 내려다보고 있다. 최후의 만찬에서는 십자가를 진 예수의 모습이 하단에 있으며, 인간이 승천하고 지하의 세계로 떨어지는 모습을 그려 인간의 모습을 중점으로 다루었다. 또한 인간의 모습을 세세히 그려 마치 육체가 살아 있는 듯한 모습을 보여 주고 있으며, 〈감로도〉에서는 그 정신이 깃들어 인간을 묘사하기보다는 그것들이 시사하고 있는 것을 보여 주고 있다.

신윤복의 〈미인도〉에 나타난 여인은 기생이다. 그 당시에 유행하던 한복의 자태가 나타나 있으며 고개를 숙인 얼굴과 실눈썹의 고운 눈매, 다소곳한 콧날, 좁은 입 등 동양미인의 조건을 여실히 보여 주고 있다. 얼굴의 표정은 마음까지 드러내는 듯 보인다. 다빈치의 〈모나리자〉는 눈썹이 없고 이마가 넓은 당시 서양의 미인상을 보여 주고 있다. 부인의 정숙한 미소를 머금은 표정과 편안한 손 등을 표현하여 보는 사람으로 하여금 신비성을 느끼게 한다.

[그림 6-4] 미인도, 신윤복(18세기 말기~19세기 중기)

[그림 6-3] 모나리자, 레오나르도 다빈치(1503~1506년)

재료와 기법에서도 차이가 나는데, 〈미인도〉에서는 비단천에 먹을 이용하여 세밀하게 선으로 묘사하여 여인의 자태를 정확하게 드러내주고 있으며 간단한 색의 처리로 배춧잎처럼 부풀어 있는 치마를 표현하였다. 그리고 배경은 묘사되지 않고 인물에만 집중되어 있다. 반면에 〈모나리자〉는 빛을 이용하여 사실적으로 묘사하였다. 배경은 원근감을 주어 멀리 있는 듯 흐리게 처리하였고 그림 속에 또 다른 그림이 있는 것처럼 연상케 한다.

조각보는 옛날 일반서민이 쓰다 남은 조각천을 이어서 촘촘히 바느질을 하여 만든 것으로 우리 민족의 생활의 지혜가 담겨 있는 것이다. 오방색(적, 황, 청, 흑, 백)만을 이용하여 만든 것으로, 의도적으로 구성하고 생각하여 만들지 않았지만 색채 구성이 좀 더 자유롭고 순수하

[그림 6-5] 조각보(19세기)

[그림 6-6] 구성 A, 몬드리안(1920년)

[그림 6-7] 추사 김정희 영정 (1857년)

[그림 6-8] 귀를 자른 초상화, 빈센트 반 고흐(1889년)

게 나타나고 있다. 반면에 몬드리안(P. Mondrian)의 〈구성(Composition)〉은 원색만을 사용하여 순수하고 객관적으로 리얼리티를 표현하려고 하였다. 최고의 순도를 지닌 3원색을 사용하였고, 흰색과 검은색을 사용하며 면을 구성하였다.

〈김정희 영정〉은 추사 김정희 선생의 초상화다. 관복을 입고 호랑이 가죽이 깔린 의자에 앉아 있는 전신상이다. 이 그림 또한 먹의 선으로 묘사하여 나타내고 있다. 인물 중심으로 다른 풍경은 묘사되어 있지 않다. 그림에서 나타나듯 김정희 선생의 정신이 그 표정과 자태를 통해서 나타나고 있다. 〈고흐의 초상화〉는 당시 고흐의 상태를 그림으로 표현하여 나타내고 있다. 배경을 통해 고흐가 일본 그림에 관심을 가지고 있었다는 것을 알 수 있다. 그리고 인상주의 기법이 나타나 한 가지 색이 아닌 여러 색으로 한 면을 나타내고 있는 것을 알 수 있다. 고흐의 정신보다는 그 당시의 유행하는 그림, 화법 등을 더 자세히 알 수 있다.

김홍도의 〈조어산수도〉는 먹의 농담으로 풍경을 표현하였다. 산과 물이 흐르고 안개가 낀 듯 여백의 미를 살려 주었다. 두 명이 낚시를 하고 있는 듯 전체적인 풍경이 하나로 조화되어 자연을 바라보고 있는 듯하다. 서양회화의 풍경화 중 대표적이라고 할 수 있는 존 컨스터블(John Constable)의 그림 〈건초 수레(The Hay-Wain)〉에 나타난 주제 역시 김홍도의 그림과 크게 다르지는 않다. 그러나 세밀한 묘사를 통해 사람의 시선을 그림 안으로 끌어당기는 것을 느낄 수

[그림 6-9] 조어산수도, 병진년화첩 중, 김홍도 (조선, 1796년)

[그림 6-10] 건초 수레, 존 컨스터블(1821년)

있다. 물에 비치는 집과 나무의 모습 그리고 하나하나 세밀하게 묘사된 나뭇잎을 볼 수 있다. 빛을 표현하여 색의 생동감도 느낄 수 있다.

지금까지 작품을 통해서 동서양 미술의 차이점을 찾아보았다. 작품 속에 깃들어 있는 작가의 정신세계 그리고 작가의 세계관과 자연관을 볼 수 있었다. 색조의 다양함도 볼 수 있었지만 가장 두드러지게 나타난 것은 동양화는 먹의 선만을 이용하여 하나의 자연을 연출해 냈다면, 서양화는 빛을 표현하여 색과 면으로 화폭을 구성하였다는 것이다. 더 다양한 작품을 감상한다면 동서양 미술의 차이점을 더 깊이 있게 발견할 수 있을 것이다.

그러한 전통문화는 문물이 발달하기 이전까지 이어져 왔고 대륙 간의 교류가 생겨나면서부터는 동양에서 더욱 많은 서양의 문화를 받아들이게 되었다. 그래서 근대에 들어서는 서양을 중심으로 미술문화가 발달하게 되었다. 그리고 전통문화를 이어 가기 위해 동양화를 연구하고 그려 나가는 예술가들의 노력으로 서양에서도 동양의 독특한 미술양식이 관심을 끌기 시작했다.

동양과 서양의 미술은 확연하게 다른 차이가 있다. 그러나 그들의 공통점은 고유한 자신의 문화를 솔직하게 드러내고 있다는 것이다. 동양화는 동양인의, 서양화는 서양인의 정신과 역사, 문화를 담고 있다. 언어로 나눌 수 없는 그 정신을 우리는 그림을 통해서 나눌 수 있을 것이다.

동양화와 서양화가 하나가 될 수는 없다. 그러나 서로를 인정하고 세계의 미술문화를 이끌어 갈 수는 있다. 우리가 해야 할 것이 바로 그것이다. 각자의 전통을 지켜 끊임없이 연구하고 고유한 미술을 발전시켜 나가면서 함께 미술시장을 이루어 가야 할 것이다.

제 7 장

미술치료의 이해

1. 미술치료란

미술치료(art therapy)란 미술과 의술이 접목된 비교적 새로운 형태의 치료법으로서 미술활동을 통하여 환자의 심신 상태를 평가(진단)하고 질병의 치료나 증상의 호전을 도모하는 치료법이다. 광범위한 의미에서 예술치료라고 하면 미술만이 아니고 음악, 연극, 시, 소설, 춤, 레크리에이션, 놀이, 작업 등 자기표현을 매개로 한 것을 모두 포함한 개념이지만, 좁은 의미에서 미술치료라고 할 경우에는 그림, 조소, 디자인, 서예, 공예 등의 미술 영역을 말한다.

미술치료에 관한 가장 흔한 질문은 미술행위가 어떻게 질병을 치료하는 효과를 낼 수 있느냐는 것이다. 미술치료에서는 아스피린 두 알을 먹으면 열이 떨어지고, 항생제 주사 한 대를 맞으면 염증이 없어지는 것과 같은 일차적이고 직접적인 치료효과를 기대하지 않는다. 몸의 질환이 마음에 영향을 끼치고, 마음이 비정상인 몸(disorder)에 영향을 끼친다는 심신 상관관계(psycho-somatic inter-relation)의 틀 속에서 임상효과를 기대하는 것이다.

완전한 참 건강은 신체적인 건강, 정신적인 건강, 정서적인 건강, 사회적인 건강, 영적인 건강이 두루 이뤄진 상태를 일컫는데, 미술활동이야말로 신체적인 요소, 정신적인 요소, 정서적인 요소, 사회적인 요소, 그리고 영적인 요소까지도 한데 포괄적으로 다뤄 주는 총체적이고 종합적인 활동이다. 미술치료는 마음의 자극을 통해 몸의 병을 다스리고 몸의 자극을 통해 맘을 다스리는 이차적이고 간접적인 요법이라고 할 수 있고, 동시에 쌍방향으로 작용하는 전일적이며 총체적인 요법이라고 할 수 있다.

미술치료를 받기 위해서 미술에 소질이 있어야 되는 것은 아니다. 그림 그리기에 소질이 있는 사람만이 미술치료를 받을 수 있고, 그런 사람들에게만 치료 효과가 있을 것이라는 생각은 잘못된 것이다. 정도의 차이는 있을지언정 누구나 다 어느 정도의 창의적 재능을 지니고 있다. 미술치료는 누구나 지니고 있는 창의성을 발굴 · 향상시키고 이러한 창의성을 바탕으로 하여 환자가 미술활동이라고 하는 자기표현적이면서 창조적인 활동을 통하여 심신의 자연치유를 유도한다.

자연은 신(神)의 작품이고, 예술은 사람의 작품이다. 의(醫)는 예술이다. 즉, 치유예술 또는 인술(仁術)이다. 자연은 자연치유력의 작용으로 치유를 이끌어 내고, 사람은 인술을 이용하여 치료를 유도해 내는 것이다. 자연은 자연의 창조적 힘으로 변화해 가는 것이며, 치유의 과정은 자연의 창조적 과정의 일부일 뿐이다. 다시 말해서, 치유과정은 창조과정이라 할 수 있다. 인간의 미술활동은 나름대로의 창조과정이기 때문에 이러한 창조과정이 심신의 치유과정과 직결된다는 것이다. 미술행위 자체가 자연치유력을 강화시킬 수 있다.

미술치료라는 것은 미술활동을 통해서 개인의 갈등을 조정하고 자기표현과 승화과정을 통해 자기성장을 촉진시키는 것이다. 자발적인 미술활동은 개인의 내적 세계와 외적 세계가 조화를 이룰 수 있도록 돕는다. 비언어적인 커뮤니케이션 기법으로서 미술치료는 언어적 이미지와 시각적 이미지를 통해 지금까지의 자기상실, 왜곡, 방어, 억제 등의 상황에서 더욱 명확한 자기발견과 자기실현을 꾀한다.

이렇듯 미술과 창조적 과정은 모든 사람 속에 내재하는 비언어적 의사표현 능력이다. 미술행위는 심신의 이완을 유도하고 스트레스를 감소시키고 심신 질환의 치유를 돕는다. 또 자기표현 능력을 향상시킴으로써 사회활동 요령을 개선시키고 의사소통 능력을 호전시키고 감각적 기술도 강화시켜 준다. 그렇기 때문에 미술치료가 전 세계적으로 통합의학의 일환으로 훌륭한 역할을 해내는 새로운 치료수단으로 각광받는 것이다.

미국을 비롯한 여러 의학 선진국에서 미술치료사의 역할은 미술과 심리학 두 분야의 학문적 배경을 겸비한 전문가가 담당하며, 최근에는 의료시설에서 임상경험까지 축적한 석사, 박사 수준의 의료전문인으로 양성되는 경향이 확산되고 있다.

미술치료사는 미술활동을 통하여 한 사람의 개인에게 치료를 제공하기도 하고, 부부나, 가족이나, 집단을 대상으로 치료를 제공하기도 한다. 물론 미술치료 과정에서는 비언어적 의사소통과 비언어적 표현을 많이 사용하지만, 동시에 언어적 탐구와 언어적 중재도 이용하고 있다. 미술치료사는 직접적으로 환자에게 일차적 치료를 제공하는 치료사로 일하기도 하고, 시설의 필요성에 따라 또는 환자의 치료목표에 따라 치료팀 안에서 보조적인 치료를 제공하는 치료사의 역할도 담당한다.

미술치료사가 제공하는 의료 서비스는 다양하다고 할 수 있는데, 여기에는 예방적 서비스, 진단적 평가, 치료와 치료 후 평가 등이 포함된다.

2. 미술치료의 이론적 근거

1) 정신분석학적 상담이론

(1) 프로이트의 정신역동적 접근

정신분석적 미술치료는 프로이트(Sigmund Freud)를 중심으로 정신분석가들이 사용하는 자유연상법이나 꿈의 해석, 저항과 전이의 분석과 해석 등을 기법으로 사용하는 것이다. 특히 자유연상의 경우나 꿈의 내용을 전달하는 데 있어서 그림이나 창조적 매체를 통해서 표현케 하는 것이다. 아동의 경우는 성인에 비해 자유연상의 준비성이 결여되어 있어서 그림의 사용이 언어보다는 의사소통을 용이하게 한다. 성인의 경우에도 난화나 핑거페인팅 등으로 자유연상을 하게 하거나 연상되는 것을 그리게 하는 방법을 적용한다. 정신분석적 미술치료는 미술을 상징적 언어의 형태로 보고 자유롭게 자신을 표현한다.

(2) 융의 분석심리학적 접근

융(Carl Gustav Jung)은 무의식에서 나온 심상을 그려 내고 채색하는 데 중요한 역할을 했던 능동적 심상화(active imagination) 기법에 대해서 논하고 있으며, 내담자의 그림은 종합적으로 해석되어야 한다고 지적하고 그림을 지적 · 감정적으로 이해해야 한다고 했다. 융의 분석적 미술치료는 프로이트와 달리 인간의 심상을 임상적 자료로 사용하기보다는 내담자의 개인적 요소와 원형적 요소를 종합하는 방식으로 내담자와 치료자 간의 상호 통찰과 이해의 자료로 사용하였다. 융학파는 미술이 추구하는 낭만적 작업이 임상적 정보 자료원도 아니며, 원형적 형상화를 알고자 하는 흥미 위주의 지적 탐구도 아닌 내적 · 외적 실체에 대한 잠재적 통찰을 불러일으키는 합성물로서 또한 그 상징으로서 심상을 다루고 있다. 따라서 미술치료의 목표는 미술을 증진시키 데 있는 것이 아니라 미술이라는 매체를 통해서 숨겨진 자원(근원)을 찾고 이해와 성장과 변형을 증진하고자 하는 데 있다.

(3) 아들러의 개인심리학적 접근

프로이트의 결정론적 관점에 반대한 아들러(Alfred Adler)는 인간은 자신이 존재하는 환경과 상호관계를 갖는 사회적 존재이며, 자신의 조건을 극복하려는 목적의식과 창의적이고 책임을 지는 통합적 인격체라는 관점에서 출발한다. 아들러의 개인심리학은 한 개인의 세계인식 방식에 의해 이루어지는 생활양식을 중요하게 여긴다. 모든 인간은 태어날 때 미숙한 존재지만 성장과 완전성으로 나아가려는 경향이 있다고 하였으며, 이를 그의 심리학의 기초에 두었다. 개인의 생활양식에 따라, 즉 자신의 열등감을 어떻게 극복하느냐에 따라 인간은 정신병리적인 성격으로 변할 수 있고, 자신을 사회적 통합처의 일부로 받아들여 공동체의식을 함양할 수 있다. 아들러는 인간의 열등감과 보상의 상호관계를 통하여 자신의 삶에서 창조적 삶의 예술가가 된다고 하였다. 아들러에게 있어서 개인의 생활양식은 이미 유아기에 자신과 관계를 맺는 사람들, 즉 가족에 의해서 많은 부분이 형성되었다고 보며, 이러한 점에서 아동의 교육 및 부모의 교육을 중요시하였다(김선현, 2006). 또한 아들러 학파의 치료에서는 내담자의 병을 치료하는 것이 아니라 개인의 생활양식, 삶을 보는 방식을 수정하려는 것을 목표로 삼고 있다. 다시 말해서, 치료자는 내담자의 생활양식의 변화에 주의를 기울여 내담자의 감정을 받아들이고 격려하며 배려하고 비난하지 않는 기법을 사용한다. 이러한 치료자의 태도를 통하여 내담자는 열등감이 감소하고 세상을 보는 관점이 변화한다. 또한 내담자는 생활양식과 생의 목표를 조정하게 되고 사회적 관심이 증가하며, 나아가 사회의 소속감을 갖게 된다. 여기에서 치료자는 내담자의 행동, 증상, 꿈, 의사소통관계, 대인관계 등을 해석하여 내담자의 통찰력을 촉진시켜 자신의 행동을 재정립하도록 돕는다.

2) 인본주의적 상담이론

(1) 로저스의 인간 중심적 접근

로저스(Carl Ransom Rogers)의 인간 중심 치료모형은 한 개인은 총체적으로 연구되어야 하고 적응과 편안함보다는 의미와 주체성을 제공하는 자기실현과 성취가 인간존재의 기본 목표라고 하였다. 인간 중심 미술치료는 정신의 깊은 곳까지 탐색할 수 있는 의지와 힘을 길러 주며, 상반되는 양극성(선과 악)의 태도보다는 인간이 사랑할 수도 미워할 수도 있는 존재라는 신념을 확신케 한다. 여기서 강조하는 전인격적 통합은 몸과 마음, 영의 조화로운 협력을 말한다. 그래서 내담자가 두려움이나 불행, 불안에서 탈피하려는 것보다는 진정한 표현의 성취에서 나오는 기쁨, 유쾌한 흥분을 얻기 위하여 이들 느낌을 어떤 창조적 양상으로서의 정직한 표현으로 변화시키는 것이다.

미술치료과정에서 융의 이론과 같이 꿈을 깊은 무의식에서 나온 상징적 메시지로 간주하고, 심상의 중요성을 인식하고 통합적 치료에 활용하고 있다. 즉, 꿈의 기억이나 대인관계 개선, 통증의 치료 등에서 소조활동이나 크레용 등으로 그림을 그리는 기법을 사용한다. 통증을 상상하고, 통증을 그림으로 그리고, 통증이 몸에서 떠나가는 것을 상상하고, 그것을 다시 그림으로 그리는 방법을 응용하고 있다. 자신의 전체성을 경험한 사람은 자신은 물론 타인의 통합성, 주체성, 개성, 이상주의를 인정하고, 그러한 통합철학은 관심, 돌봄, 동정의 삶의 방식을 이끌어 낼 수 있다.

(2) 게슈탈트 접근

실존주의 철학이 현상학적 방법에 기초를 두고 있다면, 게슈탈트 치료는 현상학-실존주의 영향과 정신분석, 게슈탈트 심리학의 영향을 받아 정립된 것이다. 게슈탈트 치료의 인간관은 실존적인 삶을 통한 성숙한 인간으로, 치료의 목적은 분석이 아니라 자아의 통합에 있다. 특히 '지금-여기'를 강조하며 미해결과제를 완성하고 순수자아의 표출과 의식훈련의 기법을 사용한다. 즉, 여러 가지 연습에 의해도형과 배경을 자연스럽게 변화시킬 수 있도록 돕는다. 때문에 치료자와 내담자의 실존적인 만남이 중시되며 주로 워크숍 형태의 치료법을 사용하는데, 이때 치료자는 연출가의 역할을 하게 된다. 결국 게슈탈트 치료는 개인의 생활과정에 대한 개인적 책임을 강조한다.

게슈탈트 기법의 꿈 작업기법은 미술치료 기법과 유사한데, 내담자의 시각적 심상에서 자발적으로 표현된 의미에 대한 내담자의 의식을 불러일으킨다. 즉, 꿈의 형태를 그들 자신이 만들어 냈다는 것을 인식하게 한다. 꿈을 현실화하고 재연시켜서 지금 일어나고 있는 것처럼 재생시키는 것이 목적이므로 미술매체를 통해 생생하게 끌어낼 수 있다.

또한 점토작업 게임이나 느낌에 대한 그림 그리기 기법, 선 게임 등의 미술치료 방법과 역할놀이, 연주 등을 함께 사용하기도 한다. 구조화된 미술치료에서는 내담자에게 정서적으로 괴로움을 겪고 있는 일련의 단어에 대한 추상화를 그리게 하고(예: 분노, 공포, 슬픔, 놀람), 그린 그림을 동시에 볼 수 있게 정리하여 토의한다. 치료자는 선과 형에 포함된 방향성에 유의하여 주목을 끄는 형태를 확인하고, 시각적 도형이 내담자의 실제 생활에서 현재 관심과 어떻게 관련되는지를 질문하여 설명하게 한다.

게슈탈트 미술치료는 내담자와 치료자 사이에 책임 있고, 정직하며, 직접적인 의사소통을 이끌어 나가고자 한다. 시각적으로 묘사된 진술을 서로 탐구하면서 접촉하게 되며 상호작용하는 것이다. 내담자 자신이 시각적 메시지로 그들의 욕구와 자원을 인지하기 위해 최대의 잠재력을 활성화시키는 방향으로 노력해 나가야 한다.

3) 인지-행동 중심의 상담이론

(1) 행동치료 접근

행동치료는 과학적 방법의 원리와 절차에 근거한다. 실험에서 도출된 학습원리 들은 부적응행동을 변화시키도록 사람들을 도와주는 데 체계적으로 이용된다. 단순한 행동에서 복잡한 행동, 쉬운 행동에서 어려운 행동, 덜 위협적인 행동에서 더 위협적인 행동의 순으로 다룬다. 행동주의 미술치료는 발달장애 아동이나 행동문제를 지닌 성인에게 유용하다. 특히 이 모델에서 유용한 기법은 행동형성법이다. 이 기법은 미술치료 기법과 행동치료 원리를 결합한 것으로 교육적 조치가 포함되어 있다. 행동형성은 새로운 행동을 형성하는 절차로서, 여기서 강화를 통해 목표행동에 접근하게 된다. 행동형성의 과정은 형성해야 할 행동을 명확하게 정의하기, 출발 시의 행동수준 선정하기, 기초선에서 목표행동 수준까지의 행동을 작은 단계로 나누기, 강화자 선정하기, 반복을 통한 행동형성하기다. 예를 들면, 한 집단 참가자가 사회적 상황에서 적절하게 느끼고 싶다면 상담자는 '적절하지 못하다고 느끼는 장면을 구체적으로 말해 보시겠습니까?' '당신이 부적절하다고 느끼는 상황은 어떤 상황입니까?' '부적절하다고 느끼는 구체적인 상황을 말해 주시겠습니까?' '변화시키고 싶어 하는 구체적 행동은 무엇입니까?' 하고 질문한다. 집단은 집단 참가자들이 이러한 어려운 질문에 대한 대답을 말하도록 도와줄 수 있다.

(2) 인지치료 접근

인지학적 미술치료는 내담자의 사고나 감정을 시각화할 수 있어야 하는데, 인간의 세 영역, 즉 영혼과 육체와 정신의 특성에 적합하고 효과적으로 작용하는 치료형태다. 미술치료 형태는 소묘, 색을 사용하는 그림, 조소활동으로 분류된다. 소묘는 신체의 상부, 즉 두뇌활동에 작용하며 색은 가슴에, 조소활동은 신진대사에 작용하는 요소를 지니고 있다. 미술치료사는 내담자를 진단하고 내담자의 기질, 성격, 생활, 상태 등을 참고하여 어떠한 형태의 미술치료가 적합한지 선택하여 적용한다.

미술의 세 가지 요소가 미치는 치료적 영향을 살펴보면 다음과 같다.

첫째, 선 작업인 소묘활동은 머리 영역에 영향을 주는 것으로 논리적 사고와 관찰력과 집중력을 기르며 감정에 치우치지 않도록 돕는다. 내담자는 미술치료 중에 소묘를 통하여 자연과 형태에 대한 깊이 있는 체험을 하며 소묘에 대한 두려움을 극복하고 그림에 대한 즐거움과 세계를 새롭게 보는 것을 배운다. 소묘를 적용한 치료형태는 기하소묘, 형태소묘, 자연물 대상 소묘, 역동적 소묘, 파스텔 소묘, 목탄 소묘, 선영소묘 등이 있다.

둘째, 색을 이용하여 그리는 그림은 정서, 심장박동과 혈액순환에 도움을 준다. 특히 붓과 색과 물을 이용한 기법은 심리적 이완과 자연스러운 호흡에 효과가 있다. 현대인에게 호흡과 심장장애가 가장 빈번한 질환이라는 점을 감안할 때, 색을 이용한 치료가 인지학적 미술치료에서 가장 많이 사용된다는 것을 이해할 수 있다. 이러한 점에서 치료자는 색의 다양한 영향력에 대한 경험이 풍부해야 하며 내담자에 따른 색의 적용을 자세히 알아야 한다.

셋째, 조소는 순조로운 신진대사와 의지력의 개선을 위한 치료처방이 적합하다. 또한 공간의식의 확장에도 도움이 된다. 점토활동의 장점 중 하나는 실패에 대한 두려움을 가지지 않아도 되며, 다른 도구가 없이 손만으로도 치료적 활동을 이끌어 갈 수 있다는 것이다.

이러한 세 가지 형태의 예술은 내담자를 건강하게 하는 방향으로 전환하기 위한 수단으로서 미술치료에 적용된다. 즉, 인지학에서는 미술치료를 통한 통일체적 인간을 목표로 한다. 따라서 미술치료사는 내담자가 어느 영역에 문제가 있는지를 파악하여 어떠한 미술형태를 적용하는 것이 적합한지를 진단하여야 한다. 미술치료 형태의 선택은 항상 내담자의 병이나 내담자의 문제점에 따라 치료자가 결정한다.

4) 발달 중심의 상담이론

발달적 접근은 프로이트, 에릭슨, 피아제 등의 발달이론을 기초로 한다. 분리와 개별화 과정, 사회심리적 발달, 인지적 성장이 발달적 접근에 포함된다. 발달적 접근은 정상발달 단계에 있지 않은 내담자를 이해하고 조정하기 위한 것으로 정상발달과정에 초점을 두고 있으며, 이러한 접근은 정상적인 개인에게도 적용될 수 있다.

발달적 미술치료는 정상유아, 장애인, 인지적 퇴행이 있는 성인에게 적용된다. 생활연령은 6세이지만 정신연령은 0～2세 수준에 머물고 있는 내담자는 감각운동기 단계에 해당된다. 그리고 15세 정신지체아는 5세 연령의 전조작기 단계에 해당될 수 있다. 인지적 발달단계에 따라 다른 미술매체와 활동이 활용된다. 교육이 가능한 정신지체아들은 추상화된 일반화 능력에 문제가 있으므로 미술활동을 통해 단계적 성취를 하게 해 주는 것이 중요하다. 이때 치료자는 정신지체아의 학습속도가 느리다는 것을 인식해야 한다. 정신지체아의 경우 짧은 집중력과 제한된 기억력을 가지고 있기 때문에 간단한 활동의 반복을 통해 기본적인 개념을 형성시켜 주고 다양한 미술매체를 이용하여 자신의 표현력을 개발할 기회를 제공해 주는 것이 중요하다. 공간관계, 공간 개념, 환경 개념의 문제를 지닌 아동에게는 삼차원의 미술활동이 도움이 될 수 있는데, 이는 시각적으로 사물을 인식하는 능력과 한 물체와 다른 물체를 변별하는 능력을 길러 주는 내용이 미술활동에 많이 포함되어 있기 때문이다. 또한 새로운 언어의 획득이나 소근육 발달과 같은 기능적인 문제가 있는 경우에는 미술활동을 통해 반복연습하게 하는 것이 중요하다. 이때 주의해야 할 것은 여러 가지 미술재료나 다양한 활동은 오히려 아동에게 혼란을 줄 수 있으므로 한 번에 한 단계에 집중할 수 있도록 미술활동이 이루어져야 한다는 것이다.

3. 미술치료의 역사

미술치료는 새로운 학문이라기보다는 미술, 미술사, 인류학, 심리학, 정신의학과 같은 여러 분야의 이론들이 결합되어 형성된 것이다. 20세기에 들어서 미술치료의 출현은 매우 독특한 일련의 사건들에 의해 이루어졌다. 미술치료가 미술이라는 시각매체와 심리학 모두에 기반을 두고 있기 때문에 지난 50년간 관심을 증가시키고 미술치료의 발전에 영향을 끼친 고대와 현대의 많은 요소들이 있다.

1) 시대별 미술치료의 역사

(1) 고대의 미술치료

다른 치료와 마찬가지로 미술치료 역시 오랜 역사 속에서 그 뿌리를 찾을 수 있다. 고대에 미술은 건강에 어떤 역할을 수행했기 때문에 상징적 표현은 중요한 치료의식의 한 부분이었다. 미술을 제작하려는 욕구는 공격성, 사회적 상호작용과 성, 언어만큼이나 기본적인 인간의 충동이자 특징이다. 초기 글자는 이집트의 상형문자처럼 흔히 새나 동물 같은 대상의 그림을 사용하였다. 수메르인이 쓴 설형문자, 마야문명의 축약문자, 약효 그리고 고대와 현대의 한자가 그러한 예다.

기원전 2만 년 이전부터 인간은 장식을 하기 위해서뿐 아니라 미술적 힘을 만들어 내기 위해 이미지와 기호를 만들어 왔다. 석기시대 인간은 원시적인 도구로 동굴 벽에 형태와 그림을 그린 최초의 이미지 제작자들이었다. 그들은 미지의 세력이나 동물, 환경 등에서 자신을 보호하는 데 여념이 없었기 때문에, 도구와 주거지뿐 아니라 이미지도 창조했다. 이러한 초기 인류는 그림을 통해 먼저 먹이를 포획함으로써 성공적인 사냥을 보장받고자 하였던 것이다. 가장 많이 알려진 그림들은 유럽의 깊은 동굴에서 발견되는데, 이 그림들은 장식이 아닌 다른 목적으로 그려진 것임을 암시하고 있다. 아마도 이런 그림은 순수하게 장식을 위해서라기보다는 어떤 의식을 위해 사용되는 주술적인 목적으로 그려진 그림일 것이다. 이처럼 인간은 오랫동안 앞으로 다가올 사건들에 대처하고, 두려움이나 공포와 같은 강력한 감정을 조절하고 표현하며, 해롭고 두려운 존재로부터 자신을 보호하려는 주술적 목적으로 미술을 창조해 왔다. 예컨대, 초기 이집트인은 미라가 없어지지 않기 때문에 미라를 보호의 상징물로 여겼으며, 기원전 2000년대에 히타이트족은 보호를 위한 주술의식에 서로 다른 색의 양털을 사용했다. 많은 문화에서는 가면이 그들의 조상을 불러오며, 위험한 세력을 쫓아 없애고, 가면을 쓰는 사람이 자신을 힘 센 동물이나 영혼과 동일시하는 데 도움이 된다고 믿었다.

문자 이전의 사회에서뿐 아니라 현대문명에서 미술은 심리적, 신체적인 안정감을 가져다주고 질병을 치유하기 위해 상징적으로 사용되어 왔다. 예를 들어, 나바호족은 특정한 질병에 노래와 춤과 모래그림을 결합하는 의식을 행하였다. 티베트인 역시 고통에 대한 안정과 치료 그리고 기도를 목적으로 만다라 형태의 모래그림을 그렸다. 두 가지 모래그림의 예에서 중심적인 요소는 시각적인 상징으로 나타나며, 부분적으로 변형과 치유를 목적으로 한다. 미술이 주술적일 수 있고 변화를 줄 수 있으며, 또한 인간과 환경을 변화시킬 수 있다는 인간의 믿음은 미술이 왜 치료적인가에 대한 한 가지 이유가 될 수 있다. 주술사는 현대의 정신과 의사와 미술치료사의 선구자들이었다. 주술사의 임무는 어떤 의식이나 이미지를 사용해서 사람의 마음과 몸과 영혼을 고치고 인간의 몸에서 나약한 부분과 해로운 부분을 제거하는 것이다. 주술사는 영혼을 불러오고 다시 의식상태로 회복하고 병을 치료하기 위해 제례와 의식, 의복 등에서 시각적 상징물을 사용했다. 회복과 건강을 위한 도구로서 이미지를 제작하여 사용하는 이런 주술가의 일은 미술치료와 밀접한 관련이 있다.

미술이 신체적 또는 심리적인 치료와 예방약, 자기보존, 주술, 보호를 목적으로 하는 한편, 고대와 현대 문화에서 창조되는 이미지들이 형태나 의미 면에서 많은 유사성을 가지고 있다는 것은 흥미로운 사실이다. 역사적으로 볼 때 인간은 수 세기에 걸쳐 많은 시각적 상징을 만들어 왔고, 각각의 이미지에 대해 공통된 의미를 가지고 있다는 명백한 증거가 있다. 유사한 표시와 형태들은 상징에 대한 공통점을 갖고 있으며 지구 정 반대편 문화권에서도 발견되고 있다. 예를 들어, 동심원(원 안에 원이 그려진)은 스페인, 이탈리아, 오스트리아, 인도네시아, 아프리카, 미국에서 발견되고 있다. 수직선과 함께 사용된 원과 미로 같은 선들, 나선형의 선과 모양들은 서로 관련이 없는 사회와 문화권의 미술작품과 디자인에서 반복적으로 나타난다. 이러한 현상은 인류가 미술이라는 시각적 언어와 이를 통한 보편적 개념의 소통으로 이룩한 공동의 결속력을 강조해 준다.

(2) 현대의 미술치료

미술치료가 부분적으로나마 전통적인 미술의 영역에서 발생하였다는 생각은 현대 정신의학의 출현을 비롯한 최근의 역사적인 사건에 많은 영향을 끼쳤다. 20세기 초 정신의학은 이미지와 인간의 감정, 무의식과의 관련성에 많은 관심을 보이기 시작하였고, 이는 결과적으로 미술표현이 개인 내면세계의 명백한 증거를 제공한다는 믿음을 가져오게 되었다. 1901년에 프랑스의 정신과 의사 마르셀 레야(Mercel Leya)는 환자의 미술작품과 아동의 작품 및 원시시대 화가들의 미술작품 간의 유사성에 대해 언급했고, 1912년에 이미 유럽의 정신과 의사인 에밀 크레플린(Emil Kraeplin)과 카를 야스퍼스(Karl Jaspers)는 환자들이 그린 그림이 정신병리학을 이해하는 데 보조수단으로 이용될 수 있다고 하였다. 그러나 정신과 시각적 표현의 관련성에 대한 의문은 프로이트가 꿈 속에 표현된 이미지에 대해 쓰고 무의식에 대한 이론을 발전시키기 전까지는 풀리지 않았다. 프로이트는 환자들이 자신들의 꿈에 대해 그림을 그릴 수는 있지만 말로는 표현하기는 어렵다고 하였다. 이러한 보고는 미술표현이 인간 정신의 내면세계를 이해하기 위한 길이 될 수 있다는 믿음을 불러일으키고 확인해 주는 계기가 되었다. 프로이트는 임상에 미적인 개념을 도입했을 뿐 아니라 문학과 미술에 대한 연구를 통해 많은 이론을 끌어내었다.

이후에 융은 신화와 미술을 통해 한 세대에서 다음 세대로 전달되는 원형과 여러 문화권에서 공통된 상징물들을 가지고 집단무의식의 개념을 만들어 냈다. 그는 개인적으로 미술에 관심이 있어서 자신의 꿈을 그림으로 나타내고 탐구하면서 일생 동안 조각을 하고 그림을 그렸다. 미술이 자기이해와 감정에 접근하는 방법을 제공한다고 생각하였고 무의식이 변화와 행복의 원천이라고 여겼다. 융은 만약에 이미지가 무의식 속에 남게 되면 인간의 행동에 부정적인 영향을 미칠 수 있기 때문에 감정이 실린 이미지를 의식으로 끌어내는 것이 중요하다고 생각하였다. 꿈, 기억, 이야기, 미술이 무의식 속에 숨겨진 이미지들을 끌어낼 수 있다고 느낀 것이다.

융은 특히 자기자신과 환자의 그림뿐 아니라 미술표현, 특히 만다라나 '마술적인 원' 같은 미술표현의 유용성과 심리학적인 의미에 관심을 가졌다. 프로이트와 달리, 융은 환자들에게 꿈의 이미지들을 그려 보라고 자주 권했다. 그는 "우리 앞에 보이는 것은 우리 안에 있는 것을 그리는 것과는 다르다."라고 했다. 분명히 융은 시각표현 안에 내재된 보편성과 원형에 대한 연구를 통해 상상 속에 나타난 상징적인 의미들을 이해하는 기반을 발전시켰고, 이미지와 정신 간의 관련성을 이해하게 하였다.

프로이트와 융이 꿈과 미술에 대해 해석한 이미지 설명은 정신치료 단체들의 관심을 끌었고, 정신분석가들이 미술표현에 대해 관심을 갖도록 유도하였다. 마음의 무의식적인 과정에 대한 해석은 정신분석학에서 꿈과 그림의 표현을 사용하는 기초를 마련하였다. 프로이트와 융의 글을 통해 심리치료사들은 꿈이나 그림의 형태 같은 이미지들이 언어만으로는 충분하지 않고 항상 적당하지 못하다는 것을 깨닫기 시작했다. 이미지를 통한 표현이 상징적이라는 생각이 생기기 시작하고, 무의식적이거나 억눌린 감정과 사고의 출처인 환자가 그려 놓은 이미지의 의미를 찾고 이해하려는 시도가 늘게 되었다.

세기가 바뀌면서 정신질환을 가진 환자들의 작품에 대해 관심이 생기게 되었다. 1872년 프랑스의 정신과 의사인 앙브루아즈 타르디에(Ambroise Tardieu)는 정신질환에 대한 책을 출간하였다. 책에는 정신질환이라고 진단받은 환자가 창작한 작품의 특징에 대한 생각이 간단하게 소개되어 있다. 1876~1888년 사이에 프랑스의 정신과 의사 폴막스 시몽(Paulmax Simon) 역시 정신질환과 그림에 관한 연구결과를 발표하였다. '미술과 정신의학의 아버지' 라 불리던 시몽은 요양소의 정신과 환자들의 그림을 모아서 최초로 거대한 컬렉션을 만들었다. 그는 환자들의 증상이 미술작품의 내용과 관련이 있을 것이라는 생각을 토대로 정신질환을 진단하는 데에 그림을 사용할 수 있다고 믿었다.

1920년대 정신과 의사 한스 프린츠호른(Hans Prinzhorn)은 독일, 스위스, 이탈리아, 네델란드 등지의 정신병원과 여러 의사에게서 환자들이 만든 조각과 그림을 수집하기 시작하였다. 그는 500여 명의 환자에게서 5,000여 점의 작품을 수집하였다. 이후에 이 작품들은 그가 쓴 『정신질환자의 예술품(*The Art of the Insane*)』이라는 책과 '아웃사이더 아트' 라고 알려진 현대적 현상의 기초가 되었다. 프린츠호른은 미술활동이 심리적인 안정과 통합을 성취하기 위한 자연스러운 방법이라는 사실을 밝혔다. 그는 미술활동이 보편적인 창조욕구이며 병으로 괴로워하는 이들조차도 미술을 통해 자기자신을 표현할 수 있다고 주장하였다.

프린츠호른의 생각은 무의식과 원형에 대한 융의 생각과 같은 것이었다. 그는 무의식이라는 개념을 받아들이는 한편, 미술이 임상적 분석으로 환원될 수 있다는 의견에는 반대하였다. 그는 미술이 정신적 안정을 위한 배출구이며 정신질환을 가진 이에게는 자아발견을 가능하게 하는 방법이라고 여겼다. 프린츠호른이 정신질환을 가진 사람들의 그림을 모으기 시작한 시기와 거의 동시에 스위스의 정신과 의사 발터 모르겐탈러(Walter Morgenthaler)는 정신분열증을 앓고 있던 아돌프 볼플리(Adolf Wolfli)의 그림을 책으로 출판했다. 그는 30년 이상 정신병원에 수용되어 있었고, 그동안 여러 가지 색을 사용하여 복잡하면서도 세부적인 묘사를 한 많은 그림을 그렸다. 프린츠호른의 컬렉션에 있는 화가들처럼, 볼플리는 정규 미술교육을 받지 않았으며 그가 가지고 있는 한정된 재료만으로 자발적으로 그림을 그렸다. 미술표현에 대한 이러한 정신병리학적인 관심은 최근까지도 계속되고 있다.

그동안 많은 사람들은 왜 수많은 화가가 심리적으로 복잡하고 정서적으로 왜곡된 삶을 살았는지 의아했을 것이다. 이는 바로 창조성과 광기의 관련성에 대한 의문이기도 하다. 플라톤은 신이 예술가들에게 '신성한 광기'를 부여했다고 하였다. 이는 창조성을 개인적 특성이나 재능 혹은 선물로 간주하는, 긍정적인 시각을 암시하는 것이다. 다른 이들은 작품 제작에서 창조적 과정 간의 관계와 정신건강과 그림 간의 관련성을 다른 시각으로 보고 있다. 실제로 많은 위대한 화가나 작곡가, 작가들이 조울증이나 우울증 같은 정신질환에 시달려 왔다. 그중 빈센트 반 고흐(Vicent van Gogh)가 대표적인데, 고흐는 어려서부터 성인이 될 때까지 계속해서 우울해했다고 한다. 그러나 그는 자신의 우울과 내적인 혼란이 화가로서의 창조성을 부추긴다고 믿었다. 정신질환이 사람을 더욱 창의적이 되도록 만드는가? 이 관련성에 대한 결정적인 확증은 없지만, 우울증과 기분장애를 가진 화가들의 상태가 단순한 혼란뿐만 아니라 창조적 사고와 영감에서 야기되는 것이라고 보고된다. 이와 같이 창조성은 심리학적 혼돈과 개인적 고통 및 위기감을 탐구하고 정서적 혼란을 완화시켜 갈등을 전이시키는 데 도움이 된다.

20세기에 정신분석학의 출현과 함께 화가들은 상징과 무의식적인 이미지에 대해 관심을 갖게 되었고, 정신과 의사들은 투사적 검사의 발전과 정신질환자의 그림에 대해 관심을 가졌다. 그 시대 대부분의 치료자들처럼 미술치료사들은 환자들의 미술표현과 꿈에서 파생될 수 있는 이미지의 상징적인 내용에 대한 정신분석적 흐름과 믿음을 기반으로 성장하였다. 20세기 중반에 이르러 미술작품의 창조적 제작과정은 성장과 변화, 재활을 북돋울 수 있다는 믿음 역시 발전하고 있었다. 창작과정의 치료적 잠재성과 무의식의 재현으로서 이미지에 대해 관심이 높아지면서 미술치료영역이 출현하기 시작하였다.

미술치료의 길을 연 중요한 사건이 또 하나 있었다. 1950년대 이후 새로운 치료와 치료법이 갑자기 증가한 것이다. 치료를 위한 소설 쓰기 방법이 출현하고 수용되면서 창작에 대한 분위기가 더욱 고조되었고, 정신과 환자에 대한 더욱 인간적인 치료를 추구하던 19세기에 미국과 유럽에서 유래된 이러한 치료적 접근법들은 도덕적 치료로 불리면서 시작되었다. 도덕적 치료에는 환자들이 회화를 포함하여 예술과 직업적 훈련의 형태로 개인적 관심을 얻을 수 있는 지역 요양소로 그들을 보내는 것도 포함되었다. 그러나 최근 몇 년간 이러한 움직임은 환경요법이라고 알려지면서 다시 등장하였다. 놀랍게도 종합병원, 의원 및 재활센터에서 회화뿐 아니라 음악, 동작, 말하기 요법과 함께 창조적인 글쓰기도 포함하기 시작하였다. 예술이 내담자의 경험과 사고, 감정을 이해하고 동일시하기 위해 전통적인 치료와 협력하여 사용되기 시작한 것이다.

결과적으로 미술치료는 (미술뿐 아니라 무용, 동작, 시) 그 자체로 학문의 분야가 되었고, 입원환자에게 점차 실행 가능한 선택치료로 알려지게 되었다. 많은 요인이 미술치료의 도래에 관여해 왔으나, 그중에서도 특히 미국에서의 나움버그와 크레머(M. Naumburg & E. Kramer)의 미술치료에 대한 작업이 기초가 되었다고 볼 수 있다.

2) 나라별 미술치료의 역사

(1) 한국

한국의 미술치료를 알아보기 위해 고대로 거슬러 올라가 보면 삼국지 『위서동이전(魏書東夷傳)』에 나오는 고조선 시대의 제천의식인 부여의 영고, 고구려의 동맹, 예의 무천 등과 같은 제례의식으로부터 시작된다. 고구려의 고분벽화(106기 돌방무덤 내부)는 내세관, 종교관, 우주관을 무덤 내부에 표현한 장의미술(葬儀美術)의 한 장르로 현세에서의 영화로운 삶이 사후에도 그대로 이어지기를 바라는 소망과, 죽음 이후의 공간인 무덤이 영원한 안식처로서 보호받기를 기원하는 염원을 무덤 속에 그림으로 표현한 것이다. 또 사신도에서는 오행에 근원을 둔 오방색이 채색화의 시원으로 발견되어 단순한 빛깔로서의 색만이 아닌, 방위와 계절을 나타내고 나아가 종교적이며 우주관적인 철학관을 형성하여 용도와 신분에 맞게 구분하여 사용하였다. 또한 『삼국유사』를 보면 신라시대 처용의 화상을 부적으로 사용하는 등 부적신앙이 매우 성했음을 알 수 있다. 이런 부적에서 보이는 도부를 살펴보면 태양, 얼굴, 소용돌이, 사각, 탑, 천체, 손, 번갯불 등의 모양에다 문자를 배합한 것으로 귀신을 퇴치시키는 의미를 가지고 있으며 악귀를 쫓거나 복을 가져오기 위해 몸에 지니는 주술도구로 사용되었다.

이규보가 지은 『동국이상국집』에 수록된 장시 노무편(老巫篇)을 보면 집단제례의식(샤머니즘) 때의 주술치료, 무당의 굿 등이 그대로 전승되어 여러 제례의식으로 이루어지다가 삼국시대 초기에 유교, 도교, 불교 등 여러 새로운 종교의 도입으로 통일신라 중기(8세기경)부터는 개인기복의 무격신앙이 형성되고 고려말기에 이르러 현재와 비슷한 굿의 형태를 갖춘 제의체제가 갖추어진 것을 짐작케 한다. 이로써 미술, 무용, 음악, 신앙 등이 복합적으로 어우러진 예술치료가 시작되었다.

우리나라에는 19세기 말 서양의학이 들어오기까지 한의학과 민간요법만 이루어지고 있었다. 전통적 한의학에서는 "모든 병이 심신(心神)으로 연유하지 않은 것이 없으니, 치심요법(恥心療法)이 극히 중요하다."라고 가르친다. 즉, 질병을 치료하려면 그 마음을 치료하여야 한다는 뜻이다. 이렇듯 한의학에서 몸과 마음의 상관관계를 다루는 이론적 근거는 일부 있으나 서양의학에서 다루는 것과 같은 심리적 치료의 구체적인 치료법과 처방은 많지 않다. 심신상관 의학 또는 심신 의학의 관점에서, 전통적 한의학의 골자는 "육욕(六欲)과 칠정(七情)을 다스려라."는 것으로 요약될 수 있고, 500여 년 전 조선조의 퇴계(退溪) 선생의 『활인심방(活人心方)』을 들 수 있다.

정신의학 분야에서는 삼국사기에 정신 치료적 이해가 엿보이는 기록도 있고, 『동의보감(東醫寶鑑)』의 내경편, 신편에는 전광증(정신분열과 유사)에 대한 약물치료와 심신증에 대하여 적어 놓았다. 하지만 정신질환을 치료한다는 빌미로 뒤주에 갇혀 숨진 사도세자(조선시대 영조대왕의 장자였던 장헌세자)의 경우를 통해 서도 알 수 있듯이 정신질환을 대하는 조선시대의 사회적 의식을 엿볼 수도 있다.

무속치료에서 찾아볼 수 있는 현대 정신의학적인 기제에는 암시, 카타르시스(catharsis), 제 반응, 설득, 전이, 집단치료효과와 의학이 살아 있는 사람에 관여하는 데 반하여, 무속은 살아 있는 사람의 질병 및 죽은 후의 세계에까지도 관여한다(오상훈, 김지혁, 1989). 또한 독자적인 소위 음양오행설에 근거한 정신신체 의학적 이론들 그리고 체질론과 같은 사상의학(四象醫學) 등이 발견되었지만 전체적으로 근대과학적인 발전이 없었다고 할 수 있다(민성길, 1998).

우리나라에서의 서양의학은 17세기경부터 중국을 통해 단편적으로 소개되고 있었으나, 실제적으로는 1885년 최초의 서양의학식 병원인 광혜원이 설립된 이후부터 시작되었다. 정신의학의 교육은 1910년대부터 광혜원의 후신인 제중원 의학교에서 서양 선교사인 의사들에 의해, 그리고 대한의원에서 시작되었다. 1910년에 광혜원-제중원의 후신인 세브란스 병원에서 호주 선교사인 맥라렌(Charless I. McLaren)에 의해 정신과가 개설되면서 이루어졌다. 1913년 조선총독부 의원에 위생과 병실이 마련되고, 1919년 종로에 10여 개의 병상을 갖춘 소규모의 사립 정신 위생시설이 설치되기에 이른다. 이후 지금의 뇌병원(腦病院)으로 이어지는 원뇌병원(原腦病院)이 1935년 설립되고, 1945년에 조선정신신경학회가 창립되었고 한국전쟁 이후 대한신경정신의학회로 제건되었다(민성길, 1998).

한국전쟁을 거치면서 미국의 역동정신의학이 도입되었으며, 특히 정신치료에 있어서 한국적 전통문화 또는 도 사상에 근거하고 적용되는 정신치료기법을 정립하려는 연구가 활발하게 이루어졌다. 1960년 국립서울정신병원에 정신건강전문가 및 작업치료사가 중심이 되어 환자들을 대상으로 치료적인 개념이 아닌 미술이라는 심리전환 활동(diversional activities)으로 활용되었다고 볼 수 있다. 1982년 정신과 의사들이 주축이 되어 정신의학계의 산하단체로서 한국임상예술학회(음악, 미술, 무용)가 창립되면서 예술 활동을 통한 치료가 본격적으로 시작되었다. 이후 1991년 대구대학교 재활과학 대학원에 미술치료가 정규 교육과정으로 생기고, 1992년 한국미술치료학회가 창립되었으며, 1995년 한국표현예술심리치료협회가 창립되었다. 이후 급속한 산업화, 도시화와 맞물려 미술치료에 대한 관심이 증폭되고 그 가능성에 대해 기대를 갖는 많은 개인과 단체가 활동하게 되지만, 체계적인 뿌리와 프로그램을 갖춘 기관이나 단체가 전무한 까닭에 많은 시행착오의 과정을 겪게 된다.

이러한 과정을 거치면서 드디어 2005년 의사, 치과의사, 한의사, 미술치료사, 심리사, 상담사, 미술가, 복지사 등 많은 학계 인사 및 의료진, 전문가들이 참여하여 대한임상미술치료학회(The Korean Academy of Clinical Art Therapy: KACAT)가 창립되면서 통합의학으로서의 미술치료가 새롭게 시작되었다. 또한 치료 전문가 간의 유기적인 협력관계를 통해 의료의 한 분야로 자리 잡게 되면서 포천중문의과대학교 차병원에 국내 최초로 미술치료 클리닉이 개설되어 본격적인 진료를 시작하면서 사회적으로 주목을 받게 된다.

현재 대학에는 대구대학교 한의대학과 대구 사이버 대학교에 미술치료학과가 개설되어 있고, 대구대학, 동국대학, 명지대학, 서울여자대학교, 영남대학교, 원광대학교, 한양대학교 등 15개 대학에 석사과정(미술치료전공)이 개설되어 있다. 2005년에는 포천중문의과대학교 대학원과정에 임상미술치료전공이 개설되어 의과대학 내에 최초로 임상미술치료 전공 과정이 생기는 등 전문 의료인으로서의 발판을 마련하고 있다.

포천중문의과대학교 김선현 교수는 미술치료 클리닉과 미술치료 연구소의 활발한 운영을 통해 체계적이고 의학적 기반이 바탕이 된 임상미술치료를 확산시키고 있다. 이에 연세대학교 의과대학, 포천중문의과대학교, 고려대학교 의과대학, 계명대학교 의과대학, 인제대학교 의과대학 등 여러 국내 의과대학 내에 정식으로 임상미술치료가 교과목의 일부로 개설되어 의대생들을 대상으로 교육과 실습을 지도함으로써 정식으로 임상미술치료가 의학 안에 들어오게 되었다.

임상미술치료는 서양의학에서 임상적 응용의 범위를 급속도로 넓혀 가고 있음은 물론, 동양의학에서도 다양한 각도로 그 접목을 시도하고 있으며 보완대체의학 영역 안에서도 활발한 연구가 진행되고 있다.

(2) 미국

미국에서는 1907년 이래로 정신과 병동에서 환자들이 미술가들의 지도 아래 미술활동을 시도한 것을 미술치료의 출발로 보고 있다(Rubin, 1999). 그러나 미술을 심리치료적 관점과 연계하여 인식하게 된 것은 1940년대 초반이다. 이 시기에 미국에는 유럽의 정신과 의사들에 의해서 미술표현에 대한 정신병리학적 작업이 활발하게 소개되었다.

대표적으로는 정신분석이론에 근거한 미술치료는 나움버그와 크래머에 의해서 미술치료가 새로운 영역으로 자리 잡아 발전하게 되었다.

나움버그는 환자들의 심리치료에서 주로 하는 언어적 형태를 발전시킨 미술표현, 즉 무의식에서 표현된 상징적 내용과 그림 과정과 그림과의 대화를 중요시하였다. 그에 비해 제2차 세계대전으로 체코에서 미국으로 이민 온 화가이며 교육자인 크레머는 미술치료에서 미술의 입장과 미술교육적 관점을 중시하였다.

(3) 독일

독일에서는 19세기 초반, 정신병원 의사들이 미술활동을 작업치료라는 포괄적 관점의 한 부분으로 환자치료에 미치는 예술적-정서적 효과로 받아들이면서부터 시작되었다고 할 수 있다. 그러나 이 시기에는 미술치료라는 구체적인 개념은 아직 사용되지 않았다.

미술치료의 필요성을 일반적으로 인식하게 된 것은, 19세기 후반 산업화에 따른 기계문명이 급속하게 발전하게 되고, 기술의 발달만큼 인간의 정신병리적 현상도 증가하게 되는 시대적 현상에 의한 것이다.

독일의 정신과 의사였던 프린츠호른은 『정신질환자의 예술품』에서 조형 예술과 심리학 및 정신병리학에 대한 논의를 통하여, 미술활동이 환자들의 심리에 접근하는 데 중요한 의미를 지니고 있다는 것을 제시하였다.

미술활동을 정신병리적 관점에서 소개한 이러한 시도는 그 시대의 화가들, 예를 들어 클레(Paul Klee), 에른스트(Max Ernst), 뒤뷔페(Jean Dubuffet) 등에게 큰 영향을 끼쳤다. 또한 그 시기에 심리학과 문학과 미술 분야에서는 인간의 무의식에 관심이 높아지면서, 예술적 표현을 통하여 인간의 내적 세계를 이해하고 분석하려는 시도가 활발해졌다. 이러한 점에서 프린츠호른은 독일에서 미술치료의 시작과 발전에 중요한 역할을 한 인물이라고 할 수 있다. 의사뿐만 아니라 정신분석가인 안나 프로이트(A. Freud)도 환자들의 그림에 대한 연구를 하였고, 융도 그의 분석심리학에서 환자들의 그림을 분석하며 치료에 적용하였다.

제2차 세계대전 중에 히틀러에 의한 예술의 탄압과 1950년대에 향정신약이 정신과 치료에 주도적 역할을 하면서, 미술치료는 오히려 주춤하거나 주의를 끌지 못하는 상황을 맞게 되었다. 그러나 1960년대에 들어오면서 미술치료에 대한 재고가 새롭게 이루어져 학문으로 정착하게 되었다. 대표적으로 인지학(anthrosophie)의 창시자인 슈타이너(B. Steiner) 사상에 영향을 받은 퓌츠(Putz)는 1964년 예술을 치료적 도구로 사용하여 인간의 교육에 기여한다는, 즉 예술의 새로운 기능으로서 '미술치료(Kunsttherapie)' 라는 개념을 처음으로 사용하였다. 독일에서는 미술치료적 개념은 미술교육적 개념에서 유래되었다고 할 수 있다. 독일은 1980년대 이래로 미술치료사가 직업으로 인정받게 되었다. 그 이후로 독일은 미술치료가 게슈탈트 치료적 관점, 인지학적 관점, 정신분석적 관점을 지닌 학자들에 의해 다양하게 독자적 노선을 걷고 있다.

(4) 일본

일본에서는 도쿠다(德田) 박사 같은 정신과 의사들이 시작하였다. 도쿠다 박사는 미술을 치료에 직접 사용하였다. 미국과는 근본적으로 다른 이런 문화에서도 미술치료는 일본의 전통적인 치료 원리에 따라 운영된 우레시노 병원과 같은 치료 시설 안에 통합되었다(ASPE회의에서 마이클 캠퍼낼리 발표, 1990).

일본에서는 "임상미술사는 임상미술의 커리큘럼을 개발하고, 현장에서 미술치료를 실시하는 전문가"로 인정하고 있는바, 임상미술사의 육성은 1997년에 예술조형연구소의 양성과정에서 처음 시작되었다. 2002년에는 임상미술사의 사회적 지위 확립과 사회 공헌을 목표로 일본임상미술협회가 설립되었고 양성기관은 협회에서 지정하였다.

현재 임상미술사를 양성하고 있는 기관은 아트 테라피/베데스타 임상미술사 양성 강좌, 지방자치제 주최 양성 강좌, 임상미술사 속성 강좌, 대학 등으로 비교적 빠른 속도로 보급 확산되고 있는 실정이다.

특히 동북복지대학과 감성복지연구소를 비롯한 여러 시설에서 미술치료가 활발히 행해지고 있는데, 이 중에서도 감성복지연구소에서는 노인의 뇌기능을 연구하고 데이터를 수집하여 과학적인 미술치료 프로그램을 개발하고 있다.

(5) 영국

영국의 미술치료 발전에 기여한 대표적 인물은 미술가 힐(A. Hill)이다. 그는 제2차 세계대전 중에 군 요양소에서 환자로 있으면서 무료함과 스트레스를 극복하기 위하여 그림을 그리기 시작하였다. 그에 영향을 받은 다른 환자들도 조형예술을 매개로 하여, 자신들의 병에 대한 고통과 불안과 죽음을 표현하기 시작하였다. 힐은 창의적 활동의 치유적 힘을 직접 체험함으로써 미술의 치료적 역할을 사회에 알리는 데 열정적으로 헌신하였다. 이러한 노력으로 인하여 그는 1946년 영국의 국립정신과 병원에서 최초로 정식 미술치료사로 인정받게 되었으며, 그 이후로 미술치료사의 배출이 이루어졌다.

그러나 영국은 미술치료사를 위한 특별한 교육제도가 없었기 때문에 1960년까지는 미술교육에서 치료적 모델을 찾았으며, 1970년대에 들어와서 미술치료와 미술교육이 분리되었다. 그럼에도 불구하고 영국의 보건복지부에서는 1980년까지 공식적으로 미술치료를 작업치료에 포함시켰다가, 그 후에 미술치료를 독립된 전문 분야로 인정하게 되었다. 영국은 유럽에서 첫 번째로 미술치료사가 직업인으로 보건부에 의해 인정을 받았으며, 미술치료사를 위한 노동조합도 결성되어 있다. 1997년에는 법적으로 의학의 보조 역할로서의 임상활동에 대한 직업인으로 보장받기 시작했으며, 미술치료를 공부하는 학생들은 학업과정에서도 여러 협회의 단기 회원으로 등록하여 학업을 마치면서 직업인으로 활동한 후 미술치료사가 되기까지의 예비 준비과정을 거치게 된다.

(6) 캐나다

캐나다의 미술치료에도 고유한 개척자들이 있다. 마리 리바이(Marie Levi)는 몬트리올의 알렌 추모연구소에서 미술치료사로 일하였고, 루이스 애닛(Louise Anett)은 발달이 늦은 '공예가들'을 위해 보호작업장을 운영하였다. 정신과 의사 마틴 피셔(Martin Fisher)는 토론토 미술치료협회를 조직하였다. 국토가 워낙 넓기 때문에 많은 사람이 셀윈 듀드니(Selwyn Dewdney)처럼 각자 자신의 자리에서 일했다. 그는 1947~1972년까지 온타리오 주 런던에 있는 정신병원에서 미술치료사로 일했다. 그의 아내 아이린 듀드니(Irene Dewdney)는 1956년에 합류하였는데, 1960년대의 회고(ATTP, ATV)에 여러 논문을 발표했다. 현재 미술치료사는 캐나다 전 지역에서 활동하고 있으며, 각 지역의 협회와 교육 프로그램이 있다.

(7) 스페인

스페인은 최근 들어 공식적인 미술치료 활동을 활발하게 하고 있으며, 마드리드 대학을 중심으로 치료협회가 생겨 학업과정뿐만 아니라 유럽 전체 행사도 벌이고 있다. 스페인은 문화적인 습관이 일상 가까이 있는 민족 성향처럼, 이미 역사적으로 예술치료라고 말하진 않지만 스페인 내전이 있었던 1900년도 초반부에 이미 전쟁에 시달리고 있는 아동을 위한 많은 활동 중에 인형극, 미술, 무용과 같은 예술행위를 해 왔다. 스페인은 특히 예술행위의 과정을 통한 표현 자체의 치료적 효과에 큰 관심을 보이며 다양한 예술형태를 여러 내담자에게 치료로 사용하고 있다.

(8) 네덜란드

네덜란드의 예술치료는 1950년대부터 시행되었고, 1980년부터는 정식 훈련과정을 갖추었다. 이것은 치료로서의 미술적인 접근으로 보이며 대조적으로 핀란드에서는 정신분석가가 예술심리치료에 접근하여 발달을 후원했다. 네덜란드에서는 미술치료사의 실업률이 거의 없을 정도이며, 네덜란드 미술치료협회

(NVKT)는 미술치료사와 미술치료 단체를 통일하는 주요 역할을 담당하고 있다.

4. 미술치료의 의의와 특징

1) 미술치료의 의의

미술치료는 왜 하는 것이며, 어떠한 효과를 얻을 수 있으며, 어떠한 장점을 지니고 있는가를 살펴보면 다음과 같다.

첫째, 미술치료는 말로 표현할 수 없는 것을 표현한다. 사람에 따라서는 언어능력이 더 발달한 사람이 있고, 반대로 시각적 · 공간적 능력이 더 발달한 사람이 있다. 미술은 치료자와 환자 간에 언어적 · 비언어적 대화를 하도록 도와준다. 미술을 통한 표현이 그들의 상태를 제대로 알릴 수 있게 하고, 아픔뿐 아니라 자신의 강점, 단점, 능력까지 보여 준다. 환자의 그림에는 그가 관심을 갖는 내용과 심리상태가 직접적으로 표현될 수 있으므로 환자의 상태를 이해하는 데 도움이 된다.

둘째, 미술치료는 카타르시스를 가져온다. 카타르시스는 글자 그대로 정화(淨化)를 의미한다. 이는 고통을 덜기 위해 강렬한 감정을 방출하고 표현하게 한다. 미술창작 활동은 괴롭고 고통스러운 감정에서 벗어나 안도감을 주는 정화를 가능하게 한다. 특히 미술활동을 하는 동안에 생리학적인 반응도 뒤따른다. 인간의 창조적인 활동은 우울과 관련이 있는 뇌의 세로토닌의 분비를 증가시키고, 미술표현을 통해 내적 안정과 평안을 찾기 위한 명상처럼 미술을 경험한다.

셋째, 미술은 환자의 생각과 느낌을 깊게 해 주며, 치료자가 더 깊이 있게 파악하도록 돕는다. 미술치료사에 의해 적절하게 잘 선택되고 제시된 주제는, 환자로 하여금 그 주제를 중심으로 생각할 시간을 갖게 하고, 그 주제에 대해 준비할 수 있게 한다. 환자는 그림을 그리는 동안 생각과 느낌이 깊어지며, 그림을 그리고 나서 치료자와 상호작용할 때 더 깊은 수준까지 갈 수 있게 된다.

미술은 환자의 생각이나 느낌 등 의식상태뿐만 아니라 무의식상태까지 알려준다. 무의식이란 의식할 수 없으나 심리적 기능에 잠재적으로 영향을 줄 수 있는 내용과 과정의 체계다. 이 무의식은 의식과정과 질적으로 다르며, 갈등적인 모습이 많다. 따라서 무의식이 변형 없이 표출되기가 쉽지 않은데, 이러한 무의식의 심층적인 이해를 위해서는 그림에서 보이는 상징적 그림을 그리는 동안 보여 주며, 행동은 풍부한 행동 관찰을 제공해 주며, 그린 사람이 자신의 그림을 어떻게 보는가 하는 것은 투사적 자료로 사용될 수 있다. 그리고 그림은 환자의 병리나 문제에 대한 자료가 되며, 환자의 치료 진행과정 정도를 알아보는 효과적인 비교 준거를 제공한다.

넷째, 환자가 미술을 즐기게 되면 긴장이 완화되고 치료과정에 더 깊이 몰입하게 된다. 모든 환자가 다 미술활동을 즐기는 것은 아니다. 그러나 분명히 미술활동을 즐기는 환자가 있고, 처음에는 거부하다가도 즐기게 되는 환자도 많다. 익숙하지 않은 환경에 노출되어 심리적으로 위축되고 긴장해 있는 환자가 처음 평가를 받으러 오는 상황일 때 환자에게 민감할 수 있는 치료적 사안들을 이야기하는 것이 결코 쉽지 않으며, 생산적인 대화가 잘 이뤄지지 않는다. 이때 미술은 그것이 지닌 유희적 속성과 친밀감 때문에 환자가 덜 불안해하고 상황을 덜 무섭게 느끼게 됨으로써 치료자와의 작업에 몰입할 수 있게 해 준다.

다섯째, 미술은 실제 행동이고, 시간이 흘러도 보존되는 구체적 결과가 있다. 미술작업은 실제 행동이므로 뒤돌아서더라도 결과가 남아 있다. 환자가 변화하는 과정은 대개 작고 지루한 단계들로 이루어진다. 자신의 문제와 고통에 익숙해져 버린 환자들은 자신에게 일어난 작은 변화를 놓치거나 간과하기 쉽다. 이때 지치고 피곤한 환자에게 자신의 변화 과정을 시각적으로 제시한다는 것은 매우 중요한 일이다. 이렇듯 뚜렷이 보이는 변화는, 환자가 다시금 희망을 가지고 끝까지 치료작업을 해 나가도록 격려하게 된다.

여섯째, 미술활동은 개인이 적극적으로 참여하는 활동이다. 환자가 참여하는 치료적 작업이 성공적이기 위해서는 항상 단계적이고 예방적이고 개인적이고 참여적이어야 한다. 환자가 행하는 미술활동은 만지고, 풀칠하고, 붙이고, 색칠하고, 형태를 완성하는 등의 참여적 행동이다. 자신의 손으로 직접 무엇인가를 만들고 독특한 어떤 것을 만들 수 있다는 것을 깨닫는 창조과정은 효과적인 경험이다.

일곱째, 미술은 자존감을 높여 주고 통제력을 키워 삶의 질을 향상시킨다. 자신의 것을 가진다는 것은 소중한 일이다. 환자 중의 다수가 자신의 작품에 대한 가치를 새롭게 깨닫곤 한다. 처음에 환자들은 자기 작품이 예쁘지 않으면 어쩌나 걱정을 많이 한다. 그러나 치료를 해 나가면서, 중요한 것은 사물의 묘사능력이 아니라 작품이 갖는 의미라는 사실을 알게 된다. 그러면서 다른 사람들 눈에 어떻게 보이는가 하는 문제는 이차적인 것이 되고 자신의 눈에 의미 있고 가치 있는 대상을 갖게 되는데, 이것이야말로 미술치료를 통해 얻을 수 있는 귀한 경험이 된다.

2) 미술치료의 특징

미술치료의 특징을 살펴보면 다음과 같다.

첫째, 미술은 심상의 표현이다. 비언어적인 의사소통이므로 말을 잘하지 못해도 상관없다. 미술은 환자의 생각과 느낌을 깊게 하여 치료자가 더 깊이 있게 파악할 수 있게 한다.

둘째, 방어가 감소된다. 즉, 미술은 비언어적 수단이므로 통제를 적게 받는다.

셋째, 미술은 어떤 유형의 대상을 즉시 얻을 수 있다. 환자가 만든 어떤 유형의 대상화를 통해서 치료자와 환자 사이에 쉽게 하나의 다리가 놓인다.

넷째, 미술은 자료의 영속성이 있어 자신을 회상할 수 있다. 미술작품은 보관이 가능하고 또 구체적인 결과가 남아 있게 되므로 후에 참고할 만한 증거가 되며, 필요할 때 재검토하여 치료효과를 높이는 데 도움을 줄 수 있다.

다섯째, 미술은 우뇌적이며 공간성을 지닌다. 정신적, 정서적, 신앙적 안정을 유도할 뿐만 아니라 공간적 균형감각을 향상시킬 수 있다.

여섯째, 환자가 미술활동을 즐겁게 하게 되면 긴장은 이완되고 편안해지며,

자기가 하는 작업에 더 깊이 몰입하게 된다. 명령이나 지시가 없어도 자동적으로 주의집중하게 되고 초월명상 상태로 유도될 수 있다.

일곱째, 미술활동은 실제 육체적 행동이므로 운동효과를 도모할 수 있다. 미술활동을 수행하는 동안 환자가 취하는 자세와 동작은 관절의 유연성을 향상시키고, 근력과 내구력을 강화시킨다. 또한 협응기능, 일일생활동작을 향상시키고, 말단 사지운동을 통한 간접적인 뇌기능 향상에 기여한다.

여덟째, 미술은 창조성과 직결되는 행위이며, 신체적 에너지 향상을 경험하게 한다. 자연치유과정은 창조과정이다. 따라서 미술활동은 곧 치유활동이다.

아홉째, 미술은 자존감을 높여 주고 통제력을 길러 주기 때문에 삶의 질을 높여 주고 참 건강을 성취하는 데 도움을 준다.

5. 미술치료의 임상적 응용

미술은 어떤 연령층이나 어떤 능력수준의 사람에게 다 자연스럽다. 미술이라고 하는 것은 언제 어느 때라도 정서적으로, 지능적으로, 육체적으로 그리고 창조적으로 성장할 수 있는 기회를 주는 좋은 방편이기도 하다. 자신의 자연치유력을 강화시키고 다양한 취미를 축적함으로써 미술활동은 환자가 창조과정을 통하여 자신의 동일성 내지 정체성을 찾아서 계발하는 데에 도움을 줄 수 있다.

미술의 힘은 고통 속에서 자신을 표현하게 하고, 억제되었던 잠재력을 신장시키는데, 이런 이유로 미술치료는 첫째, 어려운 상황의 사람들을 위한 표현도구로서 정신병원에서 시작되었으며, 둘째, 여러 상담이론과 기법이 합쳐지면서 상담 분야에서 확산 · 발전되었고, 셋째, 인지, 정서에 초점을 맞춘 발달적 미술치료가 특수교육, 조기교육 분야에서 사용되고 있으며, 넷째, 인성계발을 목적으로 교도소나 일반인에게도 사용되며, 다섯째, 양로원에서 노인을 대상으로 삶을 보람되게 정리하는 데 도움을 주기 위해 도입되었으며, 여섯째, 질병의 치료나 증상의 호전을 도모하기 위해 일반병원이나 클리닉에서 이용하기에 이르렀다.

1) 미술치료의 환경

(1) 물리적 환경

우선 색채를 조절할 수 있는 자연광이 필요하며, 물을 쉽게 사용할 수 있어야 한다. 언제든지 작품을 볼 수 있게 작품보관대가 필수이며, 집단치료 또는 개별치료에 적당한 크기의 작업공간과 재료를 전시할 수 있는 공간이 필요하다. 또 치료시간은 주 1~2회, 매회 45~50분이 적당하다. 그리고 환자의 발달수준, 협응수준, 이전의 경험, 특별한 욕구와 흥미에 맞게 매체 및 재료가 준비되어 있어야 한다.

(2) 심리적 환경

미술과 심리학의 배경을 갖고 의료시설에서 임상경험을 축적한 유능한 임상미술치료사의 역할이 무엇보다도 중요하다. 안전, 존중, 관심, 즐거움, 지지를 느낄 수 있는 분위기가 필요하며, 작품에서 받은 느낌과 제작과정의 감정을 다룸으로써 더 깊은 자기인식의 기회를 마련할 수 있는 평가와 토론이 중요하다.

2) 미술치료 프로그램의 틀

미술치료 프로그램은 개인으로 할 수도 있고, 집단 프로그램으로 시행할 수도 있다. 미술치료 프로그램에 참여하기 위해서 미술에 대한 소질이 필요하거나 창의적 배경이 필요한 것은 아니다. 미술치료 프로그램에서는 자아발견과정, 자기실현, 개별적 발전과 통합을 특히 강조한다. 미술치료 프로그램 안에서의 미술작품은 자발적으로 창조되어야 하며, 미술치료사의 치료적 조언에 따라 시행되어야 한다.

3) 미술치료의 적용대상

미술치료의 구체적인 방법에는 환자들이 호소하는 것을 깊은 이해와 공감을 통하여 경청하는 것, 적당한 시기에 적당한 창작방법을 활용하여 증상의 치유나 경감이 되도록 돕는 것, 정신 성장과정을 촉진하도록 돕는 것, 좀 더 건전한 성격으로 전환하도록 돕는 것, 남의 감정에 대한 이해심이 증진되도록 도와주는 것 등이 포함된다.

미술치료가 모든 사람에게 적합한 것은 아니지만, 선행연구나 연구자의 임상경험 등을 종합하여 적용대상의 예를 열거하면 다음과 같다. 정신질환자(정신분열증, 우울증 등), 심신장애인(시각장애, 청각장애, 지체부자유자, 정신지체, 정서장애 및 행동장애, 자폐성장애, 학습장애, 중복장애, 언어장애 등), 비행청소년(폭력, 절도), 이혼(별거)부부, 가족관계 개선, 근친상간 및 성폭행, 섭식장애(대식증, 신경성 식욕부진 등), 학업부진과 입시 및 시험불안, 교우관계 및 인간관계 개선, 자아성장 프로그램, 산업상담, 주의력결핍장애, 등교거부증, 노인치매 및 노인상담, 신체질병자(중풍, 심장질환, 만성통증, 암 등)의 심리안정에 적용할 수 있다.

6. 미술치료의 전망

지금까지의 병 중심의 의학의 축이 21세기에 들어서면서 건강 중심으로 옮겨가고 있다. 이러한 과정에서 새롭게 등장한 건강관과 질병관은 건강도 아니고 질병도 아닌 불건강 또는 미병의 상태를 대두시켰다. 건강은 잃었으니까 불건강(不健康)이요, 아직 병은 아니니까 미병(未病)인 것이다. 바로 이 불건강의 상태까지도 완전히 극복한 건강상태를 참 건강(Well Being)이라 하여 의료인이나 일반인 모두가 건강의 회색지대인 불건강(미병)을 다스리는 데에 온 정성을 쏟는 시대가 되었다. 여기에 서양의학, 동양의학, 보완대체의학 등 치료적 접근법이 서로 다른 의학들이 불건강의 해결사를 자임하고 나서기에 이르렀다. 각 의학마다 서로 인정하는 제한점이 있고 나름대로의 장점도 지니고 있다.

참 건강을 이루기 위해서는 육체적 건강, 정신적 건강, 정서적 건강, 사회적 건강, 영적 건강을 다 이뤄야 하기 때문에 이 모든 분야를 동시에 다뤄 주는 의료 분야의 출현을 갈구하고 있었다. 특히 보완대체의학 분야에서 다양하고 새로운 의술이 의료의 새로운 역할을 자청하고 나섰으나, 아직도 많은 연구를 기다리고 있는 실정이다. 이러한 시점에서 지난 10~20년 사이에 미술치료가 전 세계적으로 빠른 속도로 보급·확산되었다. 미술치료가 신체적, 정신적, 정서적, 사회적, 영적 요소를 두루 다뤄 줄 수 있는 있다는 점에서 미술치료의 빠른 보급의 이유를 찾을 수 있다. 같은 이유에서 미래 의학의 틀 안에서 미술치료의 역할이 지속적으로 커 가리라는 것을 쉽게 전망할 수 있다.

동양의학, 서양의학, 대체의학이 한데 어우러진 전일의학 또는 통합의학의 틀 속에서 서양의학적 미술치료, 동양의학적 미술치료, 대체의학적 미술치료가 한데 융합된 통합미술치료로 개발된다면 세계 어디에서도 추종이 불가한 최고의 미술치료가 창출될 것이다. 이러한 통합적 미술치료가 의학 전반의 발전에 크게 기여하리라고 믿는다.

제 8 장

동양적 미술치료 프로그램

1. 이론적 배경

1) 동양예술의 특징

예술이란 미(美)의 표현이다. 미나 아름다움의 개념은 시대나 지역, 국가의 문화배경과 개인 취향에 따라 큰 차이를 보인다. 많은 학자들이 동서양 예술을 각각의 특징으로 분류하고 정의하고자 하였다. 많은 문헌자료와 학자들의 의견을 종합해 보면 동양예술은 다음과 같은 두 가지의 특징을 지니고 있다.

첫째, 구도와 자연합일의 과정으로서의 예술이다. 동양예술은 자연의 이치에 우주의 원리를 닮아 가고자 하는 인격수양과 구도의 과정이다. 중국에서의 자연은 노자, 장자의 무위자연사상에서처럼 완벽한 세계의 모습이며, 인간은 수양을 통해 이를 닮아 가고 자연의 모습으로 돌아가는 것이 궁극적인 구도의 목표다.

둘째, 기복신앙과 그 상징성의 표출이다. 인간은 탄생과 함께 기원을 가지고 그를 이루기를 염원한다. 동양에서는 서양과 달리 그 기원의 대상이 자연이며, 또한 무생물인 돌 하나에도 의미를 담아 기원의 대상으로 삼았다.

2) 동양미의 배경

동서양의 문화는 기본 발상에서 큰 차이가 있다. 서양의 문화는 '경작하다, 만들다' 라는 뜻에서 비롯되었고, 예술이라는 말도 '만드는 기술' 이라는 뜻에서 출발하고 있다. 그러나 동양의 문화는 '하늘과 땅과 사람' 이 주인공이다. 서양에서 자연은 사람이 놀고 이용하기 위한 존재지만, 동양에서 자연은 인간이 경탄하고 놀고 배우는 것이다. 이와 같이 동양의 사상은 자연을 커다란 모태로 삼았고, 문화나 미는 인간과 천지 사이의 교감에서 산출되는 것이며, 인공적인 기술의 결과보다도 자연이 얼마나 잘 반영되었느냐에 두었다. 노장사상에서의 '도' 는 자연에서 그 법을 본받는다(道法自然). 불교의 방생(放生) 또한 모든 만물에 대한 연민의 표시다. 동양의 자연은 스스로가 선(禪)이요, 도(道)요, 법(法)이다. 자연의 깊은 이(理)를 깨닫는 것이 동양사상과 문화 및 조형의 기본이 되어 왔다.

3) 동양미술에서의 인체

인간과 인간의 활동을 재현하려는 욕구는 태초부터 그리고 동서양을 막론하고 미술가들의 마음을 사로잡아 왔다. 조각이나 그림 등의 인체에 대한 묘사는 다른 어떤 주제의 묘사보다도 훨씬 더 많았다고 할 수 있다.

동양에서는 항상 초자연적인 이상의 창조에 중점을 두었고, 그 이상은 종종 실제 신체나 그 비례에 있어서 단지 추상적으로 표현되기도 했다. 예를 들어, 인도에서는 나체를 표현하는 데 있어서 조금도 예쁘고 점잖게 미화시키려고 하지 않았다. 인도미술에서 인체는 그 자체를 위해서 묘사되지 않았으며, 또한 인도 미술가들은 과학적인 태도에 입각해 근육구조의 마디를 정확히 묘사하지도 않았다. 인도미술에서 나체상은 다산과 풍요를 상징하는 정령의 관능성이나, 금욕적인 자이나교 수도자의 고도의 요가적인 절제를 암시하기 위한 것이었다. 인도의 미술가들은 알맞게 추상적이고 알맞게 구체적인 수단으로 그것들을 표현했다. 인체의 해부적 구조 그 자체에는 관심이 없었던 인도 미술가들은 일반적으로 볼록한 면들을 얽히게 하고 연결시키는 추상적인 방법으로 인체의 모습을 조각했고, 그렇게 함으로써 체온이나 풍만한 육체 또는 프라나, 즉 '생명을 부여하는 숨결' 의 존재를 암시하려 했다. 이러한 상은 인체의 어떤 원형과도 닮을 필요가 없다. 그러나 일시적인 인상이나 아름다움 이상의 것을 부여하기 위해 계산된 비례의 원칙에 따라 구성되고 있다.

극동의 경우, 초기 인체 표현은 거의 대부분이 교훈적인 기능을 하고 있다. 즉, 유교의 윤리적인 행동의 모범 또는 역사적 사건이나 일화의 사례들을 보여 줌으로써 사람들에게 감화를 주려는 것이다. 사실상 이러한 것은 인간의 행동에 관한 것이기 때문에 달리 어떤 방법으로 표현될 수 없다. 그러나 그들에게 중요한 것은 인체의 아름다움이 아니라 윤리도덕의 아름다움이었다. 어느 시기에는 중국인도 운필의 묘를 터득하거나 선을 통해 우아하고 정확한 묘사를 연습하기 위해 인체를 그리는 데 흥미를 느낀 것이 사실이지만, 인체의 아름다움을 표현하기 위한 방법으로서 인체의 유기적 미나 근육미를 묘사한 적은 없었다. 동양에서도 외국의 양식에 무한한 호기심과 존경심을 느끼고 이를 재빨리 받아들이고자 하는 일본인만이 때때로 나체에 관심을 보였지만, 그 경우조차도 괴기한 것에 대한 일본인 특유의 감각 때문에 이상주의적인 서양의 관점에 따라 나체를 묘사하고 있지는 못하다.

4) 동양미술에서의 풍경

"우리는, 우리가 창조해 낸 것이 아닌, 우리 자신과는 생활과 구조를 달리하는 나무, 꽃, 풀, 강, 언덕, 구름과 같은 사물들로 둘러싸여 있다. 수 세기 동안 그러한 사물들은 우리의 호기심과 경외감을 불러일으켜 왔다. 그것들은 기쁨을 안겨 주는 대상이다. 우리는 우리 자신의 감정을 나타내기 위해 상상을 통해 그것들을 재창조했다. 그리고 우리는 그러한 사물들을 소위 자연이라는 관념을 충실하게 만들어 주는 것으로 생각하게 되었다. 풍경화는 자연에 대해 우리들이 지녀 왔던 여러 단계의 관념을 나타낸다."(이재호 역, 케네스 글라크 저, 2002) 케네스 클라크(Kenneth Clark)의 이러한 말에서 우리는 풍경화와 그 기능에 대한 거의 완벽에 가까운 정의를 얻을 수 있다. 동서양을 막론하고 풍경화 또는 산수화는 인간의 자연과의 영적 교섭을 그림으로 기록한 것이었다. 존 컨스터블(John Constable)이나 송대 화가 곽희(郭熙)가 써 놓은 글에서, 우리는 풍경화 또는 산수화가 자연 그 자체처럼 고독, 장엄 및 무한한 공간 속에서 위안과 휴식을 준다는 관념의 표현을 발견하게 된다. 풍경화 또는 산수화는 조용하고 질서 있게 정돈된 경관으로 마음을 위로해 줄 수 있다. 그러나 이는 다만 그 기능 가운데 하나에 불과하다. 동양과 유럽에서 영웅적이거나 비극적인 풍경화 또는 산수화는 산과 폭포, 안개와 폭풍우 그리고 빛의 공간의 역동적인 요소로 표현되어, 자연의 광대함과 외경스러움, 끊임없이 변화하고 유동하는 인간환경에 대한 고양된 인식을 자아내기 위한 것이다.

중국인은 예부터 자연을 사회의 피난처로, 세속적이고 인간적인 감정에서 벗어나 은둔할 수 있는 정밀하고 우아하고 정적인 세계로 동경해 왔다. 동양의 산수화는 바로 그러한 견해를 회화적으로 서술한 것이다. 즉, 중국의 미술품 감식가들은 원경을 그린 두루마리로 된 산수화 속에 자신을 몰입시켜 그 안에서 배회하기를 좋아했다. 바로 이러한 이유에서 중국의 산수화가들은 서구의 풍경화가들이 추구했던 시각적이고 조형적인 효과보다는 오히려 분위기와 정신의 표현을 추구했던 것이다.

태곳적부터 중국인은 문자 그대로 자연을 사랑해 왔다. 그들은 예부터 천지의 힘을 의식적으로 숭배하며, 다섯 개의 거대한 산을 신격화했던 것이다. 여기에서 자연에 대한 이교도적이고 신비주의적인 낭만적 열정이 생겨났다. 국가적으로 혼란한 시기에는 인간의 손길이 닿지 않는 거친 들과 산이 선비와 시인의 유일한 은둔처였다. 따라서 중국의 인문주의적인 선비와 시인은 예부터 자연에 심취하여, 가끔 거친 들과 산에 대해 종교에 가까운 열정을 가졌던 것이다. 일찍부터 도교는 우주의 면면한 힘과 정신을 터득하기 위해 자연으로 은둔하는 이와 같은 사상을 개발시켜 왔다. 자연과 그 기록으로서의 산수화에 대한 중국인의 전반적인 관점은 송대 화가 곽희의 다음과 같은 말로 요약할 수 있다. "왜

덕이 높은 사람은 자연의 경치 속에서 기쁨을 얻는가? 그것은 다음과 같은 이유에서다. 즉, 전원에 은둔함으로써 자신의 본성을 풍부히 할 수 있으며, 시냇물과 바위의 자유분방한 유희에서 기쁨을 얻을 수 있기 때문이다. 또 끊임없이 시골의 어부나 나무꾼과 은자를 만날 수 있고, 학이 높이 나는 것을 볼 수 있으며, 원숭이의 울음소리를 들을 수 있기 때문이다. 풍진 세상의 시끄러움과 한곳에 갇혀 사는 것은, 바로 인간의 본성이 언제나 싫어하는 것이다. 반면에 아늑함과 안개 또 출몰하는 산의 정기는 인간의 본성이 찾으려 하나, 좀처럼 찾을 수 없는 것이다."

간혹 자연에 대한 중국인의 견해는, 풍경이 드높은 실체를 엿볼 수 있는 일종의 베일이어야 한다는, 괴테 시대의 낭만주의 사상을 예고하기도 한다. 인물화에서와 같이, 중국의 화가들은 자신을 변화시키고 창조적인 에너지로 가득 채워 주는, 일종의 초인간적이며 외부적인 힘으로 생각되는 영감을 매우 강조하였다. 화가 왕유(王維)는 구름과 봉우리 그리고 절벽은 마치 하늘에 의한 것처럼 구성되어야 하며, 그때의 화법이 자유롭고 힘차기만 하다면 그 그림은 자연의 창조적인 힘으로 가득 찰 것이라고 하였다.

중국의 걸작 산수화들은 중국 회화의 육법 가운데 첫 번째인 기운생동의 원리를 잘 보여 준다. 기운생동(氣韻生動)이란 자연법칙에 따라 사물의 정신이나 호흡을 활성화시키는 구체적인 운동과, 삶 속에 드러난 대로 그것들을 보여 주어야 한다는 것이다. 이를테면, 산을 그릴 경우 산의 구조와 거기에 알맞은 무게와 부피만을 보여 주는 것이 아니라, 안정된 가운데 산이 생성되어 온 기본 골격도 알 수 있게 해야 한다는 것이다. 산꼭대기는 광활한 하늘에 치솟아 있는 것으로 느낄 수 있어야 하며, 산기슭의 작은 언덕들은 지상에 내린 묵직한 뿌리로 느낄 수 있어야 한다. 또 사진처럼 죽어 생명감 없이 자연주의적으로 그려진 나무보다는 자라나고 있는 듯한 비틀린 나무를 그리는 것이 더 좋고, 한 물결의 표면에 빈사된 순간적인 빛의 고정된 기록보다는 끊임없이 굽이치며 부서지는 듯한 파도를 그리는 것이 더 낫다. 이처럼 중국인은 자연세계의 장엄함을 영원불멸한 것으로 생각했으며, 일종의 서정적이고 신비적인 탐미주의라고 할 만한 경지에까지 이르고 있다.

5) 동양미술에서의 새, 짐승, 꽃

화조화(花鳥畫)는 풍속화 또는 정물화 속에 부가되는 분야라고 할 수 있다. 동양에서든 서양에서든 화조화의 주제는 상징적이며 사실주의적인 방식으로 처리되어 왔다. 가냘프지만 훨훨 공중을 날아다니는 새는, 그 생긴 모양이나 비상하는 자태가 아름답기 때문에 일찍이 자유와 정신해방의 대표적인 상징이 되어 왔다. 아름다운 꽃 또한 생김새가 사랑스러워 우리의 마음을 사로잡기 때문에, 시인과 화가들은 무언가 물질세계를 넘어선 것의 상징으로 보았다. 어떤 화가들은 그러한 미물들을 관조하는 가운데 삼라만상의 조화로움을 느끼고 이를 그림 속에 표현했다. 동시에 부드럽고 포근한 촉감의 깃털이나 꽃잎에 매혹된 화가들은 그 고운 모습을 물감으로써 순수하게 객관적으로 기록하는 데에, 다시 말하자면 미술적 사실주의 형식으로 그려 내는 데에 많은 흥미를 느껴 온 것이 사실이다.

새를 그릴 때, 중국 화가들은 그 깃털의 생김새뿐만 아니라 공기처럼 가벼운 새의 동작을 표현하지 않으면 안 되었다. 즉, 매가 사납게 발톱으로 공격하고, 참새와 까치가 가볍게 날개를 퍼덕이는 모습을 포착하려 했다. 중국의 화가는 새를 종에 따라 과학적으로 명확히 구별하기보다는, 끊임없이 새로워지는 자연의 창조과정을 소규모로 압축시켜 보여 주는 것으로서 새의 동작과 생김새에 관한 보편적 이념을 암시하는 데 더욱 흥미를 느끼고 있었다. 중국미술에 있어서 새는 계절과 기분의 상징이었다. 까치는 경사가 다가옴을 알려 주는 길조였고, 비둘기는 봄이 요염하게 깨어남을 상징하는 새였다.

동양미술 애호가들이 흔히 제대로 이해하지도 못하면서 열광적으로 떠들어대던 기운생동이라는 말 속에는 중국 회화 미학의 핵심이 내포되어 있다. 서양인은 때때로 이 기운생동이라는 말을 '율동적 활력' 이라는 무미한 말로 번역하는데, 사실상 본래의 뜻은 이를 훨씬 뛰어넘는 것이다. 기운생동이란 화가가 예민한 관찰력과 직관에 의해 그리고자 하는 생명체에 고유의 힘찬 생명력이나 숨결 또는 기(氣)가 알맞게 스며 있다는 인상을 줄 정도로, 동작이나 걸음걸이 또는 특유한 자세 등을 여실하게 포착하여 마치 살아 움직이는 것처럼 그 생명체를 그려야 한다는 의미다. 17세기의 위대한 화가인 도제는 "나무를 그릴 때 화가는 그것이 자라나도록 해야 한다."라고 말했다. 여기에는 분명히 화가가 주제와 마치 한 몸인 것처럼 동화하고 일치되는 과정이 포함된다. 그리하여 화가 자신이 그리고자 하는 주제 그 자체가 됨으로써 그것을 창조할 수 있게 되는 것이다.

미술의 모든 다른 범주의 경우와 마찬가지로, 자연물을 그리는 데 있어서 골법용필(骨法用筆), 응물상형(應物象形), 수류부채(隋類賦彩), 경영위치(經營位置) 등과 같은 중국 회화의 다른 원칙들에 따라야 하지만, 이들은 다만 대상에 적절하고 살아서 움직이는 듯한 생명력을 불어넣는다는 가장 중요한 원리, 즉 기운생동의 원칙에 필요한 수단일 뿐이다.

6) 민화에 나타난 기복신앙

지역과 문화에 따라 종교와 철학이 달라지지만, 하나의 공통된 믿음은 바로 복을 받아 오래 살면서 행복을 누리고자 하는 기복신앙이다. 동서고금을 막론하고 서민의 기본 정서이나 동양예술에서는 남근상처럼 좀 더 원색적으로 표현된다. 이것은 현재를 살아가는 우리 민족의 무의식에 깊게 잠재되어 있다.

우리나라의 민화에는 크게 오래 사는 것과 복을 많이 받는 것의 두 가지 내용의 기복신앙을 담고 있다. 천지만물이 자연의 조화 속에서 순조롭게 진화되어 가듯이 수복신앙을 소재로 그린 민화도 자연스럽게 발생하며, 천기를 거스르지 못하는 것처럼 자연의 순리에 따르는 모든 사물이 민화로 그려지고, 그 속에서 복락을 추구하려는 욕구는 당연한 인간의 본능이다.

기복신앙은 한편으로 기복을 방해하는 잡귀나 악귀를 쫓는 벽사신앙과 연결된다. 예로부터 모든 사물에는 음양이 있으며 삶의 본질에 선악이 존재한다 믿었다. 그리고 그림이 지닌 주술적인 힘이 여러 재앙으로부터 자신을 보호해 주며 영적인 힘을 가진 동물 그림을 집에 둠으로써 잡귀를 물리칠 수 있다고 믿었다.

대표적인 벽사 그림에는 호랑이와 용 그림, 해태도, 신구도, 사신도, 치우도, 처용도 등이 있다.

7) 십장생

과거 선조들이 꿈꾸던 가장 큰 삶의 지표는 수복, 강령, 부귀, 다남이었다. 그래서 오래 살고 복 많이 받기를 염원했던 소박한 무형의 유산들이 현재까지 내려오고 있다. 그중에서도 십장생도는 순수하고 소박했던 선조들의 무병장수 기원을 예술적으로 승화시킨 것으로서 장생문화를 대표하는 것이다.

십장생도는 해, 구름, 바위, 물, 소나무, 대나무, 학, 사슴, 거북, 불로초 등 불로장생한다고 여겨진 열 가지 동식물을 모두 한 화면에 그려 놓은 그림이다. 주로 장수를 축원하는 연회나 사랑방의 장식용 병풍으로 쓰였는데, 일반 가정집에서는 출입문 창 위에 단장짜리 가로닫이 문배그림으로 부적과 같은 용도로 사용되기도 하였다. 병풍그림 외에도 생화용품인 수저집, 필낭, 돌띠, 조각, 자수, 담장 등 매우 다양한 형태가 있다.

8) 산수화

동양에서는 새롭게 생성하고 변화하는 자연의 모습에서 우주질서로서의 도를 발견해 냈다. 이러한 동양적 자연관에서 동양예술은 자연의 이치와 우주의 원리를 닮아 가고자 하는 인격수양과 구도적 과정으로 나타난다.

자연의 이용과 지배 위에 성립된 서구문명에 의한 생태계의 위기 속에서 인간과 자연의 관계에 대한 인식의 전환이 절실히 요구되었고, 이런 관점의 전환에서 산수화가 재조명되고 있다. 산수화는 동양 전통의 우주관과 미의식의 집약으로서, 산수화 속의 천지자연은 정신수양과 우주 에너지가 약동하여 생명을 생성하는 창조의 현장이며, 생명의 자연을 추구하는 선인들의 정신세계를 표현한다. 산수화를 통해 그 경계를 체험하고자 하는 선인들의 고뇌의 자취를 읽어 볼 수 있다. 산수화에는 생명에 대한 근원적인 긍정과 애정 그리고 자연과의 감응과 소통에서의 즐거움이 잘 나타나 있다.

9) 안견의 〈몽유도원도〉에 나타난 동양적 이상향

이상향의 공간은 동서양이 사뭇 다르다. 17세기 프랑스 화가 클로드 로랭(Claude Lorrain)은 서양인이 꿈꾸는 황금시대의 이상향을 그렸다. 그가 보여 준 이상향은 주로 물가에 넓게 트인 평원지대다. 거기에는 옛날의 황금시대를 환기시키는 고대 건축물이 있고, 소나 양이 한가롭게 풀을 뜯는 목가적인 공간이다. 그 공간은 황혼빛을 받자마자 미묘한 색조의 변성을 이루며, 풍경이 감추어 둔 서정적인 신비로움을 보여 준다. 그러나 동아시아인은 이상향을 찾기 위해 계곡을 타고 산에 오른다. 로랭의 공간이 수평적이라면, 안견의 〈몽유도원도〉에서 보여 주는 공간은 수직적이다. 수직으로 솟는 힘을 구현하고 있는 것이 바로 산이다. 동양의 산수화에는 언제나 노자와 장자에서 비롯된 산수자연에 대한 애호취미와 산으로 상징되는 신선세계로의 상승을 꿈꾸었던 도교적 열정이 깔려 있다.

10) 동양에서의 이름

호(號)는 본 이름이나 자(字) 이외에 누구나 허물없이 부를 수 있도록 지은 이름으로, 스스로 짓거나 부모, 친구, 스승이 지어 주기도 한다. 아호(雅號), 당호(堂號), 필명(筆名), 별호(別號) 등이 있으며, 택호(宅號)와 시호(諡號), 예명(藝名) 또는 법명(法名)도 넓은 의미로 호라 할 수 있다.

- 야호(雅號)는 문인이나 예술가들이 시문이나 서화 등의 작품에 본명 이외에 우아한 이름이라는 의미로 사용하는 이름이다.
- 당호(堂號)란 원래는 당우(堂宇)인 본채와 별채에 따로 붙인 이름이었는데, 이것이 그 집의 주인을 나타내는 이름이 되어 당호가 이름인 본명에 대한

별칭으로 불리게 된 것이다.

- 별호(別號)은 본 이름 이외의 이름이라는 뜻으로 보통 다른 사람이 그 사람의 성격이나 용모 또는 특징을 따서 지어 부르는 별명과 같은 호를 말한다.
- 택호(宅號)는 어떤 이름 있는 사람의 가옥 위치를 그 사람의 호로 부르는 것으로 대감댁 등으로 불렀으며, 출가한 여인에게는 친정의 지명을 붙여 진주댁, 하동댁, 부산댁, 공주댁 등으로 불렀다.
- 시호(諡號)란 벼슬한 사람이나 관직에 있던 선비들이 죽은 뒤에 그 행적에 따라 왕에게서 받은 이름을 말하는데, 착한 행적이나 나쁜 행적에 따라 정하는 시호를 달리하였다. 이순신 장군의 시호인 충무공(忠武公)이 한 예라 하겠다.

점차 사회의 계층이 확대되고 계층 간 또는 상하 간 만남의 기회가 많아지면서 이름의 사용이 일반화되었는데, 성인의 본명은 부모와 스승 등 윗사람이 아니면 함부로 부를 수 없게 되자, 더욱 호의 사용이 촉진되어 일반화되었다. 이 결과 후세인도 선인의 본명이나 자보다는 호를 더 많이 부르고 사용하게 되었다.

또 다른 이름으로 자(字)가 있다. 우리의 전통예법에 따르면, 남자가 20세가 되거나 여자가 15세가 되면 요즘의 성인식에 해당하는 관례(冠禮)와 계례(笄禮)가 있었는데, 이때 남자에게는 어른의 의복을 입히고 모자인 관(冠)을 씌우고 여자에게는 비녀를 꽂아 성년이 되었음을 사회적으로 인정하는 절차가 있었다.

이 관례가 행해질 때 비로소 성인임을 인정해 주기 위해 어린아이의 이름인 아명(兒名)을 버리고 관자(冠字)라 해서 지어 주는 이름이 바로 자(字)다. 자가 붙은 이후로는 임금이나 부모 또는 웃어른에 대해서는 자신을 본명으로 말하지만, 동년배거나 자기보다 나이가 어린 사람에 대해서는 자를 사용하여 명과 자를 구분하여 사용해 왔다. 그리고 다른 사람을 부를 때에도 자를 사용하는데, 자기보다 손윗사람을 부를 때에는 자를 사용하고 아랫사람은 본명을 사용하였다.

자를 지을 때에는 본인의 기호나 윗사람이 본인의 덕(德)을 고려하려 짓는 경우가 많으며, 때로는 장유(長幼)의 차례에 따라 정하는 경우도 많다. 자를 부르고 사용함은 곧 성인이 되어 상호 예를 갖추고 품격을 지키는 것을 의미한다.

2. 동양적 미술치료 프로그램의 응용

동양적 미술치료 프로그램 개요

순서	프로그램	목적 및 기대효과	재료
1	무릉도원 그리기	이상향에 나타나는 내면의 욕구 이해 이상적 풍경 속에서의 심리적 안정과 휴식	여러 가지 모양의 동물사진, 한지, 먹, 붓펜, 풀
2	십이지신 동물가족화	가족에 대한 심층심리 표출과 이해	십이지신 캐릭터 삽화, 먹, 붓펜, 5색 한지
3	마음의 눈으로 신체 본뜨기	오감 자극을 통한 신체에 대한 이해와 타인과의 소통	청자토, 눈가리개, 받침대, 액자틀
4	염색 만다라	색채를 통한 시지각 자극과 만다라를 통한 내면 표현	무명천, 천연염색물감, 바늘, 실, 한복천, 수틀
5	어항 꾸미기	생명의 가꿈과 보살핌을 통해 긍정적 에너지 충전	개운죽, 색돌, 투명하고 동그란 어항
6	발자국	과거 기억의 회상을 통해 뇌신경 자극과 지지를 통한 자존감 향상	흰천, 먹, 잡지, 풀, 사진, 족자틀
7	청실홍실 원앙 만들기	부부간의 정서 교감과 이해	청자토, 아크릴물감, 아크릴붓, 청홍색실
8	떡케이크 만들기	시각과 촉각의 자극으로 미각 깨우기	떡케이크틀, 팥, 꽃, 잣 등 떡에 얹을 고물
9	소원부적 만들기	심리적 불안과 염원의 표출을 통한 감정 정화	5색 한지, 5색 먹, 붓펜
10	이름글자로 나를 표현하기	긍정적 자존감 형성	붓펜, 사인펜, 8절 도화지
11	십장생 손수건 만들기	장수에 대한 내적 욕구 표현 및 만족감 증진	손수건, 십장생 도안, 칫솔, 염색물감, 골판지, 붓펜
12	비상하는 새 콜라주 만들기	생동감 있는 새를 만들고 자유와 생명에의 존중과 만족감 경험	신문지, 잡지, 도화지, 사인펜, 물감

1. 내가 꿈꾸는 무릉도원 그리기	
전통적 배경	인간은 이상향에 대한 갈망을 지니고 그것을 그림으로 표현한다. 그것은 특정한 장소일 수도 있고, 특정한 상황일 수도 있다. 하지만 동서양에서 이상향은 그 형태가 다르다. 서양이 평면적인 현실세계의 평화로움을 이상향으로 꿈꾼다면, 동양은 안견의 〈몽유도원도〉처럼 현실에서 도달하기 어려운 수직의 세계, 즉 첩첩산중에 숨겨진 세계로 표현된다. 동양의 산수화에서 이상향으로 그려진 무릉도원의 이미지를 떠올리고 그 모습을 그려 보도록 하였다.
기대효과	• 이상향에 나타나는 내면의 욕구 표현과 이상적 풍경 속에서의 심리적 안정과 스트레스 완화
재료	한지, 먹, 붓펜, 여러 가지 모양의 동물 사진, 풀
진행방법	① 도입: 꿈 속에서 내가 가고 싶은 곳과 그 이유를 이야기하며 무릉도원의 이미지를 떠올린다. ② 전개: 붓펜으로 내가 상상한 무릉도원을 그림으로 그린다. ③ 발전: 그림 속에 나를 그려 넣고 함께 있고 싶은 사람이나 존재도 그린다. ④ 정리: 완성한 그림을 바라보며 그림 속의 내 모습에 대한 느낌을 이야기한다.
응용	그림에 어려움을 느끼는 환자들을 위한 적용방법 - 여러 가지 미완성된 무릉도원의 도안을 미리 제시하고 거기서 선택하여 색채나 세부적인 그림을 완성할 수 있도록 한다. - 그림 속에 사람 대신 여러 가지 동물 콜라주를 오려 넣도록 한다.
적용대상	성인의 미술치료에 효과적이다.
작품예시	

2. 십이지신 동물가족화	
전통적 배경	선사시대부터 사람들은 여러 가지 생활문화나 종교관념을 표현하기 위해 동물의 상징을 많이 사용하였다. 동양에서는 십이지신의 각각 띠동물에게 상징적 의미를 부여하여 한 해의 운수를 예견하며, 생활교훈과 행동원리까지 얻었다. 우리나라에서도 띠동물에 대한 의미와 상징이 오랜 시간을 거치면서 특수한 의미를 지니며, 우리 민족의 의식에 뿌리 깊게 자리 잡았다. 동서양의 동물에 대한 인식은 일견 비슷한 듯 보이지만 많은 부분이 다르다. 십이지신의 상징성을 동물가족화에 적용하여 동양인의 근원적인 상징을 이해해 보고자 하였다.
기대효과	• 십이지신 캐릭터로 방어기제를 완화시켜 내면 표출, 내담자 가족관계의 이해
재료	5색 한지, 먹, 붓펜(한국화 붓-세필), 십이지신 캐릭터
진행방법	① 도입: 어제 가족과 무엇을 했는지 이야기하며, 십이지신 캐릭터를 소개하고 그 중에서 가족과 닮은 동물을 고른다. ② 전개: 선택한 동물과 가족의 특징을 살려 도화지에 그린다. ③ 발전: 그림에서 각 가족구성원을 한 문장으로 표현한다. ④ 정리: 완성된 그림을 보며 문장을 소리 내어 읽어 본다.
응용	적용 시 주의할 점 - 현재 이솝우화 이야기가 보편화된 것처럼 서구적 동물 상징이 내면화된 경우가 많으므로 해석과 적용에 주의해야 한다(고등학생 이상의 연령대의 환자에게 적합). - 가족의 띠동물을 그리지 않도록 도입 시 십이지신의 샘플 도안을 보면서 각각의 특징적인 면을 간략히 소개한다.
적용대상	성인과 노인의 미술치료에 효과적이다.
작품예시	

<table>
<tr><th colspan="2">3. 마음의 눈으로 신체 본뜨기</th></tr>
<tr><td>전통적 배경</td><td>동양에서의 인체표현은 서양의 외적 사실주의와는 달리 대상의 내면을 표현하는 데 초점을 두었다. 동양의 초상화에서는 날카로운 눈빛과 턱수염 한 올 한 올에서 선비의 기개를 느낄 수 있도록 표현하였고, 실재감을 주거나 미화시키려 하지 않았다. 또한 인도미술에서의 인체는 과장하거나 생략하여 추상적으로 표현되기도 한다. 시지각을 통한 서양의 사실적 신체표현에 익숙한 우리에게 시각을 제한함으로써 소외되었던 촉감, 청각을 자극하고 인체에 대한 새로운 관점을 이끌어 내고자 하였다.</td></tr>
<tr><td>기대효과</td><td>• 오감 자극을 통해 신체에 대한 이해와 타인과의 이해와 소통</td></tr>
<tr><td>재료</td><td>청자토, 눈가리개, 받침대, 액자틀</td></tr>
<tr><td>진행방법</td><td>① 도입: 다산을 상징하는 토우를 보며 느낌을 이야기한다.
② 전개: 눈을 가리고 서로의 신체를 만져 본다.
③ 발전: 상대의 자신에 대한 이야기를 들으며 점토로 상대방의 신체의 일부 또는 전체를 표현한다.
④ 정리: 완성작을 바꾸어 선물하며 자신이 표현된 작품을 보면서 이야기를 나눈다.</td></tr>
<tr><td>응용</td><td>다양한 적용방법
- 두 명씩 짝을 이루어 협동작품을 하기에 좋다.
- 내담자와 치료자가 짝을 이루어 작업하면 라포 형성이 쉽다.
- 빠진 머리카락, 앙상한 몸 등 신체질환을 앓고 있는 경우에 그 부분을 과장이나 추상적으로 표현함으로써 자신의 신체에 대한 이해와 긍정적 자존감을 이끌어 낼 수 있다.</td></tr>
<tr><td>적용대상</td><td>성인의 미술치료에 효과적이다.</td></tr>
<tr><td>작품예시</td><td></td></tr>
</table>

<table>
<tr><th colspan="2">4. 염색 만다라(홀치기 기법 이용)</th></tr>
<tr><td>전통적 배경</td><td>색채는 조형요소 가운데 가장 감각적으로 인간의 정서적 체험을 표현해 줄 수 있다. 다시 말해, 대상에 대한 특수한 인상을 전달해 주는 언어와 같은 역할을 하며 직관적인 감성의 성질을 지니고 있다. 동양에서 예술은 자연을 그 모체로 삼는다. 이것은 중국에서 음양오행에 근원을 두고 있는 오방색 사용에서 나타나며, 또한 재료에서도 자연회귀를 추구한다. 이에 자연친화적이며 노작의 즐거움을 줄 수 있는 천연염색을 만다라에 도입하고자 하였다.</td></tr>
<tr><td>기대효과</td><td>• 색채를 통한 시지각 감성 자극과 만다라를 통한 내면표현, 수놓는 과정을 통한 손의 미세근육 강화</td></tr>
<tr><td>재료</td><td>동그란 무명천, 오방색의 천연염색물감, 바늘, 실, 한복천, 수틀</td></tr>
<tr><td>진행방법</td><td>① 도입: 명상음악을 들으며 긴장을 이완한다.
② 전개: 천의 원하는 부위를 홀치기 기법으로 묶어서 물들인다.
③ 발전: 바늘과 실과 천조각을 이용하여 자유롭게 표현한다.
④ 정리: 완성된 작품을 액자에 끼우고 느낌을 이야기한다.</td></tr>
<tr><td>응용</td><td>다양한 적용방법
- 바늘 사용을 어려워하면 천조각을 색핀으로 고정하며 활용할 수 있다.
- 밤, 치자 등을 이용하여 천연염색물감을 직접 만들어 보는 것도 좋은 효과를 줄 수 있다.</td></tr>
<tr><td>적용대상</td><td>성인과 노인의 미술치료에 효과적이다.</td></tr>
<tr><td>작품예시</td><td></td></tr>
</table>

<table>
<tr><th colspan="2">5. 어항 꾸미기</th></tr>
<tr><td>전통적 배경</td><td>인간은 육체적이고 심리적이며 또한 영적 존재다. 그러나 현대사회를 살면서 과도한 스트레스나 불규칙한 생활습관은 심신의 조화를 깨뜨리고 면역체계의 불균형을 유발시킨다. 동양에서 이상적 공간은 자연과의 조화를 통한 소통과 흐름을 상징하며 현대인들에게 조화에 대한 새로운 중요성을 시사해 준다. 또한 물은 동서양을 막론하고 근원적인 평온을 주는 소재이며, 동양에서는 무위자연의 회귀사상을 가장 잘 나타내 준다. 자연과의 조화를 중요시하는 선인들의 지혜를 본받아 만다라에 전통 조경의 개념을 도입하고자 하였다.</td></tr>
<tr><td>기대효과</td><td>• 생명의 가꿈과 보살핌을 통해 긍정적 에너지 충전</td></tr>
<tr><td>재료</td><td>개운죽, 색돌, 투명하고 동그란 어항</td></tr>
<tr><td>진행방법</td><td>① 도입: 숲에 가서 삼림욕한 경험을 떠올리며, 그때의 기분을 이야기한다.
② 전개: 개운죽과 색돌로 어항을 예쁘게 꾸민다.
③ 발전: 물과 물고기를 넣고 이름을 지어 준다.
④ 정리: 완성된 어항을 치료실에 배치하고 느낌을 이야기한다.</td></tr>
<tr><td>응용</td><td>적용 시의 주의점
- 식물 선택에 주의한다. 개운죽이나 스파티필름처럼 공기정화능력이 뛰어나며 생명력이 강하여 수중으로 관리하기 쉬운 식물을 사용해야 한다.
- 어항 바닥에 선명한 색의 천을 동그란 모양으로 받쳐 주면 색돌과 식물의 색감을 더욱 선명하게 나타낼 수 있다.</td></tr>
<tr><td>적용대상</td><td>모든 대상에 효과적이다.</td></tr>
<tr><td>작품예시</td><td></td></tr>
</table>

6. 발자국(콜라주 기법 이용)	
전통적 배경	서양예술에서 고난은 정복하고 이겨 내야 할 대상이지만, 우리의 전통예술에서는 고난에서 오는 슬픔과 고통을 나의 일부로 받아들이고 감싸 안아 승화시켜야 할 가치 있는 삶의 부분으로 이해한다. 여기서 승화의 의미는 미술치료가 지향하고 뜻하는 바와 상통하여, 연속과 상승의 개념으로서 발자국으로 표현하고자 하였다.
기대효과	• 과거 기억의 회상을 통해 뇌신경 자극과 지지를 통한 자존감 향상
재료	흰천, 먹, 잡지, 풀, 사진, 족자틀 등
진행방법	① 도입: 추억의 사진과 물건을 보며 탄생과 결혼 등 삶의 중요한 기억을 이야기한다. ② 전개: 흰천에 발자국의 크기를 바꿔가며 찍는다. ③ 발전: 잡지나 사진을 이용하여 중요한 사건 등을 꾸민다. ④ 정리: 완성된 작품을 족자로 만들어서 벽에 걸고 느낌을 이야기한다.
응용	적용 시 주의점 - 손바닥에 먹을 묻혀서 발모양으로 찍어도 좋다. - 콜라주 기법 사용 시 잡지 및 사진을 다양하게 준비한다.
적용대상	성인과 노인의 미술치료에 효과적이다.
작품예시	 

<table>
<tr><th colspan="2">7. 청실홍실 원앙 만들기</th></tr>
<tr><td>전통적 배경</td><td>동양예술에서 원앙은 암수 한 쌍이 새끼를 거느린 평화스러운 모습으로 부부가 화합하고 금슬이 좋다는 것에 비유되며, 주로 부인방이나 신혼방 혹은 혼례용 병풍으로 사용되었다. 이에 부부간에 소통과 교감을 위해 전통적인 금슬의 상징인 원앙을 도입하였다.</td></tr>
<tr><td>기대효과</td><td>• 부부간의 정서 교감과 이해</td></tr>
<tr><td>재료</td><td>청자토, 아크릴물감, 아크릴붓, 청홍색실</td></tr>
<tr><td>진행방법</td><td>① 도입: 혼례 예물이나 신혼집에 장식품으로 원앙을 사서 꾸며 놓았던 경험을 이야기하며 신혼 때 서로를 아끼던 감정을 떠올린다.
② 전개: 부부가 청자토로 원앙의 몸을 한 마리씩 만든다.
③ 발전: 흙이 마르면 서로 바꾸어 채색한다.
④ 정리: 완성된 원앙에 청실, 홍실을 묶어 서로에게 되돌려주며 덕담을 한다.</td></tr>
<tr><td>응용</td><td>손 조작활동을 어려워하는 환자들을 위한 적용방법
- 몸체 기본골격을 미리 제작하여 환자들에게 선택하도록 한다.
- 원앙의 몸체는 본인 것을 만들고 서로 바꾸어 예쁘게 꾸며 색칠한 후 되돌려 선물하는 과정을 통해 서로가 섞이고 조화를 이루며 서로 교감을 나누게 된다.</td></tr>
<tr><td>적용대상</td><td>성인의 미술치료에 효과적이다.</td></tr>
<tr><td>작품예시</td><td></td></tr>
</table>

8. 떡케이크 만들기	
전통적 배경	우리 조상은 애환을 홀로 이겨 내려 하지 않고 애경사가 있을 때 서로 돕는 미풍양속을 지녔다. 이는 과거 농경문화 속에서 화합과 협동의 중요성을 깨닫고 소중히 여기는 공동체의식에서 유래한다. 또한 나이가 들면 오복의 하나인 치아가 빠지고 신체의 감각적 자극이 쇠퇴하여 음식에 대한 욕구도 줄어든다. 이에 함께 만들어 나누어 먹으며 서로를 축하해 주던 미풍양속을 떠올리며, 떡케이크를 직접 만들면서 색채와 향으로 자극을 주고, 노작을 통하여 미각의 즐거움을 느끼고자 하였다.
기대효과	• 시각과 촉각의 자극으로 미각 깨우기, 협동작업을 통한 소통과 이해
재료	떡케이크 틀, 팥, 꽃, 잣 등 떡에 얹을 고물
진행방법	① 도입: 돌잔치, 명절 등 가정의 경사로운 일에 떡을 먹었던 기억을 떠올린다. 어떤 기념일의 떡을 만들지 서로 이야기 나누어 보고 정한다. ② 전개: 작은 떡의 무늬를 살펴보며 여러 방법으로 썰어서 모양을 낸다. ③ 발전: 썰어 놓은 떡을 접시에 담아서 케이크 모양으로 꾸민다. ④ 정리: 꾸며진 떡에 촛불을 꽂고, 축하의 말을 나누며 나누어 먹는다.
응용	다양한 적용방법 - 완성된 떡은 이웃이나 동료에게 돌리고 선물하여도 좋다. - 개인치료에도 이용할 수 있으나, 가족치료나 협동작업으로 하면 기대효과가 크다.
적용대상	모든 대상에 사용할 수 있다.
작품예시	

9. 소원부적 만들기	
전통적 배경	모든 인간은 정신세계를 표출하고자 하는 욕구가 있는데, 이것을 직접적으로 표현하기 힘들 때 상징을 사용한다. 부적은 이와 같은 개념에서 만들어진 것이다. 인간 무의식의 상징적 산물로서, 억눌리고 고통받는 인간의 감정 정화를 통해 보상을 이루고자 한 것이다. 부적의 기능은 벽사, 주술, 기원, 저주 등 여러 가지가 있는데, 이 중 인간의 간절한 기원의 함축으로서 소원부적의 제작을 통해 내면의 욕구에 쉽게 접근하여 친근하게 풀어 내고자 하였다.
기대효과	• 심리적 불안과 염원의 표출을 통한 감정정화
재료	5색 한지, 5색 먹, 붓펜(한국화 붓-세필)
진행방법	① 도입: 부적 사용 경험에 대해 이야기하며, 지금 가장 이루고 싶은 소원을 떠올린다. ② 전개: 오방색의 한지 중 한 가지 색을 선택한 후 그 위에 붓펜으로 소원을 그림이나 글씨로 표현한다. ③ 발전: 색 한지를 손으로 뜯어서 덧붙여 표현한다. ④ 정리: 내가 만든 부적에 대해 이야기한다.
응용	적용 시 주의할 점 - 부적이 저주와 같은 부정적 기능으로 사용되지 않도록 주의한다. - 글자와 그림으로 된 다양한 부적의 형태를 제시해 주어야 한다. - 완성된 부적에 대해 이야기를 통해 감정을 충분히 표현하여 부적의 주술적 효과에 지나치게 기대하지 않도록 한다.
적용대상	모든 연령의 미술치료에 가능하다.
작품예시	 

<table>
<tr><th colspan="2">10. 이름글자로 나를 표현하기</th></tr>
<tr><td>전통적 배경</td><td>동서양을 막론하고 이름은 큰 의미를 지닌다. 특히 동양에서는 이름에 큰 의미를 부여하여 본명을 함부로 알리거나 부르지 않도록 하였다. 우리 조상은 성인이 되면 아명과 달리 새로운 이름으로 불렸는데, 이때에는 본인의 기호나 윗사람이 본인의 덕(德)을 고려하려 짓는 경우가 많으며, 때로는 장유(長幼)의 차례에 따라 정하는 경우도 많았다. 자(字)를 부르고 사용함은 곧 성인이 되어 상호 예를 갖추고 품격을 지키는 것을 의미한다. 이에 나의 성찰과 성숙을 뜻하는 또 하나의 이름을 지어 그 뜻을 그림으로 나타내 보고자 하였다.</td></tr>
<tr><td>기대효과</td><td>• 자신에 대한 이해와 긍정적 자존감의 부여</td></tr>
<tr><td>재료</td><td>붓펜, 사인펜, 8절 도화지</td></tr>
<tr><td>진행방법</td><td>① 도입: 다산 정약용 등 조상들의 호와 자에 얽힌 이야기를 들려준다.
② 전개: 자신의 특징과 장점 등을 떠올리며 새로운 이름을 짓는다.
③ 발전: 화선지에 새로운 이름을 쓰고 이름의 뜻에 어울리는 배경을 그려 준다.
④ 정리: 완성작에 자신의 새로운 이름으로 낙관을 한다.</td></tr>
<tr><td>응용</td><td>다양한 적용방법
- 지우개로 호를 파서 자신의 완성 작품에 낙관을 하도록 한다.
- 작명은 한자나 한글 혹은 그림 등 어떤 형태로 나타내도 좋다.</td></tr>
<tr><td>적용대상</td><td>성인과 노인의 미술치료에 효과적이다.</td></tr>
<tr><td>작품예시</td><td></td></tr>
</table>

11. 십장생 손수건 만들기	
전통적 배경	과거 선조들이 꿈꾸던 가장 큰 삶의 지표는 수복, 강령, 부귀, 다남이었다. 그래서 오래 살고 복 많이 받기를 염원했던 소박한 무형의 유산들이 현재 우리에게까지 내려오고 있다. 그중에서도 십장생도는 순수하고 소박했던 선조들의 무병장수 기원을 예술적으로 승화시킨 것으로서 장생문화를 대표하는 것이다. 십장생도는 해, 구름, 바위, 물, 소나무, 대나무, 학, 사슴, 거북, 불로초 등 불로장생한다고 여겨진 열 가지 동식물을 모두 한 화면에 그려 놓은 그림이다. 주로 장수를 축원하는 연회나 사랑방의 장식용 병풍으로 쓰였는데, 일반 가정집에서는 출입문 창 위에 단장짜리 가로닫이 문배그림으로 부적과 같은 용도로 사용되기도 하였다. 이에 노인의 무병장수에 대한 염원을 손수건에 담아 표현해 보고자 하였다.
기대효과	• 무병장수에 대한 내적 욕구 표현 및 만족감 증진
재료	손수건, 십장생 도안, 칫솔, 염색물감, 골판지, 붓펜
진행방법	① 도입: 민화에 나타나는 십장생도를 감상하며 느낌을 이야기한다. ② 전개: 마음에 드는 십장생 도안을 오려서 골판지에 붙여 판화로 찍거나, 칫솔로 뿌리기를 한다. ③ 발전: 손수건에 붓펜으로 소망의 시를 적고 낙관한다. ④ 정리: '학처럼 ~하리라' 라고 서로 덕담을 나눈다.
응용	조작에 어려움을 느끼는 환자들을 위한 적용방법 - 여러 가지 십장생 도안을 도장의 형태로 미리 제작하여 환자가 천과 물감의 색을 선택하여 찍을 수 있도록 한다.
적용대상	성인과 노인의 미술치료에 효과적이다.
작품예시	

12. 비상하는 새 콜라주 만들기	
전통적 배경	동양예술에서 가냘프지만 훨훨 공중을 날아다니는 새는 그 생긴 모양이나 비상하는 자태가 아름답기 때문에 일찍이 자유와 정신해방을 뜻하는 대표적 상징이었다. 중국 화가들은 기운생동의 표현에 따라 예민한 관찰력과 직관으로 깃털 하나하나의 모양과 자세에서 새 고유의 힘찬 생명력이나 숨결과 기가 알맞게 스며 있는 듯이 새를 표현하였다. 동양적 상승의 개념을 적용하여 새의 자유로움과 내면의 생명력을 콜라주 기법으로 표현해 보고자 하였다.
기대효과	• 생동감 있는 새를 만들고 자유와 생명에의 존중과 만족감 경험
재료	신문지, 잡지, 도화지, 사인펜, 물감
진행방법	① 도입: 여러 동작의 새의 사진을 보고 직접 날개짓을 하며 흉내내 본다. ② 전개: 생동감 있게 날아오르는 새를 그린다. ③ 발전: 깃털을 붙여 꾸민다. ④ 정리: 족자로 만들어 걸고 느낌을 이야기한다.
응용	다양한 적용방법 - 도입 시 멈춰진 동작의 새 사진을 보여 주고, 지금 날아오르는 것인지, 착지하는 것인지, 날고 있는 모습인지 이야기해 보게 한다. - 완성된 작품을 감상하며 어디로 날아갈 것인지 이야기를 나누어 보게 한다.
적용대상	모든 연령의 미술치료에 효과적이다.
작품예시	

제 9 장 한국적 미술치료 프로그램

1. 이론적 배경

1) 한국인의 정서

모든 나라의 전통에는 현대문명의 발달 정도에 관계없이 저마다의 독자성과 다양성이 있으므로 절대적 기준으로 평가할 수 없고 또 우열을 가릴 수 없다. 이에 더하여 전통미술은 우리의 얼과 슬기, 기호, 미의식, 창의력, 의식주 생활의 상태, 역사 등 우리에 관한 모든 것을 반영할 뿐만 아니라 새로운 발전과 미래에 대한 원동력이 되어 왔다. 상대성과 주관성을 넘어서 타당성을 가지는 것이다.

정보화 사회 속에서 각국의 시각문화는 다양한 형태로 전개되어 전통적으로 규명했던 미술에 대한 개념이 새롭게 정의되는 시점에 도달하였다. 매스미디어의 발달로 지구촌의 문화가 보편화 · 단일화되어 가고 있고, 그것은 민족의 정체성과 순수성을 훼손시킬 수 있다는 공통의 염려를 낳았다.

한국인의 정신문화란 곧 한국인의 생활양식과 사고방식을 의미한다. 우리 민족 정신사의 첫 단계는 단군신선사상의 시대라고 할 수 있다. 이 시기에는 원시적 샤머니즘(shamanism)이 지배적인 사고 형태였다.

첫째, 단군신선사상을 살펴보면 고대 한민족이 지녔던 민족신앙의 모체로서 한민족의 집단적 소산이며 무의적인 혼의 구현이었다. 당시는 산천초목, 일월성신에 성령이 깃들어 있으며, 인간의 길흉화복은 성령의 마음가짐에 의하여 결정된다고 생각하였다. 그래서 성령에 통할 수 있는 무당이 민중생활에 지배적인 영향력을 미쳤으며, 정치적으로는 제정일치(祭政一致)의 시대로 나타난 것이다.

둘째, 삼국시대에 와서는 불교의 도참사상(圖讖思想)이 민족의 중심사상으로 자리 잡게 되었다. 이는 한국의 불교가 피안의 극락보다도 현실이익 중심으로 성행한 나머지, 성쇠화복을 예언하는 도참설이나 택지, 도읍, 묘지의 지세를 가지고 장차의 행운을 기약하는 풍수도참설과 결합하게 된 것이다. 이처럼 불교는 종교적인 사명감에서보다는 정법옥국(政法玉國), 진호국가(珍護國歌), 사민평등(四民平等) 같은 현실적인 국익추구의 사상적인 요구로 수용되어 고려조에 와서 더욱 성행하였다.

셋째, 조선시대는 유교 성리학사상의 시대라고 할 수 있다. 고려 불교의 부패와 타락이 극에 달한 가운데 조선왕조 건립의 중심사상으로 증장한 유교는 정치적으로 왕도주의, 사회적으로는 삼강오륜사상, 경제적으로는 농업토지경제를 토대로 하여 사대부계급에 의한 유교적 가부장주의와 봉건적 전제군주 통치체제를 정당화하는 이데올로기로 정립되었다. 이러한 유교사상은 권력보다는 덕치주의를, 형벌보다는 통치계급의 도덕적 모방에 의한 지배를 강조하여 예를 통한 사회질서의 확립이라는 면에서 우수한 통치철학이었으나, 유교 성리학의 관념적 이상주의와 보편적 합리주의는 현실생활로부터 거리가 있는 형이상학적인 문제를 야기시켰다.

넷째, 지식지상주의의 학문인 유교사상의 성리학이 내세우는 사회윤리적 이상은 경제적인 기초가 튼튼함으로써 가능하다고 생각하는 실학사상이 17, 18세기 싹트기 시작하여 18, 19세기에 전성기를 맞이하게 된다. 이 실학사상은 실사구시, 이용후생 등 현실에서 출발하여 정치, 경제, 군사 등 각종 제도의 역사와 현실을 규명하였으며, 이러한 학문적인 토대 위에서 이상적인 사회의 실현을 구현하고자 하였다. 실학사상 발생은 우리 민족이 자아에 눈을 뜨기 시작한 것을 의미한다.

이 밖에도 아득한 옛날부터 이어져 내려오는 무속신앙이 있다. 소위 샤머니즘이라고도 불리는 무속신앙은 신령과의 접촉을 통하여 복을 빌고 재앙을 물리침으로써 인간의 소망을 성취할 수 있다고 믿는 무당을 중심을 한 원시적인 주술종교적 현상이다. 불교 · 유교 · 도교 등의 대종교들이 전래되어 국가적으로 크게 확산되었으나, 샤머니즘은 일반민중 사이에 그 뿌리를 내리고 있어서 오히려 외래종교가 수용과정에서 샤머니즘적인 성격이 가미되면서 토착될 수 있었고, 종교의 본래적인 기능이 상실되기도 하였다. 즉, 무속신앙은 지배종교에 눌리고 지식층의 천시를 받으면서도 부녀자와 서민층의 민간신앙으로 계승되어 왔다. 오늘날까지도 살아 있는 백성의 종교로서 한민족의 정신과 생활에 지대한 영향을 미치고 있다.

2) 한국적 미의식

한국적이라는 말은 흔히 생각하는 것처럼 예로부터 전해 내려오는 우리 민족 고유의 전통문화와 깊은 연관이 있다. 전통적 미의식이란 어떤 민족이나 국가에 오랜 과거로부터 전해 내려오는 미 개념으로 그 구성원의 집단경험이 여과된 것이다. 이는 건축, 복식, 의식이나 축제에 쓰이는 기구, 그 밖의 일상생활 도구 가운데 지배적인 형태나 색으로 자주 나타난다. 또한 그 지역 그 민족에게만 나타나는 독특한 미감이다. 일반적으로 한국미술의 미의식이나 한국미의 특색으로 무작위의 미, 무기교의 미, 자연주의, 한의 초극, 적조의 미, 비정제성, 해학, 자유분방함, 소박, 해학미, 담백의 미, 비움의 미 등을 들고 있다.

한국의 미를 한마디로 말하면, 그것은 자연의 미라고 할 것이다. 한국적 자연으로 한국에서의 미술활동의 배경이 되는 것이다. 자연에의 순응심리나 중용의 조화를 추구하는 한국인의 미의식은 모두가 천혜의 자연환경에서 유구한 시간을 통해 자연스럽게 형성된 것이다. 한국인은 자연을 고의적으로 변화시키거나 인공적으로 가공하기를 좋아하지 않는다. 생활에 필요하여 자연물을 활용할 때도 인공의 가미를 최소한으로 하고자 한다. 재료나 안료의 사용에 있어 천연재료를 사용하고, 자연을 대상으로 했으며, 자연과 동화하는 자세로 작가의 삶과 자연과 예술이 하나가 되도록 정교하고 정성스럽게 작품에 임하였다.

우리의 미라고 할 때 자연주의라는 말을 많이 한다. 한국적 자연주의란 자연에 대한 애착, 자연현상의 순수한 수용으로, 이것은 인공 이전, 미 이전의 세계에서 소재가 가지는 자연의 미를 의식적으로 보존하려는 노력으로 나타나는 것이다. 즉, 한국의 자연주의는 인간과 자연의 합일에서 오는 기쁨을 노래하거나 또 그 합일을 기원한다는 것이다. 결국 한국인의 미의식에 일관되게 흐르는 것은 자연에의 순응심리와 건강한 생명력으로 집약될 수 있다. 자연을 거스르지 않고 자연에 동화하며 순리대로 살아가는 것을 올바른 삶이라 믿어 왔던 결과다.

우리나라의 완만하고 둥근 형태와 부드러운 곡선으로 된 노년기성의 지형은 우리의 심상을 형성하였다. 이러한 자연은 심리적 긴장을 안정시키는 적당한 기능을 가지고 있기 때문에 균형감을 갖게 한다. 한국의 건축은 뒷산과 터의 기묘한 모양을 이용함으로써 뒷산을 닮아 있다. 이것은 자연과의 균형을 유지하고 자연과의 조합을 꾀하였기 때문이라고 말할 수 있다.

또한 산천에 널려 있는 천연재료는 한국미술의 특질과 미의식을 결정짓는 중요한 역할을 한다. 예를 들어, 화강암은 아주 단단하여 형태를 만드는 데 많은 시간과 노력이 필요하다. 결국 화강암의 표현은 외면성보다는 내면적인 표현이 강조된다. 이와 같이 우리의 문화는 냉정하고 정확한 기하학적 인간 또는 기하학적인 형태감이나 차가운 느낌으로 나타나기보다는 화강암의 성질이나 질감과 같이 소박함, 따뜻함으로 나타난다고 볼 수 있다.

한국인은 완벽하게 정지된 상태보다는 약간의 움직임과 경향성을 보일 때 멋을 느끼는가 하면, 정적인 것에서도 멋을 느낀다. 상반된 속성을 지닌 대상임에도 다 같이 멋을 느끼는 배후에는 경향성과 절제와 함축의 조화를 추구하는 한국인의 미의식이 깔려 있기 때문이며, 그 미의식은 중용의 도를 바탕으로 하고 있음을 유추할 수 있다.

한국의 미술품은 요란하지 않다. 부드럽고 조용하고 때로 적막하다. 그것은 결국 작품 자체의 완전한 조화에도 있지만, 주위 환경이나 자연과의 융합, 조화가 잘되어 있기 때문이다. 원재료의 특성 그대로를 될 수 있는 대로 살려서 자연과 부딪치지 않는 부드러운 조화를 만들어 낸다.

또한 한국미술에서는 정밀한 세부에 관심을 두지 않는다. 정밀하고 완전한 세부는 기술과 통하며 인공적인 성격을 작품에 부여한다. 세부에 너무 치중하지 않으므로 작품의 전체적 효과가 어수룩하고 원만하며 사람에게 친근감을 주는 것이다. 한국미술의 공통 특색은 결국 자연에 조응하는 조화, 평범하고 조용한 효과 그리고 그 모든 것에 무관심한 무아(無我)의 철학이라고 할 수 있다. 분청사기의 질박하고 친근감 있는 문양이나 단청, 색동과 같은 과감한 원색의 구사 혹은 전통문양에의 관심과 민화적 표현 등이 바로 그러한 예다. 이러한 작업들은 민속적이며 서민적인 것으로, 기교적으로 엄격하지 않을 뿐 아니라 동양회화의 전통을 이루고 있는 문인적 심미관과는 다른 질박하며 여유로운 것이다. 우리 민족 특유의 정서와 정감을 내재하고 있으며, 우리 미술의 원형 혹은 특질을 발현할 수 있는 유력한 수단이라 여겨지기 때문이다.

한국의 해학미는 비정제성, 적조미, 한의 초극에 연유되어 표출된 것이다. 어려운 시대적 상황에서 민중이 삶의 의욕을 잃고 있을 때 보이는 판소리, 탈춤, 민화의 해학미는 어려운 세상을 한바탕 웃음으로 날려 버리는 한국인 특유의 낙천성 또는 유희성의 특성을 보여 준다.

우리의 시나위와 산조, 판소리, 살풀이, 탈춤, 민화 등은 자연스러운 예술미가 한층 발현되는 분야다. 민화는 같은 소재와 주제를 담았으나 제멋대로이며, 자연스럽다 못해 거칠고 투박한 미의식을 보여 주고 있다. 또한 빈궁한 생활 속에서도 밝은 미감으로 표출되는 민화의 낙천성은 한국 무교의 인생관에서 비롯된 사고방식에 연유한 것이라 하겠다.

『태극도설』에서는 태극이 음양을 낳고 음양이 오행을 낳는다는 구도로 이해된다. 음양과 오행이 합하여 하나가 됨으로써 건과 곤, 즉 남성적인 것과 여성적인 것이 생겨나고, 바로 여기에서 차례로 만물이 발생 · 진화한다고 하였다. 즉,

음양은 우주 간의 두 가지 상반된 기본동력으로서 양은 남성적, 능동적, 밝음, 더위, 건조, 굳음 등을 나타내고, 음은 여성적, 수동적, 어두움, 추위, 습기, 부드러움 등을 나타낸다. 상호 대립함으로써 두 개의 원리는 대자연 또는 현상을 생성시킨다. 그것들은 지고의 하나 속에서 모든 것과의 끊임없는 상호작용을 한다.

한국의 미적 특징인 소박성 혹은 무작위성, 투명성과 익명성, 관념성 등의 조형상의 특징은 유교사상으로 인한 규범철학적 성격이 강했던 조선시대에 더욱 두드러졌다. 즉, 화려한 색채와 기교, 장식보다는 검소하고 경쾌하면서 실용성을 강조하는 경향이 두드러져서 무식(無飾) 무화(無華)의 조선적인 미술로 전개되었다.

유교의 영향은 미술사에 있어 선비정신의 발현이라고 하는 문인화풍 등의 회화양식을 통해, 사실보다는 정신성이 강조된 수준 높은 미술형태로 발전했다. 그와 함께 장인으로서의 창작행위나 색채로 표현되는 모든 예술 분야를 무시하고 천시함으로써 진정한 창작예술로의 발전을 저해했다는 모순점을 가지고 있다. 더구나 지배계급의 유교적 도덕과 가치관은 서민으로 하여금 계급사회의 불합리, 생활의 빈약 등으로 시달리게 했으며, 기복적 불교와 무교에 심취하게 하는 요인이 되었다. 사대부의 회화가 대체로 유교, 불교, 도교의 사상을 표방하는 그림이었다면, 민화는 민중의 현실 속에서 생활 그 자체의 도구로서 자신들의 삶에 대한 그림을 그린 것이다.

불교는 삼국시대 이래 현재에 이르기까지 사상 및 문화예술에 막대한 영향을 끼쳐 왔다. 불교사상을 제외하고 한국의 미를 논할 수 없으며, 이는 서양의 미의식이 기독교를 제외하고 논할 수 없는 것과 같다. 불교미술은 교리나 사상에 대한 소산이라는 기본적 역할 외에 불교의 세계관, 즉 정토교적 사상과 화엄사상 등에 대한 미술적 표현이다. 종교미술로서의 의미뿐만 아니라 미술 자체로서의 완성이기도 하다. 불교의 중관(中觀), 원융(圓融), 상즉(相卽), 불이(不二)와 같은 '하나' 라는 사상은 예술에서도 구체화되었다. 원만한 미로서 송의 자기나 고려자기에 표현되어 있다. 또 무(無)나 무심(無心), 공(空)과 같이 자아를 초극하는 불교의 교리는 한국적 미의식으로 반영되었다.

사군자의 발생은 남종문인화가 가지고 있는 불교의 선미, 노장의 무위자연사상을 바탕으로 하는 회화정신, 유교의 인격수양과 청빈하고 깨끗한 마음가짐으로 표현되는 회화정신, 그리고 은일적인 사상이 일치되어 유 · 불 · 선 합치의 예술로 승화되어 나타났다. 도가사상은 조선시대의 회화에도 큰 영향을 미쳐서 산수화의 발전에 기여하였다. 이 시대에는 실용화 이상으로 감상화가 주류를 이루며 유행하였다.

우리 민족의 철학과 예술을 구성하는 근본원리는 '정과 한의 아우름' 이라고 볼 수 있다. 정(情)이란 주체가 자아와 타자, 인간 주체와 세계, 개인과 집단, 문명과 자연 사이에서 일정한 타자와 특별한 관계를 맺고서 그 대상을 자기의 범주 속에 넣어 다른 대상과 자기의 대상을 구별하고 차별하고 대립시키면서 자기를 확장하는 실존양식이자, 다른 타자와 자기의 타자를 다르게 느끼고 생각하며 사랑하는 마음의 상태다. 정이 깨지면 한이 된다. 한(恨)이란 정을 두고 있는 대상이 자기의 범주를 떠나 타자의 범주로 귀속되었다고 생각하였거나 판단하였을 때 정을 두었던 대상의 사라짐에서 오는 슬픔, 그 대상에 대해서 품는 대립과 적대감 및 불만 또는 그로 야기된 새로운 세계와 삶에 대한 불안과 두려움을 정의 틀 속에서 내재화한 총체다. 한국의 문화는 한을 승화하고 조화시켜 아우름을 이루는 문화다. 패배적, 체념적, 비극적 한이 없는 것은 아니나, 현실의 세계에서든 상상의 세계에서든 '지금-여기' 에서 맺힌 것을 풀어 이를 해소하고 조화를 이루려고 하였다.

3) 한국적 공간

우리나라는 사계절의 뚜렷한 변화와 고유의 지형 등을 배경으로 독특한 공간의식이 생성되어 왔다. 지세(地勢)를 존중하여 거스르지 않으며 자연에 순응하면서 조화시키는 슬기를 터득하고 불교와 유교사상, 풍수지리 등의 인문적 요인들은 우리 민족 특유의 공간의식을 발전시킨 근간이 되어 왔다.

우리의 전통조경은 인간의 손에 의한 인위적이고 인공적인 방법을 배제하고 자연상태 그대로를 유지하면서 그 상황에 동화되고자 하는 사고를 우선으로 하였다. 비록 사람이 만들었기는 하나, 마치 하늘이 자연적으로 만들어 놓은 것같이 느껴지도록 하는 것에 목표를 두었던 것이다. 주변경관을 이루어 나가는 조경에도 적용되어 그 원칙을 자연의 인간화, 인간의 자연화에 두었다. 즉, 인공적인 것을 속된 것으로 여기며, 자연 속에 인공적 조형물을 설치함에 있어서 세심한 주의를 기울이면서 자연과 동화시키는 데 주안점을 두었다. 이와 같이 크고 작은 자연적 요소를 가장 자연스럽게 꾸미는 것이 우리 전통조경의 기본 원리였다. 공간의 인식에 음양론적 관점과 무위자연사상이 포함되어 있는 것이다.

한국이라는 지형적 조건과 문화적 배경 속에서 살아오면서 다양한 공간체험과 그것으로부터 형성된 공간지각을 문화에 반영하고, 이를 바탕으로 산수화에서 보이는 전통적인 공간은 우리 눈에 보이는 대상과 어떤 경계를 이루는 하나의 경지일 뿐 독립된 주체가 아니다. 그리는 이의 심상이 개입되면서 형태보다는 의미와 기운이 중시되는 산수화가 전개되는 것이다. 배경을 단지 형태가 자리해야 하는 절대공간, 고정공간으로 보는 것이 아니라 여백 자체가 하나의 기(氣)로 충만한 공간으로 보이므로 여백은 그 자체로서 조형요소다. 사물의 간격이나 배치를 단지 시각에만 의지해서 하는 것이 아니라 심성적 거리, 심성적 여백을 중시하는 조형원리로 정형화시킬 수 있는 가능성을 보여 준다. 한국의 조형미는 계량화되거나 수치화되는 것이 아니라 의미 중심의 조형관이다. 채우더라도 비어 있음을 강조하며 채우는 구도에 대한 연구는 개방성의 미학을 강조하는 한국적 전통의 계승이라 할 수 있다.

한국미술은 독특한 성격을 형성하였으며 세계적으로 훌륭하고 찬란한 미술품을 창조하였다. 같은 문화 군에 속한 동양 3국의 미술은 서로 영향을 주고받기는 했지만, 각각 그 민족성과 풍토, 양식에 따라서 독자적인 조형미술을 형성시켰다. 전체적으로 볼 때 대륙인 중국은 형(形)에 치우쳐 웅대함을 연상시키는 데 비하여 섬나라인 일본은 색채에 치우쳐 화려함을 중시하였다. 이에 비하면 반도인 한국은 소박하고 수수한 미술이라고 할 수 있다. 고구려와 신라, 백제를 중심으로 한 삼국시대 미술에서 고려와 조선시대를 거쳐 현대에 이르기까지 줄곧 계승되어 부드러운 선율과 아담한 형태, 은근하면서도 구수하며 꾸밈없는 자연스러운 솜씨로 우리의 전통미를 형성시켜 왔다. 한국미술은 대체로 예술에 있어서의 절대의 숭상과 자신의 이미지 실현이라는 이상보다는 생활 속에서 자연스럽게 탄생시킨 예술이라는 데에서 연유한다고 하겠다. 서양에서는 일상생활에서의 미와 예술적 미를 구분하여 사용한 데 반해, 우리나라의 예술은 그 경계가 모호하거나 따로 구별하지 않았다는 데서 한국미의 특성을 말할 수 있다.

4) 한국적 색채

색은 미술의 핵심요소다. 색을 통해 정서를 표현하고 전달하며, 색은 생활세계를 그대로 나타내는 역할을 한다. 그러므로 색은 우리 생활에 있어서 필수 불가결한 것이며 문화발전과정의 기본 요소다. 이러한 색채문화는 한 민족, 한 시대의 문화척도라고 할 수 있다. 그럼에도 불구하고 한국미술에서 색채미학이 금기사항처럼 터부시되어 왔던 것이 얼마 전의 일이다. 이러한 부정적 인식의 배경에는 수묵을 중시해 온 남종문인화 사상이 유입되면서 조선시대의 사대부나 도화서의 화원들이 수묵화만을 국화처럼 숭상해 온 점도 있음을 부정할 수 없다. 이러한 시각에서 분석한다면 수묵화는 모화사상(慕華思想)에 기초한 사대주의 발상에서 출발한 것으로, 이와 비교할 때 한국의 채색화는 고구려의 고분벽화나 신라의 건축양식, 사찰의 단청, 고려불화나 조선의 민화, 무속화 등에서 순수한 우리의 것임을 확인할 수 있다. 한민족의 색채는 원시미술에서의 동굴벽화와 고분벽화에서부터 그 기원을 찾아볼 수 있으며, 석기시대를 거쳐 특히 고구려의 고분벽화는 벽사화(辟邪畵)로서의 전통이나 채색에 있어서 실상을 알려 주는 현존하는 자료로서 그 독창성이 돋보인다.

색은 감각적인 것으로, 시각적 체험에 바탕을 두고 있다. 그러나 색채를 사용할 때 그 색채가 우리의 감각에 와 닿는 감정이나 감각에 순수하게 반응하기보다는, 지식화되고 관념화된 색의 이미지를 먼저 떠올리는 경우가 많다. 예를 들어, 머리에 하얀 리본을 꽂은 사람을 보면 '깨끗하다' '청순하다' 등의 느낌이

들기보다는 '상(喪)을 당했다.' '청승맞고 불길하다.' 등의 생각을 하게 된다. 이것은 일차원적인 감각에서 시작된 색감이 집단생활을 통해 사회와 민족의 같은 문화권의 사람들에게 관념화된 보편성으로 작용하여 문화적 특성을 나타내는 독특한 요소로 변화한 것이다. 즉, 색의 연상적 가치가 발전해 특정한 빛깔에 대한 상징적인 의미가 부여된 것이다.

(1) 한민족의 색채관과 사상적 배경

우리 민족은 고대인의 특성 중의 하나인 태양숭배와 경천사상(敬天思想)에 따라 고유한 'ᄇᆞᆰ' 사상을 형성하였는데, 'ᄇᆞᆰ'은 곧 백(白)을 뜻하며 신성한 색으로 다루게 되었다. 흰색은 물감을 들인 색이 아니라 있는 그대로의 원색이라는 의미에서 무색(無色)이며, 무색은 곧 자연 그 자체다. 한민족은 자연을 거스르지 않고 자연에 동화하며 순리대로 살아가는 것을 올바른 삶이라 믿어 왔다. 이는 한국미술의 바탕에 흐르는 자연주의 형성에 가장 결정적인 영향을 주었다고 볼 수 있다. 그 결과 한국 미술품은 요란하지 않고 부드러우며 때로 적막하여 주위 환경이나 자연과 훌륭하게 융합 · 조화를 이루어 낸다. 또한 짙푸른 가을 하늘과 삼면이 바다인 반도적인 기후, 맑은 태양빛은 우리 선조들이 즐겨 쓰는 쪽빛과 백색의 원천적인 근거로 볼 수 있으며, 투명한 순연(純然)의 색채를 즐겨 사용하는 원인으로 천연의 자연적인 조건을 빼놓을 수 없다.

한편 무속사상, 도교사상과 관련하여 자연과 관련된 조형적 반영의 대표적인 것으로 중국의 음양오행설이 수용되어 소재나 색채에서 구체적인 형상과 의미를 내포하는 표현이 이루어졌다. 그것은 오행(五行)에 근원을 두고 있는 오방색(五方色)으로서 고구려 고분벽화 〈사신도〉에서 채색화의 시원으로 발견되었으며, 이후 신분과 용도에 맞게 설정된 복식, 공예품, 궁궐과 사찰에서의 단청을 비롯한 전반적인 색채의식을 형성하는 근간이 되었다. 또한 고려시대의 불화로 이어지면서 더욱 세련된 감각으로 발전되었으며, 조선조에 이르러서도 궁중장식화, 단청, 민화, 무속화 등을 통해 계승되고 있다. 이렇듯 한민족 색채관의 사상적 배경에는 크게 두 가지 상반된 구조가 있는데, 그중 하나는 탈채색(脫彩色)

금채색(禁彩色)사상, 즉 백색과 남색으로 대표할 수 있는 한민족 고유의 선호사상이고, 다른 하나는 전통적인 미술품이나 사찰에서 볼 수 있듯이 화려하고 원색적인 색을 사용하여 주술적인 목적과 색에 의미와 상징성을 부여한 음양오행사상이라고 하겠다. 또 여기에 민간층의 신앙적 바탕이 되어 온 무교적인 사상이 한민족의 색채관에 영향을 주었다.

(2) 오방색을 중심으로 한 색채의식

전통미술의 뚜렷한 특징으로서 진채(眞彩)의 미라고 할 수 있는 전통채색은 건물의 단청을 비롯하여 흉배(胸背), 노리개 등 속의 몸치장과도 색감이 일치한다. 오랜 전통을 지닌 이러한 색조는 남(藍), 주(朱), 황(黃), 백(白), 흑(黑)을 기본 색으로 하여 때로는 녹(綠), 홍(紅), 자(紫)색이 곁들여지는 색상으로 이루어졌다. 이는 우리나라에 실용주의 학문이 도입되어 실학이라는 이름으로 자연과학적 세계관에 눈뜨기 시작한 개화기인 19세기 중엽까지 한국인의 의식세계의 중심이었던 음양오행적인 우주관에 바탕을 둔 사상체계에서 비롯된 것이다.

청(靑), 적(赤), 황(黃), 백(白), 흑(黑)을 목(木), 화(火), 토(土), 금(金), 수(水) 오행의 각 기운과 직결된 다섯 가지 색을 기본 색으로 하여 오색 또는 오채라 불렀다. 이는 동서남북 및 중앙의 오방이 주된 골격을 이루고 있는 양의 색이며, 또한 다섯 가지 방위 사이에 놓이는 간색을 음색이라 하여 녹색, 벽색, 홍색, 유황색, 자색을 두었다. 오행은 따로 독립되어 존재하지만 서로에게 영향을 끼치며 도와주기도 하고, 물리치기도 하고, 낳아 주기도 하고 극(剋)하기도 하는데, 이와 같이 물고 물리며 주고받는 관계를 상생상극(常生相剋)이라 한다. 색채에 대한 이러한 해석방법은 동양사상에서 색채에 대한 감각적 측면은 중요시하지 않는다는 사실에 기인한 것으로, 당시 사람들의 생활은 색채에 항상 감각적으로 쾌, 불쾌를 판단하기 전에 어떤 의미를 선행시켰던 것이다.

남(南)은 오행 중 목으로서, 떠오르는 동방에 해당되고 만물이 생성하는 봄의 색인 까닭에 창조, 생명, 신생을 상징하며, 벽사기복(辟邪祈福)의 색으로 즐겨 사용되었다. 적(赤)은 오행 중 화로서, 만물이 무성한 남방에 해당되고 태양, 불,

피 등과 같이 생성과 창조, 정열과, 애정, 적극성을 나타내며, 가장 강력한 벽사의 색으로 쓰였다. 흑(黑)은 오행 중 수(水)로서, 북방을 나타내고 음유한 성질을 가지고 있어 인간의 지혜를 관장한다. 백(白)은 오행 중 금을 나타내며, 서방에 해당되는 것으로 결백과 진실, 삶과 낮, 순결 등을 뜻하며 우리 민족이 흰옷을 즐겨 입는 원인이기도 하다. 황(黃)은 오행 중 토에 해당되며, 오방색의 중심색으로서 우주 중심에 해당되므로 가장 고귀한 색으로 인식되어 임금만이 황색 옷을 입을 수가 있었다.

(3) 한국 전통미술을 통해 본 오방색

우리나라의 채색화는 삼국시대부터 그 자취를 찾아볼 수 있는데, 당시의 그림으로 오늘날까지 전해지는 것은 고구려 고분벽화로서 대부분 중국의 지린성 지안(集安) 지역과 북한에 위치해 있다. 초기 고분벽화의 대표적인 예는 안악 3호분(安岳三號墳)을 들 수 있는데, 묘주 생전의 생활상을 보여 주는 내용으로 묘주와 부인의 초상이 그려져 있다. 〈묘주 부인의 초상〉에서 하녀의 옷을 백-적-황의 순서로 채색함으로써 고대의 설채법을 보이고 있다. 적색과 황색 등의 색채는 명도가 높지 않아 후기의 선명한 색조와 대조를 보인다. 5세기 중기 대표적인 고분인 통구의 무용총에는 〈무용도〉 〈수렵도〉 등이 그려져 있는데, 돌로 쌓은 벽에 회를 바르고 주, 암적, 황, 황토, 녹, 청록 등 다양한 색채로 밝게 채색되었다.

〈수렵도〉에서는 산의 원근에 따라 백-적-황색으로 처리함으로써 안악 3호분과 마찬가지로 고대 설채의 원리를 보여 주고 있으며, 〈무용도〉에서는 색채의 반복을 피해 누런색과 붉은 점 등을 변화를 두고 배치했다. 6~7세기의 대표적인 통구의 사신총은 방위신의 청룡, 백호, 주작, 현무, 황룡이 그려져 있으며, 이들 〈사신도〉에는 오방색이 잘 나타나 있다. 이 벽화는 주, 황, 녹, 담자, 녹청 등의 색을 배색하고 색채의 농담에서도 적색, 자주색, 녹색, 청색, 황색을 배합하고 간색으로 연주홍, 연자주색을 섞어 색채가 다양하고 화려하다.

고려불화의 특색을 살펴보면 청, 황, 적, 백, 흑의 5색을 밝고 화려하면서도 은은한 색으로 쓰고 있어 고상한 품격을 보여 주고 있다. 또한 호화찬란한 금색을 배합함으로써 전체적으로 귀족적인 분위기를 잘 묘사하고 있다. 〈관경변상서품(觀經變相序品)〉〈아미타여래(阿彌陀如來)〉 등 거의 모든 불화에서 붉은색을 많이 쓰고 있으며, 다음으로 백색, 청색, 황색의 순으로 귀족의 공복색상과 일치한다. 이러한 불교회화는 호화롭고 정교하여 귀족적인 아취가 넘쳐 채색화의 절정을 이루었다. 특히 어두운 갈색비단 바탕에 주, 녹청, 군청의 3색과 흰색 및 금니(金泥)의 밝고 호화로운 안료를 사용하여 화사하면서도 은은하고 장엄한 분위기를 이루어 낸 채색법은 고려불화의 우수성과 독창성을 대변해 준다.

조선조 민화는 민화만이 갖는 표현방식이 있는데, 대체로 유형(類型)의 형성과 진채(眞彩)의 미로 요약된다. 유형의 형성은 민화가 실생활에 활에 밀착된 생활미술임을 나타내는 것으로서 그림의 내용과 형식은 생활목적과 직결되어 있었다. 쓰임새에 따라 그림의 주제와 형식을 선택하고 민화는 그에 적응하는 상징을 부여해 왔다고 할 수 있다. 민화의 대부분이 선명한 색채와 위트가 풍부한 매우 명랑한 표현을 좋아하였다. 그것은 삶의 장을 즐겁고 풍부하게 지내기 위해 간결하고 좁은 방에 눈의 즐거움을 불러일으키는 최대의 효과를 낳은 것이다. 특히 민화의 색채구성은 강렬한 원색 간의 대비효과와 색면의 평면성을 강조함으로써 장식효과가 높다.

이것은 형태감과는 다른 색채 자체의 독립성, 상징성, 생명감에의 발휘다. 한국 민화에는 꽃, 나무, 새, 짐승을 그린 화조그림이 절대적으로 많은데, 예부터 꽃은 인생을 나타낸 것이라고 해서 존귀하게 여겼으며, 오리는 영원히 끊기지 않는 깊은 인연을 상징하는 것이라고 해서 매우 가까이 해 왔었다. 화조의 그림은 민화 가운데에서도 가장 색채가 풍요롭고 화려한 그림으로, 화려한 병풍은 주로 부인방이나 신혼부부의 방에 사용되었다. 그 외 산수화, 어류화, 풍속화, 수렵도, 문자도, 문방도, 사신수도, 작호도, 신상도, 샤머니즘화, 십장생도, 지도화, 판화, 호피도 등 생활공간과 불가분의 관계 속에서 그려졌다.

민화의 맥락을 더듬어 가면 그 소재나 내용, 양식이 기본적으로는 벽화가 발전・변용된 것으로 볼 수 있다. 벽화에서 장벽화로 그리고 병풍그림으로 변모한 것이며, 사회의 발달과 함께 그림의 소재나 종류가 늘어나고 양식도 다양화됨에 따라 유형화된 것이다. 민화가 문인화풍의 정통화보다 훨씬 색채가 풍부한 것도 생활공간의 벽화양식에서 온 장식화이기 때문이다. 색료는 주로 풀뿌리나 잎의 즙 또는 광물이나 흙에서 채취했으며, 남 · 주 · 홍 · 황 · 녹 · 청 · 흑 · 백색 등이 쓰인다. 특히 작화 연대가 오래된 것일수록 남 · 주 · 황이 많이 쓰였고, 선명한 청색이 일반적으로 쓰인 것은 18세기 이후다. 또한 사물 모두의 존재가치를 인정했기 때문에 붉은색 옆에 파란색을 똑같은 채도로 칠하여 어느 한 색이 약화되지 않도록 했다. 이러한 강렬한 색상대비는 민화의 멋이고 아름다움이다.

5) 한국적 매체

주로 일상생활에서 쉽게 접할 수 있는 매체들을 사용하였다. 여기에서는 특별히 수묵화에 쓰였던 매체에 대해서 알아본다.

(1) 붓

한국화에서 붓이 가지는 의미는 대단히 중요하다. 전통사상에서의 붓은 포함과 통합과 종합의 뜻을 가졌다. 기능과 감정을 넣어 두는 창고와 같이 저장하였다가 필요한 대로 꺼내 표현하는 도구다. 서양 붓은 물감을 캔버스에 운반하여 칠하는 데 쓰이나, 전통 붓은 선을 긋고 농담을 표현하는 데 쓰인다. 부드러운 짐승의 털로 만든 전통 붓은 물기를 많이 간직할 수 있도록 만들었으며, 부드러워서 인간의 감정을 예민한 화선지에 전달하는 데 효과적이다. 자신이 없을 때, 힘찰 때, 격동, 부드러움 등 인간의 감정이 선으로 적나라하고 솔직하게 나타난다.

(2) 먹

먹은 모든 변화와 우주의 근본을 포함하는 재료다. 검은색에서 생명이 솟아나고 다양한 색을 피우며 결국 자연으로 돌아오는 순환의 종착지와 시발지로 모든 색을 포함한다. 먹에는 솔먹(송연목)과 기름먹(유연목)이 있다. 먹은 탄소로서 그

보존성이 매우 뛰어나며, 인간의 감정을 영원한 표현으로 연결할 수 있는 훌륭한 재료다. 소나무를 태운 그을음이나 배추, 무, 아주까리 기름 등을 태운 그을음을 아교로 개어 만든다.

우리 조상들은 먹을 갈면서 구상하는 정신, 준비과정을 중요시하였다. 잘 갈린 먹은 "삼일을 죽도 못 먹고 앓아누운 사람이 갈은 먹" 이라고 하였다. 그 뜻은 천천히 많은 생각을 할 시간을 갖게 하는 것으로 '표현은 즉 정신' 이라는 뜻이다. 그럴 때 먹에 입자가 작고도 곱게 갈리며 먹에 색이 곱고 깨끗하여 농담표현이 잘된다.

(3) 벼루

벼루는 '문방사우(文房四友)' 라 하여 지필묵연(紙筆墨硯)에 포함되는 중요한 재료다. 좋은 벼루는 먹을 갈아도 소리가 나지 않으며, 먹이 갈리면서 물이 너무 줄어들거나(돌의 흡수력) 겉돌지 않아야 한다. 우리나라 벼루(돌)는 충남 보령의 남포석 또는 충북 단양의 자석, 평안북도 우원의 단개석 등이 있다.

(4) 종이

종이의 종류는 다음과 같다.

- 옥판선지: 닥나무 섬유질로 만들었으며, 활석가루를 넣어 면이 매끄럽고 번짐이 고르다.
- 당지: 닥나무와 대나무 섬유가 원료이고 화선지보다 먹물이 덜 번진다.
- 마지: 삼의 껍질로 만들었으며 발묵(潑墨)의 효과가 떨어진다.
- 장지: 화선지를 겹으로 붙인 것으로 옥판선지보다 먹의 흡수력이나 붓의 흔적이 덜해 다소 겹쳐 그릴 수도 있다.
- 창호지: 순닥나무 껍질로 만들며 한지, 순지라고 한다.

2. 한국적 미술치료 프로그램의 응용 I

1. 복주머니 만들기	
전통적 배경	전통한복에는 주머니가 없어 주머니를 허리에 차거나 손에 들고 다녔다. 또한 음력 설이나 정월에 새해맞이 선물로 친척이나 자손들에게 나누어 주기도 하였는데, 이 풍습은 조선시대 궁중에서 음력 정월 첫날 볶은콩 한 알 씩을 붉은 종이에 싸서 넣은 주머니를 나눠 주던 유습이다. 주머니를 차면 그해 내내 귀신이 물러가고 만복이 온다고 믿는 데서 비롯되었다.
기대효과	• 복주머니라는 재미있는 소재로 흥미를 유발하고 라포를 형성한다. • 소중한 사람을 생각하며 복을 나누어 주는 마음을 느끼도록 해, 나아가 자기존중감의 향상에 긍정적 영향을 미친다.
재료	색한지, 색실, 가위, 풀, 꾸미기 재료
진행방법	① 자신에게 소중한 사람을 떠올리도록 한다. ② 그 사람에게 어떤 복을 주고 싶은지 생각하고, 복을 기원하는 문구를 적어 둔다. ③ 색한지를 반으로 접어 자른 후 창문접기를 한다. ④ 펴서 1/3 접어 올리고 윗부분은 조금 접어 내린다. ⑤ 양 모서리를 사선모양으로 접고, 다시 접은 선대로 안으로 접어 넣는다. ⑥ 복주머니 뚜껑을 마지막으로 접어 고정시키고 색실 및 꾸미기 재료로 꾸민다. ⑦ 주머니에 적어 둔 문구를 넣는다.
작품예시	

2. 먹으로 원 그리기	
전통적 배경	세슈의 원은 '수레바퀴와 같은 삶의 굴레에서 벗어나 돌고 도는 세상의 이치를 깨달으라.' 는 상징을 전하고 있다.
기대효과	• 하얗고 넓은 여백에 원 하나를 그리는 동안 오른쪽 뇌의 공간지각력과 창의력을 발달시킨다. • 화선지와 동양화 붓이 내담자의 내면을 섬세하게 반영해 내담자 내면의 상태를 파악하는 데 도움이 된다.
재료	화선지, 먹, 붓, 벼루(먹물을 이용해도 된다)
진행방법	① 한국화에 대한 두려움을 없애기 위해 마구 그리기를 한다. ② 붓을 바로 세워(직필이 되도록) 선 긋는 연습을 한다. ③ 낯설었던 붓과 먹에 친해지면 본격적으로 원 그리기에 들어간다. -붓을 물에 담가 깨끗이 씻고, 접시의 가장자리에 눌러 붓 속의 공기와 물기를 뺀다. -먹물을 붓의 1/3 정도만 묻힌다. -되도록 큰 붓으로 지면에 가득 찰 만큼 큰 원을 그려 본다. ④ 서로의 원을 보며 생각나는 이야기를 나눈다.
작품예시	 17세기 일본의 세슈라는 선승의 그림

3. 먹의 여섯 가지 색상을 이용해 난화 그리기	
전통적 배경	완전히 익어 뽐내는 듯한 제일 큰 감, 텅 비어 있는 감, 적당히 익은 감, 마른 감, 여린 감, 단감 등을 여섯 가지 먹색으로 그려 먹색에 나타나는 정신성을 표현하고 있다.
기대효과	• 내담자의 내면을 무의식적으로 끌어내 표현하게 함으로써 자신에 대한 재인식의 과정을 겪는다. • 자신에 대한 재인식은 현실에 대한 긍정적 수용을 돕는다.
재료	화선지, 먹, 붓, 벼루
진행방법	① 먹의 여섯 가지 색을 내는 법을 시범보인 후 따라하도록 한다. –흑색과 백색: 붓에 먹을 1/3쯤 묻혀 조금 빠른 속도로 선을 그어 본다. 먹물이 묻은 곳이 흑색이고 백색은 여백이나 붓이 빨리 나가 먹선 사이로 나타나는 공간을 말한다. –짙은 색과 옅은 색: 먼저 농묵을 묻혀 화선지에 그어 보고, 붓 속에 물을 더 넣어 담묵을 만들어 선을 그어 본다. –거친 색: 물기를 뺀 붓으로 먹을 묻혀 속도를 주어 표현해 본다. –번지는 색: 화선지에 물을 칠하고 옅은 색부터 조금씩 진하게 우려낸다. ② 다양한 먹색을 이용하여 그림을 그리도록 한다. 이때 묘사보다는 먹의 색을 인식하며 떠오르는 심상을 표현할 수 있도록 한다.
작품예시	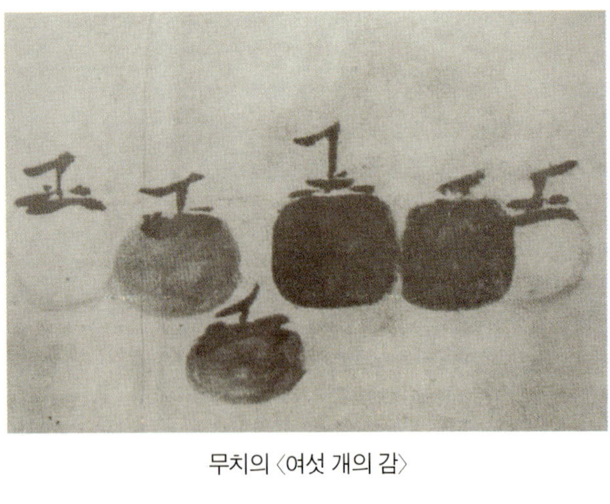 무치의 〈여섯 개의 감〉

<table>
<tr><th colspan="2">4. 돌 솟대</th></tr>
<tr><td>전통적 배경</td><td>돌솟대 쌓기는 우리 선조들이 길을 닦으려고 마을 입구에 쌓으며 시작되었다. 돌솟대를 쌓으면 소원이 이루어진다는 믿음이 있어 사람들은 열심히 기도하며 돌을 쌓았다.</td></tr>
<tr><td>기대효과</td><td>• 자연과 어울리며 긴장감을 풀고 여유롭고 안정된 정서를 느낀다.
• 소망을 빌며 미래에 대한 긍정적 기대감을 갖게 된다.</td></tr>
<tr><td>재료</td><td>돌이 많고 돌을 쌓을 수 있는 장소</td></tr>
<tr><td>진행방법</td><td>① 솟대의 의미에 대해 간단하게 설명한다.
② 야외로 나가 내담자들과 돌이 많고 돌을 쌓을 수 있는 장소를 고른다.
③ 기도하는 마음으로 손을 씻는다.
④ 지반이 튼튼한 곳이나 커다란 바위를 받침대로 하여 소망을 빌며 돌쌓기를 한다.
⑤ 하늘을 향해 높이 쌓아 올려 돌탑 모양이 되면 좋다.</td></tr>
<tr><td>작품예시</td><td></td></tr>
</table>

5. 조각보 차받침	
전통적 배경	'쪽보' 라고도 불리는 조각보는 단순한 재활용의 의미가 아니라 조그만 천 한 조각이라도 버리는 것을 죄라고 여길 정도의 지엄함이 있었다. 마치 농부가 한 톨의 쌀, 밥알 하나를 소중히 여기는 마음과 같다. 너무나 소중해서 감히 버려서는 안 되었기에, 작은 천조각 하나라도 생명으로서 존재가치를 부여해 주는 방법으로 조각보를 만든 것이다.
기대효과	• 창작활동을 통한 조형미를 경험하여 자존감을 높인다. • 좌뇌와 우뇌를 골고루 자극하여 뇌기능 활성을 돕는다. • 쓸모없다고 여겨진 것들도 다시 생각해 보면 훌륭하고 가치 있는 것이 될 수 있다는 것을 생각해 보는 계기가 된다. • 집중력을 높인다.
재료	헌 옷이나 오래되어 쓰지 않는 식탁보 등 재활용할 수 있는 천 혹은 입지 않는 한복, 가위, 바늘, 실, 다리미
진행방법	① 만들고 싶은 조각보 차받침을 구상한다. ② 구상한 대로 천을 오린다. ③ 오려준 천들은 하나씩 박음질하여 잇는다.
작품예시	

6. 전각 새기기	
전통적 배경	자신의 신분을 증명하기 위해 썼던 도장과는 달리, 전각은 실용 이외의 목적으로 만든 일종의 예술품이다. 주로 문인들이 서예나 그림을 그린 후에 자기 이름이나 호를 쓰고 전각을 찍는다. 전각은 문인 스스로 새기는 것이 일반적이다.
기대효과	• 자아에 대한 인식을 증진시킨다. • 섬세한 작업으로 소근육의 운동과 뇌기능을 활성화한다.
재료	큰 지우개, 조각칼, 인주, 연필, 종이
진행방법	① 종이에 자신의 이름을 한글이나 한자로 도안한 후 연필로 진하게 그린다. ② 종이를 뒤집어 지우개에 찍는다. ③ 찍힌 모양대로 조각칼로 새긴다. ④ 인주를 묻혀 찍어 본다.
작품예시	

7. 도자기로 떡살 만들기	
전통적 배경	떡살은 떡에 무늬를 만들어 내기 위한 틀로서 소나무, 감나무와 같은 단단한 나무로 만든 것과 사기, 백자떡살 등이 있다. 떡살의 문양은 다양한 의미를 담고 있어서 좋은 일, 궂은 일, 돌, 회갑 등 용도에 따라 다르게 사용하였다.
기대효과	• 점토를 충분히 만짐으로써 정서적 이완과 소근육의 운동을 활발히 한다. • 다음 회기에 대한 기대감을 갖게 한다.
재료	점토, 조각칼
진행방법	① 떡살의 의미와 상징성에 대해 간단히 이야기한다. ② 점토를 이용해 의미를 담은 문양의 떡살을 만든다. ③ 만든 떡살을 비닐에 얹어 잘 말린다(만든 떡살에 유약을 발라 가마에서 구워 다음 회기에 가져다준다).
작품예시	 〈나무떡살〉  〈옹기떡살〉

8. 점토를 이용한 찍기	
전통적 배경	도장은 자신의 신분을 표현하는 도구로서의 기능을 해 왔다. 예로부터 자신의 소유물을 표시하는 의미 외에도 그림에 찍음으로써 장식적인 표현에 사용하기도 했다. 전통문양은 그 문양을 사용하는 사람들의 이상과 염원이 농축된 집단적 세계관을 표현하는 신화이다.
기대효과	• 그림 그리는 것에 대한 부담을 덜어 준다. • 전통문양으로 사람들의 집단무의식을 엿볼 수 있다.
재료	점토, 나무 조각도, 화선지, 먹, 앞치마, 한국화 물감, 붓
진행방법	① 점토로 주먹 도장틀을 만든다. ② 나무 조각도로 점토 도장틀에 전통문양을 새긴다. ③ 먹물을 묻혀 화선지에 찍고, 붓으로 주변을 완성한다.
작품예시	

9. 탈 만들기	
전통적 배경	탈은 얼굴을 가리는 특이한 조형품으로 특정한 목적과 용도를 가진다. 탈은 얼굴을 가릴 뿐 아니라 본래의 얼굴과는 다른 인물, 동물, 초자연적인 존재 등을 표현하는 가장성을 갖는다.
기대효과	• 물로 부드러움을 느끼고 질감 표현이 쉬운 석고붕대로 기분을 이완시킨다. • 자신이 생각하는 이미지를 밖으로 표출함으로써 자신을 반영하는 거울이 될 수 있다. • 남에게 보여 주고 싶은 표정 또는 자신이 원하는 표정을 표현함으로써 대리만족을 느낄 수 있다.
재료	석고붕대, 풍선, 색채도구, 물통, 가위, 칼, 끈, 꾸미기 재료
진행방법	① 여러 가지 탈의 종류와 얼굴표정에 대해 이야기 나눈다. ② 석고붕대의 사용법에 대하여 설명한다(가위를 이용해 적당히 자르고 풍선 위에 붙일 때는 물을 충분히 묻히고 물기를 짜서 형태를 만들며 붙인다). ③ 여러 가지 주제를 주고(나의 표정, 내가 원하는 표정 등) 명상을 통해 손쉽게 표현할 수 있도록 한다. ④ 한 시간 안에 할 수 있는 작업이 아니므로 다음 시간까지 잘 마를 수 있도록 그늘지고 바람이 잘 통하는 곳에 말린다. ⑤ 탈이 다 말랐으면 자신이 생각해 오던 이미지 등을 그림물감 또는 여러 가지 재료를 이용하여 완성해 본다. ⑥ 자신이 만든 탈을 써 보며 이야기 나눈다.
응용	풍선을 이용해 석고붕대로 얼굴 틀을 만들고 남들이 나를 보는 얼굴과 내가 나를 보는 얼굴의 형태를 만들어 보면서 자신에 대해 다시 한 번 되돌아보는 기회를 가진다. 하회탈 만들기와 함께 응용해서 사용 가능하다.
작품예시	

3. 한국적 미술치료 프로그램의 응용 II

한국적 미술치료 프로그램 II 개요

<table>
<tr><th>접근방식</th><th>순서</th><th>프로그램</th><th>재료</th></tr>
<tr><td rowspan="3">언어적 접근</td><td>1</td><td>한자로 이야기 만들기</td><td>한자 도안, 색연필, 연필, 지우개</td></tr>
<tr><td>2</td><td>나만의 상형문자 만들기</td><td>A4용지, 사인펜, 색연필</td></tr>
<tr><td>3</td><td>속담으로 나의 경험 그리기</td><td>도화지, 크레파스 및 그리기 도구</td></tr>
<tr><td rowspan="2">집단문화적 접근</td><td>4</td><td>우리만의 단체복 만들기</td><td>티셔츠, 아크릴물감, 붓, 물통</td></tr>
<tr><td>5</td><td>복주머니 선물하기</td><td>한지, 붓, 한국화 물감, 복주머니</td></tr>
<tr><td rowspan="2">놀이문화적 접근</td><td>6</td><td>연에 담아 날리기</td><td>화선지, 연살, 사인펜, 색연필, 풀, 가위</td></tr>
<tr><td>7</td><td>투호 항아리 꾸미기</td><td>항아리(옹기), 본드, 가위, 한지, 골판지, 대나무살(막대기), 색종이</td></tr>
<tr><td rowspan="3">미술색채적 접근</td><td>8</td><td>나만의 오방색으로 보자기 만들기</td><td>여러 가지 색의 천, 가위, 바늘, 실, 도화지, 본드</td></tr>
<tr><td>9</td><td>자연 속의 동양화</td><td>낙엽, 먹, 붓</td></tr>
<tr><td>10</td><td>자연물 한지 만들기</td><td>종이죽, 자연물, 우드락, 색한지, 본드, 가위, 망</td></tr>
</table>

[언어적 접근]	1. 한자로 이야기 만들기
전통적 배경	한자는 중국뿐만 아니라 동양 여러 나라에서 사용하고 있는 문자로 우리나라의 언어에도 지금까지 큰 영향을 주고 있다. 한자는 단음절 고립어로 한자의 한 글자는 그 1음절을 나타낸다. 그러므로 음소(音素)를 나누어 표시하는 표음문자와는 달리 표의문자로서 한 글자마다 특정한 말뜻이 포함되어 있다. 또한 상형 · 지사문자는 대상을 직접적으로 암시하고 있으며(예: 馬, 一), 회의문자는 합성된 각 요소에 의하여 뜻을 나타내고, 형성문자는 그 변에 의하여 암시적인 뜻을 알아낼 수 있다.
기대효과	• 구성적 형태 만들기를 통해 이미지를 형상화하는 능력을 키운다. • 한자의 형태와 의미를 토대로 그림을 그리며 창의력을 향상시킨다. • 한자의 의미를 통해 자신의 내면을 표출하도록 한다.
재료	한자 도안, 색연필, 연필, 지우개
진행방법	① 여러 가지 한자 도안을 보여 주며 한자의 의미를 설명해 준다. ② 마음에 드는 한자나 현재 나의 상황과 어울리는 한자 도안을 고르도록 한다. ③ 한자의 뜻과 음에서 연상되는 그림을 도안에 꾸미도록 한다.
적용대상	청소년, 성인 및 한자를 이해할 수 있는 모든 일반인
작품예시	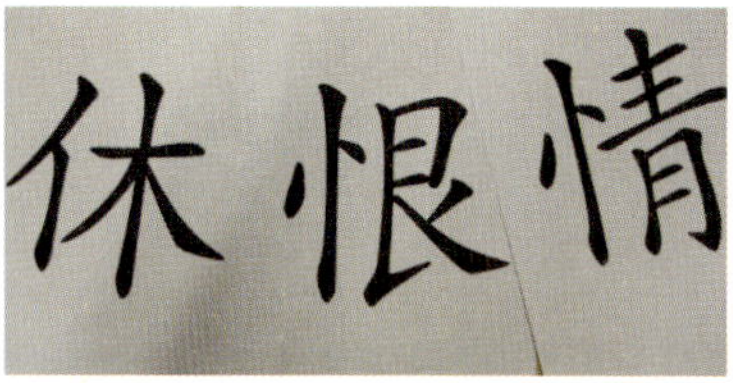 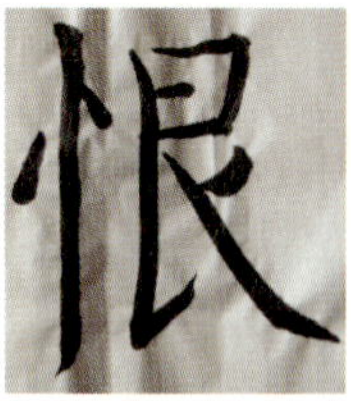  사람과 나무를 뜻하는 쉴 휴(休) 자를 통해 큰 나무 아래에서 편안하게 쉬고 싶은 이미지를 표현한 그림이다.

[언어적 접근]	2. 나만의 상형문자 만들기
전통적 배경	상형문자는 사물을 본떠 그 사물이나 그것에 관련 있는 관념을 나타낸 문자를 말한다. 4대 문명은 모두 독자적인 상형문자를 발전시켜 왔다. 한자도 상형문자에서 시작되었다. 해(日) · 달(月) · 산(山) · 화살(矢) · 눈(目) · 수레(車)의 묘사가 그대로 글자화한 것이며, 갑골에 새겨진 형태로는 정면을 향해 서 있는 사람이 입(立), 나무 위의 둥우리에 몇 개의 깃이 꽂혀 있는 것이 소(巢), 두 개의 나무가 임(林), 네 개의 손(手)이 승(昇), 활에 화살을 대고 있는 손이 사(射), 해와 달이 밝음(明)을 표시하였다. 또한 횡선(橫線) 위의 점이 상(上), 아래의 점이 하(下), 나무(木) 아래 찍은 점이 본(本)을 표시하였고, 만(萬)은 전갈의 모습을 상형한 것이며, 의(矣)는 원래 화살촉이었다.
기대효과	• 감정을 상징적으로 표현함으로써 구체적으로 표현할 수 있도록 한다. • 구성적 형태 만들기를 통해 창의력을 발달시킨다.
재료	A4용지, 사인펜, 색연필
진행방법	① 여러 가지 상형문자를 살펴보며 상형문자의 원리를 이해한다. ② 상형문자로 형상화하여 나타내고 싶은 감정, 사물 등을 생각한다. ③ 감정, 사물 등을 상형문자로 표현한다.
적용대상	청소년, 성인 및 모든 연령대의 내담자
작품예시	 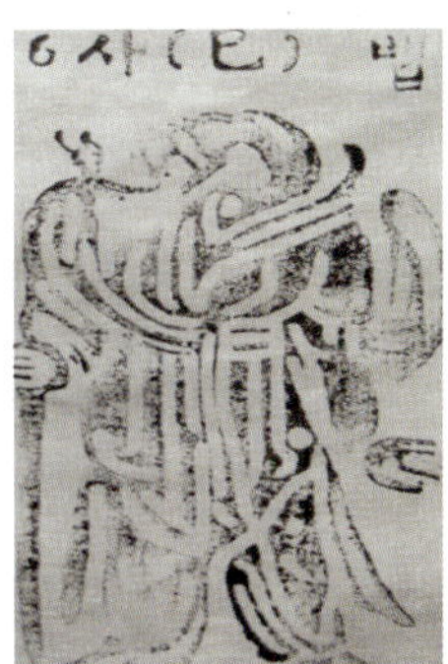 

[언어적 접근]	3. 속담으로 나의 경험 그리기
전통적 배경	속담은 옛날부터 말로 전해 내려온 풍자 · 비판 · 교훈 등을 간직한 짧은 구절을 말한다. 서민생활 속에서 만들어진 것이 많으나, 고전(古典)이나 고사(故事)에서 나와 어느덧 세상에 유포된 것도 있다. 어조(語調)가 좋고 간결하며, 표현이 정확하다. 속담은 문화적 특성을 잘 표현하는 비유를 많이 사용하므로 그 나라의 생활과 문화에 대한 정보를 얻기 좋은 자료다.
기대효과	• 속담을 통해 옛 추억, 교훈 등을 떠올리며 심신의 안정을 도모한다. • 심리적 불안 감소 및 긴장 완화를 유도한다.
재료	도화지, 크레파스 및 그리기 도구
진행방법	① 여러 가지 속담을 보여 준다. ② 속담의 뜻을 이해하고 속담에 관련된 자신의 경험에 대해 이야기를 나눈다. ③ 한 가지 속담을 고르고 그것에 대한 자신의 경험을 그림으로 표현한다. ④ 완성된 작품을 토대로 피드백을 나눈다.
적용대상	성인, 노인 및 모든 연령대의 내담자
작품예시	 사공이 많으면 배가 산으로 간다.  호랑이 담배 피던 시절을 생각하며.

[집단문화적 접근]	4. 우리만의 단체복 만들기
전통적 배경	동서양의 문화는 인간관에서부터 큰 차이가 있다. 동양인은 인간을 사회적이고 상호 의존적인 존재로 본다. 타인에게 의존하고 남을 배려하고 자기를 억제하고 양보한다. 겸양과 조화의 추구가 근본적인 인간관으로 사회적 정체감을 근간으로 하고 있다. 반면 서양에서는 인간을 개별적이고 독립적인 존재로 본다. 적극적인 자기주장과 개인 간의 경쟁, 공정한 교환을 중요시한다. 자기고양을 강조하는 개인적 정체감을 근간으로 하고 있다. 우리성과 정(情)은 우리 민족의 집단주의적 특성을 잘 나타내 주는 대표적인 감정이다.
기대효과	• 우리성 및 집단주의적 특성을 표출하며 화합을 도모한다. • 집단 내에서 자신을 표현함으로써 사회적 자기존중감을 형성한다.
재료	티셔츠, 아크릴물감, 붓, 물통
진행방법	① 집단을 표현하는 마크, 공동 도안에 대해 이야기를 나눈다. ② 집단의 특성을 살리며 자신의 개성을 표현할 수 있는 도안을 생각한다. ③ 자신만의 티셔츠를 제작한다. ④ 완성된 티셔츠를 입고 집단 구성원 내에서 피드백을 나눈다.
적용대상	가족, 학교, 회사 등 집단 구성원
작품예시	 

[집단문화적 접근]	5. 복주머니 선물하기
전통적 배경	우리나라 문화를 가장 잘 나타내 주는 특성 중 하나다. 우리성은 자기의 고유성을 전체 집단에 맞추어 변화, 순응, 융화, 개인성의 합으로 포착할 수 없는 새로운 집단성을 창출한다. 우리성으로 대표되는 우리 민족은 소속과 결속을 중요시하며 이탈과 소외를 두려워한다. 정(情)은 우리 민족을 대표하는 또 다른 문화적 특성 중 하나다. 이성과 감성의 통합체다. 대표적인 예로 '미운 정'은 미울수록 정이 든다는 다소 복합적인 감정과 이성을 암시하고 있다. 서양에서는 이성을 통해 감정과 윤리를 지배하는 것과 달리, 우리 민족은 서로 다른 이성과 감정이 공존할 수 있음을 인정하고 있는 것이다.
기대효과	• 집단 내 구성원을 생각하며 선물을 나누는 과정을 통해 한국적 정서인 '정'을 느낀다. • 집단활동을 통해 소속감과 단합을 도모하며 우리성을 창출한다.
재료	한지, 붓, 한국화 물감, 복주머니
진행방법	① 집단 구성원 간에 서로에게 주고 싶은 선물을 생각해 본다. ② 한지에 선물을 그림 혹은 글자로 표현한다. ③ 복주머니에 담아 선물한다.
적용대상	가족, 학교, 회사 등 집단 구성원
작품예시	    

[놀이문화적 접근]	6. 연에 담아 날리기
전통적 배경	연을 공중에 띄워 날리는 놀이로 1992년 9월 30일 서울특별시 무형문화재 제4호로 지정되었다. 연날리기는 예로부터 세계 곳곳에서 즐겨 오던 놀이다. 대나무 가지를 가늘게 잘라 연살을 만든 다음 종이를 붙여 연을 만들어 바람 부는 언덕에 올라가 연을 날린다. 연날리기는 아이들뿐 아니라 어른들도 많이 즐겼으며, 연줄을 서로 닿게 하여 다른 사람의 연줄을 끊는 연싸움도 즐겼다. 연싸움을 즐기는 사람은 연줄에 돌가루, 구리가루, 사기가루 등을 발라 다른 사람의 연줄이 잘 끊어지도록 하는데, 이것을 '갬치 먹인다'고 한다. 연을 띄울 때 '송액(送厄)' 또는 '송액영복(送厄迎福)'이라는 글자를 써서 높이 띄워 실을 끊어 날려 보내는데, 이것은 질병, 사고, 흉년 등의 나쁜 액운은 멀리 사라지고 복이 찾아오도록 비는 마음에서 비롯되었다.
기대효과	• 부정적 감정의 표출을 통해 스트레스를 발산하고 심신의 안정을 도모한다. • 연을 날리는 과정을 통해 균형감각을 키운다.
재료	화선지, 연살, 사인펜, 색연필, 풀, 가위
진행방법	① 지난 일주일 동안 있었던 안 좋은 사건이나 부정적인 일들에 대해 이야기를 나눈다. ② 연의 기원에 대해 설명하고 연에 그 내용을 담아 날려 보낼 수 있도록 제안한다. ③ 화선지를 연의 크기로 자르고 그림을 그린다. ④ 화선지와 연살을 이용해 연을 완성한다. ⑤ 연날리기를 한 후 날려 보내면서 안 좋은 일을 함께 날려 버릴 수 있도록 한다.
적용대상	일반아동, 재활아동 및 모든 연령대의 내담자
작품예시	

[놀이문화적 접근]	7. 투호 항아리 꾸미기
전통적 배경	투호는 옛날 궁중이나 양반집에서 항아리에 화살을 던져 넣던 놀이다. 당대(唐代)부터 의식적(儀式的)으로 손님을 접대하는 재예(才藝)로서 행하였으며, 한국에서는 고려 때부터 조선시대까지 행하였다. 잔디밭 · 대청 등에 귀가 달린 청동 항아리를 놓고 여러 사람이 동 · 서로 편을 갈라 열 걸음쯤 떨어진 곳에서 화살을 던져 항아리 속에 넣는다. 화살을 많이 넣는 편이 이기고, 무희들이 춤을 추어 흥을 돋우었다. 궁중에서 왕족들이 투호를 할 때는 임금이 상을 내리기도 하였다.
기대효과	• 집단 구성원이 함께 항아리를 꾸미며 협동심을 키우고 단합을 도모한다. • 자신의 소원을 표출하고 집단 구성원과 나누면서 긍정적 자아상을 확립한다. • 투호놀이를 통해서 협응력을 높이고 성취감을 높인다.
재료	항아리(옹기), 본드, 가위, 한지, 골판지, 대나무살(막대기), 색종이
진행방법	① 투호놀이의 기원과 내용에 대해 이야기를 나눈다. ② 옹기 항아리를 여러 가지 꾸미기 재료를 이용하여 꾸민다. ③ 종이에 소원을 적어 대나무살 혹은 막대기에 붙인다. ④ 항아리에 소원을 붙인 대나무살을 던지며 투호놀이를 하며 피드백을 한다.
적용대상	유치원, 학교, 가족 및 집단 구성원
작품예시	 

[미술색채적 접근]	8. 나만의 오방색으로 보자기 만들기
전통적 배경	청색, 적색, 황색, 백색, 흑색의 오방색과 음양오행사상은 우리 민족의 의식주에 큰 영향을 끼쳤다. 우리 민족은 건강과 화평을 기원하는 의미로 색동저고리, 색동옷 등을 입었으며, 역시 복락을 기원하는 의미로 보자기를 활용하였다. 음식에서도 다섯 가지의 맛 오미(五美)와 오색(五色)이 조화되는 것을 중요시하였으며, 이는 다식, 오색고명, 오색송편, 신선로 등의 음식에서 쉽게 찾아볼 수 있다. 또한 귀신을 내쫓기 위해 단오와 같은 명절이나 경사에 적색의 음식인 팥죽, 시루떡 등을 먹었다. 우리 민족의 주거생활에서도 단청, 상록하단 등과 같은 오방색과 원색적이고 다채로운 보색대비를 찾아볼 수 있다.
기대효과	• 자신만의 오방색을 찾는 과정을 통해 색채치료의 효과를 경험한다. • 창작활동을 통해 조형미를 경험하며 자존감을 높인다. • 바느질을 통해 집중력을 향상한다.
재료	여러 가지 색의 천, 가위, 바늘, 실, 도화지, 본드
진행방법	① 오방색에 대해 설명해 주고 이야기를 나눈다. ② 자신에게 의미 있는 자신만의 오방색의 천을 고른다. ③ 다섯 개의 천을 활용하여 보자기의 디자인을 구상한다. ④ 실과 바늘로 조각을 연결하여 보자기를 만든다. ⑤ 바느질이 힘든 경우 도화지에 본드를 이용하여 붙일 수 있도록 한다. ⑥ 완성된 작품을 보며 피드백을 한다.
적용대상	일반여성, 노인 및 모든 연령대의 내담자
작품예시	  노란색은 희망, 빨강은 에너지, 파랑은 시원한 바람, 분홍은 사랑, 초록색은 자연을 의미한다. 희망과 사랑, 에너지를 가지고 살고 싶으며 자연과 시원한 바람을 즐기고 싶은 마음을 담았다.

[미술색채적 접근]	9. 자연 속의 동양화
전통적 배경	동양의 자연관은 자연과의 조화를 중시하는 것을 기본으로 하고 있다. 인간은 자연적 존재이며 자연의 한 부분으로서, 자연과 인간은 일체이며 자연에서 생겨났고 다시 자연으로 돌아간다는 일원적인 생각을 지니고 있었다. 동양미술 역시 자연과 합일이 되는 정신을 표현하고 구체화하는 것을 중요하게 생각하였다. 예를 들어, 동양에서 산수화를 그린다는 것은 단순히 자연풍경을 그리는 것이 아니라 은유적이며 주관적, 관념적으로 인간을 표현하는 것이었다.
기대효과	• 자연과의 합일을 도모하는 동양화의 정신을 자연물에 표현하며 일체감을 극대화한다. • 자연과 어우러져 긴장을 풀고 여유롭고 안정된 정서를 도모한다. • 심신의 안정을 통해 현실에 대한 긍정적 수용을 추구한다.
재료	낙엽, 먹, 붓
진행방법	① 미리 낙엽을 말려 프로그램을 진행할 수 있도록 준비한다. ② 낙엽을 한 장 또는 여러 장을 붙여 동양화를 그릴 수 있는 배경을 만든다. ③ 낙엽을 보며 그 느낌을 이미지화할 수 있도록 한다. ④ 먹을 이용해 낙엽 위에 그림 혹은 글로 표현한다. ⑤ 작품을 보호하기 위해 코팅 혹은 액자를 이용한다. ⑥ 완성된 작품을 보며 피드백을 나눈다.
적용대상	성인, 노인 및 모든 연령대의 내담자
작품예시	   

[미술색채적 접근]	10. 자연물 한지 만들기
전통적 배경	한지는 한국 고유의 기법으로 만든 독특한 종이다. 닥나무나 삼지닥나무 껍질을 원료로 하여 만든다. 한지는 질기고 수명이 오래간다는 것 외에도 보온성과 통풍성이 우수하다. 한지는 자연현상과 친화하는 성질이 있어서 바람이 잘 통하고 습기를 빨아들이고 내뿜는 성질이 있다.
기대효과	• 자연적 소재를 통해 친근함을 유도한다. • 종이죽을 만드는 과정을 통해 소근육의 운동과 심신의 안정을 도모한다. • 전통미와 자연미를 느낄 수 있는 기회를 갖는다.
재료	종이죽, 자연물, 우드락, 색한지, 본드, 가위, 망
진행방법	① 종이죽을 물에 담가 놓는다. ② 야외에서 산책을 즐기며 자연을 마음껏 느끼도록 한다. ③ 산책을 하며 회기 진행에 필요한 자연물을 준비한다. ④ 물에 불린 종이죽을 만지며 종이죽을 푼다. ⑤ 종이죽을 망에 넓게 건져 자연물과 함께 구성한다. ⑥ 종이죽을 말린 후 액자를 만든다. ⑦ 완성된 작품을 토대로 피드백을 나눈다.
적용대상	치매환자, 재활환자 및 모든 연령대의 내담자
작품예시	  

4. 한국적 미술치료 프로그램의 응용 III

1. 오색제기 만들기	
전통적 배경	제기는 엽전이나 구멍이 뚫린 주화를 얇고 질긴 한지나 비단에 접어 싼 다음, 양 끝을 구멍에 꿰고 그 끝을 여러 갈래로 찢어서 너풀거리게 한 것인데, 주로 정초에 즐기는 어린이 놀이기구다. 이 놀이는 '축국'에서 발전된 것이라고 보는 견해가 있다. 축국은 고대 중국에서 무술을 연마하기 위하여 행하던 것으로, 넓은 마당에 높은 장대를 여러 개 세워 그 위에 망을 치고, 털로 싼 가죽공을 여러 사람이 다투어 차서 공을 망 위에 얹는 결과로 승패를 짓던 것이었다. 『구당서』에 고구려 사람들이 축국을 잘하였다는 기록이 있는데, 신라의 김유신이 축국을 빙자하여 김춘추의 옷고름을 밟아 떼어 누이인 문희에게 달게 함으로써 두 사람의 인연을 맺게 하였다는 이야기가 『삼국유사』에 실려 있다. 또한 『수서』 『동이전 백제조』를 보면 백제에서도 축국놀이를 했다는 기록이 있다. 이와 같이 이 놀이는 삼국시대부터 조선후기에 이르기까지 널리 행해져 왔음을 짐작할 수 있다. 조선시대에는 한자어 축국에 우리말 음을 붙여 '적이'라 했다. 그후 적이란 말은 제기로 바뀌게 되고, 놀이방법도 공을 차 올리는 것에서 오늘에 보이는 소년들의 제기차기로 변했으리라는 설도 있다. 제기는 한 사람씩 차기도 하고 여러 사람이 모여서 마주 차기도 한다.
기대효과	• 대인관계를 개선한다.
재료	오색한지, 동전이나 엽전 모양의 쇠붙이, 끈
진행방법	① 한지를 정사각형으로 자른다. ② 동전을 잘라 놓은 한지 가운데에 올려 놓고 한지로 감싸서 묶는다. ③ 한지를 손으로 동전 방향을 향해 잘게 찢는다. ④ 완성한 제기를 가지고 제기차기놀이를 함께 해 본다.
응용	희색 한지를 이용하여 제기를 만든 후 염색을 해도 좋다.
작품예시	

2. 사군자 그리기

전통적 배경	• 매화 – 설한풍 속에서 맑은 향기와 함께 봄을 제일 먼저 알리며 핀다. • 난초 – 깊은 산골짜기에서 홀로 은은한 향기를 퍼뜨린다. • 국화 – 늦가을 찬서리를 맞으면서 깨끗한 꽃을 피운다. • 대나무 – 추운 겨울에도 푸른잎을 계속 유지한다. 매난국죽의 생태적 특성은 모두 고결한 군자의 인품을 닮았다. 옛부터 군자에 대한 인식은 그 신분성보다는 고매한 품성에 의한 인격적 가치로서 존경되었기 때문에, 사군자를 그릴 때도 대상물의 외형보다 자연적 본성을 나타내는 것이 더 중시되었다. 그래서 문인사대부들은 사군자의 외형의 단순한 재현이나 형식의 답습이 아니라, 형상 너머에 있는 자연의 이치와 조화의 정신을 깊이 생각하면서 느껴진 자신의 감정과 마음의 정서와 뜻을 표출하였다.
기대효과	• 심리적 안정을 도모한다.
재료	화선지, 동양화 붓, 먹, 동양화 물감
진행방법	① 명상을 통해 사군자의 이미지를 떠올려 본다. ② 매난국죽 중 원하는 것부터 그린다. ③ 계속해서 다음의 주제들을 그린다.
응용	그린 후 병풍을 만들어 본다.
작품예시	

3. 나의 살던 고향은	
전통적 배경	먹의 검은색은 '감(지신)' 또는 '현(세상만물이 나오는 근원)'의 색이다. 이는 색이 아니라 흰빛인 여백과 마찬가지의 의미로, 모든 존재의 근원으로서 그 정신성을 의미한다. 수묵화는 물질의 세계를 그리려는 것이 아닌, 그냥 정신의 세계인 것이다. 고향은 어머니의 품처럼 따뜻하고 안락한 느낌을 준다. 어린시절 우리가 불렀던 동요에는 고향을 그리는 가사들이 많이 있었다. 특히 '나의 살던 고향은 꽃피는 산골~복숭아꽃 살구꽃 아기 진달래~'라는 동요는 전 국민이 애창하는 것이다. 가사에서처럼 고향은 시골, 향수, 초록빛 자연, 안락함 등을 떠올리게 한다. 고향은 생각만 해도 마음이 편안해지는 곳이다.
기대효과	• 기억과 회상과 시공간 개념의 상실을 회복시켜 준다.
재료	8절 도화지, 크레파스, 색연필, 사인펜, 오일 파스텔, 파스넷, 우리나라 지도(치료자가 준비)
진행방법	① 자신의 고향이 어디인지 생각해 본다. ② 치료자가 준비한 지도를 잘 보이도록 화선지 옆에 붙여 준다. ③ 지도를 보고 나의 고향을 먹으로 짚어 본다. ④ 먹으로 고향의 풍경이나 또는 추억 등을 그려 본다. ⑤ 그린 이미지를 가지고 고향에 대하여 피드백을 나눈다.
응용	동양화 물감으로 채색함으로써 더욱 정겨움을 줄 수 있다.
작품예시	

4. 나만의 꽃신	
전통적 배경	'화(靴)' 는 북방족 계통에서 유래된 지금의 장화 같이 긴 신, '이(履)' 는 남방족 계통의 신목이 짧은 신이다. 삼국시대에는 '이' 를 귀족계급에서 주로 신었고, 통일신라시대에서는 '화' 와 '이' 가 병용되었다. 고려 초에는 '이' 를 주로 사용하다가 고려 말에 '화' 를 많이 사용하였고, 조선시대에는 '혜' 를 대표적인 신으로 사용하고 '화' 는 상류계급에만 허용하였다. 이와 같이 '이' 와 '화' 의 이중제도는 조선 말까지 그 전통을 이어왔으며, 개화기 이후 서양의 구두 등 새로운 신발이 들어오기 전까지 우리나라 신의 기본구조를 이루면서 발전하여 왔다. 꽃신은 젊은 부녀자가 주로 신었던 것으로 베를 여러 겹 붙인 위에 청혹색의 무늬 있는 비단을 두르고 다시 바탕색과 반대되는 색실로 매화, 대나무, 나비 등을 수놓아 아름답게 꾸몄다.
기대효과	• 과거 회상
재료	고무신, 아크릴물감, 붓
진행방법	① 꽃신 모양의 흰색 고무신을 준비한다. ② 고무신 전체에 색을 먼저 칠해 준다. ③ 그 위에 원하는 무늬를 넣어 꽃신을 완성한다.
작품예시	 

5. 먹을 이용한 자화상 그리기	
전통적 배경	동양의 초상화는 단순히 인물을 그리는 데만 그치지 않고, 그 정신까지도 옮겨 그리는 것을 목적으로 하고 있어, 서양의 초상화와는 차이가 있다. 우리나라는 삼국시대 고분벽화에서부터 시작하여 고려, 조선에 이르기까지 중요한 회화 분야로 이어졌다. 특히 조선시대에는 왕의 어진 제작과 공신상, 유교서원에 봉안된 각종 초상화가 많이 그려지면서 괄목할 만한 발전을 보였다. 조선의 초상화는 전신(傳神), 즉 인물의 정신세계를 표현하기 위해 얼굴 표현에 전념하는 경향을 보였다. 다른 분야에 비해 우리나라의 초상화는 탁월한 분야로 손꼽힌다(월간미술). 또한 초상화는 자신의 모습을 후세에 전하기 위하여 그려졌기 때문에 오늘날의 사진이 발달하기 전까지 성황이었다고 할 수 있다. 먹의 검은색은 '감(지신)' 또는 '현(세상만물이 나오는 근원)' 의 색이다. 이는 색이 아니라, 흰빛인 여백과 마찬가지의 의미로, 모든 존재의 근원으로서 그 정신성을 의미한다. 수묵화는 물질의 세계를 그리려는 것이 아닌, 그냥 정신의 세계인 것이다.
기대효과	• 자아정체성을 확립한다.
재료	화선지, 동양화 붓, 먹물
진행방법	① 자신의 모습을 생각하는 시간을 갖는다. ② 화선지에 먹물을 이용하여 동양화 붓으로 자신의 모습을 그린다. ③ 자화상을 보고 자신의 내면까지 살펴보도록 한다.
응용	자화상에 가면을 씌워 자신의 무의식을 드러낸다.
작품예시	

6. 소원나무 만들기	
전통적 배경	우리 선조들은 오래전부터 땅이나 마을을 지켜 주는 수호신이 있다고 믿었다. 당산나무는 마을의 수호신이고, 신령이 내려오는 곳이기도 하며, 또 사람들이 신령과 만나는 곳이라고 하여 소원을 빌었다. 치매노인이나 재활환자들은 몸이 불편하고 상실감이 크기 때문에 당산나무를 생각하며 소원나무 만들기에 참여하면서 소원을 빌 수 있도록 한다.
기대효과	• 구체적인 소망을 통해 삶의 목표를 설정한다. • 심리적 안정 효과가 있다.
재료	점토, 꾸미기 재료(리본, 다양한 물건, 가위 등)
진행방법	① 눈을 감고 점토를 느끼면서 자신의 소원이 무엇인지 생각해 본다(명상의 시간). ② 내담자가 점토를 이용하여 원하는 종류, 크기의 나무를 만든다. ③ 소원나무에 자신이 소원하는 물건이나 이미지를 만들어 나무에 매달아 준다. ④ 소원나무를 보고 자신의 소망을 이야기해 보도록 한다.
작품예시	

7. 메주 만들기	
전통적 배경	회상은 의미 있는 과거 경험을 고찰하는 것으로 정상적인 생의 회고과정이다. 보편적이며 발전적인 일이고, 무의식적이며 비선택적인 각자의 인생을 되돌아보는 내적 경험 또는 정신과정이다. 회상요법은 대화를 통해 과거에 대한 기억을 자연스럽게 돌이켜볼 수 있도록 돕고, 이를 통해 기억력 향상을 도모하고, 과거의 해결되지 않은 감정을 대화를 통해 표출하고 해석할 수 있도록 유도하며, 환류를 주고받으면서 자기 자신과 타인에 대해 더 잘 이해할 수 있도록 돕는 활동을 말한다(권중돈 외, 2002).
기대효과	• 기억과 회상의 상실을 회복시켜 준다. • 작품을 통해 내담자가 자신의 이야기를 할 수 있도록 도와준다. • 소근육을 발달시킨다.
재료	점토, 조소끈, 메주콩
진행방법	① 점토를 이용해 실제 크기의 메주를 만들며 과거를 회상한다. ② 메주를 매달 수 있게 조소끈으로 묶는다. ③ 점토 메주에 메주콩을 심는다. ④ 만들면서 회상한 과거의 이야기와 완성된 작품을 본 느낌을 나눈다.
응용	김치 담그기(노인치매) 등 꼭 실제 사물이 아니더라도 콜라주 등을 통해서도 회상하며 진행할 수도 있다.
작품예시	

8. 한글로 도장 찍기 판화

전통적 배경	도장은 기원전 5000년대 후반 메소포타미아의 원시농경사회에서 발명되었다. 돌, 점토, 조개껍데기, 뼈, 금속 등을 재료로 하여 거기에 그림이나 문자 등을 새겨 천 또는 점토 등에 찍었다. 찍는 목적은 소유물을 표시하는 외에 주술적인 면도 있어 도장 그 자체를 호부(護符)와도 같이 생각하였다.
기대효과	• 작품에 대한 친밀감을 형성하여 그림 그리는 것에 대한 부담감을 덜어 준다. • 다양한 색을 사용함으로써 시각적 만족감을 준다.
재료	굵은 백업(둥근 스티로폼)-도장 만들기용(치료자가 미리 준비), 칼, 도화지, 아크릴 물감, 붓, 물통
진행방법	① 치료자가 백업을 이용하여 한글모양의 도장을 만들어 둔다. ② 원하는 글씨를 써도 좋고 글자를 이용하여 구성을 하여도 좋다. ③ 반복적으로 찍어서 완성한다. ④ 찍은 후 과정의 느낌과 작품에 대한 느낌을 나눈다.
응용	백업은 내담자가 모양을 만들기 어려워 원하는 모양을 사용할 수 없지만 감자나 고구마나 무 등 야채에 조각도를 이용하여 원하는 모양을 만들어 도장으로 이용하여 작품을 만들 수도 있다.
작품예시	

<table>
<tr><th colspan="2">9. 우리 집 지켜 주는 도깨비 기와</th></tr>
<tr><td>전통적 배경</td><td>옛날 사람들은 나쁜 귀신을 쫓는 것은 영악한 귀신이라야 할 수 있다고 생각하였다. 마을의 재앙을 막아 준다고 믿은 장승이 귀면(鬼面)인 것도 귀신에게 벽사하는 힘이 있다고 생각하였기 때문이다. 지방에 따라서는 도깨비탈을 문에 걸어 잡귀나 마마의 침범을 막는 풍속이 있었다. 이러한 생각에서 사래 끝에 귀면와를 만들어 달았다. 아래는 넓고 위는 약간 좁으며, 둥근 방패 모양의 넓적한 기와 표면에는 눈 · 코 · 입을 중점적으로 강조해서 무서운 표정을 나타냈다. 눈썹 사이에 구멍을 뚫어서 사래 끝에 못을 박게 만들었다. 입에는 날카로운 어금니가 양쪽에 돋아 있고, 머리에는 뿔이 2개가 나 있다. 거친 수염과 머리카락이 더 무서워 보인다. 양쪽 옆과 윗면에는 넓은 주연대(周緣帶)가 튀어나와 있다(네이버 백과사전).</td></tr>
<tr><td>기대효과</td><td>• 구체적인 소망을 통해 삶의 목표를 설정한다.
• 심리적 안정 효과가 있다.</td></tr>
<tr><td>재료</td><td>점토, 조소용 도구, 도깨비 기와 사진</td></tr>
<tr><td>진행방법</td><td>① 도깨비 기와 사진을 먼저 보여 준다.
② 기와 표면을 만든다.
③ 눈, 코, 입을 붙여 가며 기와를 완성한다.</td></tr>
<tr><td>응용</td><td>탈을 이용하여 도깨비 탈을 만든다.</td></tr>
<tr><td>작품예시</td><td></td></tr>
</table>

10. 벽에 그림 그리기	
전통적 배경	바가지는 우리의 일상생활에 꼭 필요한 생활용기로 쓰여 왔고 공예로는 탈을 만드는 것이 고작이었다. 그러다가 국민소득이 증대되고 생활이 윤택해지면서 실내장식과 취미생활에 관심을 가지게 되자, 우리의 전통적인 멋이 담긴 박공예가 각광을 받게 되었다. 1970년대부터는 탈을 만드는 데서 벗어나 민화나 풍속도, 산수화 등을 소재로 한 작품과 실용성을 겸비한 생활용품 및 박 스탠드 등 생활에 밀접한 작품이 많이 개발되었으며, 1980년대 초반에는 해외에 널리 알리기 시작하여 서울올림픽 이후로는 해외전시회 및 좋은 작품들이 외국으로 활발이 진출하면서 우리나라 전통공예로 자리를 잡아 가고 있다.
기대효과	• 심리적 안정 효과가 있다.
재료	박, 먹, 동양화 물감, 동양화 붓, 세필 붓, 연필, 고리 장식
진행방법	① 박의 모양을 보고 그릴 이미지를 생각한다. ② 연필로 박에 이미지를 그린다. 좌우의 면을 생각하고 그린다. ③ 먹을 이용하여 그려진 이미지에 필압을 이용하여 그린다. ④ 색을 칠한다. ⑤ 벽에 걸 수 있도록 수를 달거나 고리를 단다.
응용	내담자의 관심사를 입체화하여 작업하는 것도 가능하다.
작품예시	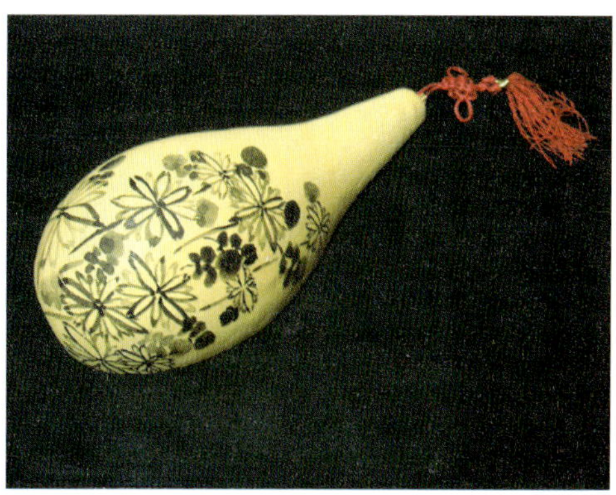

11. 고무점토로 액자 만들기	
전통적 배경	우리나라의 전통무늬(문양)는 그 문양을 이해하고 사용하는 사람들의 이상과 염원 등이 농축된, 집단적 세계관을 표현하는 기호화된 신화다. 모든 문양들이 지향하는 바가 행복하게 살고, 오래 살고, 부부가 다정하고, 자손을 많이 낳고, 재물이 번성하기를 바라는 마음이기 때문에 의식주 생활 전반에 두루 쓰이고 있다. 여성 기물이라면 자손번성, 애정 등의 의미를 더 썼을 것이고, 남성은 관직등용, 수명장수, 부귀, 사군자와 같은 의미를 더 선호했을 것이지만 남녀노소, 신분을 막론하고 행복하고 귀하게 살고 싶다는 사람의 소망이 이러한 문양을 오래도록 전승시키는 힘이 되었다.
기대효과	• 집중력을 향상시킨다.
재료	색 고무점토, 전통무늬 프린트, 투명 CD 케이스
진행방법	① 전통무늬 프린트를 나누어 주고 고르게 한다. ② CD 케이스 밑면에 프린트를 고정시켜 준다. ③ 고무점토를 동그랗게 만들어서 CD 케이스 안에 붙인다. ④ 다 완성하며 CD 케이스 뚜껑을 닫는다.
응용	만다라를 할 수도 있고 자유롭게 꾸밀 수도 있다.
작품예시	

12. 십장생 만다라	
전통적 배경	장생불사를 표상한 10가지 물상(物象)을 십장생이라 하며, 해 · 산 · 물 · 풀 · 소나무 · 달 또는 구름 · 불로초 · 거북 · 학 · 사슴을 말한다. 중국의 신선(神仙)사상에서 유래한다. 열 가지가 모두 장수물(長壽物)로 자연숭배의 대상이었으며, 원시신앙과도 일치하였다. 옛 사람들은 십장생을 시문 · 그림 · 조각 등에 많이 이용하였는데, 고구려 고분벽화에 부분적으로 나타나는 것으로 보아 이 사상은 고구려시대부터 있은 듯하다. 고려시대에는 이색(李穡)의 『목은집(牧隱集)』으로 보아 십장생풍이 유행한 사실을 알 수 있으며, 조선시대에는 설날에 십장생 그림을 궐내에 걸어 놓는 풍습이 있었다. 이후 항간에서도 십장생 그림을 벽과 창문에 그려 붙였고, 병풍 · 베갯머리 · 혼례 때 신부의 수저주머니, 선비의 문방구 등에도 그리거나 수를 놓았다.
기대효과	• 심리적 안정 효과가 있다.
재료	원이 그려져 있는 8절 도화지, 연필, 채색도구, 십장생 프린트
진행방법	① 도화지에 원을 그린다. ② 십장생 그림이 있는 프린트를 주고 선택할 수 있도록 한다. ③ 다 선택할 수도 있고 몇 개만 선택할 수도 있다. ④ 선택한 것을 가지고 원 안에 구성하여 넣는다. ⑤ 밑 스케치가 끝나면 채색도구를 사용하여 색을 칠한다.
작품예시	

제 10 장

통합의학 속의 임상미술치료의 역할

1. 색깔과 의학

1) 색깔은 상대적이다

색깔은 절대적이 아니다. 어떤 한 색깔이 언제 어디서나, 어떤 조건에서나, 누가 보든지 항상 똑같은 색깔로 인식되는 것은 아니라는 뜻이다. 어떤 색깔을 지닌 한 물체가 스스로는 변하지 않는다 하더라도 장소에 따라, 시간에 따라, 주위 여건에 따라, 보는 사람의 상태에 따라 다른 색깔로 인식될 수 있다. 오히려 대부분의 사람이 같은 물체를 대체로 동일한 색깔로 인식한다는 것이 다행이라고 해야 할 것이다.

색맹인 사람이 보는 색깔은 정상인이 보는 색깔과 좀 다르게 인식될 수 있을 것이다. 꽃을 찾아 헤매는 벌처럼 특별한 색깔에 더 예민하게 반응하는 곤충도 있다. 어떤 동물은 색을 보지 못해 다양한 색채를 감별하지 못한다. 투우할 때 투우사는 빨간 보자기를 휘두르고 황소는 그 보자기를 향해 무섭게 달려든다. 그런데 그 황소는 빨간색을 보고 흥분해서 달려드는 게 아니다. 황소는 아예 빨

[그림 10-1] 벤함의 원반

간색을 보지 못하기 때문이다. 소는 색이 아닌 보자기를 들고 흔드는 투우사의 제스처를 보고 흥분하여 달려드는 것이다.

한마디로 말해서 우리의 뇌가 인식하는 것이 바로 색깔인 셈이다. 빨갛게 인식되면 빨간색이고, 파랗게 인식되면 파란색이다. 우리의 시신경과 뇌를 어떠한 패턴으로 자극하고 우리의 대뇌가 어떤 색깔로 해석하고 인식하느냐에 따라 색이 정해진다고 할 수 있다.

'벤함의 원반' 은 그 좋은 예다. 벤함의 원반에는 흰색과 검은색밖에 없지만, 이 원반을 빠른 속도(1초당 5~6회)로 회전시키면 우리는 그 원반에서 다양한 색깔의 벨트를 보게 된다. 거의 무지개 색의 색대(色帶)를 관찰할 수 있다. 만일 그 원반을 반대 방향으로 돌리면 이번에는 그 색깔의 배열 순서가 바뀌는 것을 볼 수 있다.

사물의 형태와 색채가 눈으로 들어오면 그 영상이 눈의 망막에 초점이 맞춰지고 이것이 시신경을 통해 뇌로 전달되어 형색을 판별하게 된다. 망막에는 추상세포(cone cell)와 간상세포(rod cell)의 두 가지 시세포가 있는데, 추상세포는 밝은 곳, 즉 광선량이 많은 곳에서 활성화되고 간상세포는 어두운 곳, 즉 광선량이 적은 곳에서 활성화된다.

갑자기 밝은 곳에서 어두운 곳으로 들어가면 잘 보이지 않는 것은 추상세포와 간상세포의 역할이 재빨리 전환되지 않기 때문이다. 추상세포와 간상세포 중 어

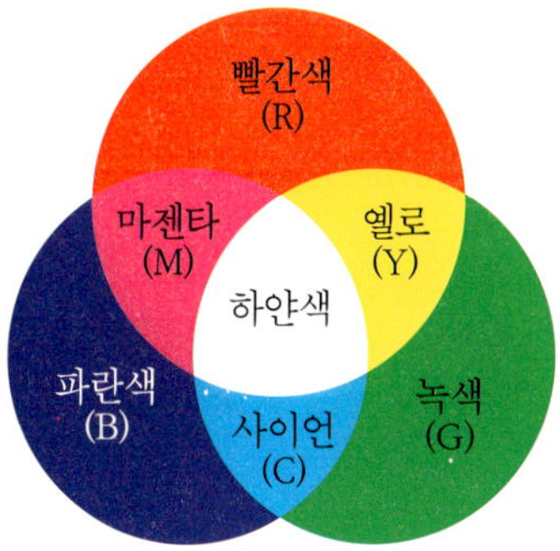

[그림 10-2] 빛의 삼원색

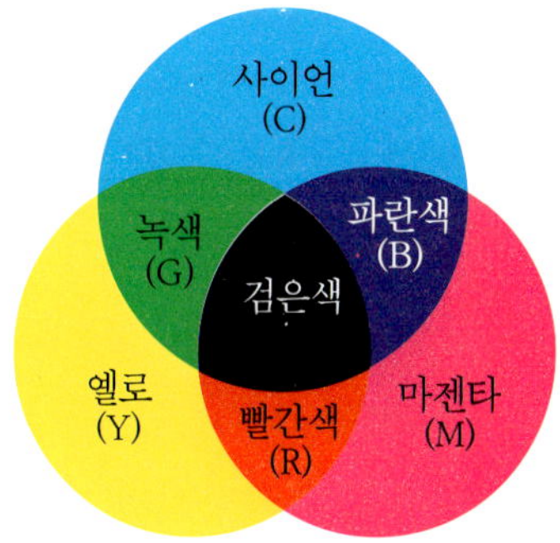

[그림 10-3] 색의 삼원색

떤 것이 더 활성화되어 있는가에 따라 우리가 인식하는 색깔의 정도가 달라질 수 있다.

2) 삼원색

광선은 입자이면서 파동이다. 광선 에너지는 다양한 형태로 표출되는데, 우리의 눈(시신경)을 자극하는 것은 광선 에너지 중의 극히 일부에 해당한다. 우리 눈을 자극하는 빛인 볼 수 있는 범위 내의 광선, 다시 말해서 가시광선은 전체 광선의 지극히 일부에 지나지 않는다. 가시광선 전체, 즉 '온파장(full spectrum)'이 우리 눈의 망막을 자극할 때는 아무 색깔도 없는 무색으로 인식되는데, 이 광선이 프리즘을 통과할 때와 마찬가지로 굴절하게 되면 파장대에 따라 다른 각도로 굴절하며, 다른 각도로 나뉘어 굴절하게 되면 각기 다른 색깔로 인식된다.

이 분광된 색깔이 바로 무지개 색깔인데, 어떻게 분류하느냐에 따라 몇 가지 색깔로 구분하기도 하지만 수백 가지 색깔로 분리 · 분류할 수도 있다. 그러나 그 많고 다양한 색깔도 세 가지 기본 색의 조합으로 이루어진 것일 뿐이다. 이 세 가지 기본 색을 삼원색이라 한다.

그런데 이 삼원색도 두 가지 삼원색으로 구분된다. 하나는 빛의 삼원색이고 또 하나는 색의 삼원색이다. 빛을 발산하는 물체를 발광체(發光體)라 하는데, 이 발광체에서 내는 색이 '빛의 삼원색' 이고, 물체가 빛을 받으면 일부는 흡수되고 일부는 반사되는데, 바로 이 반사되는 광선에서 내는 색이 '색의 삼원색' 이다. 따라서 발사 광선의 삼원색(빛의 삼원색)과 반사광선의 삼원색(색의 삼원색)으로 구분하여도 좋을 것이다.

발사광선(發射光線)의 삼원색은 빨강, 파랑, 녹색이고 이 세 가지 색을 합치면 하얀색이 된다. 그런데 반사광선(反射光線)의 삼원색은 마젠타, 사이언, 옐로이고 이 세 가지 색을 합치면 검은색이 된다. 우리 눈에 들어오는 세 가지 색깔은 다 빨간색, 파란색, 노란색 계통의 색깔로 인식되지만, 이들 삼원색이 합치면 발사광선 쪽은 흰색이 되는 반면, 반사광선 쪽은 검은색이 된다.

3) 태양의 색깔

태양의 색깔은 빨간색인가? 노란색인가? 아니면 다른 색인가? 실제로 아동이 그린 그림을 보노라면 태양을 빨갛게 그린 아이도 있고 노랗게 그린 아이도 있다. 여기에 정답과 오답이 있는가?

최근 미국 항공우주국(NASA)에서 쌍둥이 태양 탐사선 스테레오(STEREO)가 포착한 태양의 자외선 이미지를 보면 태양이 다양한 색깔로 나타나는 것을 볼 수 있다. 태양탐사 우주선 스테레오 2대가 각각 반대쪽에서 태양을 돌고 있어, 이 둘이 찍은 사진을 합성하면 태양의 삼차원 영상이 만들어진다. 온도에 따라서 태양이 다른 색깔로 나타나는데, 섭씨 100만 도에서는 파란색 태양이, 150

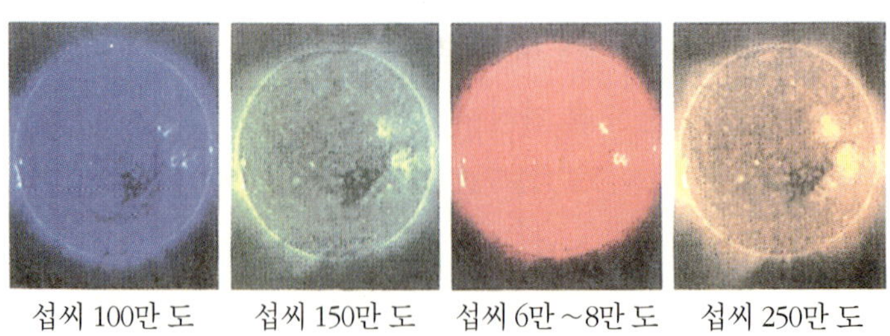

[그림 10-4] 온도에 따라 색깔이 변하는 태양의 삼차원 영상

만 도에서는 초록색 태양이, 섭씨 250만 도에서는 노란색 태양이, 6만~8만 도에서는 빨간색 태양이 나타난다. 따라서 태양은 빨간색일 수도 있고, 노란색일 수도 있고, 파란색일 수도 있다.

4) 빛과 건강: 광선요법

광선과 색깔은 오랫동안 치유의 수단으로 사용돼 왔다. 현재 전 세계적으로 많은 병원과 연구소에서 그 효능에 대해 연구가 계속되고 있다. 지금까지 연구된 온전파장광선(full-spectrum light), 자외선(ultra-violet light), 색채광선(colored light), 레이저 광선(LASER) 등이 만성통증, 우울증을 비롯해서 면역계 질환이나, 심지어 암까지도 어떤 측면에서는 임상적 도움을 주고 있다.

(1) 광선요법의 기전

광선이 눈으로 들어오면 광선에 예민한 세포나 색깔에 예민한 수백만 개의 세포, 즉 광수용체(photo-receptor)라고 불리는 세포가 광선을 전기적 자극으로 변환시킨다. 이렇게 변한 전기적 자극은 시신경을 따라서 뇌로 전달되고, 이것은 또 신경전달물질이라고 불리는 화학적 매개체인 시상하부 샘을 활성화시키며, 이어서 이 작용은 몸의 자율기능을 조절하게 된다.

시상하부는 내분비계통의 일부분인데, 여기서 분비되는 내분비물질이 혈압, 체온, 호흡, 소화, 성기능, 감정, 면역기능, 노화작용, 일일생체리듬(circadian rhythm) 등 대부분의 신체기능을 관장한다. 광선은 파장이 각기 다른 색깔을 다 함유하고 있는데, 모든 파장을 포함하고 있는 광선을 우리는 온전파장광선이라고 부른다. 온전파장광선은 아주 섬세한 자극을 방사함으로써 신체기능을 조절하는 것이다.

지난 30여 년 동안 광선치료에 대해 연구해 온 다우닝(John Downing) 박사는 눈으로 받아들인 광선의 자극은 뇌의 여러 부분, 즉 대뇌피질, 변연계, 뇌간에 영향을 준다고 주장하였다. 대뇌피질에서는 동기, 학습, 사고, 창의성, 기억, 몸

동작을 관장한다. 변연계에서는 시각적으로 받아들인 광선을 통해 세상만물의 감성적 인상을 야기시킨다. 뇌간에서는 광선을 통하여 몸의 감응과 균형을 잡는 데 도움을 준다.

(2) 자연광선의 중요성

광생물학(photo-biologist) 연구가인 오트(John Nash Ott) 박사는 광선결핍이 건강을 해치는 중요한 원인이 되고 있다고 주장한다. 그는 건강을 유지하는 데에 필요한 광선은 온파장광선이어야만 한다고 굳게 믿고 있다. 백열광이나 형광등과 같은 대부분의 인공광선은 자연광선의 온파장을 모두 지니지는 못하고 있으며, 이것이 영양분의 적당한 흡수를 방해하고 있다는 것이다. 유리창, 안경, 스모그, 자외선 차단 로션 등은 광선 스펙트럼의 일부를 차단하는 결과를 낳고 있다.

만일 광선 안에 특별한 파장대가 포함되어 있지 않다면, 특수한 영양분은 몸속으로 완전히 흡수되지 않는다는 연구결과도 있다. 몸이 충분한 광선을 쬐지 않으면 피곤증, 충치, 우울증, 적개심, 면역력 저하, 중풍, 탈모증, 피부 손상, 알코올중독, 약물중독, 알츠하이머병, 암, 근력 약화, 근육 탄력 감소 등을 유발하는 원인을 제공할 수 있다는 것이다.

미국 네바다 주에 있는 생체전기자장연구소의 창설자인 짐머만(John Zimmerman) 박사에 따르면, 실내에서는 비록 낮에 커튼을 치지 않은 채로 있거나 전등을 켜고 있어도 실외에서 받는 일조량에 비하면 100분의 1밖에 안 된다는 것이다. 즉, 실외에서 햇빛을 쬐는 것은 대략 5만 룩스(lux: 국제적으로 사용되는 광선량 단위)인 데 비해 불 켠 실내 광선량은 불과 500룩스 정도이며, 야간 근무자들은 겨우 50룩스 정도밖에 안 되는 광선량에 노출될 뿐이라는 것이다.

다우닝 박사도 "사람들이 90% 정도의 시간을 광선이 불충분한 실내에서 지낸다면 우울증, 심장병, 아동의 과잉행동장애(hyperactivity), 노인층의 골다공증, 면역력 저하 등의 광범위한 건강문제에 봉착하게 될 것"이라고 주장하고 있다.

미 해군에서 발표한 연구에 따르면, 주로 실내에서만 근무하는 사람들에게서 흑색종(melanoma)의 발생률이 가장 높은 반면에 실내와 실외를 왔다 갔다 하면서 일하는 사람들에게서 가장 낮았다. 보통 흑색종은 머리와 팔에 많이 생기는데, 실내 근로자에게 생기는 흑색종은 몸에 많이 생기는 것이 관찰되었다. 이런 연구결과는 비타민 D가 악성 흑색종 세포의 성장을 억제한다는 다른 연구와 그 맥을 같이한다고 할 수 있다.

(3) 광선과 생체시계

우리 몸의 일일생체리듬은 송과선(pineal gland)에 의하여 조절된다. 그리고 송과선의 활동은 광선에 노출되느냐 아니냐에 따라 조절되고 있다. 송과선의 주 호르몬인 멜라토닌(melatonin)은 어두울 때 생산되고 밝을 때는 억제된다. 멜라토닌은 안정작용이 있어서 불안감을 진정시켜 주고, 공황상태를 감소시켜 주고, 편두통을 낫게 해 주고, 수면을 유도해 주며, 면역계를 활성화시켜 준다.

일일생체리듬을 무시하고 불규칙적인 생활을 하는 사람에게 많은 건강상의 문제가 발생한다는 보고는 수없이 많이 있다. 야간근무를 주로 하는 사람들에게는 심장질환, 요통, 호흡기질환, 궤양, 불면증, 실수와 사고의 빈도 증가, 정신 혼미, 부적절한 결정 사례 등이 더 자주 생긴다. 그러나 이들에게 멜라토닌을 투여하고 전등의 밝기를 보통 때보다 5～10배 정도 더 밝게 조명해 주면 더 쉽게 야간근무에 적응하는 것이 관찰되었다.

(4) 광선요법의 종류

① 온전파장광선 요법(full-spectrum light therapy)

가장 오래된 형태의 광선요법은 적외선과 자외선을 포함한 모든 파장대를 다 지니고 있는 자연광선을 이용하는 방법이다. 자연광선이나 온전파장광선을 피부에 쬐여 고혈압, 우울증, 불면증, 월경전 증후군, 편두통, 대사장해에 기인한 당분 갈구증 등을 치료할 목적으로 사용해 왔다.

미국 존스홉킨스 대학에서 10여 년간 조사한 역학연구에 따르면, 온전파장광선에 노출되는 것이 유방암, 대장암, 직장암을 예방하는 데에 긍정적인 효과가 있음이 밝혀졌다. 러시아에서는 감기와 인후통에 자주 걸리는 노동자가 많은 공장에 온전파장광선을 설치하여 주었더니, 박테리아에 의한 공기오염도가 40~70%나 줄어들고 결근하는 일수도 반으로 줄어들었다.

오트 박사 팀이 미국 플로리다의 한 초등학교 1학년 학생들을 상대로 한 연구에 따르면, 두 교실에는 그냥 보통 형광등을 설치해 두고 다른 두 교실에는 온전파장 전등을 설치해 놓고 한 학기 동안 아이들의 행태를 몰래 카메라로 관찰해 보니, 온전파장광선에 노출된 아이들에게서 과잉활동 행동이 줄어들었다. 캐나다의 알베르타에서도 비슷한 실험을 하였는데, 역시 온전파장 전등을 설치한 교실의 학생들이 결석률도 줄어들고 학업성적도 더 좋아졌음을 보여 주었다. 온전파장광선은 계절적 우울증(seasonal affective disorder: SAD)에도 사용하고, 신생아 황달치료에도 널리 사용하고 있다.

1956년경에 한 영국 병원에서 햇빛에 노출되었던 황달 아기에게서 황달기가 없어지고 햇빛이 비치는 유리창 옆에 놓았던 채취혈액 내의 빌리루빈(bilirubin) 수치가 많이 떨어졌음을 관찰한 이래로 황달치료에 광선을 많이 사용하고 있다.

② **고광도광선 요법**(bright light therapy)

2,000~5,000룩스의 밝은 광선을 사용하는 방법이다. 물론 5만 룩스나 되는 햇빛에 비하면 아주 낮은 수준이지만, 보통 사무실에서 사용하는 등이 50~500룩스 정도밖에 안 된다는 사실을 감안하면 상당히 밝다고 할 수 있다.

고광도광선 요법은 야간 근로자의 작업실수 횟수와 졸림증을 줄이고, 계절적 우울증에도 사용된다. 그 외에도 대식증(大食症), 취침지연 증후군(delayed sleep phase syndrome: 밤에 잠드는 시간이 비정상적으로 새벽 3시 정도로 늦어지는 증후군), 불규칙한 월경 등을 치료하는 데도 사용한다.

③ **자외선 요법**(ultraviolet light therapy)

1903년에 노벨상을 수상한 덴마크의 핀센(Niels Finsen) 박사가 광선의 노출이 결핵 환자의 치료에 도움이 된다는 사실을 발견하고 자외선 요법을 도입한 이래 꾸준히 확산 · 보급되었다.

햇빛 속의 자외선에는 UV-A, UV-B, UV-C의 세 가지 종류가 있다. 일반적으로 UV-C가 가장 해로운 종류로 알려져 있으나, 실제로 대기의 오존층을 뚫고 내려오는 양은 극히 미미하기 때문에 위험성은 별로 없는 셈이다. UV-A는 피부로 침투하여 피부를 서서히 검게 하는 효과는 있으나, 가장 긴 파장을 갖고 있어서 가장 덜 해로운 자외선이라 할 수 있다. 따라서 인체에 가장 해로운 자외선은 UV-B이다. UV-B는 쉽게 피부를 투과하여 햇빛 화상과 눈의 손상을 일으킨다. 겨울철에 눈(snow)에 반사되어 나오는 자외선에 많이 노출되면 각막에 화상을 입혀 소위 '눈 실명(snow blindness)' 을 야기하기도 한다. 사실 바닷가에서 모래나 물에 반사되어 나오는 자외선이 햇빛에서 직접 나오는 것보다 더 많은 햇빛 화상을 일으킨다. UV-B에 장기간 노출되면 백내장, 망막의 손상, 익상편(pterygium: 각막 위로 조직의 군날개가 돋아나는 것), 안구 헤르페스의 악화 등을 불러올 수 있다.

다음은 자외선 요법의 종류이다.

- UVA-1: 미국 루이지애나 주립대학병원의 맥그래스(Hugh Mcgrath) 박사는 UV-A 파장의 일부를 분리하여 환자에게 조사(照射)함으로써 전신 루프스 치료에 사용하고 있다. 그는 이 치료가 환자의 관절통증, 두통, 피부반점, 불면증, 피로감을 감소시킨다는 임상관찰을 보고하였다.
- 광선방사법(hemoirradiation): 일명 광선영동법(photophoresis)이라고도 불리는데, 혈액을 1파인트(약 500cc) 정도 채취하여 자외선에 노출시킨 뒤 다시 수혈 주사로 넣는 방법이다. 이렇게 흡수된 광선 에너지는 혈액의 산화작용을 강화시킨다. 미국 조지아 주의 더글러스(William C. Douglas) 박사는 포토룸(photolume)이라는 기기를 개발하여 치료에 사용하고 있는데, 그는 "자외선이 칼슘 대사를 촉진시키고, 체내의 독소를 약화시키고, 살균작용을 하고, 체액 전해질의 균형을 잡아 주며, 산소 흡수를 향상시킨다."라고 주장하고 있다.

- 푸바 광선요법(PUVA light therapy, psoralen ultra-violet A): 광선에 예민한 약인 소랄렌(psoralen)을 먼저 투여하고 한두 시간 후에 전신을 자외선에 쬐는 요법이다. 이 치료법은 피부가 하얗게 탈색되는 백반증에 사용되고 있는데, 이 자외선을 쬐면 피부에 색소를 만들어 내는 세포를 피부 표면 쪽으로 나오게 한다는 것이다. 이 요법은 건선의 치료에도 사용되는데, 존스홉킨스 대학의 피부과 교수인 모리슨(Warwick Morrison) 박사는 90～95%에서 치료효과를 보인다고 보고했다.

④ **색채광선 요법** (colored light therapy)

1942년에 러시아의 과학자 크라코프(S. V. Krakov)는 붉은색은 교감신경계를 자극하고 흰색과 푸른색은 부교감신경계를 자극한다고 보고했다. 어떤 색깔은 호르몬 분비를 촉진하는가 하면 다른 색깔은 반대로 억제한다는 실험결과도 있었다. 19세기 말이나 20세기 초에 천연두와 홍역 같은 급성발진 질환의 환자들을 붉은 유리창이 있는 방에다 놔두면 증상이 호전되는 것도 관찰되었다. 우울증 환자도 그런 방에 몇 시간 놔두면 회복되는 예가 있었다.

미국 미주리 주의 실리(Norman Shealy) 박사는 껌뻑껌뻑(점멸)하는 색깔 있는 광선을 이용하여 통증과 우울증을 치료하고 있다. 그는 이러한 광선의 자극이 신경화학적 분비에 변화를 일으킨다고 주장한다. 뇌는 각각의 다른 빈도의 광선과 색깔에 서로 다른 특수한 반응을 일으킨다는 것이다. 불면증은 한 번 치료에 낫는 수도 있는데, 감정과 정서의 변화를 일으키는 데는 약 1주일의 치료가 필요하다는 게 그의 경험이다. 또 특별한 빈도의 흰색과 보라색의 자극을 가하면 심신의 이완반응과 함께 스트레스 감소와 통증이완이 되는 것을 알 수 있었다.

로스앤젤레스의 피시(Ray Fisch) 박사는 모노크롬 붉은 광선요법(monochromatic red light therapy)을 다양한 질병의 치료와 증상 완화에 이용하고 있다. 통증, 내분비질환, 월경불순, 당뇨병, 소화기질환, 우울증, 발기부전, 불감증, 두통, 관절염, 알레르기, 인후통, 스트레스 등의 치료에 응용하고 있다. 피시 박사는 치료 프로그램을 처음에는 하루에 3회씩 1주일간 치료하고, 그다음에는 하루에

2회씩 1주일간 치료하고, 그리고는 하루에 1회씩 1주일 더 치료해 준다. 그는 이 치료법에서 부작용이 전혀 없었다고 했다.

⑤ **광동력 요법**(photodynamic therapy)**과 암**

미국 일리노이 알곤 국립연구소의 수석 연구원인 피크(Meyrick Peak) 박사는 암 치료에 광선을 이용할 수 있다고 주장한다. 광동력요법에서는 광선을 흡수한 색소는 종양에 의해 흡수되고 여기에 특수한 형태의 광선을 노출시킨다. 색소에 의해 흡수된 광분자는 화학적으로 활성화되고 이것이 암세포를 죽게 한다는 것이다.

광동력 요법을 시행하는 데 있어서 광독성(phototoxicity)도 있을 수 있다고 경고하는 전문가도 있다. 로스앤젤레스에 있는 전문가 구른드페스트(Warren Grundfest) 박사는 "광선이 약물에 화학적 변화를 일으키도록 유도하고, 이 약물은 암 조직에만 있으므로 암세포를 선별적으로 파괴할 수 있다."라고 설명하고 있다. 그는 방광암을 18개월간 치료했더니 85%에서 성공적 반응을 보였다고 보고하였다.

⑥ **동조광학 요법**(syntonic optometry)

동조광학 요법이란 색깔 있는 광선을 눈에 직접 조사(照射)함으로써 신체의 여러 기능을 조절하는 뇌중추를 자극해 주는 것이다. 이 치료법을 창시한 스피틀러(Harry R. Spitler) 박사는 푸른색 광선을 눈에 직접 조사함으로써 염증과 통증이 치료됨을 보여 주었다.

다우닝 박사가 발명한 기기 루마트론(Lumatron)은 생물학적 활성광선(biologically active light)의 진홍색에서 보라색에 이르는 다양한 색채를 지닌 열한 가지의 순수한 파장대를 방사한다. 이 광선의 자극이 눈을 통해서 뇌에 도달하면 자율신경활동을 정상적인 방향으로 조절시켜 자연치유력을 증진시킨다. 환자는 어두운 방에서 루마트론 기기 앞에서 약 25분간 앉아 적당한 색깔의 광선을 1초에 2～16회의 자극빈도로 눈에 쪼인다. 이러한 특정 광선에의 노출은 대부분의 경우 노출 즉시 안정감을 느끼게 하는데, 증상의 호전은 수일 내에 나타난다고 한다.

⑦ 냉레이저 요법(cold laser therapy)

로스앤젤레스의 치과의사이며 이 분야의 전문가인 프레스콧(Marvin Prescott) 박사에 따르면, "냉레이저 요법은 저강도 레이저광(low intensity laser light)을 이용하여 일련의 효소반응과 생체전기반응을 유도하여 세포수준에서 자연치유력을 활성화시키는 것이다."라고 설명하였다. 그는 이러한 저강도 레이저 요법이 통증, 근막통 증후군, 외상, 신경학적 질환, 피부질환, 치과질환에 효험이 있다고 하였다. 또한 미세 혈액순환에 효과가 있고, 피부에 콜라겐 합성을 촉진시키고, 신경전달물질의 생산을 촉진시키며, 통증을 완화시키는 효과 등에 대해서는 많은 연구가 이미 발표되었다고 설명하고 있다.

일부 전문가들은 저강도 레이저 요법을 동종요법이나 생약요법 또는 영양식이요법과 함께 경혈을 자극하는 형태로 병용하기도 한다.

(5) 광전류 결핍증(photocurrent deficit)

광선이 눈의 망막을 자극하면 이 자극은 신경전류로 바뀌는데, 이를 광전류(photo-current)라고 부르기도 한다. 미국 캘리포니아 주의 샌라파엘 예방의학센터에서 광선치료과 과장으로 일하고 있는 다우닝 박사는 망막에서부터 흐르는 광전류를 측정하고 이것과 환자의 증상을 비교·연구한 결과, 이런 증상이 광전류의 저하와 관련이 있음을 발견하였다. 광전류의 저하는 학습능력 저하, 집중력 저하, 기억력 상실, 정신적 몽롱, 협응능력과 수행능력 저하, 수면장애, 자존감 상실, 불안정한 정서, 계절적 정신질환, 우울증, 공포와 불안증, 과잉활동행태, 피로증, 두통, 광선 알레르기, 주변시야 저하, 야맹증과 같은 뇌기능 저하를 야기시킬 수 있다.

다우닝 박사는 적당한 색깔을 지닌 광선을 눈에 조명함으로써 신경시각 통로를 통하여 광선전류가 뇌의 상위 중추로 흐르는 것을 향상시키고, 이렇게 증가된 광선전류의 자극이 광선전류 결핍증을 없애거나 감소시키는 사실을 관찰·

보고하였다. 그가 발표한 한 임상 예는 교통사고를 당한 35세의 여자 환자였다. 이 환자는 사고 후 얼굴과 머리에 통증이 심했고, 정신작용도 둔해졌고, 생각이 혼란스러워졌고, 심한 피로감을 느끼게 되었다고 한다. 다우닝 박사는 이 환자를 루마트를 광선 자극지의 남색과 보라색 광선을 가지고 약 40회 치료해 주었다. 그랬더니 통증은 없어졌고, 정신적 혼란과 둔한 반응이 가벼워졌으며, 치료 전에는 하루에 10시간 정도 자면서도 늘 피곤했는데, 치료 후에는 5시간 정도만 자도 기운이 나게 되었다고 보고하였다.

2. 기억과 건강

생명체는 자극을 받고 그 자극에 대해 반응하는 존재다. 적당히 반응하는 것이 적응이다. 잘 적응하는 생명체가 강하고 우수하다. 한 생명체는 자극을 받으면 그에 대해 반응을 하고 그 정보를 저장, 즉 기억한다. 생명체에는 생명 유지에 좋은 기억은 저장해 두려고 하고 해로운 기억은 없애 버리려고 하는 성향이 있다. 기억의 저장소에는 두 가지가 있는데, 그 하나는 일시적 저장소이고 또 하나는 장기적 저장소다. 더 세분하면 기억의 저장은 임시기억, 단기기억, 장기기억, 영구기억, 유전기억의 5단계로 나눌 수 있다.

임시기억은 지금 금방 한 일에 대한 기억이다. 불러 준 전화번호를 옮겨 적는

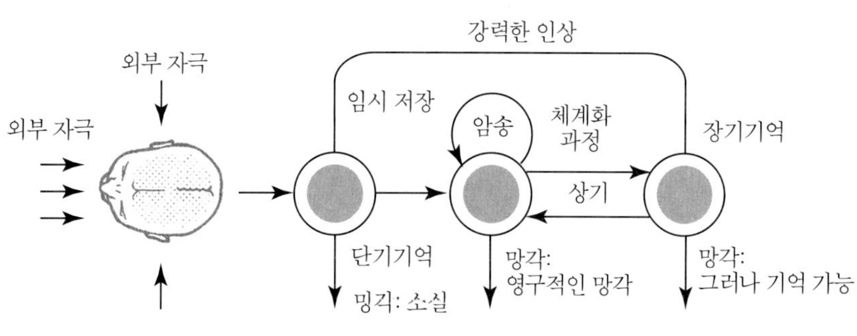

[그림 10-5] 기억의 저장

다든가, 지나가는 차량의 번호판을 힐끗 보고는 번호를 기억한다든가, 조금 전 읽어 준 한두 행의 문장을 외워 보는 것 같은 기억이다. 이러한 미미한 사건도 자극받는 즉시 하나의 사건적 정보로 일단은 정보저장소에 저장된다. 그러나 생명 유지를 위해 장기 보존이 필요 없는 정보라면 즉시 지워 버린다. 별로 필요 없는 정보를 지워 버리는 '망각의 기전' 이 작동하기 때문이다. 불필요한 정보의 축적은 생명 유지에 방해가 될 뿐이다. 망각이라고 하는 것은 생명의 건강을 위해 우리가 받은 가장 귀한 축복 중의 하나다.

하나의 자극으로 나에게 들어온 정보가 생명 유지에 매우 중요하다고 판단되거나, 자극의 강도 매우 높거나, 그 자극이 아주 기분 좋은 감정과 연결될 경우에는 그 기억이 장기 저장소로 옮겨진다. 우리가 받는 자극이 긍정적(좋은 경험)이든 부정적(나쁜 경험)이든 자극의 강도가 너무 강하고 충격적일 때는 단 한 번의 경험이라도 영구기억으로 저장된다. 만일 생명 유지에 도움이 되는 정보라면 후에 생명 유지에 도움을 받기 위해서, 생명 유지에 해가 되는 정보라면 훗날 생명의 위협을 피하기 위해서 장기기억 또는 영구기억으로 저장해 두게 된다. 너무나 중요한 정보이기에 나 자신의 낱생명 유지뿐만 아니라 나의 상대적 온생명인 인종(人種)이라는 종(種)의 영구 유지를 위하여 차세대기억, 즉 '유전자적 기억' 으로 저장된다. 이 유전적 기억이 선천적 본능의 형태로 차세대에서 사용되는 것이다.

일시적 기억이 장기기억 저장소로 옮겨지는 과정 중에는 또 하나의 매우 중요한 기전이 존재한다. 이것은 '임시기억' 의 되풀이 자극을 통한 영구기억 저장소에 저장이 되는 과정을 말한다. 자극의 정도가 미미하거나 심지어는 거의 무의미한 정도라 하더라도 같은 자극을 자꾸 되풀이하면 기억이 장기 저장소에 저장된다는 것이다.

우리가 어떤 행동을 자꾸 되풀이하거나, 어떤 생각을 자꾸 되풀이해서 하거나, 어떤 주문을 자꾸 되풀이해서 말하면 그런 기억이 서서히 영구 저장소에 저장된다. 일단 장기 저장소에 저장된 기억은 도리어 임시 망각의 과정을 거쳐 잊고 지내지만, 필요할 때면 언제나 다시 끄집어내어 쓸 수 있는 기억이 된다. 마치 책장에 꽂아 놓았던 서류나 책을 보통 때는 잊고 지내지만 필요할 때는 언제나 다시 끄집어내어 볼 수 있는 것과 마찬가지다.

이렇게 장기 저장소에 저장되었던 기억은 그 기억이 기억될 때 경험했던 감정도 같이 되살아나는 경향이 있다. 슬펐던 일의 기억은 슬펐던 감정도 되살아나고, 즐거웠던 기억은 즐거웠던 감정도 동시에 되살아나는 성향이 있다.

이와 같이 장기기억 저장소에서 영구기억을 찾아내거나 되풀이하는 훈련을 통해서 새로운 유익한 정보를 장기 저장소에 저장해 놓는다든가, 이렇게 저장해 놓은 유익한 기억을 필요할 때 다시 꺼내어 사용하는 기억-망각의 생리적 과정은 임상미술치료에서 응용하는 매우 중요한 개념이다.

3. 훈련의 효과

1) 가소성(placidity)

훈련의 효과는 장기기억의 덕분이라는 사실은 앞에서 설명하였다. 우리에게 들어오는 자극을 받아들이고 이에 대한 반응을 내보내는 것은 모두 신경을 통해서다. 받아들이는 정보는 감각신경을 통해서 중앙인 뇌로 전달되고, 전달된 정보를 분석 · 해석하여 반응(행동)하는 정보는 대뇌에서부터 운동신경을 통하여 말단으로 뻗어 나간다. 정보의 전달은 신경을 따라 흐르는 전기의 흐름(활동전위)이다.

정보는 전기의 형태로 신경세포의 전달 줄기인 축색(axon)을 따라 다음 신경세포로 전달되는데, 이런 전기(활동전위)가 신경세포와 신경세포의 접합부(시냅스, synapse)에 도달하게 되면 이번에는 마치 자동차로 고속도로를 달려가서 강에 도달하면 배에 옮겨 타고 건너가듯이, 배에 해당하는 신경전달물질에 정보가 옮겨 타고 접합부 틈새를 건너가 다음 세포의 접수부인 수상돌기에 올라타고는 다음 세포의 축색을 따라 계속 달리게 되는 것이다.

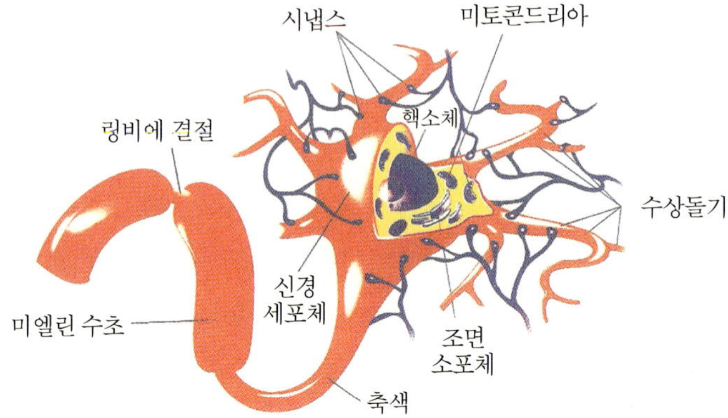

[그림 10-6] 신경세포의 구조

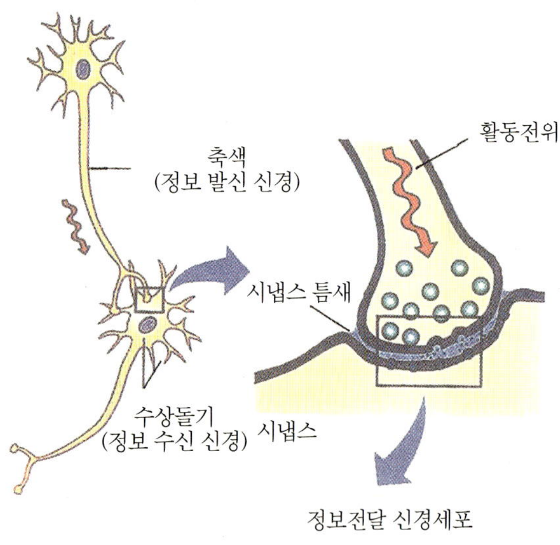

[그림 10-7] 시냅스에서 정보 전달

신경계의 기본단위는 신경세포인 뉴런(neuron)이다. 사람의 두뇌는 약 1,000억 개의 신경세포로 구성되어 있다. 하나하나의 신경세포는 마치 컴퓨터 칩과 같은 역할을 한다. 그러나 컴퓨터와는 비교가 안 될 만큼 복잡하고 교묘한 기능을 수행하고 있다. 신경세포의 모양을 살펴보면 일반 세포와는 달리 세포체에 수많은 가지(수상돌기)가 달려 있으며, 이 중에는 다른 가지에 비해 길이가 긴 축색이라고 불리는 가지가 있다. 축색은 마치 전기를 흐르게 하는 전선과 같은 역할을 하면서 다른 세포로 정보를 전달한다. 축색은 길게 뻗어 나가 다른 신경세포에 있는 가지들과 연결을 이루는데, 이를 시냅스(synapse)라 하며, 하나의 축색은 여러 개의 끝으로 나뉘어져 적어도 1,000여 개, 많을 경우는 1만 개 이상의 시냅스를 이룬다.

이 시냅스는 두 신경세포의 가지 끝이 완전히 융합된 것이 아니고 아주 작은 간격으로 떨어져 있는데, 전기적 신호가 축색을 따라 흘러 말단에 오면 축색의 말단에서 신경전달물질이 분비되고, 분비된 신경전달물질은 시냅스의 좁은 간격을 가로질러 신경세포 가지의 세포막에 있는 수용체에 결합하여 정보를 전달한다.

우리의 뇌에서는 하나의 신경세포가 자신이 가지고 있는 가지들에 형성되어 있는 시냅스를 통해 수천 혹은 수만의 정보를 받아들이고 이를 종합하여 전기적 신호로 바꾼 다음, 축색을 따라 보냄으로써 많은 다른 신경세포들을 자극하는 또 다른 시냅스를 이루고 있다.

이러한 시냅스는 우리의 뇌에 적어도 10^{14}개 이상 존재하며, 이들이 서로 다양하게 연결될 수 있는 경우의 수는 상상을 초월한다. 이렇게 그 수를 헤아릴 수 없을 정도로 많고, 복잡하고, 교묘하게 얽힌 신경망의 회로가 제대로 작동하지 않을 때, 우울증도 생기고 정신분열증도 생기고 파킨슨씨병도 생기고 치매도 생기는 것이다. 반대로 정상 이상으로 활발하게 활성화된다면 다양한 심신의 기능도 정상 이상으로 향상될 것이다. 신경세포를 따라 정보전달 활동이 활발하면 할수록 전달의 효율성이 더 원활하게 될 수 있고 별로 활발하지 않으면 점차 퇴화할 수도 있다.

마치 고속도로에 교통량이 많아질수록 도로가 넓어지고 소통이 원활하도록 개선되기도 한다. 옆으로 나가는 샛길도 교통량이 증가할수록 더 넓어지고 발달한다. 심지어 고속도로 어느 부분이 갑자기 막혔을 경우에는 차량이 한두 대 옆

논두랑 길로 빠져나가기 시작하고, 다른 차들도 점점 많이 따라가게 되면 그 논두랑 길도 결국에는 큰길처럼 넓은 도로가 되기도 한다.

신경세포에 전달되는 정보가 계속 되풀이되고 그 양이 늘어 갈수록 정보전달이 점점 더 원활하고 효율적으로 발달해 간다. 이렇게 되면 별로 활발하지 않은 상태로 있던 신경가지들도 새롭게 활성화되어 새로운 기능을 활발하게 수행하기 시작한다. 이렇게 새로운 훈련을 통해 새롭게 가지들이 활성화되고 또 기능도 향상되는 현상을 가소성(可塑性)이라 한다. 이것이 훈련을 통해서 기능이 점점 더 활성화되는 기전이다.

2) 자율신경의 훈련

생명을 건강하게 유지하려면 환경에 대한 반응을 적절하게 해야 한다. 적절한 반응이 적응(適應)이다. 적응이라는 것은 관계를 조화롭게 이룬다는 것을 의미

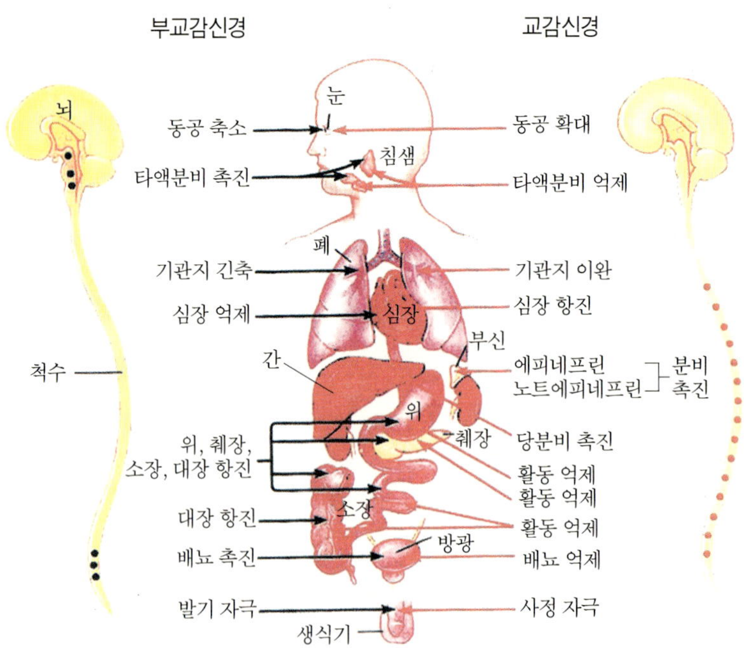

[그림 10-8] 자율신경계

한다. 관계의 조화가 적응이라고도 할 수 있다.

우리의 건강과 상관이 있는 환경에는 두 가지가 있다. 하나는 외적 환경이고 또 하나는 내적 환경이다. 우리 주위의 자연환경이 외적 환경이고 내 몸속의 생리적 환경이 내적 환경이다. 심신이 건강상태를 유지하려면 외적 환경과도 조화를 이루고 내적 환경과도 조화를 이뤄야 한다. 그러나 무엇보다도 조화롭게 적응하는 데 핵심이 되는 것은 내적인 생리적 환경의 조화다.

생리적인 내적 환경을 조화로운 상태로 유지시키는 것은 자율신경과 내분비의 작용에 의해서다. 자율신경은 장기의 기능을 촉진시키거나 흥분시키는 교감신경과 억제시키거나 이완시키는 부교감신경으로 나뉘어진다. 교감신경과 부교감신경의 활동이 조화를 이루어야 장기의 기능이 조화를 이룰 수 있다. 내분비계통도 다양한 호르몬의 분비와 억제를 통하여 장기의 기능을 조절한다. 자율신경계와 내분비계는 우리의 마음과 감정과 정서와 상관관계를 가지고 있다. 자율신경과 호르몬이 우리의 감정에 영향을 끼치고, 반대로 우리의 감정이 자율신경과 호르몬에 영향을 끼치는 상관관계를 갖고 있다는 뜻이다. 따라서 자율신경과 호르몬의 조절로 심신상태를 조절할 수 있고, 또 역으로 심신상태가 자율신경과 호르몬계에 변화를 가져올 수 있다. 이것이 우리가 심신을 훈련시킴으로써 자율신경과 호르몬계에 안정을 가져올 수 있고, 이것이 우리의 내적 환경을 안정시키는 효과를 가져오고, 자율신경과 호르몬의 조화로 내적 환경의 안정을 초래하고, 내적 환경의 조화가 우리의 심신을 평안하게 만들어 주는 이유다.

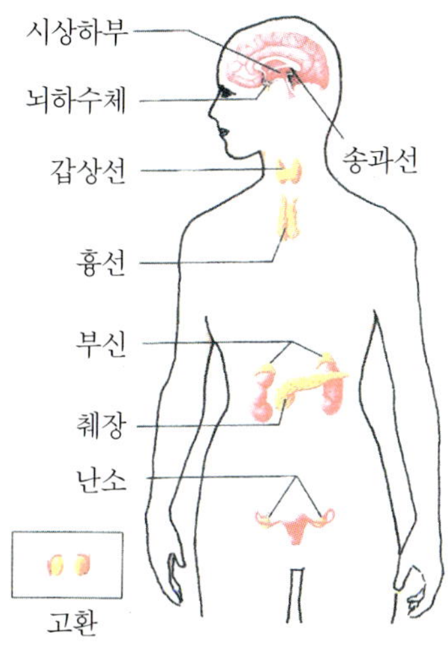

[그림 10-9] 내분비계

4. 전통의학이론의 응용

1) 장부의 색[1]

주요 장기인 12개의 장부(臟腑) 외의 기관들은 각각 12개 장부에 속하는 부속 장기로 간주된다. 주요 장기와 부속 장기는 모두 오행에 귀속되는데, 이 상관관계를 행별로 열거해 보면 다음과 같다. 색깔도 오행에 각각 귀속되는데, 참고로 각 장부와 색깔의 상관관계를 아래 도표에 연계해 본다.

표 10-1 오행, 장부, 색의 상관관계

오행	장부	색
목(木)행	간(肝), 담(膽), 힘줄(筋), 톱(瓜, 손톱발톱), 눈(眼)	파랑
화(火)행	심장, 소장, 피(혈), 털(髮) 혀(舌)	빨강
토(土)행	비(脾), 위(胃), 고기(肉), 피하지방(脂), 입(口)	노랑
금(金)행	폐(肺), 대장(大腸), 피부(皮膚), 솜털(毛), 코(鼻)	하양
수(水)행	신(腎), 방광(膀胱), 뼈(骨), 이(齒), 귀(耳)	검정

2) 칠정의 색

동양의학에서는 전통적으로 인간의 감정을 일곱 가지로 나눈다. 이것을 칠정(七情)이라 한다. 이러한 일곱 가지 감정을 오행에 귀속시켰고, 인체의 장기도 오행에 귀속시켰고, 색깔도 오행에 귀속시켰기 때문에 이들 사이에는 상관관계가 만들어진다. 여기서 말하는 상관관계란 물질적인 측면에서 장기의 질과 색채의 질이 서로 얽혔다는 뜻이 아니고, 장부의 성질의 성향이 색의 성향과 연관성을 지니고 있다는 의미다.

1) 이와 관련한 세부 내용은 이 책의 214-215쪽의 내용을 참조하기 바란다.

표 10-2 오행, 장부, 칠정, 색의 상관관계

오행	장부	감정	색
목(木)행	간(肝), 담(膽)	노(怒)	파랑
화(火)행	심장, 소장	희(喜)	빨강
토(土)행	비(脾), 위(胃)	사(思)	노랑
금(金)행	폐(肺), 대장(大腸)	비(悲), 우(憂)	하양
수(水)행	신(腎), 방광(膀胱)	경(驚), 공(恐)	검정

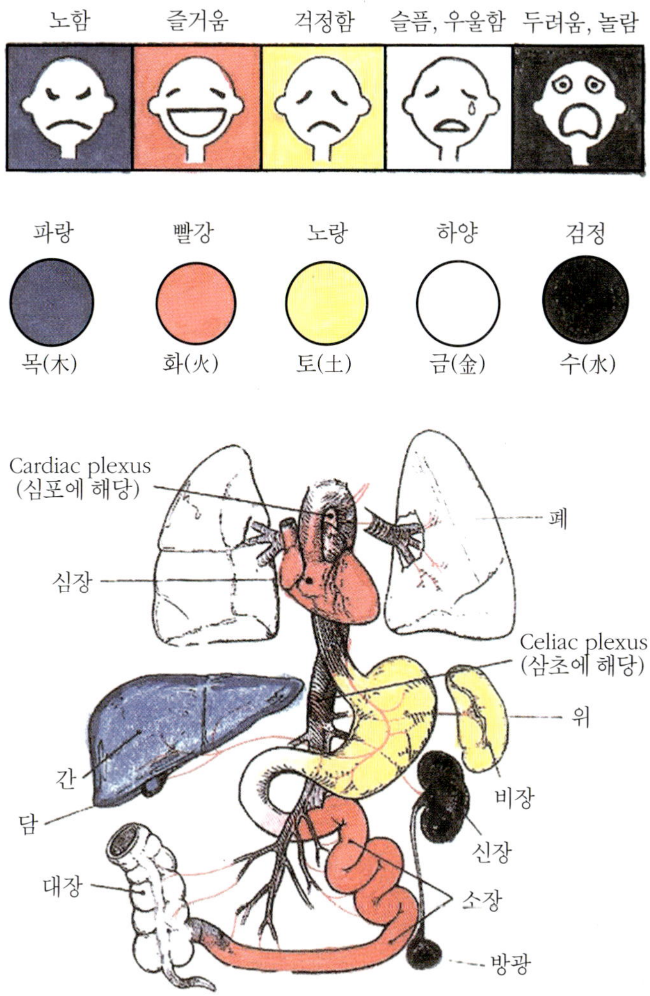

[그림 10-10] 오행의 색과 장부와 감정

5. 형이상학적 이론과 미술치료의 접목

1) 음양

앞에 장에서도 언급했지만 음양(陰陽)은 상대성의 개념이다. 우주만물과 모든 현상은 두 가지의 상대적인 에너지의 조화를 이룸으로써 존재하는 것이고, 조화를 이루기 위해 변화해 간다는 것이다.

의학에서는 몸과 마음, 동맥과 정맥, 체신경과 자율신경, 운동신경과 감각신경, 교감신경과 부교감신경, 빠른 섬유와 느린 섬유, 전해질의 마이너스 이온과 플라스 이온, 세포막의 바깥쪽과 안쪽이 각각 마이너스와 플러스로 충전된 것, 심리학에서의 이드(id)와 초자아(superego) 등이 음양의 관계에 있다고 볼 수 있다.

동양의학에서는 삼라만상이 무한대로 큰 매크로(Macro-) 수준에서도 서로 음

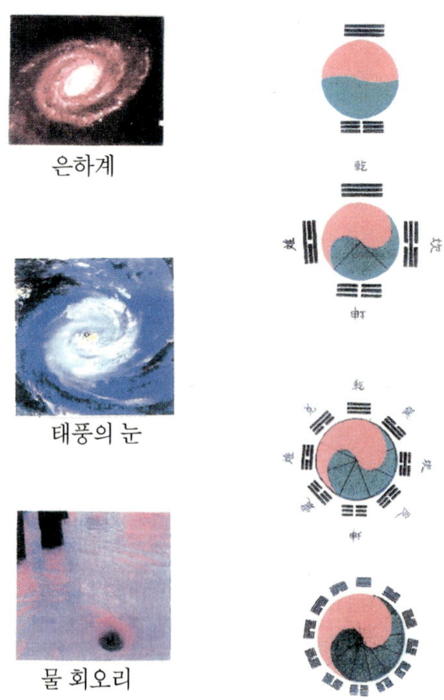

[그림 10-11] 우주의 심벌 음양

양의 상대적 관계를 이루고, 자꾸 세분하여 아주 미세한 마이크로(Micro-) 수준에서도 음양의 상대성을 가지고 존재한다. 그래서 우리 몸의 장기도 조직도 세포도 심지어 분자도 원자도 그리고 자연치유력 또는 항상성 에너지로 간주되는 기(氣, 生氣)도 다 각 수준에서 상대적 관계를 형성하기 때문에, 이들 사이에 상호 균형과 조화를 유지하면 정상이고 조화가 깨지면 비정상이라고 본다.

2) 원방각과 천지인

우리나라 전통사상에는 하늘(天)과 땅(地)과 사람(人)을 원방각(圓方角)으로 상징화하며, 이 천지인(天地人)이 하나(一)에서 왔고 또 하나(一)로 귀결된다는 일시무시일(一始無始一), 일종무종일(一終無終一), 앙명인중천지일(仰明人中天地一) 사상이 정착되어 있다. 우리나라의 한글도 바로 이 천지인의 상징에서 유래되었다.

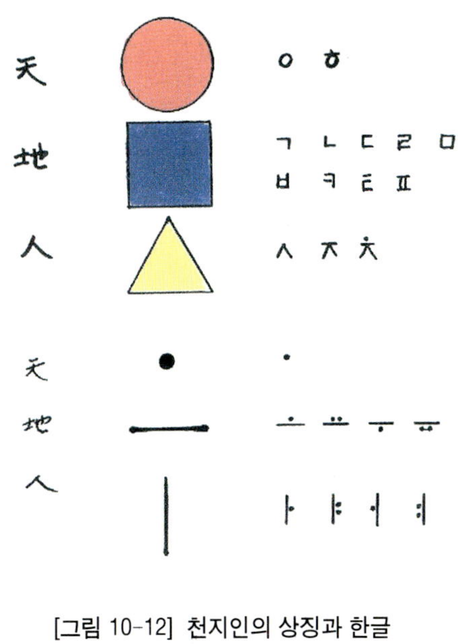

[그림 10-12] 천지인의 상징과 한글

3) 팔괘의 의미와 응용

팔괘(八卦)는 자연의 변화 모델이다. 삼차원이며 공간의 상징 넷 '4' 인데, 인간을 둘러싼 우주적 환경 네 가지 요소와 직접적 생활환경의 네 가지 요소를 합친 8개가 서로 엇갈리고 어울리면서 변화해 가는 패턴이다. 여기서 우주적 환경 요소란 하늘(天), 땅(地), 불(火), 물(水)를 말하는 것이며, 생활환경 요소란 산(山), 못(澤), 바람(風), 번개(雷)를 말하는 것이다.

이것이 바로 '여덟의 율동' 에서 가장 중요한 개념인 팔괘다. 양의 상징은 작대기(—)이고, 음의 상징은 끊어진 작대기(--)다. 이것을 상 · 중 · 하(上中下) 또는 초 · 중 · 말(初中末)에서 세 개씩 배열하면 모두 8개의 조합이 나온다.

팔괘는 건 乾(天, ☰), 태 兌(澤, ☱), 이 離(火, ☲), 진 震(雷, ☳), 손 巽(風, ☴), 감 坎(水, ☵), 간 艮(山, ☶), 곤 坤(地, ☷)을 말한다. 이 팔괘를 기호로 삼아 우주 자연(自然)과 인간사(人間事)의 변화를 풀어 보는 공식으로 이용한다. 가장 흔히 사용하는 것으로는 위의 팔괘와 아래 팔괘를 다시 조합하면 64괘가 나오는데, 이것으로 삼라만상의 변화과정을 풀어 본다는 것이다.

이러한 의미를 찾아서 사람의 정신심리적 내면을 평가해 보기도 하고, 환자가

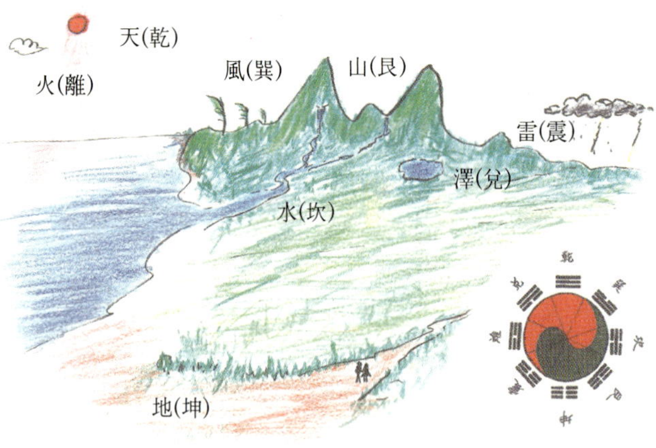

[그림 10-13] 팔괘와 자연

표출해 내는 과정을 통해서 심신을 긍정적인 방향으로 호도하는 심신의학과 미술치료 분야에 많은 연구발상을 제공하고 있다.

4) 인간 생명의 형이상학적 구조

미술이란 우리의 몸과 마음의 상태를 표현하는 수단이다. 비록 우리가 그리는 대상이 내가 아닌 나 밖의 사물이라 하더라도 그 사물에 대한 나의 몸과 마음의 표현인 셈이다. 특히 미술치료라는 것은 사람이라는, 아니 더 나아가 환자라는 대상을 다룬다는 입장에서 심신의 생김새, 즉 구조에 잘 숙달되어 있어야 한다.

미술은 숨어 있는 내면의 질서가 밖으로 나타나도록 표현하고 밖으로 나타나는 외면의 질서를 통해서 숨어 있는 내면의 질서를 파악하는 예술적 수단이다.

하나의 나무 씨앗 안에는 그 나무의 숨어 있는 질서가 담겨 있어서 나중에 나

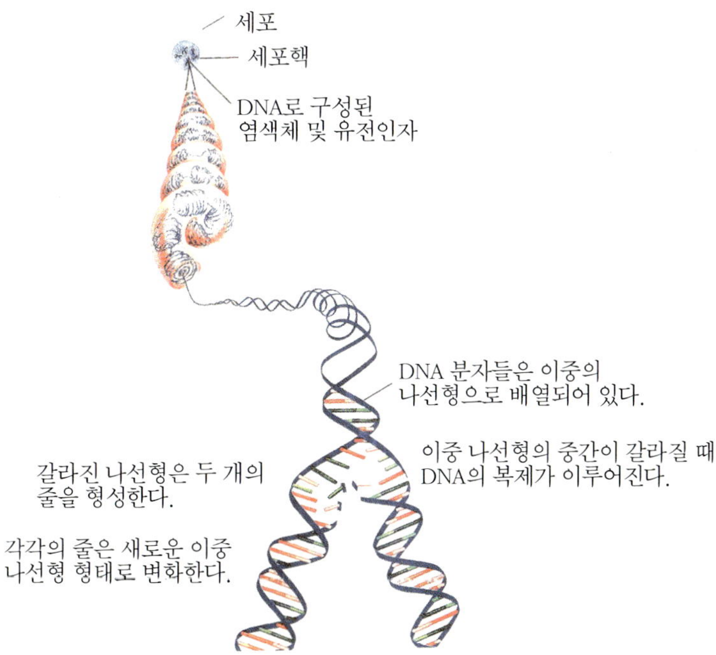

[그림 10-14] 유전자

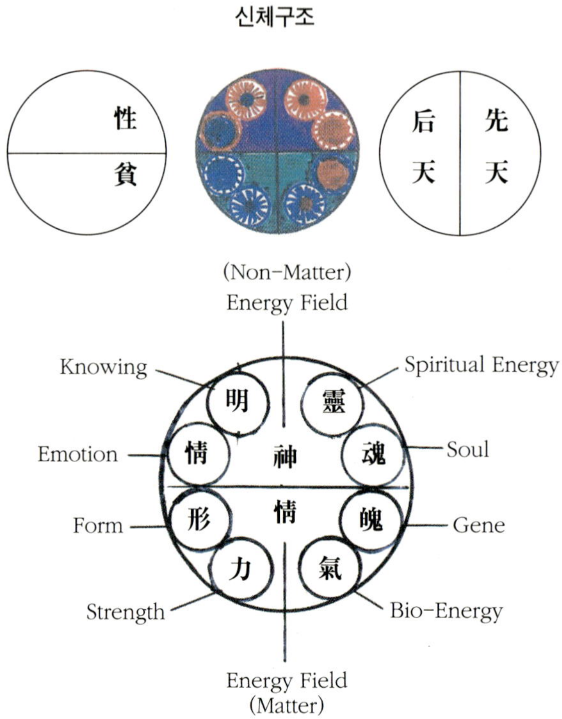

[그림 10-15] 생명의 형이상학적 구조

무라고 하는 상태의 표면 질서로 나타나는 것이다. 마찬가지로 하나의 정자와 난자 안에는 한 인간의 숨어 있는 질서가 담겨 있고 이것이 후에 표면으로 나타나는 질서인 사람이라고 하는 형태로 표현되는 것이다.

인간의 심신 구조에 대한 내용은 이미 제2장 '생명학' 에서 자세히 다루었으나 여기서 그 주요 개념을 다시 한 번 설명한다.

- 백(魄): 물질적 생체의 기본 프로그램(life program), 숨은 질서(hidden life order), 유전정보(genetically coded information)
- 기(氣): 생기(vital energy, vital force, bio-energy)
- 역(力): 화학적 · 물리적 힘(chemical/physical strength)
- 형(形): 체형(physical formation), 형태(physical appearance)

- 정(精): 생명장(life field), 몸의 정신
- 신(神): 비물질적 생명장 – 의식(consciousness)에 해당, 비물질적인 정신
- 정(情): 심성(心性)의 느낌(feeling) – 몸의 소속인 정(精)과는 다른 정(情)
- 명(明): 심성의 힘 – 배워서 알고, 판별하고, 깨닫는 힘(reasoning)
- 영(靈): 생명의 비물질적 에너지(靈氣, spirit)
- 혼(魂): (비물질적) 생명의 기본 프로그램(soul)

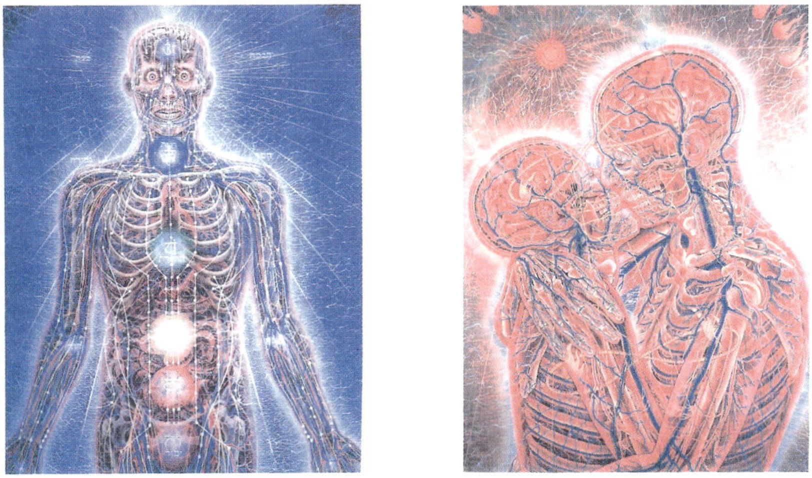

[그림 10-16] 기에너지의 흐름, 알렉스 그레이(Alex Gray)

6. 동서양 미술의 통합의학적 응용

동 · 서양 미술의 차이점은 서로 보완하고 우수한 특징은 통합함으로써 총체적 치유에 상승효과(synergistic effect)를 창출해 낼 수 있다.

동서 미술의 차이점을 살펴보면, 서양화는 점(点)으로 (칠하기 좋은 붓을 이용해서) 찍어서 (물감을) 채우고 (화면을) 느끼게 (감정적으로) 하는 반면에 동양화는 선(線)으로 (쓰기 좋은 붓을 이용해서) 그어서 (형상을) 비우고 (보이지 않는 여백을 만들어) 읽게 (이성적으로) 한다는 데 있다.

동양 그림의 특징을 살펴보면 다음과 같다.

- 주로 사용하는 색채가 먹을 이용한 흑백이다.
- 보고 그리는 것이 아니라 생각을 그린다. 그래서 그림자가 없다(생각에는 그림자가 없다). 현실적으로 한 장소와 한 시간에 볼 수 없는 것을 한데 그리기도 한다. 사물의 성질(性質)에서 질이 아닌 성을 강조한다.
- 선으로 형상을 그어서 많은 여백을 그린다. 보이는 질서를 표현함으로써 여백 속에 보이지 않는 질서를 깨닫게 한다.
- 그림이 시적이고 은유적이다. 그림이 글자이고 글자가 그림인 경우도 많다. 그림에서 시를 읽고 은유적 메시지를 상징으로 나타내는 경우도 많다.

[그림 10-17] 점으로 색을 칠해 채우고 느끼는 서양화

[그림 10-18] 선으로 그어서 읽는 동양화

[그림 10-19] 은유적 시를 읽는 동양화

1) 임상미술치료의 응용범위

미술치료는 고객(내담자)을 위한 상담 역할을 넘어, 환자를 치료하는 역할로 그 응용범위가 확대되고 있다. 미술활동이 단순한 오락활동이나 기분전환 활동이나 고객상담 등의 비교적 소극적인 서비스 활동에서부터 병이 있는 환자의 증상을 호전키거나 치료할 목적으로 제공하는 비교적 적극적인 서비스 활동으로 확대 · 발전하는 추세에 있다는 뜻이다.

현재 미술치료는 서양의학, 동양의학, 대체의학 등 모든 분야의 정규 교과과정에 도입되기 시작하고 있고, 임상에 활발하게 응용되고 있으며, 과학적인 방법으로 적극적으로 연구되고 있다.

재활의학 분야에서는 중풍, 뇌손상, 척수손상, 뇌성마비 환자의 치료에 많이 응용되고 있다. 정신과에서는 각종 정신분열증을 비롯한 정신질환, 우울증, 치매 환자 등에 이용하고 있으며, 소아과에서는 주의력결핍장애, 과잉행동장애, 학습장애 아동 등에 흔히 사용한다. 그 외 일반내과나 가정의학과에서도 환자 진료에 미술치료를 자주 이용하고 있다. 그리고 다양한 특수 클리닉에서 암 환자의 심신의 관리, 만성통증 환자의 관리, 중 · 경증 스트레스 환자의 관리 등에도 적극적으로 도입 · 활용되고 있다.

동양의학적 이론을 도입하고 동양미술과 접목을 이룬 소위 '통합 미술치료(integrative art therapy)' 를 활용할 경우에는 환자의 증상 호전뿐만 아니라 정상인들의 건강증진과 참 건강 성취에도 크게 기여할 것이다. 동양의학과 동양미술의 활용에 있어서 고도의 수준에 이르게 되면 거의 수도(修道)의 경지에 도달하게 되기 때문이다.

동양적 미술활동에 몰입하게 되면 무아(無我)지경의 명상상태로 유도되는데, 이 명상(冥想, Transcendental Meditation)상태는 고도의 의식집중과 조기(調氣)를 요한다. 의식집중은 마음을 '무(無), 공(空), 허(虛)' 의 상태 만들며, 이러한 상태에서 우리 몸에 내재하는 자연치유력의 활성화가 일어난다.

조식(調息) 조기는 호흡을 조절하고, 이러한 조화로운 호흡을 통해 동시에 생기(生氣)를 조절한다는 뜻이다. 호흡은 폐에서 산소를 흡입하는 제1단계 호흡, 이렇게 흡수된 산소가 혈액에 녹아서 세포 안으로 흡수되는 제2단계 호흡, 일단 세포 내로 들어온 산소가 세포 내의 에너지 공장인 미토콘드리아를 활성화시키는 제3단계 호흡으로 구분할 수 있다. 조식 조기의 활동이 바로 제2단계와 제3단계 호흡의 효율성을 극대화한다는 것이 전문가들의 주장이다.

미토콘드리아의 활성화는 생기(生氣)의 활성화와 연계되어 있다. 그리고 미토콘드리아가 건강하여야 장수할 수 있으며, 장수의 유전은 모계를 따른다. 어머니와 외할머니가 장수한 집안의 자손들이 장수하는 경향이 있다. 물론 이와 같은 호흡의 3단계는 더 많은 객관적이고 과학적인 연구가 뒷받침되어야 할 것이다.

임상미술치료 분야에 동양미술적 활동이 접목되었을 때는 그 활용범위는 더 넓어지고 심도는 더 깊어지게 된다. 이러한 차이는 동서 문화의 차이에서 비롯되는 것이다. 예를 들면, 중풍이나 사고로 반신불수나 사지마비가 된 환자를 재활시키는 데 있어서 기본적으로 제공되는 물리치료나 작업치료의 범위와 깊이가 다르다. 마비환자를 의자에서 일어났다 앉았다 하는 훈련을 시키는 서양의 물리치료에 비해, 동양에서는 방바닥에서 일어났다 앉았다 하는 훈련을 더 시켜야 하기 때문이다. 화장실에서 좌변기를 쓰는 경우와 쭈그리고 앉아서 변을 보는 문화 사이에는 치료와 훈련도 달라야 한다는 뜻이다. 의족을 훈련시킴에 있어서도 서양에서는 무릎관절이 전후로 굽히고 펴는 신전 굴신(extention-flexion)만 되면 되지만 동양에서는 방바닥에 가부좌 틀고 앉아야 하니까 고관절이 외전(external rotation)되는 작동을 추가해야 된다.

밥 먹는 동작에서도 마찬가지다. 서양문화권에서는 포크와 나이프를 사용하는 데까지 훈련을 시키지만, 젓가락이나 숟가락을 쓰는 동양문화권에서 더 섬세하고 깊이 있는 동작을 작업치료를 통해 제공해 주어야만 한다.

미술치료에서도 동양적인 마음의 요소인 정(情), 명(明), 신(神), 영(靈), 혼(魂)에 대한 측면뿐만 아니라 예(禮), 의(義), 지(智), 신(信), 인(仁)에 대한 측면도 아울러 평가하고 관리해 줄 수 있고 또 그렇게 해 주어야 하기 때문이다.

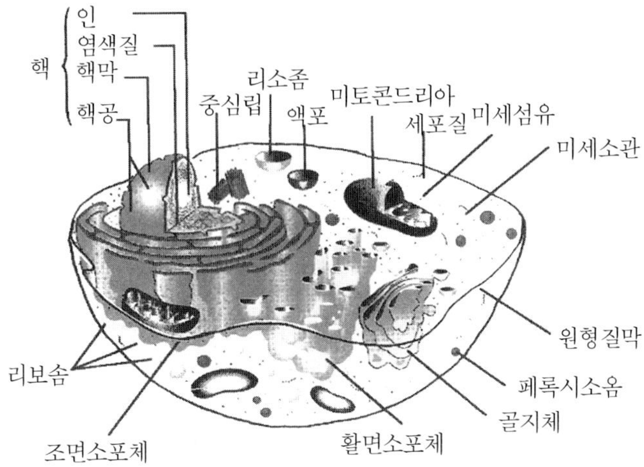

[그림 10-20] 세포의 구조와 미토콘드리아

2) 임상미술치료의 주요 역할

임상미술치료의 주요 역할을 살펴보면 다음과 같이 정리할 수 있다.

- 미술활동으로 환자의 상태를 평가할 수도 있고, 치료도 할 수 있고, 결과적인 효과를 분석할 수도 있고, 경과와 과정을 추적할 수도 있다.
- 비언어적 의사소통이나 내면분석이 가능하다. 어려서 말을 못하거나, 중풍이나 뇌손상으로 언어장애가 있거나, 치매나 정신혼란 등으로 의사전달이 안 되거나, 말로 표현하기를 꺼려 하는 경우에도 미술활동을 통한 의사소통이 가능하다.
- 모든 사람이 상담이나 치료대상이 될 수 있다. 문자 그대로 남녀노소 연령에 관계없이, 장애인 비장애인 관계없이 모두에게 상담과 치료를 제공해 줄 수 있다.
- 다른 어떤 형태의 진료보다도 더 광범위한 포괄적인 서비스를 제공할 수 있다. 신체적, 정신적, 심리적, 정서적, 사회적인 측면을 상담하고 도움을 제공할 수 있을 뿐만 아니라 심지어 영적인 측면에까지도 도움을 줄 수 있다.

• 자동적으로 의식집중상태를 유도할 수 있다.의식집중은 자연치유력을 극대화시키는 데에 가장 효율적인 방법이다. 미술활동은 치료자의 특별한 노력 없이도 자동적으로 의식 집중상태로 유도 할 수 있는 장점이 있다.
• 미술활동은 환자의 흥미를 유발하기 때문에 환자가 자발적으로 즐기면서 치료활동에 참여할 수 있게 만드는 효율적인 요법이다. 프로그램에 따라 장기간 지속적으로 되풀이해서 시행하는 활동은 뇌의 가소성 효과를 유발하는 아주 훌륭한 훈련효과를 이끌어 낸다.
• 동양의학, 서양의학, 대체의학 등 모든 의학 분야에 적용할 수 있다.
• 미술치료는 사람의 건강 상태, 불건강 상태, 질병 상태 등 모든 상태에 적용할 수 있다.

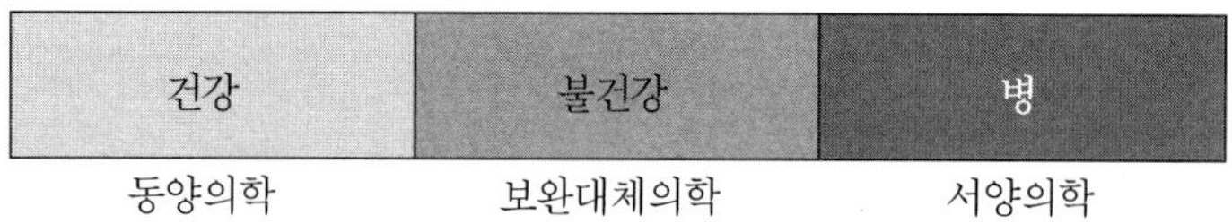

[그림 10-21] 임상미술치료 활용 의학 분야

동서양 미술의 차이점을 이해하고 특징을 파악하여, 차이점은 서로 보완하고 우수한 특징은 통합함으로써 육체적, 정신적, 심리적, 정서적, 사회적, 심리적, 영적인 면을 두루 아우르는 총체적 치유에 상승효과(synergistic effect)를 일궈 낼 수 있다는 점이 동서 통합미술치료의 가장 중요한 역할이라 할 수 있다.

참고문헌

고정은 역. 미야지 아키라 저(2006). 인도미술사. 다할미디어.

권기덕(2002). 색채 심리 및 치료의 이해. 동화문화사.

권오호(1996). 우리문화와 음양오행. 교보문고.

권중돈(2002). 치매와 가족. 학지사.

김경자(2001). 21세기 테마로 보는 우리 미술. 다른세상.

김근안(2007). 색채 심리. 솔과학.

김나영(1999). 수묵과 한지의 특성을 이용한 공간의 내면적 표현. 이화여자대학교 대학원 석사학위 논문.

김말숙(2007). 새롭게 보는 미술치료. 교육과학사.

김미경(2002). 현대패션에 나타난 오색의 동서양 색채에 관한 연구. 세종대학교 대학원 석사학위 논문.

김선현(2006). 마음을 읽는 미술치료. 넥서스북스.

김선현(2006). 임상미술치료의 이해. 학지사.

김선현(2006). 통합의학에서의 미술치료의 역할에 관한 연구: 한 · 독 · 미 · 일 미술치료 프로그램 비교연구를 중심으로. 한양대학교 대학원 박사학위 논문.

김수석 역. 요하네스 이텐 저(1985). 색채의 예술. 지구문화사.

김수옥(1999). 한국미술에 나타난 음양오행에 의한 색채표현에 관한 연구: 오방색을 중심으로. 조선대학교 대학원 석사학위 논문.

김영나(1998). 20세기의 한국미술. 예경.

김원룡(1996). 한국미의 탐구. 열화당.

김종열, 김우중(1994). 동서의학 비교연구. 계축문화사.

김진숙 역. Judith A. Rubin 저(2006). 미술 치료학 개론. 학지사.

김진숙(2005). 미술심리치료 총론. 한국표현예술심리치료협회.

김진태(2006a). 동양의 사상. 초록세상.

김진태(2006b). 동양의 지혜. 초록세상.
김진한(2002). 색채의 원리. 시공사.
김철순(1991). 한국민화논고. 예경산업사.
김현(1994). 조선조 민화에 나타난 색채의식에 관한 연구. 삼척산업대학교 대학원 석사학위 논문.
김화중 역. 파버 비렌 저(1987). 색채심리. 동국출판사.
나선숙 역. 도로시 선, 하워드 선 저(2003). 내 삶에 색을 입히자: 색채심리와 색채치료. 예경출판사.
동서의학 비교연구회(1993). 바람직한 양 한방 협진 방안. 동서의학 비교연구회 창립 2주년 기념 심포지엄.
라연신(2000). 색채를 통한 한국이미지의 표현연구, 이화여자대학교 디자인대학원 석사학위논문.
문은배(2005). 색채의 이해와 활용. 안그라픽스.
박광수(2005). 손으로 색으로 치유한다. 정신세계사.
박석련(1986). 전체성 의학과 동서의학. 동서의학연구소 논문집.
박선규(1999). 산수화의 조경이론. 선원.
박영수(2003). 색채의 상징. 색채의 심리.
백승길 역. E. H. 곰브리치(2003). 서양미술사. 예경.
서울특별시한의사회(1992). 한방의료정책백서. 제2집.
설영환 역. C. G. Jung, C. S. Hall, J. Jacobi 저(1992). 융 심리학 해설. 선영사.
성찬휴(2006a). 서양의 사상. 초록세상.
성찬휴(2006b). 서양의 지혜. 초록세상.
송경섭(1995). 한의학의 발전과정과 사회기여도에 관한 연구. 경산대학교 대학원 박사학위 논문.
박필임 역. 스에나가 타미오 저(2001). 색채 심리: 마음을 치유하는 컬러 테라피. 예경출판사.
박필임 역. 스에나가 타미오 저(2003). Color는 Doctor. 예경출판사.
신현규(1996). 미래한의학의 중장기 예측 연구 동향. 한국한의학연구소 논문집 제2권 제1호.
신현규(1996). 한국, 중국, 일본 3국의 한의학연구소 현황. 한국한의학연구소 회보.
심명석(2002). 색채학. 보성각.
오성종, 유기영 역. M. Lloyd-Jones 저(1977). 영적 침체(Spiritual Depression). 새순출판사.
오주석(2003). 한국의 미 특강. 솔.
우실하(1997). 한국전통문화의 구성원리에 대한 연구. 연세대학교 대학원 박사학위 논문.
유중하 외 역. 장파 저(1999). 동양과 서양, 그리고 미학. 푸른숲.
이동민 역. 하마모토 다카시 저(2007). 색채의 마력. 아트북스.
이동주(1996). 우리 옛 그림의 아름다움. 시공사.
이선영(1992). 미술에 반영된 시・공간의 인식변화. 미술세계, 3월호, 80-87.
이성도 외(2005). 전통 미술문화 교육. 미진사.

이은실(1997). 동양화적 감각의 표현 연구: 선묘를 중심으로. 이화여자대학교 디자인대학원 석사학위 논문.

이인경(1992). 박생광 회화의 색채기법과 재료연구. 이화여자대학교 교육대학원 석사학위 논문.

이재호 역, 케네스 클라크 저(2002). 누드의 미술사. 열화당.

이종찬(1997). 동서의학 질병관의 접점. 대한의사협회지, 제40권, 제3호, 283-287.

이주 역. 카시마하루키 저(2002). 경이로운 색채 치료. 중앙생활사.

이창완(1995). 현대 한국화에 표현된 오방색. 경북대학교 대학원 석사학위 논문.

이호준 역. 바산트 레드 저(1989). 생명의 신비. 진영사.

임만택 역. Deborah T. Sharpe 저(1996). 색채심리와 디자인. 태림문화사.

임영애 역. 크레그 클루나스 저(2007). 새롭게 읽는 중국의 미술. 시공사아트.

임준규(1995). 동서의학 협진과 임상실제. 한성사.

전성수 외(2003). 함께 배우는 우리미술. 예경.

전세일(1993). 동양의학과 서양의학 "정말 서로 다른 두 의학인가" 제3회 생명과학 심포지엄. 원광대학교 한의과대학, 11-31.

전세일(1994a). 동양의학과 서양의학의 접목. 보건주보, 제974호. 보건사회부.

전세일(1994b). 동양의학의 과학적 접근. 원광의학, 제4권, 1-7. 원광대학교.

전세일(1995). 한의학 이론의 과학적 해석, 한중 국제 공동 세미나 발표논문집, 1-10(서울대학교천연물 과학연구소, 과학기술정책관리 연구소, 국제과학기술 협력센터 주관).

전세일(1997). 동서의학의 차이점과 공통점. 대한의사협회지, 제40권 제3호, 276-282.

전세일(1998). 보완 대체 의학. 계측문화사.

전세일(1999a). 내 병을 고치려면 한방으로 갈까, 양방으로 갈까. KBS 영상사업단.

전세일(1999b). 대체의학, 동양의학, 서양의학, 그리고 전인치유. 한국대체의학회지, 2, 2-10.

전세일(1999c). 동양의학과 대체의학의 과학적 연구접근. 한국본초의학연구회지, 2, 87-94.

전세일(2004). 보완 대체 의학(2판). 계축문화사.

전세일(2005). 침술의학. 계축문화사.

전세일 외 공편(2000). 새로운 의학, 새로운 삶. 창작과 비평사.

전재서(2001). 동양적인 것의 슬픔. 살림.

정동주(1991). 민속과 한국의 색채 2. 미술세계.

정란영(1993). 중서의 결합교육을 교육체계로 끌어들일 필요성과 가능성에 관한 연구. 중국 중서의 결합잡지, 60-63.

정여주 역. 잉그리트 리델(2000). 융의 분석심리학에 기초한 미술치료. 학지사.

정여주(2005). 미술치료의 이해: 이론과 실제. 학지사.

정정순, 정여주 역. 크리스텔러 저(2004). 인지학 예술. 학지사.

정종미(2001). 우리그림의 색과 칠. 학고재.
정종철(1996). 일본에서의 한약 연구동향. 한국한의학연구소회보, 4-6.
정태호(1997). 동서의학 교육의 접점. 대한의사협회지, 제40권 제3호, 291-297.
조동제(2001). 색의 이론과 실제. 학문사.
조선미 역. 진 빈센트(1995). 미술의 이해. 이화여자대학교출판부.
조요한(2003). 한국미의 조명. 열화당.
조용진(1999). 동양화 읽는 법. 집문당.
조은경(1996). 조선조 민화의 색채연구. 계명대학교 대학원 석사학위 논문.
조진희(2002). 조선시대 백자의 변천 과정과 미감에 관한 연구. 경희대학교 대학원 석사학위 논문.
주리애(2003). 미술치료 요리책. 아트북스.
지제근(1997). 동서의학 연구의 접점. 대한의사협회지, 제40권 제3호, 288-290.
진홍섭, 강경숙, 변영섭, 이완우(2006). 한국미술사. 문예출판사.
짐진태(2006). 동양의 지혜. 초록세상.
청년의사(1997). 의료일원화 어떻게 할 것인가?, 청년의사 창간 5주년 기념 심포지엄.
최영길(1997). 동서의학 임상의 접점. 대한의사협회지, 제40권 제3호, 298-303.
최재영, 김진연 역. A. Malchiodi, Cathy 저(2003). 미술치료. 조형교육.
최재천 역. 랜돌프 네스, 조지 윌리엄스 저(2005). 인간은 왜 병에 걸리는가. 사이언스북스.
최혜숙(1997). 미술 감상 교육을 위한 동, 서양 회화 비교 연구. 이화여자대학교 디자인대학원 석사학위 논문.
하용득(1986). 한국의 전통색과 색채심리. 명지출판사.
한국미학예술학회(2001). 미학 · 예술학연구, 13집. 한국미학예술학회.
한국한의학연구소(1995). 21세기의 한의학. 제1회 한국한의학연구소 학술 세미나.
홍진경 역. 수잔나 파르취 저(1999). 당신의 미술관 1권. 현암사.
홍희기(2001). 한국적 상담이론의 정립을 위한 탐색적 연구. 연세대학교 교육대학원 석사학위 논문.

Achterberg, J. (1985). *Imagery in Healing Shamanism and Modern Medicine.* Boston: Shambala Publication, Inc.
Astin, J. A., Shapiro, S. L., Eisenberg, D. M., & Forys, K. L. (2003). *Mind-Body Medicine: State of the Science, Implications for Practice.* J Am Board Fam Pract.
Amber, R. B. (1983). *Color Therapy.* Santa Fe, NM: Aurora Press.
Andreas, C., & Steve, M. (1989). *Heart of the Mind.* Real People Press.
Bauman E., Brint A. I., Piper, L., & Wright, P. A. (1978). *The Wholistic Health Handbook: A Tool for Attaining Wholeness of Body, Mind, and Spirit.* Berkley, California: AND/OR PRESS.

Benson, H. (1993). *The Relaxation Response*. NY: Outlet Books, Inc.

Benson, H., & Procter, W. (1984). *Beyond the Relaxation Response*. NY: Putnam/Berkley, Inc.

Borysenko, J. (1988). *Minding the Body, Mending the Mind*. NY: Bantam Book.

Bruce, D. F., & McIlwain, H. H. (1998). Unofficial Guide to Alternative Medicine. Simon & Schuster Macmillan Company.

Chang, S. T. (1986). Complete System of Self-Healing: Internal Exercises. San Francisco, CA: Tao Publishing.

Cherreul, M. E. (1839). *The Principles of harmony and cootrasts of colourts and their application to the art*. New York: Reinhold.

Chia, M. (1985). *Taoist Ways to Transform Stress into Vitality*. Huntington, NY: Healing Tao Books.

Chaitow, L. (1990). *Body/Mind Purification Program*. NY: Simon and Schuster.

Chopra, D. (1990). *Quantum Healing, Exploring the Frontiers of Mind/Body Medicine*. London: Bantam Books.

Chopra, D. (1990). *Perfect Health*. NY: Harmony Books.

Chun, S. I. (1994). Modern Application of Traditional Theories in Medicine, International Symposium on East-West Medicine. WHO Collaborating Center for Traditional Medicine, Kyung Hee University.

Chun, S. I. (1997). The Role of Oriental Medicine in Rehabilitation Medicine. Proceedings of The 8th World Congress of the International Medicine Association, Kyoto, Japan.

Dewards, B. (1986). *Drawing on the Artist Within*. NY: Simon and Schuster.

Diamond J. (1985). *Life Energy*. NY: Dodd, Mead and Co.

Dinshaw, D. (1985). *Let There Be Light*. Malaga, NJ: Dinshaw Health Society.

Editors of Time-Life (1996). *The medical advisor, The complete guide to Alternative and Conventional medicine*. Time Life Inc.

Dilts, R., Hallbom, T., & Smith S. (1990). *Beliefs, Pathways to Health and Well Being*. Portland, OR: Metamorphous Press.

Dong, P., & Esser, A. H. M. (1990). *Chi Kung, The Ancient Chinese Way to Health*. NY: Paragon House.

Feldenkrais, M., & Kimmey, M. (1992). *The Potent Self: A guide to Spontaneity*. San Francisco, CA: Harper and Row.

Gerber, R. (1988). *Vibrational Medicine*. Santa Fe, NM: Bear & Company.

Goldberg, B. (1999). *Alternative Medicine, The definitive guide*. Tiburon, California: Future Medicine Publishing Inc.

Goodenough, F. (1926). *Measurement of Intelligence by Drawings.* NY: Harcourt, Brace & World.

Gordon, R. (1978). *Your Healing hands: The Polarity Experience.* Santa Cruz, CA: Wingbrow Press.

Hastings, A. C., Fadiman, J., & Gordon, J. S. (1980). *Health for the Whole Person, The Complete Guide to Holistic Medicine.* Boulder, Colorado: Westviewe Press.

Jahnke, R. (1990). *Most Profound Medicine.* Santa Barbara, CA: Health Action Books.

Jahnke, R. (1989). *Self-Applied Health Enhancement Methods.* Santa Barbara, CA: Health Action Books.

Jones, F. P. (1976). *Body Awareness in Action.* NY: Schocken Books.

Kramer, V. (1971). *Art as Therapy with Children.* NY: Schocken Book.

Krieger, D. (1993). *Accepting Your Power to Heal: Personal Practice of Therapeutic Touch.* Santa Fe: Bear and Company.

Lad, V. (1984). *Ayurveda: The Science of Self-Healing.* Wilmot, Ca: Lotus Light Press.

Liberman, J. (1993). *Light, Medicine of the Futures.* Santa Fe, NM: Bear & Co. Publishing.

Martin, R. (1992). *Today's Health Alternative.* Tehachapi, CA: America West Publishers.

Monti, D. A. Peterson, C. Kunkel, E. J. et al. (2005). *A Randomized, Controlled Trial of Mindfulness-based Art Therapy(MBAT) for Women with Cancer.* Psycho-oncology.

Murray, M., & Pizzorno, J. (1991). *Encyclopedia of Natural Medicine.* Rocklin, Ca: Prima Publishing,

O'Connor, J., & Seymour, J. (1990). Introducing *Neuro-Linguistic Programming: The New Psychology of Personal Excellence.* J. London, England: Mandala, an imprint of Harper Collins Publisher.

Ott, John D. (1988). *Health and Light.* Old Greenwich, CT: Devin-Adair Co.

Peper, E., & Holt, C. (1993). *Creating Wholeness: A Self-Healing Workbook Using Dynamic Relaxation, Images and Thoughts.* NY: Plenum.

Seidman, M. (1991). *A Guide to Polarity Therapy: The Gentle Art of Hands-on Healing.* Boulder, CO: Elan Press.

Sierpina, V. S. (2001). *Integrative Health Care.* Philadelphia.: F. A. Davis Company.

Pelletier, K. R. (1977). *Mind as Healer, Mind as Slayer: A Holistic Approach to Preventing Stress Disorders.* NY: Delacorte and Delta.

Stalker D., & Glymour C. (1985). Quantum Medicine. In *Examining Holistic Medicine.* (pp. 107-125). Buffalo, NY: Prometheus Books.

Weil, A. (1995). *Spontaneous Healing.* NY: Alfred A. Knopf, Inc.

Wallace, R. K., & Fairfield, I. A. (1986). *The Neurophysiology of Enlightenment.* Maharishi International University, Neuro-science Press.

찾아보기

인 명

내 용

저자 소개

전세일(全世一)

연세대학교 의과대학 졸업
미국 펜실베이니아 의과대학 재활의학과 교수 역임
연세대학교 의과대학 재활병원 원장 역임
국제침술학회 회장 역임
대한재활의학회 회장 역임
한국정신과학학회 회장 역임
국제재활의학회(ISPRM) 부회장 역임
현 포천중문의과대학교 대체의학대학원 원장
　차병원 차바이오메디컬센터 원장

〈학회활동〉
국제생명정보과학학회(ISLIS) 부회장
국제자연치유의학 연맹 총재
대한암보완대체의학회 회장
한국 통합의학회 회장

〈저 · 역서 및 논문〉
『보완 대체 의학』 외 저서 10여 권, 자연치유 시리즈 편역 12권, 감수 및 역서 20여 권
「동양의학과 보완대체의학의 정체성」 외 논문 다수

김선현(金善賢)

한양대학교 대학원 이학박사, 미술교육 석사, 미술 학사
독일 베를린 훔볼트 대학 부속병원 예술치료 연수
일본 기무라 클리닉 미술치료 연수
미국 MD Anderson Cancer Center 예술치료 연수
현 포천중문의과대학교 대체의학대학원 임상미술치료 전공 주임교수
　포천중문의과대학교 차병원 대체의학센터 임상미술치료클리닉 교수
　대한임상미술치료학회(KACAT) 회장

〈학회활동〉
미국미술치료학회(AATA) 정회원
국제자연치유연맹 총무이사
한국통합의학회 총무이사
대한암보완대체의학회 부회장
한국심리학회 정회원
한국임상심리학회 정회원
한국미술가협회 정회원
한국미술교육학회 정회원

〈저 · 역서 및 논문〉
『마음을 읽는 미술치료』 외 10권
「통합의학 안에서의 미술치료의 역할」 외 논문 다수

동서 의학과 동서 미술치료

2009년 1월 15일 1판 1쇄 인쇄
2009년 1월 20일 1판 1쇄 발행

지은이 • 전세일 · 김선현
펴낸이 • 김진환
펴낸곳 • (주) 학지사
121-837 서울시 마포구 서교동 352-29 마인드월드빌딩 5층
대표전화 02)330-5114 팩스 02)324-2345
http://www.hakjisa.co.kr
등록 제313-2006-000265호

ISBN 978-89-93510-93-5 93180

정가 22,000원